Ertragsteuerliche Behandlung
der doppelstöckigen Personengesellschaft

Europäische Hochschulschriften

Publications Universitaires Européennes
European University Studies

Reihe V
Volks- und Betriebswirtschaft

Série V Series V
Sciences économiques, gestion d'entreprise
Economics and Management

Bd./Vol. 3262

PETER LANG
Frankfurt am Main · Berlin · Bern · Bruxelles · New York · Oxford · Wien

Rewert Beekmann

Ertragsteuerliche Behandlung der doppelstöckigen Personengesellschaft

Unter besonderer Berücksichtigung von Veräußerungsvorgängen

PETER LANG
Internationaler Verlag der Wissenschaften

Bibliografische Information der Deutschen Nationalbibliothek
Die Deutsche Nationalbibliothek verzeichnet diese Publikation in der Deutschen Nationalbibliografie; detaillierte bibliografische Daten sind im Internet über <http://www.d-nb.de> abrufbar.

Zugl.: Düsseldorf, Univ., Diss., 2006

D 61
ISSN 0531-7339
ISBN 978-3-631-56167-6

www.peterlang.de

Vorwort

Die vorliegende Arbeit, die sich mit der ertragsteuerlichen Behandlung der doppelstöckigen Personengesellschaft beschäftigt, wurde im Juli 2006 abgeschlossen. Sie berücksichtigt die bis dahin vorliegende Rechtsprechung und Literatur. Die Arbeit wurde schließlich im Dezember 2006 von der Wirtschaftswissenschaftlichen Fakultät der Heinrich-Heine Universität in Düsseldorf als Dissertation angenommen.

Vor dem Einstieg in den fachlichen Teil möchte ich an dieser Stelle die Gelegenheit nutzen, allen, die mich bei der Erstellung der Arbeit und ihrer Veröffentlichung unterstützt haben, herzlich zu danken. Aus diesem Kreis sind besonders hervorzuheben:

Mein Doktorvater und Erstgutachter, Herr Prof. Dr. Guido Förster, der mich zu diesem Thema angeregt sowie mit konstruktiver Kritik und zahlreichen Verbesserungsvorschlägen in besonderem Maße gefördert hat. Für die freundliche Übernahme und rasche Erstellung des Zweitgutachtens danke ich Herrn Prof. Dr. Christoph J. Börner, Inhaber des Lehrstuhls für Finanzdienstleistungen an der Heinrich-Heine Universität in Düsseldorf.

Meinem Arbeitgeber – PricewaterhouseCoopers AG – danke ich dafür, dass er mir die für die Promotion benötigte Freistellungszeit gewährt hat. Zudem standen mir meine dortigen Kollegen gerne mit ihrem Fachwissen zur Verfügung.

Desweiteren haben mich meine ehemaligen Komolitonen Herr Dipl.-Oek. Michael Kricheldorf, Herr Dipl.-Oek. Philipp Braband und Frau Dipl.-Oek. Martina-Maria Peuser während der Promotionszeit mit fachlichen Ratschlägen bzw. dem Korrektur Lesen des Manuskripts wertvoll unterstützt.

Ein besonders herzlicher Dank gilt schließlich meinen Eltern, deren Unterstützung ich mir zu jeder Zeit sicher sein konnte. Ihnen widme ich diese Arbeit.

Hannover, Dezember 2006 | Rewert Beekmann

Inhaltsverzeichnis

Abbildungsverzeichnis

Abkürzungsverzeichnis

a. A.	- anderer Ansicht
a. F.	- alte Fassung
Abschn.	- Abschnitt
AG	- Aktiengesellschaft
Alt.	- Alternative
AO	- Abgabenordnung
Az.	- Aktenzeichen
BAnz.	- Bundesanzeiger
BB	- Betriebs-Berater (Zeitschrift)
BBK	- BBK – Betrieb und Rechnungswesen: Buchführung Bilanz Kostenrechnung (Zeitschrift)
BFH	- Bundesfinanzhof
BFH/NV	- Sammlung amtlich nicht veröffentlichter Entscheidungen des Bundesfinanzhofs (Zeitschrift)
BGBl.	- Bundesgesetzblatt
BGH	- Bundesgerichtshof
BMF	- Bundesministerium der Finanzen
BR-Drs.	- Bundesrats-Drucksache
BStBl.	- Bundessteuerblatt
BT-Drs.	- Bundestags-Drucksache
Buchst.	- Buchstabe
BuW	- Betrieb und Wirtschaft (Zeitschrift)
BW	- Buchwert
DB	- Der Betrieb (Zeitschrift)
ders., dies.	- derselbe, dieselbe(n)
DStR	- Deutsches Steuerrecht (Zeitschrift)
DStRE	- Deutsches Steuerrecht – Entscheidungsdienst (Zeitschrift)
DStZ	- Deutsche Steuerzeitung (Zeitschrift)
e. V.	- eingetragener Verein
ebd.	- ebenda
EFG	- Entscheidungen der Finanzgerichte (Zeitschrift)
EGB	- Ergänzungsbilanz
Einf.	- Einführung
Erl.	- Erlass
EStB	- Der Ertragsteuerberater (Zeitschrift)
EStDV	- Einkommensteuer-Durchführungsverordnung
EStG	- Einkommensteuergesetz

EStR	-	Einkommensteuer-Richtlinien
f.	-	folgende
ff.	-	fortfolgende
FG	-	Finanzgericht
FGO	-	Finanzgerichtsordnung
FinMin.	-	Finanzministerium
Fn.	-	Fußnote
FN-IDW	-	Fachnachrichten des IDW
FR	-	Finanz-Rundschau Ertragsteuerrecht (Zeitschrift)
FS	-	Festschrift
GbR	-	Gesellschaft bürgerlichen Rechts
GewSt-MB	-	Gewerbesteuer-Messbetrag
GewStG	-	Gewerbesteuergesetz
GewStR	-	Gewerbesteuer-Richtlinien
ggf.	-	gegebenenfalls
gl. A.	-	gleiche(r) Ansicht
GmbH	-	Gesellschaft mit beschränkter Haftung
GmbHR	-	GmbH-Rundschau (Zeitschrift)
GmbH-StB	-	GmbH-Steuerberater (Zeitschrift)
GrS	-	Großer Senat
GStB	-	Gestaltende Steuerberatung (Zeitschrift)
HFA	-	Hauptfachausschuss des Instituts der Wirtschaftsprüfer in Deutschland e. V.
HFR	-	Höchstrichterliche Finanzrechtsprechung (Zeitschrift)
HGB	-	Handelsgesetzbuch
hrsg.	-	herausgegeben
Hrsg.	-	Herausgeber
Hs.	-	Halbsatz
i. d. F.	-	in der Fassung
i. d. R.	-	in der Regel
i. H. v.	-	in Höhe von
i. S. d.	-	im Sinne des/der
i. V. m.	-	in Verbindung mit
IDW	-	Instituts der Wirtschaftsprüfer in Deutschland e. V.
INF	-	Die Information für Steuerberater und Wirtschaftsprüfer (Zeitschrift)
InvZulG	-	Investitionszulagengesetz

JbFSt	-	Jahrbuch der Fachanwälte für Steuerrecht
KG	-	Kommanditgesellschaft
KGaA	-	Kommanditgesellschaft auf Aktien
KÖSDI	-	Kölner Steuerdialog (Zeitschrift)
KStG	-	Körperschaftsteuergesetz
m. E.	-	meines Erachtens
m. w. N.	-	mit weiteren Nachweisen
n. F.	-	neue Fassung
NJW	-	Neue Juristische Wochenschrift (Zeitschrift)
NWB	-	Neue Wirtschafts-Briefe (Zeitschrift)
OFD	-	Oberfinanzdirektion
OG	-	Obergesellschaft
OHG	-	Offene Handelsgesellschaft
OLG	-	Oberlandesgericht
p. a.	-	per anno
R	-	Richtlinie
Rev.	-	Revision eingelegt
RFH	-	Reichsfinanzhof
RGBl.	-	Reichsgesetzblatt
rkr.	-	rechtskräftig
Rn.	-	Randnummer
RStBl.	-	Reichssteuerblatt
S.	-	Seite/Satz
SBV	-	Sonderbetriebsvermögen
Sp.	-	Spalte
StÄndG	-	Steueränderungsgesetz
StBereinG	-	Steuerbereinigungsgesetz
StB	-	Der Steuerberater (Zeitschrift)
Stbg	-	Die Steuerberatung (Zeitschrift)
StBp	-	Die steuerliche Betriebsprüfung (Zeitschrift)
StEntlG	-	Steuerentlastungsgesetz
SteuerStud	-	Steuer und Studium (Zeitschrift)
StSenkErgG	-	Steuersenkungsergänzungsgesetz
StSenkG	-	Steuersenkungsgesetz
StuB	-	Steuern und Bilanzen (Zeitschrift)

StuW	-	Steuer und Wirtschaft (Zeitschrift)
StVBG	-	Steuerverkürzungsbekämpfungsgesetz
StVergAbG	-	Steuervergünstigungsabbaugesetz
StW	-	Die Steuer-Warte (Zeitschrift)
T€	-	Tausend Euro
Tz.	-	Textziffer
UG	-	Untergesellschaft
UmwG	-	Umwandlungsgesetz
UmwStG	-	Umwandlungssteuergesetz
UntStFG	-	Unternehmensteuerfortentwicklungsgesetz
UStG	-	Umsatzsteuergesetz
Vfg.	-	Verfügung
vgl.	-	vergleiche
v. H.	-	vom Hundert
VZ	-	Veranlagungszeitraum
WPg	-	Die Wirtschaftsprüfung (Zeitschrift)
ZfbF	-	Zeitschrift für betriebswirtschaftliche Forschung (Zeitschrift)
ZGR	-	Zeitschrift für Unternehmens- und Gesellschaftsrecht (Zeitschrift)
ZIP	-	Zeitschrift für Wirtschaftsrecht und Insolvenzpraxis (Zeitschrift)

A. Einleitung

1. Problemstellung und Zielsetzung

Die ertragsteuerliche Behandlung von Personengesellschaften und ihren Gesellschaftern stellt eines der schwierigsten Gebiete im Einkommensteuerrecht dar und ist seit Jahren sowohl in grundsätzlicher Hinsicht als auch in den Einzelheiten umstritten. Besondere bis heute nicht abschließend geklärte Fragen in steuerrechtlicher Hinsicht werfen in diesem Zusammenhang insbesondere doppel- bzw. mehrstöckige Personengesellschaften auf, was auf die unvollständige ertragsteuerliche Transparenz von Mitunternehmerschaften zurückzuführen ist.[1]

Eine doppelstöckige Personengesellschaft besteht aus einer Personengesellschaft (Obergesellschaft), die selbst wiederum Gesellschafter einer anderen Personengesellschaft (Untergesellschaft) ist.[2] Durch eine Entscheidung des Großen Senats des Bundesfinanzhofs im Jahre 1991[3] war die doppelstöckige Personengesellschaft in den Mittelpunkt des Interesses steueroptimierender Gestalter getreten. Da gemäß dieser Rechtsprechung nur mittelbar an einer Gesellschaft beteiligte Gesellschafter nicht als Mitunternehmer galten, war es nun möglich, durch Zwischenschalten einer weiteren Personengesellschaft zwischen Gesellschafter und Gesellschaft gewerbliche Einkünfte gemäß § 15 Abs. 1 Nr. 2 EStG zu vermeiden und stattdessen Überschusseinkünfte zu erzielen.[4] Da dies Gewerbesteuer sparen und die „Verhaftung" stiller Reserven verhindern würde, ist die steuerlich motivierte Gründung von bzw. Umwandlung in doppelstöckige Personengesellschaften befürchtet worden. Um entsprechende Steuerausfälle zu verhindern, wurde die Vorschrift des § 15 Abs. 1 Satz 1 Nr. 2 EStG durch Art. 1 des Steueränderungsgesetzes 1992 vom 25. Februar 1992[5] neu gefasst. Seit dem steht der mittelbar über eine oder mehrere Personengesellschaften beteiligte Gesellschafter dem unmittelbar beteiligten Gesellschafter über § 15 Abs. 1 Satz 1 Nr. 2 Satz 2 EStG gleich. Eine Umgehung des § 15 Abs. 1 Satz 1 Nr. 2

---

[1] Vgl. u. a. GRAF KERSSENBROCK, O.-F./RUNDSHAGEN, H., Übertragung, BB 2004, S. 2490, BODDEN, G., Einkünftequalifikation, FR 2002, S. 559, SÖFFING, G., in: FS KLEIN, F., Personengesellschaften, S. 737, PRINZ, U./THIEL, U., Anbindung, FR 1992, S. 192.

[2] Vgl. zum Begriff der doppelstöckigen Personengesellschaft z. B. NIEHUS, U./WILKE, H., Besteuerung, S. 62 f., ZIMMERMANN, R. u. a., Steuerrecht, Abschn. G. Rn. 1 f.

[3] Vgl. BFH vom 25.02.1991, GrS 7/89, BStBl. II 1991, S. 691-703.

[4] Vgl. SEER, R., Behandlung, StuW 1992, S. 35. Dazu auch BT-Drs. 12/1108 vom 03.09.1991, S. 58 f.

[5] STEUERÄNDERUNGSGESETZ vom 25.02.1992, BGBl. I 1992, S. 303.

EStG durch eine doppelstöckige Personengesellschaft ist daher nicht mehr möglich.[6]

Dennoch treten doppelstöckige Personengesellschaften auch heute noch in der Praxis, insbesondere im mittelständischen Bereich[7], in verschiedenen Erscheinungsformen auf, beispielsweise in der Form einer KG oder OHG, die umfangreiche eigene gewerbliche Aktivitäten entfaltet und in deren Rahmen u. a. auch eine Kommanditbeteiligung an einer anderen ebenfalls gewerblich aktiven KG hält. Auch gebietet es oft die Unternehmensgröße die verschiedenen unternehmerischen Aktivitäten nicht in einer Einheitsunternehmung mit mehreren Geschäftsbereichen oder Betriebsstätten abzuwickeln, sondern die Tätigkeit auf zwei oder mehrere Firmen zu verteilen.[8] Zudem ist der Fall einer (Schein-)KG denkbar, deren Geschäftsleben sich im Wesentlichen auf das Halten einer Beteiligung an einer anderen gewerblich aktiven Personengesellschaft beschränkt und die i. d. R. nur zu diesem Zwecke gegründet wurde.[9] Auch in Konzernen kommt es innerhalb des großen Beteiligungsspektrums – welches häufig von Kapitalgesellschaften dominiert wird – nicht selten zu der Situation, dass Personengesellschaften untereinander beteiligt sind.[10]

Die doppelstöckige Personengesellschaft ist trotz der Neukonzeption des § 15 Abs. 1 Satz 1 Nr. 2 EStG mit Vorteilen verbunden, die in den Eigenschaften der Personengesellschaft begründet liegen. Dies sind u. a. die haftungsmäßige Transparenz und der damit verbundene erweiterte Gesellschafter-Fremdfinanzierungsrahmen, erleichterte Prüfungs- und Publizitätspflichten für Jahresabschlüsse, die Vermeidung von Mitbestimmungsverpflichtungen sowie die Möglichkeit flexibler Gewinnverteilungsabreden.[11] Mehrstöckige Personengesellschaftsstrukturen bieten zudem den Vorteil, dass sie für steuerplanerische

---

[6] Vgl. z. B. LANG, J., Jahre, StuW 1991, S. 208, BINGER, J., Gewerbebetrieb, DB 1992, S. 856, STARINGER, C., in: GASSNER, W. u. a., Personengesellschaft, S. 243.

[7] Vgl. u. a. STEGEMANN, D., Detailfragen, INF 2004, S. 785, NEU, N./LÜHN, A., Unternehmensgruppen, GmbH-StB 2003, S. 51.

[8] Vgl. LEY, U., Besteuerungsfragen, KÖSDI 1996, S. 10923, SCHIFFERS, J., Sonderbetriebsvermögen, GmbH-StB 1997, S. 274. Da ohnehin bei mittelständischen Unternehmen in gewissen Abständen eine Überprüfung und ggf. Optimierung der strukturellen Gegebenheiten bezüglich der Unternehmensrechtsform und -konstruktion erfolgen sollte, ist dabei der Gedanke der Aufteilung eines Einheitsunternehmens unbedingt zu beachten, vgl. ROSE, G., Vorzüge, DB 2004, S. 999.

[9] Vgl. SCHMIDT, L., in: FS MOXTER, A., Gewinnermittlung, S. 1112, LEY, U., Besteuerungsfragen, KÖSDI 1996, S. 10923, SCHULZE ZUR WIESCHE, D., Holdinggesellschaften, DB 1988, S. 252, SCHIFFERS, J., Umstrukturierung, GmbH-StB 2003, S. 354.

[10] Vgl. z. B. MÜLLER-DOTT, J. P., in: Steuerberater-Jahrbuch 1995/96, Konzern, S. 257 f.

[11] Vgl. BADER, A., Holdinggesellschaften, S. 25, MÜLLER-DOTT, J. P., in: Steuerberater-Jahrbuch 1995/96, Konzern, S. 271 f.

Zwecke, z. B. für die Nutzung von Verlustvorträgen, einen Verkauf oder eine (teilweise) Umstrukturierung, zahlreiche Optionen bieten.[12] Schließlich kann die ertragsteuerliche Belastung von Personengesellschaften den Ausschlag zum Vorzug gegenüber einer Kapitalgesellschaft geben.[13]

In der Unternehmensplanung nimmt die steuerliche Komponente aufgrund ihrer Komplexität und Bedeutung einen eigenen Platz neben der Absatz-, Finanz-, Investitions- sowie Personalplanung ein. Da die Steuerpolitik nur einen von verschiedenen Einflussfaktoren für die Unternehmensentscheidungen darstellen, könnten außersteuerliche Gründe dafür sorgen, dass bewusst eine höhere Steuerbelastung in Kauf genommen wird.[14] Diese Arbeit soll sich allerdings ausschließlich darauf beschränken, die Steuerlast der zu betrachtenden Gesellschafter und Gesellschaften zu untersuchen bzw. zu optimieren (z. B. Verluste gezielt nutzen oder die Aufdeckung stiller Reserven verhindern).

In Bezug auf steuerrechtliche Fragen ergeben sich grundsätzlich für die doppelstöckige Personengesellschaft dieselben Regelungen wie für einstöckige Personengesellschaften. Allerdings sind bzgl. der laufenden Besteuerung der doppelstöckigen Personengesellschaft darüber hinaus gehende Fragestellungen zu beachten, die sich aus dem Umstand ergeben, dass an einer Personengesellschaft eine weitere Personengesellschaft beteiligt ist, aber die einkommensteuerlichen Vorschriften nicht auf diese Personengesellschaft, sondern auf die dahinter stehenden natürlichen Personen als Steuersubjekt abstellen.[15] In diesem Zusammenhang sind insbesondere die Verlustverrechnung nach § 15a EStG und der begrenzte Schuldzinsenabzug nach § 4 Abs. 4a EStG zu nennen. Aber auch in Verbindung mit gewerbesteuerlichen Fragen (Gewerbeverluste nach § 10a GewStG; Gewerbesteueranrechnung nach § 35 EStG) ergeben sich Besonderheiten durch die Doppelstockkonstruktion. Anknüpfend an die laufende Besteuerung treten weitere Problembereiche auf, wenn bei einer doppelstöckigen Personengesellschaft Veräußerungsvorgänge vorgenommen werden. Diese Fragen sind für die Gesamtbeurteilung der ertragsteuerlichen Situation von Interesse, da Unternehmenstransaktionen im realen Geschäftsleben eine hohe Bedeutung

---

[12] Vgl. ROSER, F., Gewinnermittlung, EStB 2006, S. 151.

[13] Vgl. zu Steuerbelastungsvergleichen zwischen Personengesellschaften und Kapitalgesellschaften z. B. SCHMID, R., Personengesellschaft, SteuerStud 2004, S. 160-165, KUßMAUL, H./TERNIG, H., Steuerbelastung, DB 2004, S. 1161-1165 oder JACOBS, O. H. u. a., Rechtsformwahl, StuW 2003, S. 308-325, die überwiegend die ertragsteuerliche Vorteilhaftigkeit der Personengesellschaft – auch gerade im mittelständischen Bereich – feststellen.

[14] Vgl. HERZIG, N., Gestaltung, DB 2000, S. 2236.

[15] Vgl. LEY, U., Anwendung, DStR 2004, S. 1498, GRAF KERSSENBROCK, O.-F./RUNDSHAGEN, H., Übertragung, BB 2004, S. 2490.

besitzen.[16] Hierbei besteht grundsätzlich die Gefahr der Aufdeckung hoher stiller Reserven, was trotz der Begünstigungen gemäß der §§ 16 und 34 EStG zu erheblichen Steuerbelastungen führen kann.[17] Bei den verschiedenen denkbaren Veräußerungskonstellationen sind für eine steueroptimale Veräußerung zahlreiche Faktoren zu beachten. Besondere Fragestellungen im Rahmen eines Veräußerungsvorgangs bei einer doppelstöckigen Personengesellschaft ergeben sich dabei auf Seiten des Veräußerers bzgl. der Zusammensetzung des Veräußerungsergebnisses und deren steuerliche Begünstigungen, der Behandlung von Sonderbetriebsvermögen und anknüpfende gewerbesteuerliche Fragen bzw. auf Seiten des Erwerbers insbesondere auf die „richtige" Erstellung von Ergänzungsbilanzen.

Obwohl sich die steuerrechtliche Forschung intensiv mit dem Konstrukt der doppelstöckigen Personengesellschaft beschäftigt hat, bleibt festzustellen, dass hierbei i. d. R. eine Beschränkung auf Teilprobleme stattgefunden hat[18], so dass sich eine umfassendere ertragsteuerliche Würdigung schwer ableiten lässt. Es zeigt sich bei näherem Studium der Literatur auch, dass eine Reihe von Besteuerungsfragen in diesem Zusammenhang offen bleiben bzw. uneinheitlich beantwortet werden. Zudem werden andere Themenbereiche von der Literatur nahezu vernachlässigt, obwohl hier diverse Problembereiche für eine umfassende Bewertung der steuerlichen Belastung der Gesellschafter einer doppelstöckigen Personengesellschaft von Interesse sind. Aber auch wenn es gelungen ist, so manche Besteuerungsfrage zu lösen, ist anzumerken, dass es aufgrund bestehender Interdependenzen zwischen den einzelnen Themenbereichen für eine Gesamtbeurteilung der ertragsteuerlichen Behandlung der doppelstöckigen Personengesellschaft zusätzlich nötig erscheint, die jeweiligen Themen im Zusammenhang zu untersuchen.[19]

---

[16] Aus einer Vielzahl von Motiven heraus kann das Bedürfnis entstehen, sich von einem Betrieb, Teilbetrieb oder Mitunternehmeranteil zu trennen. Als klassisches Beispiel ist hier speziell bei mittelständischen Unternehmen die Nachfolgeproblematik zu nennen. Findet sich im Kreise der Anteilseigner des Unternehmens kein geeigneter Nachfolger, ist die Veräußerung häufig der einzige Ausweg. Aber auch andere persönliche Gründe, wie Streitigkeiten unter den Gesellschaftern oder auch marktbezogene Kriterien, z. B. eine schlechte Wettbewerbssituation, Internationalisierung etc., können Auslöser für eine Unternehmenstransaktion sein, vgl. u. a. RÖDDER, T./HÖTZEL, O./MUELLER-THUNS, T., Unternehmenskauf, Einf. Rn. 3-5.

[17] Vgl. SAUER, O. M./SCHWARZ, H., Folgen, S. 17.

[18] Siehe Kapitel A.3.

[19] Beispielsweise hat die Beantwortung der Frage, ob und ggf. wie die Beteiligung der Untergesellschaft bei der Obergesellschaft bilanziert wird, nicht unerhebliche Auswirkungen auf die Ergebnisse der Verlustverrechnung gemäß § 15a EStG.

Die weite Verbreitung der doppelstöckigen Personengesellschaft in der Praxis und die mit ihr verbundenen – teils intensiv diskutierten – steuerlichen Problembereiche lassen es sinnvoll erscheinen, sich näher mit diesem Themenkomplex zu befassen. Um zu fundierten Aussagen zur ertragsteuerlichen Behandlung der doppelstöckigen Personengesellschaft zu gelangen, ist es wichtig, sich nicht nur einzelnen Teilproblemen zu widmen. An diesem Punkt setzt die vorliegende Arbeit an. Ziel soll es sein, eine ausführliche Untersuchung der ertragsteuerlichen Behandlung der doppelstöckigen Personengesellschaft unter Berücksichtigung möglicher Veräußerungsvorgänge vorzunehmen.

2. Untersuchungsgegenstand

Der nachfolgenden Untersuchung soll folgende Ausgangssituation zu Grunde liegen: Betrachtet wird eine aktiv gewerblich tätige Ober- und Untergesellschaft (doppelstöckige Personengesellschaft), wobei die Obergesellschaft an zwei Untergesellschaften (Schwesterpersonengesellschaften) beteiligt sein kann. Die Gesellschaften können in der Rechtsform einer OHG, KG oder GmbH & Co. KG geführt werden. Die Gesellschafter der Obergesellschaft (sog. Obergesellschafter) sind natürliche oder juristische Personen, die auch eine unmittelbare Beteiligung an der Untergesellschaft besitzen können. Zudem können an der Untergesellschaft neben der Obergesellschaft weitere natürliche oder juristische Personen als Untergesellschafter beteiligt sein. Der Fall der mehrstöckigen Personengesellschaft wird hier im Folgenden nicht zusätzlich betrachtet, da sich in diesen Fällen keine neuen Probleme ergeben. Dadurch, dass die Untergesellschaften an noch weiteren Personengesellschaften beteiligt sind, werden die Konstruktionen und somit die einzelnen Steuerberechnungen lediglich verlängert bzw. komplizierter. Es ergeben sich allerdings keine weiteren steuerrechtlichen Erkenntnisse. Eine typische Doppelstockkonstruktion ist in Abbildung 1 dargestellt.

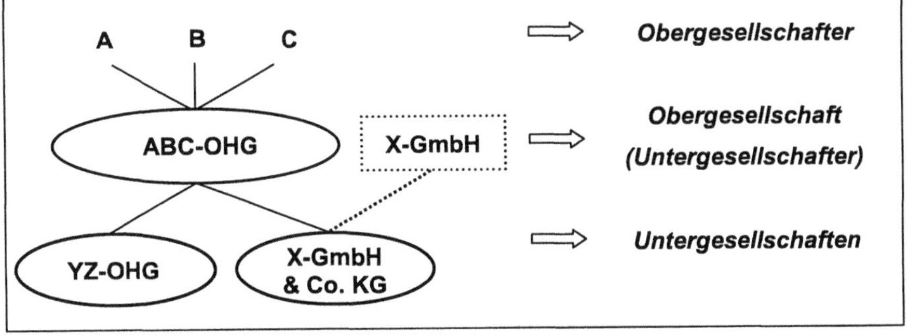

Abbildung 1: Beispiel für eine doppelstöckige Personengesellschaft

Die Obergesellschafter können Leistungsbeziehungen gegenüber der Ober- und/ oder Untergesellschaft unterhalten und entsprechend Sonderbetriebsvermögen besitzen. Gleiches gilt für die Ober- bei der Untergesellschaft. Auch zwischen den Untergesellschaften können Leistungsbeziehungen bzw. ein Austausch von Wirtschaftsgütern stattfinden.

Bezüglich der steuerrechtlichen Diskussion erfolgt aufgrund der Komplexität der möglichen Probleme in Zusammenhang mit der Konstruktion der doppelstöckigen Personengesellschaft eine Beschränkung auf die bereits in der Problemstellung angesprochenen Bereiche der laufenden Besteuerung unter Berücksichtigung etwaiger Veräußerungsvorgänge. Dabei werden ausschließlich die Einkommensteuer und die Gewerbesteuer betrachtet. Da für die doppelstöckige Personengesellschaft grundsätzlich dieselben ertragsteuerlichen Regelungen wie für einstöckige Personengesellschaften gelten, werden in dieser Arbeit lediglich Gebiete angesprochen, wo die Konstruktion der doppelstöckigen Personengesellschaft besondere Fragestellungen aufwirft. Fragestellungen bezüglich der Umsatzsteuer (z. B. § 1 Abs. 1a UStG) oder Grunderwerbsteuer, die sich im Rahmen einer Veräußerung ergeben können, werden ebenso wenig untersucht wie grenzüberschreitende Fallgestaltungen.

3. Aktueller Stand der Diskussion

Zu dem Themenbereich der doppelstöckigen Personengesellschaft sind im Laufe der Jahre die verschiedensten Fachbeiträge erschienen. Diejenigen Beiträge, die Anfang der 90er Jahre verfasst wurden, als sich der Große Senat zur steuerlichen Beurteilung der doppelstöckigen Personengesellschaft geäußert hat[20] bzw. als der § 15 Abs. 1 Satz 1 Nr. 2 EStG neu gefasst wurde[21], beschäftigten sich überwiegend mit sehr allgemeinen Fragestellungen zur Besteuerungskonzeption der doppelstöckigen Personengesellschaft und den mit der Gesetzesänderung verbundenen künftigen Auswirkungen, beispielsweise welche Voraussetzungen die Anwendung des § 15 Abs. 1 Satz 1 Nr. 2 Satz 2 EStG erfordert[22] oder wie Sondervergütungen bei mittelbarer Beteiligung zu behandeln sind.[23] Andere Beiträge in der Literatur, die das Verhältnis der doppelstöckigen Personengesellschaft zu einer speziellen Rechtsnorm beschrieben haben, sind teilweise

---

[20] Vgl. BFH vom 25.02.1991, GrS 7/89, BStBl. II 1991, S. 691-703. Fachbeiträge zur doppelstöckigen Personengesellschaft, die vor dieser Zeit veröffentlicht wurden, basieren auf alter Rechtsprechung und sind daher nur sehr eingeschränkt zu verwenden.

[21] Vgl. STEUERÄNDERUNGSGESETZ vom 25.02.1992, BGBl. I 1992, S. 303.

[22] Vgl. u. a. SEER, R., Behandlung, StuW 1992, S. 41-44, MÄRKLE, R., in: Steuerberater-Jahrbuch 1991/92, Ertragsteuerrecht, S. 252-256.

[23] Vgl. u. a. GROH, M., Sondervergütungen, DB 1991, S. 879-884, BORDEWIN, A./MITSCHKE, W., Vergütungen, DB 1992, S. 1266 f., BINGER, J., Gewerbebetrieb, DB 1992, S. 855-857.

nicht mehr aktuell, da es in diesem Zusammenhang neue Rechtsprechung, neue Verwaltungsanweisungen oder gar eine Gesetzesänderung gab.[24] Wiederum andere Beiträge behandeln zwar ausführlich wichtige Einzelprobleme, kommen aber, aufgrund sich im Detail stellenweise erheblich unterscheidender Ansichten der Autoren, zu unterschiedlichen steuerlichen Ergebnissen. Zudem wird die doppelstöckige Personengesellschaft bei Stellungnahmen zu anderen Problemkreisen oft nur nebensächlich als Spezialfall lediglich kurz angesprochen. Schließlich wird auch in den einschlägigen Kommentaren selten detaillierter auf die Besteuerungsprobleme doppelstöckiger Personengesellschaften eingegangen. Sie beschränken sich vorwiegend auf allgemeine Erläuterungen zum § 15 Abs. 1 Satz 1 Nr. 2 Satz 2 EStG[25] oder gehen bei den Fragen zum Verhältnis der doppelstöckigen Personengesellschaft zu einzelnen Rechtsnormen in den jeweiligen Abschnitten nur auf einzelne Besonderheiten ein.[26] Eine umfassende Betrachtung der ertragsteuerlichen Behandlung der doppelstöckigen Personengesellschaft unter Berücksichtigung von Veräußerungsvorgängen existiert allerdings – soweit ersichtlich – noch nicht.

4. Gang der Untersuchung

Zunächst erfolgt im Kapitel B eine umfassende Darstellung der für die spätere Analyse nötigen Grundlagen. Neben der Definition des Begriffs der doppelstöckigen Personengesellschaft und der Darstellung der Entwicklung der Rechtsprechung, sind hier im Wesentlichen Fragen zu den Voraussetzungen für diese Konstruktion zu erläutern.

Die folgenden Kapitel C bis E wenden sich dann konkreten Besteuerungsfragen zu. Das Kapitel C geht zunächst ausführlich auf grundlegende Einflussfaktoren der Besteuerung der doppelstöckigen Personengesellschaft ein, da diese in der

---

[24] Beispielsweise berücksichtigen die Artikel von LEY, U., Besteuerungsfragen, KÖSDI 1996, S. 10931-10935 oder BORDEWIN, A., Verlustverrechnung, NWB 1995, Fach 3, S. 9463 f. zur Verlustverrechnung nach § 15a EStG bei doppelstöckigen Personengesellschaften noch nicht die Verwaltungsanweisungen der OFD Frankfurt am Main vom 17.01.2002 – S 2241aA – 11 – St II 21, StuB 2002, S. 447 f. bzw. der OFD Chemnitz vom 05.02.1998 – S 2241a – 8/1 – St 31, DB 1998, S. 903 f. Die Fachbeiträge zum begrenzten Schuldzinsenabzug gemäß § 4 Abs. 4a EStG behandeln fast ausschließlich die Fälle der einstöckigen, nicht aber die der doppelstöckigen Personengesellschaft. Bezüglich der Gewerbesteuerpflicht bei Veräußerungsvorgängen im Zusammenhang mit doppelstöckigen Personengesellschaften hat das UntStFG 2001 für Neuerungen gesorgt, die ältere Beiträge verständlicherweise nicht berücksichtigen.

[25] Vgl. z. B. REIß, W., in: KIRCHHOF, P./SÖHN, H./MELLINGHOFF, R., EStG, § 15 Rn. E 334-E 375.

[26] Vgl. z. B. für die Verlustverrechnung gemäß § 15a EStG WACKER, R., in: SCHMIDT, L., EStG, § 15a Rn. 61 oder 235.

weiteren Untersuchung an verschiedenen Stellen ausschlaggebend sind. Dabei wird zuerst die Ermittlung der Gewinnanteile auf Ebene der Obergesellschafter, Obergesellschaft und Untergesellschaft erörtert. In diesem Zusammenhang wird auch auf das Auftreten von fremdbestimmten Steuerwirkungen und Möglichkeiten zum Ausgleich unsachgerechter Steuerbelastungen eingegangen werden, da diese Problematik charakteristisch für die Konstruktion der doppelstöckigen Personengesellschaft ist. Daran anschließend wird die Bilanzierung zur Nutzung überlassener Wirtschaftsgüter dargestellt. Hier ist schwerpunktmäßig die Bilanzierungskonkurrenz zwischen Ober- und Untergesellschaft von Interesse. Einen weiteren grundlegenden Themenbereich bildet die Bilanzierung der Beteiligung der Obergesellschaft an der Untergesellschaft. Da diesbezüglich zahlreiche unterschiedliche Meinungen existieren, ergeben sich für einzelne Fragen der laufenden Besteuerung der doppelstöckigen Personengesellschaft entsprechende materielle Konsequenzen. Abschließend wird in Kapitel C auf die Anrechnung der Gewerbesteuer auf die Einkommensteuer nach § 35 EStG eingegangen und aufgezeigt, wie problematisch eine verursachungsgerechte Aufteilung des Gewerbesteuer-Messbetrags gerade bei doppelstöckigen Personengesellschaften ist und inwiefern eine Gewerbesteueranrechnung letztlich gelingt.

Das anschließende Kapitel D beschäftigt sich mit der ertragsteuerlichen Behandlung von verschiedenen Veräußerungsszenarien bei doppelstöckigen Personengesellschaften. Nach einer Darstellung der einzelnen Veräußerungsszenarien wird zu untersuchen sein, welche ertragsteuerlichen Konsequenzen sich diesbezüglich für Veräußerer und Erwerber ergeben. Dabei ist insbesondere auf Seiten des Veräußerers darauf einzugehen, wie sich bei den jeweiligen Veräußerungskonstellationen das Veräußerungsergebnis zusammensetzt, ob und in welcher Höhe Begünstigungen gemäß §§ 16 und 34 Abs. 1 und 3 EStG gewährt werden und wie etwaig vorhandenes Sonderbetriebsvermögen behandelt wird. Im Zusammenhang mit der Veräußerung ist darüber hinaus zu beachten, dass (Behalte-)fristen, die aus vorangehenden Übertragungs- bzw. Überführungsvorgängen resultieren, nicht verletzt werden.[27] Einen wesentlichen Aspekt für die Beurteilung der Veräußerung bildet die Gewerbesteuerbelastung des Vorgangs. Hier ist insbesondere die Anwendung der Vorschrift des § 7 Satz 2 GewStG auf doppelstöckige Personengesellschaften zu prüfen.[28] Erfolgt

---

[27] In Zusammenhang mit Übertragungen bzw. Überführungen sind insbesondere die Behaltefristen der §§ 6 Abs. 3 EStG bzw. 6 Abs. 5 EStG von Interesse. Auf Fristen aus anderen Gesetzen, z. B. dem InvZulG, wird nicht eingegangen.

[28] Seit 01.01.2002 sind nach dem UntStFG Gewinne aus der Veräußerung oder Aufgabe eines Betriebs, Teilbetriebs oder Mitunternehmeranteils gewerbesteuerpflichtig, soweit diese Gewinne nicht auf natürliche Personen als unmittelbar beteiligte Mitunternehmer fallen, vgl. GESETZ ZUR FORTENTWICKLUNG DES UNTERNEHMENSSTEUERRECHTS vom 20.12.2001, BGBl. I 2001, S. 3873.

eine Belastung mit Gewerbesteuer, ist zu fragen, inwiefern eine Entlastung von der Gewerbesteuer nach § 35 EStG gelingt. Zudem soll dargestellt werden, welche Konsequenzen sich für im Zeitpunkt der Veräußerung bestehende Gewerbeverluste nach § 10a GewStG ergeben, bzw. wie ein Gewerbeverlust im Falle des Untergangs gerettet werden kann. Der Erwerber eines Mitunternehmeranteils an einer doppelstöckigen Personengesellschaft hat insbesondere darauf zu achten, wie er eine ggf. zu bildende Ergänzungsbilanz erstellt. In diesem Zusammenhang werden in der Literatur verschiedene Vorschläge unterbreitet, die unterschiedliche materielle Konsequenzen für die laufende Besteuerung nach sich ziehen.[29] Daher sollen die genannten Möglichkeiten zur Erstellung von Ergänzungsbilanzen – auch gerade unter Berücksichtigung des Vorhandenseins von Sonderbetriebsvermögen – diskutiert und gewürdigt werden, damit eine im Hinblick auf die laufende Besteuerung der doppelstöckigen Personengesellschaft zutreffende Erstellung der Ergänzungsbilanzen gelingt.

Das folgende Kapitel E beschäftigt sich schließlich mit ausgewählten Normen der laufenden Besteuerung der doppelstöckigen Personengesellschaft. Zunächst wird eine ausführliche Analyse der Verlustverrechnung gemäß § 15a EStG vorgenommen, wobei vorab die Frage der Anwendbarkeit der Vorschrift auf doppelstöckige Personengesellschaften zu klären ist. Anschließend sind in Abhängigkeit von der Rechtsform, der Haftungs- und der Gewinnsituation von Ober- und Untergesellschaft zahlreiche Fallunterscheidungen – mit verschiedenen Folgefragen – vorzunehmen, um das korrekte Verlustausgleichspotenzial für die Obergesellschafter zu errechnen. Dabei wird sich auch der Einfluss der Bilanzierung der Beteiligung der Untergesellschaft bei der Obergesellschaft zeigen. Die Zusammenhänge sollen anhand von Beispielrechnungen ausführlich dargestellt und gewürdigt werden. Zudem wird mit Hilfe von Gestaltungen versucht, eine bessere Verlustnutzung zu erreichen.

Ein weiteres Problem bei Personengesellschaften stellt der begrenzte Schuldzinsenabzug gemäß § 4 Abs. 4a EStG dar. Neben der noch zu beantwortenden Frage, ob die Berechnung der nichtabziehbaren Schuldzinsen gemäß § 4 Abs. 4a EStG – die auf der sog. Überentnahmeermittlung aufbaut – gesellschafts- oder gesellschafterbezogen zu erfolgen hat, besteht die Problematik, dass deren Berechnungsgrößen Einlagen, Entnahmen, Gewinne und Schuldzinsen nicht unmittelbar ableitbar sind, da zusätzlich zu der Gesamthandsbilanz auch Sonder- und Ergänzungsbilanzen in die Überentnahmeberechnung einfließen. Diese

---

[29] Eine "falsch" erstellte Ergänzungsbilanz beeinflusst z. B. die zutreffende Ermittlung des für die Verlustverrechnung nach § 15a EStG relevanten Kapitalkontos oder die Überentnahmeermittlung für die Berechnung des begrenzten Schuldzinsenabzugs nach § 4 Abs. 4a EStG.

Probleme nehmen mit steigender Größe und Komplexität einer Mitunternehmerschaft – wie der doppelstöckigen Personengesellschaft – zu.[30] Daher wird eine ausführliche Erläuterung der dem begrenzten Schuldzinsenabzug zu Grunde liegenden Berechnung und deren Anwendung auf doppelstöckige Personengesellschaften vorgenommen, wobei speziell die Besonderheiten betrachtet werden, die sich aus dem Vorhandensein von Sonder- und Ergänzungsbilanzen ergeben, da deren Ergebnisse die Überentnahmeermittlung erheblich beeinflussen. Ein abschließendes Beispiel soll die diskutierte Problematik veranschaulichen und zusammenfassen.

Das Kapitel F fasst schließlich die wesentlichen Ergebnisse zur Besteuerung der doppelstöckigen Personengesellschaft zusammen.

---

[30] Vgl. z. B. WÄLTERMANN, C., Anwendung, FR 2004, S. 559.

B. Aufbau der doppelstöckigen Personengesellschaft

1. Begriff der doppelstöckigen Personengesellschaft

Personengesellschaften können in beliebigem Umfang wechselseitige Beteiligungsverhältnisse zu anderen Personengesellschaften eingehen. Die Fähigkeit einer Personengesellschaft Rechte unter ihrer Firma zu erwerben, ermöglicht es z. B. einer OHG, sich an einer KG als Kommanditistin gesellschaftsrechtlich zu beteiligen (§§ 124, 161 HGB). Dabei wird die OHG als **Obergesellschaft** und die KG als **Untergesellschaft** bezeichnet.[31] Die zivilrechtlich, also unmittelbar, an den Gesellschaften beteiligten Gesellschafter sind entsprechend die Ober- bzw. Untergesellschafter. Diese Gestaltung wird als doppelstöckige bzw., bei Zwischenschaltung mehrerer Personengesellschaften, mehrstöckige Personengesellschaft bezeichnet.[32]

Eine Personengesellschaft, die an einer anderen Personengesellschaft beteiligt ist, wird zivilrechtlich wie jeder andere Gesellschafter behandelt, d. h. die Gesellschafterin hat dieselben Rechte und Pflichten wie eine natürliche oder juristische Person, die Gesellschafterin einer Personengesellschaft ist. Die Oberpersonengesellschaft selbst ist Gesellschafter der Untergesellschaft und nicht die Gesellschafter der Obergesellschaft. Diese sind – vorausgesetzt, sie besitzen nicht auch eine unmittelbare Beteiligung an der Untergesellschaft – lediglich mittelbar über die Obergesellschaft an der Untergesellschaft beteiligt.[33] Dem Zivilrecht folgend ist auch steuerrechtlich die (Ober-)Personenhandelsgesellschaft, also die Gesellschafter in ihrer gesamthänderischen Gebundenheit, Mitunternehmer einer anderen Personengesellschaft, so dass sie als Steuerrechtssubjekt[34] in einem beschränkten Umfange (Subjekt der Gewinnermittlung)

---

[31] Vgl. u. a. NIEHUS, U./WILKE, H., Besteuerung, S. 340, ZIMMERMANN, R. u. a., Steuerrecht, Abschn. G. Rn. 1, NIEMEIER, G. u. a., Einkommensteuer, S. 685, GRAF KERSSENBROCK, O.-F./RUNDSHAGEN, H., Übertragung, BB 2004, S. 2491.

[32] Zum Teil werden in der Literatur auch Begriffe wie „Doppelgesellschaft“ oder „verbundene Mitunternehmerschaft“ genannt, die im Folgenden allerdings nicht verwendet werden sollen.

[33] Vgl. ZIMMERMANN, R. u. a., Steuerrecht, Abschn. G. Rn. 2. Überlässt ein Gesellschafter der Obergesellschaft der Untergesellschaft Sonderbetriebsvermögen, gilt er dort als „Sondermitunternehmer“, vgl. FELIX, G., Untergesellschaft, BB 1994, S. 690.

[34] Vgl. REIß, W., Grundprobleme (Teil 1), Stbg 1999, S. 361, LIST, H., Wandel, BB 2004, S. 1473-1477. Kritisch zur Rechtssubjektivität der Personengesellschaft im Einkommensteuerrecht BODDEN, G., Tatbestandsverwirklichung, DStZ 2002, S. 391-404.

anerkannt wird. Die Oberpersonengesellschaft wird im Ergebnis steuerrechtlich wie jeder andere Gesellschafter behandelt.[35]

2. Gesetzliche Regelung und Entwicklung der Rechtsprechung

Die Rechtsprechung zur doppelstöckigen Personengesellschaft ist durch diverse Urteile mit oft unterschiedlichen Sichtweisen geprägt.[36] Im Kern ging es immer um die Frage, ob Mitunternehmerschaftsgrundsätze zur Anwendung kommen, wenn in einer doppel- bzw. mehrstöckigen Personengesellschaft unmittelbare Leistungsbeziehungen bei nur mittelbarer Beteiligung bestehen. Mit anderen Worten: Sind Vergütungen der Obergesellschaft an den Obergesellschafter für Leistungen bei der zahlenden Gesellschaft Betriebsausgaben bzw. beim Gesellschafter Einkünfte aus der entsprechenden Überschusseinkunftsart oder sind solche Leistungsentgelte wie Gewinnanteile zu behandeln, also den Gewinn der Personengesellschaft nicht mindern dürfend und beim Gesellschafter Einkünfte aus Gewerbebetrieb? Und schließlich ist die Frage zu beantworten, ob und bei wem Sonderbetriebsvermögen durch vom mittelbar beteiligten Gesellschafter zur Nutzung überlassener Wirtschaftsgüter vorliegt.[37]

Marksteine in der steuerlichen Beurteilung von doppelstöckigen Personengesellschaften sind der Beschluss des Großen Senats des BFH GrS 7/89 vom 25.02.1991[38] und die anschließende Neufassung des § 15 Abs. 1 Satz 1 Nr. 2 EStG durch das Steueränderungsgesetz 1992.[39] Der Große Senat hatte zunächst – wie LUDWIG SCHMIDT[40] es kommentiert hatte – ein "großzügiges Machtwort" gesprochen. Er entschied, dass ein Durchgriff durch eine Personenhandelsgesellschaft nicht zulässig sei (sog. Durchgriffsverbot). Das hatte zur Folge, dass ein Gesellschafter, der an einer Personengesellschaft (Obergesellschaft) beteiligt ist, die ihrerseits Gesellschafterin einer anderen Personengesellschaft (Untergesellschaft) ist, und der für unmittelbare Leistungen an die Untergesellschaft

---

[35] Vgl. ZIMMERMANN, R. u. a., Steuerrecht, Abschn. G. Rn. 3, SEER, R., Behandlung, StuW 1992, S. 43. Von der doppelstöckigen Personengesellschaft zu unterscheiden ist die Schwesternpersonengesellschaft. Von einer Schwesternpersonengesellschaft wird gesprochen, wenn an zwei Personengesellschaften zwar nicht die Personengesellschaft als solche, aber – ganz oder teilweise – dieselben Gesellschafter als Mitunternehmer beteiligt sind. Für deren steuerliche Beurteilung sind die allgemeinen Vorschriften des § 15 Abs. 1 Satz 1 Nr. 2 Satz 1 EStG anzuwenden, vgl. REIß, W., in: KIRCHHOF, P., EStG, § 15 Rn. 424.

[36] Vgl. u. a. BFH vom 23.02.1972, I R 159/68, BStBl. II 1972, S. 530, FG Baden-Württemberg vom 20.09.1985, IX 160/80, EFG 1986, S. 122, BFH vom 12.11.1985, VIII R 286/81, BStBl. II 1986, S. 55, BFH vom 11.12.1990, VIII R 14/87, BStBl. II 1991, S. 510.

[37] Vgl. MÄRKLE, R., in: Steuerberater-Jahrbuch 1991/92, Ertragsteuerrecht, S. 248.

[38] Vgl. BFH vom 25.02.1991, GrS 7/89, BStBl. II 1991, S. 691-703.

[39] STEUERÄNDERUNGSGESETZ vom 25.02.1992, BGBl. I 1992, S. 303.

[40] Vgl. SCHMIDT, L., Personengesellschaft, DStR 1991, S. 505.

Vergütungen erhält (z. B. Darlehenszinsen für gewährte Darlehen), keine Sondervergütungen i. S. d. § 15 EStG, sondern Einkünfte aus der entsprechenden Überschusseinkunftsart bezieht (z. B. Einkünfte aus Kapitalvermögen). Der Gesellschafter mag zwar mittelbar an der Untergesellschaft beteiligt sein, ist aber kein unmittelbarer Gesellschafter und somit kein Mitunternehmer der Untergesellschaft.[41] Im Ergebnis hätten diese Vergütungen für die Untergesellschaft entsprechenden betrieblichen Aufwand bedeutet, so dass dem Gesellschafter einer Personengesellschaft eine attraktive Rechtsformalternative geboten wurde. Denn durch Zwischenschaltung einer Personengesellschaft (zur doppelstöckigen Personengesellschaft) hätten erhebliche Gewerbesteuern gespart werden können.[42] Zudem hätten zur Nutzung überlassene Wirtschaftsgüter kein Sonderbetriebsvermögen dargestellt, mit dem positiven Effekt, dass bei einer Veräußerung oder Entnahme keine stillen Reserven hätten versteuert werden müssen.[43] Der Große Senat wollte dieser Gestaltungsmöglichkeit durch Anwendung des § 42 AO begegnen, der auf die Fälle abzielt, wo die Obergesellschaft nur zwischengeschaltet wird, um den Rechtsfolgen des § 15 Abs. 1 Satz 1 Nr. 2 2. Hs. EStG zu entgehen.[44] Allerdings geht aus der amtlichen Begründung des Regierungsentwurfs eines Steueränderungsgesetzes 1992[45] hervor, dass die Bundesregierung der Ansicht ist, dass § 42 AO nicht ausreiche, um die durch die Entscheidung des Großen Senats befürchteten Steuerausfälle zu vermeiden. Daher, aber auch vor dem Hintergrund der Gleichmäßigkeit der Besteuerung, hat der Gesetzgeber die streitige Vorschrift des § 15 Abs. 1 Satz 1 Nr. 2 EStG durch Art. 1 des Steueränderungsgesetzes 1992 vom 25.02.1992[46] um einen Satz 2 ergänzt:

"Der mittelbar über eine oder mehrere Personengesellschaften beteiligte Gesellschafter steht dem unmittelbar beteilten Gesellschafter gleich; er ist als Mitunternehmer des Betriebs der Personengesellschaft anzusehen, an der er mittelbar beteiligt ist, wenn er und die Personen-

---

[41] Vgl. MÄRKLE, R., in: Steuerberater-Jahrbuch 1991/92, Ertragsteuerrecht, S. 252 f.
[42] Vgl. BT-Drs. 12/1108 vom 03.09.1991, S. 58.
[43] Vgl. SARRAZIN, V., in: FS SCHMIDT, L., Personengesellschaft, S. 394. Der Beschluss des Großen Senats provozierte geradezu eine Gründungswelle doppelstöckiger Personengesellschaften. GROH kritisierte in einem Beitrag, dass es um das deutsche Steuerrecht nicht gut bestellt sein könne, wenn Konstruktionen wie die doppelstöckige Personengesellschaft zum "Normaltyp" der Unternehmensrechtsformen werden würde, vgl. GROH, M., Sondervergütungen, DB 1991, S. 879.
[44] Vgl. SEER, R., Behandlung, StuW 1992, S. 38. Der § 42 AO wurde vom Großen Senat u. a. dann für einschlägig befunden, wenn die Obergesellschaft nicht über einen eigenen Gewerbebetrieb mit hinreichender Anzahl von Geschäftsvorfällen verfügt und für die Zwischenschaltung der Obergesellschaft keine wirtschaftlichen oder sonst beachtlichen Gründe ersichtlich sind, vgl. BFH vom 25.02.1991, GrS 7/89, BStBl. II 1991, S. 702.
[45] Vgl. BR-Drs. 522/91 vom 06.09.1991, S. 58.
[46] STEUERÄNDERUNGSGESETZ vom 25.02.1992, BGBl. I 1992, S. 303.

gesellschaften, die seine Beteiligung vermitteln, jeweils als Mitunternehmer der Betriebe der Personengesellschaften anzusehen sind, an denen sie unmittelbar beteiligt sind."

Mit diesem Satz wurde der Fall der doppelstöckigen Personengesellschaft ausdrücklich geregelt. Demzufolge ist bei einer doppelstöckigen Personengesellschaft der Gesellschafter und Mitunternehmer der Obergesellschaft zwar zivilrechtlich kein Gesellschafter der Untergesellschaft, wird aber bei ihr bezüglich etwaiger Sondervergütungen und Sonderbetriebsvermögen als (Sonder-)Mitunternehmer fingiert.[47]

3. Voraussetzungen für die Anwendung von § 15 Abs. 1 Satz 1 Nr. 2 Satz 2 EStG

3.1. Obergesellschaft als Mitunternehmer der Untergesellschaft

Bezüglich der Beschaffenheit der Obergesellschaft stellen sich die Fragen, ob es sich um eine gewerbliche (Ober-)Personengesellschaft handeln muss und ob aus steuerrechtlicher Sicht nur bestimmte Rechtsformen als Obergesellschaft i. S. v. § 15 Abs. 1 Satz 1 Nr. 2 Satz 2 EStG in Betracht kommen.[48]

Die Obergesellschaft muss Mitunternehmer der Untergesellschaft sein. Das bedeutet, dass sie gegenüber der Untergesellschaft alle Merkmale, die an einen Mitunternehmer gestellt sind, erfüllen muss. In ihrer gesamthänderischen Gebundenheit müssen die Gesellschafter – nicht jeder einzelne Gesellschafter der Obergesellschaft – Mitunternehmerrisiko tragen und Mitunternehmerinitiative entfalten können. Als Obergesellschaft kommen daher insbesondere gewerblich tätige Personenhandelsgesellschaften bzw. gewerblich geprägte Personengesellschaften in Betracht.[49]

Dass die Obergesellschaft im Sinne von § 15 Abs. 1 Satz 1 Nr. 2 Satz 2 EStG die Rechtsform der OHG bzw. KG besitzen kann, wurde bereits vorstehend ausgeführt. Ob dies auch für eine BGB-Gesellschaft gilt, ist zivilrechtlich um-

---

[47] Vgl. z. B. SÖFFING, G., Beteiligung, FR 1992, S. 186 f., HÄGER, M./FORST, P., Übertragung, EStB 2001, S. 356 f., SCHMIDT, L./HAGEBÖKE, J., Obergesellschaft, DB 2003, S. 793, siehe auch BFH vom 06.09.2000, IV R 69/99, BStBl. II 2001, S. 733 und BFH vom 31.08.1999, VIII B 74/99, BStBl. II 1999, S. 794. Kritisch dagegen BODDEN, G., Einkünftequalifikation, FR 2002, S. 564, der die Beziehungen des Obergesellschafters zur Untergesellschaft nicht auf den Sonderbetriebsbereich beschränkt.

[48] Vgl. NIEHUS, U./WILKE, H., Besteuerung, S. 343 f.

[49] Vgl. u. a. SCHULZE ZUR WIESCHE, D., in: BORDEWIN, A./BRANDT, J., EStG, § 15 Rn. 263f, BORDEWIN, A., Mitunternehmerschaft, NWB 1992, Fach 3, S. 8322, SCHMIDT, A., Leistungsbeziehungen, DStR 1990, S. 166-169.

stritten.[50] Steuerrechtlich gesehen ist das allerdings nicht von Bedeutung, da der BFH zur Gewährleistung einer gleichmäßigen Besteuerung zu Gunsten einer steuerlichen Gleichbehandlung von Personenhandelsgesellschaften und der GbR entschieden hat.[51] Entscheidend ist der wirtschaftliche Gehalt der Tätigkeit der Gesellschaft und nicht deren Rechtsform oder der die Rechtsform beeinflussende Umfang ihrer Tätigkeit. Da zwischen einer Personenhandelsgesellschaft und einer mitunternehmerisch tätigen GbR bezüglich des wirtschaftlichen Gehalts ihrer Tätigkeit keine grundsätzlichen Unterschiede bestehen, ist der GbR unabhängig von der zivilrechtlichen Wertung wie den Personenhandelsgesellschaften eine Mitunternehmerstellung bei anderen Personengesellschaften einzuräumen.[52] So ist es auch folgerichtig, Gemeinschaftsverhältnisse, die der Personengesellschaft wirtschaftlich vergleichbar sind, wie beispielsweise die Erbengemeinschaft[53], oder Innengesellschaften, deren Gesellschafter Mitunternehmer sind (atypisch stille Gesellschaft, atypisch GmbH & Still und atypisch stille Unterbeteiligung[54]) als mögliche Rechtsformen der Obergesellschaft zu qualifizieren.

Insgesamt bleibt festzuhalten, dass aus steuerrechtlicher Sicht jegliche Ausprägungen der Personengesellschaft bzw. vergleichbare Rechtsverhältnisse als Obergesellschaft dienen können. Eine vor dem Eingehen einer Beteiligung einer Obergesellschaft vorliegende Einkunftsart ist für die Anwendbarkeit des § 15 Abs. 1 Satz 1 Nr. 2 Satz 2 EStG ohne Bedeutung.[55]

3.2. Gewerbliche Untergesellschaft

Bei der Untergesellschaft muss es sich konsequenterweise um eine aktiv gewerblich tätige (wie in der Ausgangssituation in Kapitel A.2. unterstellt) oder gewerblich geprägte Personengesellschaft handeln. Denn wäre diese Voraussetzung nicht gegeben, würde der Anwendungsbereich des § 15 Abs. 1 Satz 1

---

[50] Vgl. ULMER, P., Gesellschaft, ZIP 2001, S. 595.

[51] Vgl. BFH vom 25.02.1991, GrS 7/89, BStBl. II 1991, S. 702.

[52] Vgl. BFH vom 25.02.1991, GrS 7/89, BStBl. II 1991, S. 702, BFH vom 12.10.1989, IV R 5/86, BStBl. II 1990, S. 172. Dazu auch GRAF KERSSENBROCK, O.-F./RUNDSHAGEN, H., Übertragung, BB 2004, S. 2491, PATT, J./RASCHE, R., Aufstockungsmodell, FR 1996, S. 806.

[53] Vgl. BFH vom 01.03.1994, VIII R 35/92, BStBl. II 1995, S. 243.

[54] Vgl. BFH vom 02.10.1997, IV R 75/96, BStBl. II 1998, S. 137, so auch STEGEMANN, D., Detailfragen, INF 2004, S. 788, SCHNITTER, G., Beteiligung, EStB 2003, S. 191, ZENTHÖFER, W./SCHULZE ZUR WIESCHE, D., Einkommensteuer, S. 458, SCHUMACHER, A., Verlustvortrag, DStR 1998, S. 840 f., FELIX, G., Leistung, KÖSDI 1994, S. 9769. Kritisch CARLÉ, D., in: KORN, K. u. a., EStG, § 15 Rn. 272 und 274, SEER, R., Behandlung, StuW 1992, S. 44, OTTERSBACH, J. H., Tätigkeitsvergütung, FR 1999, S. 201-204.

[55] Vgl. NIEHUS, U./WILKE, H., Besteuerung, S. 345 f.

Nr. 2 EStG gar nicht erst zum Tragen kommen. Es genügt dabei auch eine nur teilweise gewerbliche Tätigkeit der Untergesellschaft. Nach § 15 Abs. 3 Nr. 1 EStG werden die übrigen Tätigkeitsbereiche der Gesellschaft dann mit der Gewerblichkeit "infiziert".[56] Sofern die Untergesellschaft allerdings eine nichtgewerbliche Personengesellschaft ist, greift die Vorschrift des § 15 Abs. 1 Satz 1 Nr. 2 Satz 2 EStG grundsätzlich nicht ein. Das gilt auch in dem Fall, in dem eine gewerbliche Personengesellschaft (Oberpersonengesellschaft) an einer nicht gewerblichen, z. B. vermögensverwaltenden Personengesellschaft (Untergesellschaft) beteiligt ist (sog. Zebragesellschaft). Die vermögensverwaltende Tätigkeit der Untergesellschaft führt im Ergebnis dazu, dass eine Umdeutung der Gesellschafter der Obergesellschaft in Mitunternehmer der Untergesellschaft unterbleibt. Dies ist auch systemgerecht, da so der mittelbar an der vermögensverwaltenden Untergesellschaft beteiligte Gesellschafter denjenigen Gesellschaftern gleichgestellt ist, die unmittelbar an ihr beteiligt sind und Überschusseinkünfte erzielen. Es erfolgt also weder eine Umqualifizierung der Einkunftsarten, noch ist der Ausweis von Sonderbetriebsvermögen erforderlich.[57] Bei Zebragesellschaften ist allerdings zu beachten, dass die Gesellschafter, die ihre Beteiligung an der vermögensverwaltenden Untergesellschaft in einem Betriebsvermögen halten, insoweit gewerbliche Einkünfte erzielen.[58]

3.3. Ununterbrochene Mitunternehmerkette

Weitere Voraussetzung für die Anwendung des § 15 Abs. 1 Satz 1 Nr. 2 Satz 2 EStG ist das Vorliegen einer ununterbrochenen Mitunternehmerkette. Wie bereits erläutert, wird der Gesellschafter der Obergesellschaft gleichzeitig als Mitunternehmer der Untergesellschaft fingiert, wenn er Mitunternehmer der Obergesellschaft ist. Dies ist der Fall, wenn der Obergesellschafter die Merkmale eines Mitunternehmers zur Obergesellschaft (Mitunternehmerrisiko und Unternehmerinitiative) erfüllt.[59] Eine ununterbrochene Mitunternehmerkette liegt nur vor, wenn der Gesellschafter der Obergesellschaft Mitunternehmer des Betriebs der Obergesellschaft und diese wiederum Mitunternehmer des Betriebs der Untergesellschaft ist. Daraus ergibt sich, dass sowohl die Rechtsstellung des Obergesellschafters gegenüber der Obergesellschaft als auch diejenige der

---

[56] Vgl. z. B. SCHNITTER, G., Beteiligung, EStB 2003, S. 191.

[57] Vgl. NIEHUS, U./WILKE, H., Besteuerung, S. 343.

[58] Vgl. BFH vom 21.09.2000, IV R 77/99, DB 2001, S. 72-74.

[59] Vgl. SCHULZE ZUR WIESCHE, D., Steueränderungsgesetz, StBp 1992, S. 250. Ist hingegen ein Gesellschafter sowohl bei der Obergesellschaft als auch bei der Untergesellschaft unmittelbarer Mitunternehmer, greift § 15 Abs. 1 Satz 1 Nr. 2 Satz 2 EStG nicht ein. In dieser Konstellation fallen Rechtsbeziehungen zwischen dem Gesellschafter und der Obergesellschaft bzw. der Untergesellschaft jeweils für sich gesehen unter § 15 Abs. 1 Satz 1 Nr. 2 Satz 1 EStG, vgl. ZIMMERMANN, R. u. a., Steuerrecht, Abschn. G. Rn. 12.

Obergesellschaft gegenüber der Untergesellschaft den Kriterien der Mitunternehmerschaft genügen muss.[60] Die Abbildung 2 soll diesen Zusammenhang verdeutlichen.

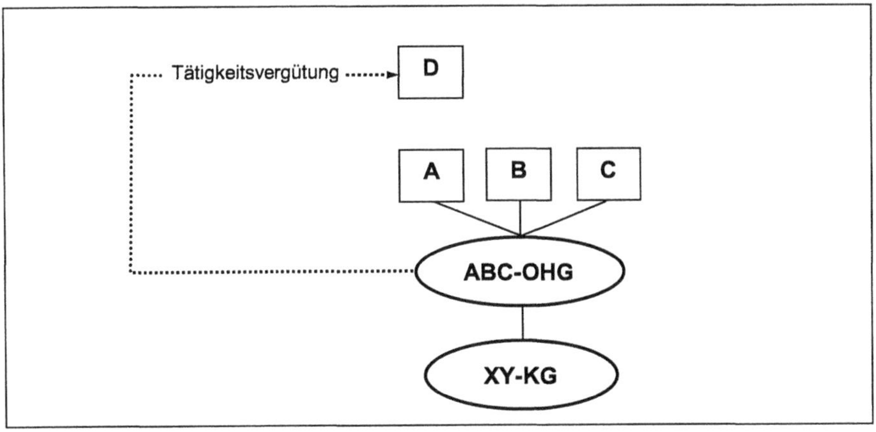

Abbildung 2: Ununterbrochene Mitunternehmerkette als Voraussetzung einer doppelstöckigen Personengesellschaft

Quelle: in Anlehnung an NIEHUS, U./WILKE, H., Besteuerung, S. 346.

---

[60] Vgl. WACKER, R., in: SCHMIDT, L., EStG, § 15 Rn. 613, VON WALLIS, H./BRANDMÜLLER, G./SCHULZE ZUR WIESCHE, D., Besteuerung, Rn. 129 f., MÜLLER, G.-J./FUNK, T. E./MÜLLER, H., Abfärbung, BB 2005, S. 2274. Hingegen verneint BINGER, J., Gewerbebetrieb, DB 1992, S. 856, die ununterbrochene Mitunternehmerkette für den Fall, dass sich die Obergesellschaft auf das Halten der Beteiligung an der Untergesellschaft sowie ggf. daneben die Verwaltung sonstigen Vermögens beschränkt. Begründet wird diese Ansicht damit, dass der Gesellschafter der Obergesellschaft i. S. v. § 15 Abs. 1 Satz 1 Nr. 2 Satz 2 EStG Mitunternehmer des "Betriebs" der Obergesellschaft sein müsse. Eine vermögensverwaltende Personengesellschaft unterhalte aber keinen eigenen Betrieb, so dass die Voraussetzung für eine ununterbrochene Mitunternehmerkette in dem Fall nicht erfüllt sei. Dem halten BORDEWIN, A./MITSCHKE, W., Vergütungen, DB 1992, S. 1266 f., m. E. zu Recht entgegen, dass sich nach dem Beschluss des Großen Senats des BFH vom 25.02.1991, GrS 7/89, BStBl. II 1991, S. 691, die Mitunternehmereigenschaft der Obergesellschaft bereits aus ihrer Stellung als Mitglied einer gewerblich tätigen Personengesellschaft ergibt, so dass auch eine vermögensverwaltende Obergesellschaft die Mitunternehmerkette einer doppelstöckigen Personengesellschaft nicht unterbricht. Zwar könnte sich aus der jüngsten Rechtsprechung zu lediglich vermögensverwaltenden Obergesellschaften, vgl. BFH vom 06.10.2004, IX R 53/01, DB 2004, S. 2560, eine Durchbrechung der Mitunternehmerkette ableiteten lassen. Aber dieses Urteil soll per Nichtanwendungserlass des BMF vom 18.05.2005, IV B 2 – S 2241 – 34/05, BStBl. I 2005, S. 698, nicht über den entschiedenen Einzelfall hinaus angewandt werden, da sich die Vorschrift des § 15 Abs. 1 Satz 1 Nr. 2 Satz 2 EStG sonst leicht umgehen ließe, so auch NIEHUS, U./WILKE, H., Besteuerung, S. 344.

Die Abbildung zeigt die XY-KG, deren Mitunternehmer die ABC-OHG ist, bei der wiederum die natürlichen Personen A, B und C eine Mitunternehmerstellung besitzen. In diesem Fall sind die Voraussetzungen einer ununterbrochenen Mitunternehmerkette erfüllt. Darüber hinaus ist am Anteil des A der D mit 50 v. H. unterbeteiligt. Zudem ist D Arbeitnehmer der ABC-OHG. Zum Vorliegen einer ununterbrochenen Mitunternehmerkette ist es erforderlich, dass D eine atypische stille Unterbeteiligung besitzt, z. B. durch anteilige Beteiligung an den stillen Reserven des Mitunternehmeranteils des A. Da D gegenüber A in dem Fall eine Mitunternehmerstellung besitzt, ist D folglich auch als mittelbarer Mitunternehmer (über A) der OHG anzusehen, so dass seine Tätigkeitsvergütung in den Bereich des § 15 Abs. 1 Satz 1 Nr. 2 Satz 1 EStG fallen. Handelt es sich bei der Beteiligung des D an A um eine typisch stille Unterbeteiligung, ist die Mitunternehmerkette zwischen D und A unterbrochen, da D die Anforderungskriterien der Mitunternehmereigenschaft gegenüber A nicht erfüllt. In dem Fall bezieht D Einkünfte aus nichtselbständiger Arbeit, § 19 EStG.[61]

Der Durchgriff in der Mitunternehmerkette kann auf eine unbeschränkte Zahl von vertikal beteiligten Personengesellschaften ausgedehnt sein, die jeweils die Kriterien der Mitunternehmerschaft erfüllen. Dies kann in extremen Fällen zu sehr geringen mittelbaren Beteiligungen führen.[62] Beispielsweise sei A zu 1 v. H. als Mitunternehmer an der B-OHG beteiligt; diese wiederum zu 1 v. H. an der C-OHG; diese auch zu 1 v. H. an der D-OHG; diese schließlich zu 1 v. H. an der E-OHG. Obwohl eine ununterbrochene Mitunternehmerkette besteht, ist sofort ersichtlich, dass hier der A, dessen Mitunternehmerstellung in vier Mitunternehmerstellungen aufgespalten ist, nur zu einem sehr geringen Anteil mittelbar an der C-OHG und erst recht an der D-OHG und E-OHG beteiligt ist. Daher stellt sich die Frage, inwieweit § 15 Abs. 1 Satz 1 Nr. 2 Satz 2 EStG hier Anwendung findet. Nach Meinung der Literatur sollte § 15 Abs. 1 Satz 1 Nr. 2 Satz 2 EStG nicht angewendet werden, wenn die mittelbare Beteiligung an der Untergesellschaft nur zufällig ist und die Zwischengesellschaften erhebliche eigengewerbliche Aktivitäten entfalten.[63] Demnach müsste die Sondermitunternehmerstellung des A gegenüber der D-OHG und E-OHG sicher verneint werden. Fraglich sind jedoch die Abgrenzungsmerkmale, wann die Bagatelle anfängt und wo sie aufhört. Dies ist in der Literatur ungeklärt, so dass nicht eindeutig gesagt werden kann, ob A Sondermitunternehmer der C-OHG ist. Hier sollte letztlich auf den Einzelfall abgestellt werden.

---

[61] Vgl. NIEHUS, U./WILKE, H., Besteuerung, S. 346 f.
[62] Vgl. FELIX, G., Leistung, KÖSDI 1994, S. 9768.
[63] Vgl. u. a. FELIX, G., Leistung, KÖSDI 1994, S. 9768, WACKER, R., in: SCHMIDT, L., EStG, § 15 Rn. 613.

C. Grundlagen und Einflussfaktoren der Besteuerung von doppelstöckigen Personengesellschaften

1. Ermittlung der Gewinnanteile auf Ebene der Gesellschafter und Gesellschaften der doppelstöckigen Personengesellschaft

1.1. Gewinnermittlung bei der Untergesellschaft

Gewerbliche Einkünfte einer Personengesellschaft werden nach überwiegender Auffassung additiv ermittelt. Das bedeutet, dass zu dem Gewinn/Verlust aus der Steuerbilanz die Ergebnisse aus ggf. vorhandenen Ergänzungs- und Sonderbilanzen hinzuzurechnen sind.[64] Bei doppelstöckigen Personengesellschaften ist sowohl auf Ebene der Untergesellschaft als auch auf Ebene der Obergesellschaft der Gesamtgewinn (additiv) zu ermitteln. Der steuerliche Gesamtgewinn der Untergesellschaft setzt sich dabei wie in Abbildung 3 dargestellt zusammen.

(1)	Ergebnis lt. Handelsbilanz/Steuerbilanz[65] der Untergesellschaft
(2)	+ Ergebnis lt. Ergänzungsbilanz der Obergesellschaft als Gesellschafter der Untergesellschaft
(3)	+ Ergebnisse lt. Ergänzungsbilanzen der übrigen Gesellschafter der Untergesellschaft
	Ergebnis der ersten Stufe der Gewinnermittlung (§ 15 Abs. 1 Nr. 2 Satz 1 1. Hs. EStG)
(4)	+ Ergebnis lt. Sonderbilanz der Obergesellschaft als Gesellschafter der Untergesellschaft
(5)	+ Ergebnisse lt. Sonderbilanzen der übrigen Gesellschafter der Untergesellschaft
(6)	+ Ergebnisse lt. Sonderbilanzen der mittelbaren Gesellschafter (= Obergesellschafter)
	Ergebnis der zweiten Stufe der Gewinnermittlung (§ 15 Abs. 1 Nr. 2 Satz 1 2. Hs. EStG)
	= Steuerlicher Gesamtgewinn der Untergesellschaft

Abbildung 3: Zusammensetzung des steuerlichen Gesamtgewinns der Untergesellschaft
Quelle: in Anlehnung an LEY, U., Besteuerungsfragen, KÖSDI 1996, S. 10923.

[64] Vgl. BFH vom 11.03.1992, XI R 38/89, BStBl. II 1992, S. 798.

[65] Einschließlich außerbilanzieller Hinzurechnungen (z. B. § 4 Abs. 5 EStG). Sie sind nach dem gleichen Schlüssel zu verteilen wie das Steuerbilanzergebnis, unabhängig davon, ob beispielsweise nicht abziehbare Betriebsausgaben durch das Handeln eines Gesellschafters verursacht wurden, vgl. BOLK, W., Gewinnermittlung, BuW 1995, S. 228.

Der steuerliche Gesamtgewinn der Untergesellschaft bildet die Grundlage für die Ermittlung des Gewerbeertrags der Untergesellschaft nach § 7 GewStG. Das Ergebnis aus der Handels-/Steuerbilanz der Untergesellschaft ist ihren zivilrechtlichen Gesellschaftern nach dem gesellschaftsrechtlichen Gewinnverteilungsschlüssel zuzurechnen.[66] Die nur an der Obergesellschaft beteiligten Gesellschafter nehmen selbst dann nicht an dieser Gewinnverteilung teil, wenn sie Sonderbetriebsvermögen bei der Untergesellschaft haben. Sie besitzen zwar eine Sondermitunternehmerstellung bei der Untergesellschaft, sind aber zivilrechtlich keine Gesellschafter.[67] Der bei der Gewinnverteilung auf die Obergesellschaft entfallende Anteil am Ergebnis der Untergesellschaft geht in den Gewinn/Verlust der Obergesellschaft ein und ist dann wiederum den Gesellschaftern der Obergesellschaft als Teil ihres Anteils am Gesamtgewinn der Obergesellschaft zuzurechnen.[68]

Die Gewinne bzw. Verluste evtl. vorhandener Ergänzungsbilanzen sind den zivilrechtlichen Gesellschaftern der Untergesellschaft zuzurechnen, für die sie gebildet worden sind.[69] Gleiches gilt für die Ergebnisse der Sonderbilanzen. Mitunternehmer der Untergesellschaft, die Sonderbetriebsvermögen bei der Untergesellschaft besitzen können, sind neben den zivilrechtlichen Gesellschaftern über § 15 Abs. 1 Satz 1 Nr. 2 Satz 2 EStG auch die mittelbaren Gesellschafter (Obergesellschafter).[70]

Ist ein Gesellschafter der Obergesellschaft auch an der Untergesellschaft unmittelbar beteiligt, so erhöhen die auf ihn entfallenden Ergebnisse am steuerlichen Gesamtgewinn der Untergesellschaft den Gesamtgewinn der Obergesellschaft nicht. Sie gehen damit grundsätzlich nicht in die Gewinnermittlung der Obergesellschaft ein. Eine Ausnahme davon gilt dann, wenn der sowohl an der Obergesellschaft als auch an der Untergesellschaft beteiligte Gesellschafter seinen Anteil an der Untergesellschaft (ausnahmsweise) in der Sonderbilanz bei der Obergesellschaft aktiviert. Dann wäre der Gewinnanteil des Obergesellschafters

---

[66] Vgl. NIEMEIER, G. u. a., Einkommensteuer, S. 686 f., BFH vom 25.06.1984, GrS 4/82, BStBl. II 1984, S. 762 und BFH vom 25.02.1991, GrS 7/89, BStBl. II 1991, S. 698.

[67] Vgl. SÖHN, H., Feststellungen, StuW 1999, S. 333.

[68] Vgl. BFH vom 26.01.1995, IV R 23/93, BStBl. II 1995, S. 469, OFD Chemnitz vom 05.02.1998 – S 2241a – 8/1 – St 31, DB 1998, S. 903.

[69] Siehe ausführlich zur Aufstellung von Ergänzungsbilanzen bei doppelstöckigen Personengesellschaften Kapitel D.3.

[70] Vgl. VON BECKERATH, H.-J., in: KIRCHHOF, P./SÖHN, H./MELLINGHOFF, R., EStG, § 15a Rn. B 252. Siehe ausführlich zur Behandlung von Sonderbilanzen bei doppelstöckigen Personengesellschaften Kapitel C.2.

bei der Untergesellschaft in die Gewinnermittlung der Obergesellschaft einzubeziehen und ihm vorab zuzurechnen.[71]

Zum steuerlichen Gesamtgewinn der Untergesellschaft gehören auch Gewinne und Verluste aus der Veräußerung des Mitunternehmeranteils der Obergesellschaft an der Untergesellschaft. Gleiches gilt für Gewinne und Verluste, die der Obergesellschafter – in seiner Eigenschaft als Sondermitunternehmer – aus der Veräußerung oder Entnahme seines Sonderbetriebsvermögens bei der Untergesellschaft erzielt.[72] Diese Gewinne sind auch selbst dann nicht nach §§ 16, 34 EStG begünstigt, wenn nur dieses eine Wirtschaftsgut zum Sonderbetriebsvermögen gehört hat. In diesem Fall liegt keine Veräußerung des Mitunternehmeranteils vor. Der Veräußerungs- bzw. Entnahmegewinn unterliegt folglich auch der Gewerbesteuer.[73]

1.2. Gewinnermittlung bei der Obergesellschaft

Die steuerliche Behandlung der Obergesellschaft richtet sich ausschließlich nach § 15 Abs. 1 Satz 1 Nr. 2 Satz 1 EStG. Die bereits im vorherigen Kapitel dargestellte Ermittlung des Gewinns der Personengesellschaft auf der ersten und zweiten Stufe gilt deshalb uneingeschränkt. Die Abbildung 4 verdeutlicht die Gewinnermittlung auf Ebene der Obergesellschaft.

(1)	Ergebnis aus der eigenen gewerblichen Tätigkeit der Obergesellschaft
(2)	+ Ergebnis lt. Gewinnverteilung der Untergesellschaft
	Ergebnis lt. Handelsbilanz/Steuerbilanz der Obergesellschaft
(3)	+ Ergebnisse lt. Ergänzungsbilanzen der Obergesellschafter
	Ergebnis der ersten Stufe der Gewinnermittlung (§ 15 Abs. 1 Nr. 2 Satz 1 1. Hs. EStG)
(4)	+ Ergebnisse lt. Sonderbilanzen der Obergesellschafter
	Ergebnis der zweiten Stufe der Gewinnermittlung (§ 15 Abs. 1 Nr. 2 Satz 1 2. Hs. EStG)
	= Steuerlicher Gesamtgewinn der Obergesellschaft

Abbildung 4: Zusammensetzung des steuerlichen Gesamtgewinns der Obergesellschaft

[71] Vgl. ZIMMERMANN, R. u. a., Steuerrecht, Abschn. G. Rn. 37, NIEHUS, U./WILKE, H., Besteuerung, S. 347-349.

[72] Vgl. WACKER, R., in: SCHMIDT, L., EStG, § 15 Rn. 619.

[73] Vgl. SCHNITTER, G., Beteiligung, EStB 2003, S. 192 f. So auch VÖLKER, H.-H., Steuerbilanz, INF 1995, S. 488, NIEMEIER, G. u. a., Einkommensteuer, S. 686 f.

Das Ergebnis aus der Handels-/Steuerbilanz der Obergesellschaft enthält auch den der Obergesellschaft zuzurechnenden Teil des Gesamtgewinns der Untergesellschaft.[74] Die Ergebnisse aus den bei der Obergesellschaft geführten Ergänzungs- und Sonderbilanzen sind den entsprechenden Obergesellschaftern zuzurechen. Ist ein Obergesellschafter auch Mitunternehmer der Untergesellschaft, kann für ihn sowohl bei der Obergesellschaft als auch bei der Untergesellschaft eine Ergänzungsbilanz und/oder eine Sonderbilanz zu erstellen sein. Hier stellt sich die Frage nach der richtigen Zuordnung des Sonderbetriebsvermögens zum Vermögen der Obergesellschaft oder der Untergesellschaft.[75] Ebenfalls in den Gesamtgewinn der Obergesellschaft einzubeziehen sind die Gewinne und Verluste die aus der Veräußerung des Sonderbetriebsvermögens bzw. des Mitunternehmeranteils an der Obergesellschaft resultieren.[76] Der steuerliche Gesamtgewinn der Obergesellschaft ist auch Grundlage für die Ermittlung des Gewerbeertrags der Obergesellschaft. Zu beachten ist dabei, dass gemäß § 9 Nr. 2 GewStG der Gewerbeertrag um den Gewinnanteil der Untergesellschaft zu kürzen bzw. gemäß § 8 Nr. 8 GewStG um den Verlustanteil der Untergesellschaft zu erhöhen ist.[77]

Soweit die Wirtschaftsjahre von Unter- und Obergesellschaft nicht übereinstimmen, führt dies zu einer zeitversetzten Versteuerung, sofern die Wahl des Wirtschaftsjahres nicht im Einzelfall gemäß § 42 AO rechtsmissbräuchlich ist.[78] Entspricht z. B. das Wirtschaftsjahr der Untergesellschaft dem Kalenderjahr, während das Wirtschaftsjahr der Obergesellschaft auf den 30. Juni endet, so ist der Anteil der Obergesellschaft am Steuerbilanzgewinn der Untergesellschaft gemäß § 4a Abs. 2 Nr. 2 EStG erst im darauf folgenden Jahr Teil des Steuerbilanzgewinns der Obergesellschaft und dementsprechend bei den Gesellschaftern der Obergesellschaft erst in diesem Veranlagungszeitraum zu versteuern.[79]

---

[74] Vgl. BFH vom 26.01.1995, IV R 23/93, BStBl. II 1995, S. 469. Die Einbeziehung erfolgt erst am Ende des Wirtschaftjahres der Obergesellschaft, sozusagen als letzte Buchung.

[75] Vgl. ZIMMERMANN, R. u. a., Steuerrecht, Abschn. G. Rn. 38. Zur Zuordnung von Sonderbetriebsvermögen zur Obergesellschaft oder zur Untergesellschaft siehe Kapitel C.2.2.2.3.

[76] Vgl. SCHMIDT, L., in: FS MOXTER, A., Gewinnermittlung, S. 1116.

[77] Vgl. SCHNITTER, G., Beteiligung, EStB 2003, S. 193.

[78] Vgl. SCHMIDT, L., in: FS MOXTER, A., Gewinnermittlung, S. 1114.

[79] Vgl. BFH vom 30.09.1964, I 231 – 232/62 U, BStBl. III 1965, S. 54-56. Ein Fall des § 42 AO ist beispielsweise der, wo eine Obergesellschaft ohne plausible Gründe ihr Wirtschaftsjahr in der Weise festlegt, dass dieses einen Monat vor dem Wirtschaftsjahr der Untergesellschaft endet und somit eine einjährige Steuerpause eintritt, vgl. BFH vom 18.12.1991, XI R 40/89, BStBl. II 1992, S. 486-488.

1.3. Einkünfte des Obergesellschafters gemäß § 15 Abs. 1 Satz 1 Nr. 2 EStG

Aus der gesetzlichen Regelung des § 15 Abs. 1 Satz 1 Nr. 2 EStG ist abzuleiten, dass sämtliche Gesellschafter der Obergesellschaft mit allen sowohl von der Obergesellschaft (Satz 1) als auch über diese mittelbar von der Untergesellschaft erhaltenen Vergütungen (Satz 2) für ihre Gesellschaftsbeiträge einheitlich und in vollem Umfang Gewinnanteile aus Gewerbebetrieb gemäß § 15 EStG beziehen. Darunter fallen im Einzelnen:[80]

- Gewinnanteile an der Obergesellschaft,
- Vergütungen aus Leistungsbeziehungen von der Obergesellschaft,
- Vergütungen aus Leistungsbeziehungen von der Untergesellschaft.[81]

Vergütungen aus Leistungsbeziehungen zwischen dem Obergesellschafter und der Obergesellschaft bzw. der Untergesellschaft können aus Arbeits- und Dienstverhältnissen, der Überlassung von Wirtschaftsgütern und der Gewährung von Darlehen resultieren.[82] Bestehen die Leistungsbeziehungen gegenüber der Obergesellschaft, gelten zur steuerlichen Behandlung der Vergütungen und ggf. vorhandenem Sonderbetriebsvermögen die bekannten Regelungen bei einstöckigen Personengesellschaften.[83] Analog dazu werden bestehende Leistungsbeziehungen gegenüber der Untergesellschaft behandelt. Die gezahlten Beträge stellen im Rahmen ihrer handels- und steuerrechtlichen Gewinnermittlung Aufwand dar. Durch die Vorschrift des § 15 Abs. 1 Satz 1 Nr. 2 Satz 1 2. Hs. EStG sind diese Aufwendungen im Sonderbetriebsvermögen des mittelbar beteiligten

---

[80] Vgl. z. B. GRÜTZNER, D., in: LANGE, J., Steuerrecht, Rn. 581-583.

[81] Erbringt umgekehrt die Untergesellschaft eine Leistung an einen ihrer Gesellschafter, gilt weder § 15 Abs. 1 Satz 1 Nr. 2 Satz 1 noch Satz 2 EStG. Das Gesetz kennt keine "negativen Sondervergütungen", vgl. BFH vom 09.05.1996, IV R 64/93, BStBl. II 1996, S. 643. Es gelten vielmehr die allgemeinen Vorschriften zur Gewinnermittlung gemäß §§ 4 bis 6 EStG, vgl. dazu ausführlich z. B. ZIMMERMANN, R. u. a., Steuerrecht, Abschn. B. Rn. 155-160, WACKER, R., in: SCHMIDT, L., EStG, § 15 Rn. 625-632, LEY, U., Behandlung, KÖSDI 2002, S. 13466-13470, LEY, U., Ertragsteuerecht, KÖSDI 2003, S. 1357 f.

[82] Vgl. u. a. GRÜTZNER, D., Betriebsvermögen, BBK 2004, Fach 14, S. 1459, VÖLKER, H.-H., Steuerbilanz, INF 1995, S. 487 f., BIERGANS, E., Beteiligungen, DStR 1988, S. 655.

[83] Vgl. z. B. CREMER, U., Personengesellschaften, SteuerStud 2002, S. 671-674, BORDEWIN, A., Sonderbetriebseinnahmen, NWB 1996, Fach 3, S. 9855-9866. Für die Praxis ist die Beurteilung von Leistungsbeziehungen von erheblicher Bedeutung, da durch sie bewusst oder unbewusst Gewinnverlagerungen bzw. Gewinnkorrekturen bei nicht anerkannten Leistungsbeziehungen stattfinden, die erhebliche materielle Konsequenzen nach sich ziehen können. Dies gilt z. B. für die Bereiche der Verlustausgleichsmöglichkeiten, insbesondere § 10a GewStG, der Vermeidung von Verlustabzugsbeschränkungen nach § 15a EStG und dem Entstehen von Überentnahmen nach § 4 Abs. 4a EStG, worauf in späteren Kapiteln noch eingegangen wird, vgl. m. w. N. SCHIFFERS, J., Leistungen, GmbH-StB 2004, S. 334-339.

Gesellschafters Sonderbetriebseinnahmen[84], so dass die aus dem Gesellschaftsvermögen der Untergesellschaft geleisteten Zahlungen im Ergebnis deren Gesamtgewinn und damit auch deren Gewerbeertrag nicht mindern.[85] Stehen mit den Vergütungen für die Obergesellschafter Aufwendungen in einer unmittelbaren oder mittelbaren Beziehung, sind diese entsprechend als Sonderbetriebsausgaben bei der Gewinnermittlung der Untergesellschaft zu berücksichtigen.[86] Darüber hinaus werden die im Eigentum des Obergesellschafters stehenden Wirtschaftsgüter, die der Untergesellschaft zur Nutzung überlassen wurden (z. B. ein Grundstück), als Sonderbetriebsvermögen qualifiziert.[87]

1.4. Fremdbestimmte Steuerwirkungen bei doppelstöckigen Personengesellschaften

Bei der Ermittlung und Besteuerung der Gewinnanteile ist darüber hinaus insbesondere bei doppelstöckigen Personengesellschaften das Problem der sog. fremdbestimmten Steuerwirkungen zu beachten. Wird nicht durch das Verhalten des Steuerlastträgers, sondern durch das Verhalten eines anderen Wirtschaftssubjektes eine Steuerwirkung ausgelöst, so ist diese fremdbestimmt. Dieses Problem taucht insbesondere im gewerbeertragsteuerlichen Bereich auf und sorgt bei doppelstöckigen Personengesellschaften für besondere Schwierigkeiten. Die Gleichstellung des mittelbar beteiligten Gesellschafters einer doppelstöckigen Personengesellschaft mit einem unmittelbar Beteiligten kann dazu führen, dass durch das Verhalten des mittelbar beteiligten Gesellschafters eine Erhöhung bzw. Minderung der Gewerbeertragsteuer von den Gesellschaftern der Untergesellschaft mitgetragen wird bzw. ihnen zugute kommt.[88] Erhält beispielsweise ein nur mittelbar beteiligter Gesellschafter eine Sondervergütung von der Untergesellschaft, erhöht diese den Gewerbeertrag der Untergesellschaft. Dies wäre anders, wenn der mittelbar Beteiligte nicht über § 15 Abs. 1 Satz 1 Nr. 2 Satz 2 EStG den unmittelbar beteiligten Gesellschaftern gleich-

---

[84] Der BFH hatte in seinem Urteil vom 23.02.1972, I R 159/68, BStBl. II 1972, S. 530, bereits entschieden, dass ein Gesellschafter einer OHG, die wiederum an einer GmbH & Co. KG beteiligt war, Geschäftsführervergütungen der GmbH & Co. KG als Sonderbetriebseinnahmen bei der GmbH & Co. KG zu behandeln hat. Dieses Urteil war nach dem Beschluss der Großen Senats des BFH vom 25.02.1991, GrS 7/89, BStBl. II 1991, S. 691-703, nicht mehr anzuwenden, da der Gesellschafter nur mittelbar an der GmbH & Co. KG beteiligt war. Das Urteil hat jedoch seine Bedeutung nach Einführung der Mitunternehmerfiktion gemäß § 15 Abs. 1 Satz 1 Nr. 2 Satz 2 EStG wiedergewonnen, da der Gesellschafter der OHG jetzt auch Mitunternehmer der GmbH & Co. KG war.

[85] Vgl. SÖFFING, G., in: FS KLEIN, F., Personengesellschaften, S. 746 f., WACKER, R., in: SCHMIDT, L., EStG, § 15 Rn. 644.

[86] Vgl. m. w. N. ZIMMERMANN, R. u. a., Steuerrecht, Abschn. G. Rn. 20.

[87] Vgl. GRAF KERSSENBROCK, O.-F./RUNDSHAGEN, H., Übertragung, BB 2004, S. 2491.

[88] Vgl. z. B. SCHIFFERS, J., Sonderbetriebsvermögen, GmbH-StB 1997, S. 276 f.

gestellt wäre. In dem Fall würde der Betriebsausgabenabzug bei der Untergesellschaft nicht durch das Sonderbilanzergebnis des Obergesellschafters ausgeglichen werden.[89]

Durch die sich ergebende Erhöhung der Gewerbeertragsteuer auf Ebene der Untergesellschaft verringert sich konsequenterweise der zu verteilende Gewinn. Die Sondervergütung des Obergesellschafters bei der Untergesellschaft führt also dazu, dass die Obergesellschaft und die übrigen Untergesellschafter einen geringeren Gewinnanteil zugewiesen bekommen. Dies wiederum mindert zugleich den Gewinnanteil der Gesellschafter der Obergesellschaft.[90] Der Nachteil einer Gewerbesteuerbelastung kann zwar grundsätzlich durch die Anrechnung der Gewerbesteuer auf die Einkommensteuer nach § 35 EStG kompensiert werden, allerdings gelingt diese Kompensation nicht in allen Fällen, z. B. bei Vorliegen anderen negativer Einkünfte oder Abzugsbeträge.[91]

Neben den Sondervergütungen können fremdbestimmte Steuerwirkungen des weiteren aus ggf. vorhandenen Sonderbetriebsausgaben, Gewinnen bzw. Verlusten aus Veräußerungen oder Entnahmen im Sonderbetriebsvermögen und positiven bzw. negativen Ergebnissen aus Ergänzungsbilanzen resultieren, da sie alle den gewerbeertragsteuerlich relevanten Gesamtgewinn beeinflussen. Die Gründe für fremdbestimmte Steuerwirkungen sind also vielfältig und können – z. B. im Fall negativer Ergänzungsbilanzergebnisse – auch zu einem steuerlichen Vorteil für die Gesellschafter von Untergesellschaft und Obergesellschaft werden.[92]

Dadurch, dass sich Ergebnisse im Bereich des Sonderbetriebsvermögens oder der Ergänzungsbilanzen nur auf bestimmte Gesellschafter und nicht auf alle Gesellschafter der Untergesellschaft und Obergesellschaft beziehen, führen die fremdbestimmten Steuerwirkungen m. E. zu systemwidrigen Folgen.[93] Es ist daher zu überlegen, wie ein Ausgleich zwischen den Gesellschaftern geschaffen werden kann. Diese Frage wurde vor allem durch das OLG München aufge-

---

[89] Vgl. RAUPACH, A., Gesellschafter, StuW 1991, S. 281 f.

[90] Vgl. SÖFFING, A., Steuerwirkungen, DStZ 1993, S. 589.

[91] Vgl. dazu ausführlich Kapitel C.4.2.2.

[92] Vgl. dazu ausführlich SÖFFING, A., Steuerwirkungen, DStZ 1993, S. 589 f., PRINZ, U./ THIEL, U., Anbindung, FR 1992, S. 193 f., ISING, M., Ergänzungsbilanzen, S. 198-200, BRAUN, R., Sonderbetriebsvermögen, GStB 1999, S. 125 -127, RABALD, B., Steuerwirkungen, S. 400-411.

[93] So auch PRINZ, U./THIEL, U., Anbindung, FR 1992, S. 194, SCHIFFERS, J., Sonderbetriebsvermögen, GmbH-StB 1997, S. 276 f.

griffen.[94] Das Gericht kam zu der Auffassung, dass ohne eine ausdrückliche Regelung im Gesellschaftsvertrag kein Anspruch auf Ausgleich von gesellschafterbedingten gewerbesteuerlichen Mehr- und Minderbelastungen besteht. Der BFH verweist ebenfalls auf eine zivilrechtliche Vereinbarung zwischen den Gesellschaftern.[95] Würde aber eine entsprechende Klausel in den Gesellschaftsvertrag der Untergesellschaft eingebaut, ergibt sich gerade bei der doppelstöckigen Personengesellschaft das Problem, dass die Obergesellschafter gar keine Gesellschafter der Untergesellschaft sind und sie somit Klauseln im Gesellschaftsvertrag der Untergesellschaft nicht gegen sich wirken lassen müssen.[96] Somit stellt sich die Frage, wie Ansprüche aus fremdbestimmten Steuerwirkungen gegenüber mittelbar beteiligten Gesellschaften durchgesetzt werden können. Als Lösung würde sich hier anbieten, eine Klausel bezüglich fremdbestimmter Steuerwirkungen im Gesellschaftsvertrag der Untergesellschaft so zu formulieren, dass die Gesellschafter der Untergesellschaft ihre Ausgleichsforderung gegenüber der Obergesellschaft durchsetzen können, da diese ja Gesellschafter der Untergesellschaft ist. Die Obergesellschaft würde dann entsprechend eine Klausel gegenüber ihren Gesellschaftern im Gesellschaftsvertrag aufnehmen, die einen Erstattungsanspruch in solchen Fällen regelt. Im Ergebnis würden dann die fremdbestimmten Steuerwirkungen nur diejenigen Gesellschafter belasten, die sie durch ihr steuerlich relevantes Verhalten ausgelöst haben.[97] Dabei ist allerdings anzumerken, dass die Aufdeckung und Quantifizierung der fremdbestimmten Steuerwirkungen oft kompliziert und somit einem Steuerpflichtigen nur schwer zu vermitteln sein dürften. Bei größeren Transaktionen, z. B. einem Gesellschafterwechsel, sind diese Steuerwirkungen aber meist nicht unerheblich.[98] Daher soll in den

---

[94] Vgl. OLG München in einem nicht veröffentlichten Urteil vom 23.07.1986, 7 U 5095/85, zitiert in FN-IDW 1990, S. 80m.

[95] Vgl. BFH vom 06.07.1978, IV R 164/74, BStBl. II 1978, S. 647 f. Konkrete Formulierungsvorschläge für Gewerbesteuer-Klauseln finden sich bei AUTENRIETH, K., Auswirkungen, DStZ 1988, S. 123 und BRAUN, R., Sonderbetriebsvermögen, GStB 1999, S. 127. KNOBBE-KEUK, B., Gewinnverteilung, StuW 1985, S. 383, vertritt abweichend die Auffassung, dass ein Ausgleichsanspruch auch ohne ausdrückliche gesellschaftsvertragliche Regelungen begründet werden kann.

[96] Vgl. SÖFFING, A., Steuerwirkungen, DStZ 1993, S. 590 f., ISING, M., Ergänzungsbilanzen, S. 200.

[97] Vgl. SÖFFING, A., Steuerwirkungen, DStZ 1993, S. 591.

[98] Grundsätzlich kann die Gewerbesteuerbelastung durch Anrechnung der Gewerbesteuer auf die Einkommensteuer nach § 35 EStG kompensiert werden, so dass das Problem der fremdbestimmten Gewerbesteuerbelastung gelöst werden könnte. Allerdings ist zu beachten, dass eine vollständige Kompensation der Gewerbesteuer nur in den seltensten Fällen gelingt und es somit zu einer unsachgerechten Gewerbesteuerbelastung kommt. Siehe ausführlich zum Thema Gewerbesteueranrechnung nach § 35 EStG bei doppelstöckigen Personengesellschaften Kapitel C.4. und D.2.5.

folgenden Kapiteln auch darauf eingegangen werden, inwiefern fremdbestimmte Steuerwirkungen auftreten und welche Konsequenzen daraus resultieren.

1.5. Einheitliche und gesonderte Feststellung bei doppelstöckigen Personengesellschaften

1.5.1. Zur Frage der Anwendbarkeit des § 180 Abs. 1 Nr. 2a AO auf doppelstöckige Personengesellschaften

Nachdem in den vorherigen Kapiteln die Ermittlung der Gewinnanteile auf Ebene der Gesellschafter und Gesellschaften der doppelstöckigen Personengesellschaft dargestellt wurde, soll nun kurz die – eher technische – Frage des Feststellungsverfahrens bei doppelstöckigen Personengesellschaften beantwortet werden, da dieser Fall nicht explizit in der Abgabenordnung geregelt ist.

Nach § 180 Abs. 1 Nr. 2a AO können unter anderem die einkommensteuerpflichtigen und körperschaftsteuerpflichtigen Einkünfte gesondert festgestellt werden, wenn an den Einkünften mehrere Personen beteiligt sind und die Einkünfte diesen Personen steuerlich zuzurechnen sind. Typischer Anwendungsfall hierfür sind Mitunternehmerschaften.[99] Die gesonderten Feststellungen des § 180 Abs. 1 Nr. 2a AO dienen allerdings nur Fällen, wo sie unmittelbar Grundlage für die Einkommensteuerveranlagung der Gesellschafter sind. Ist aber Gesellschafter einer Mitunternehmerschaft eine weitere Personengesellschaft (Obergesellschaft), so ist dieser Regelfall des § 180 Abs. 1 Nr. 2a AO nicht gegeben, da nicht die Oberpersonengesellschaft, sondern erst die an ihr beteiligten Gesellschafter der Einkommensbesteuerung unterworfen werden.[100] Da der besondere Fall der doppelstöckigen Personengesellschaft nicht ausdrücklich in § 180 Abs. 1 Nr. 2a AO erwähnt wird, stellt sich die Frage, wie diesem Fall verfahrensrechtlich Rechnung getragen werden könnte bzw. was dafür als gesetzliche Grundlage dienen könnte.[101]

1.5.2. Zweistufiges Feststellungsverfahren gemäß § 180 Abs. 1 Nr. 2a AO?

Der BFH geht in seinen Entscheidungen[102] zu diesem Thema eher nebensächlich bzw. wie selbstverständlich davon aus, dass bei einer doppelstöckigen Personengesellschaft ein zweistufiges Feststellungsverfahren anzuwenden sei. Demnach werden auf der ersten Stufe für die Untergesellschaft deren Einkünfte nach Art, Höhe und zuzurechnenden Personen festgestellt, wobei die Obergesellschaft

---

[99] Vgl. BRANDIS, P., in: TIPKE, K./KRUSE, H. W., AO/FGO, § 180 Rn. 20.
[100] Vgl. SÖHN, H., Feststellungen, StuW 1999, S. 329.
[101] Vgl. SÖHN, H., Feststellungen, StuW 1999, S. 329 f.
[102] Vgl. BFH vom 10.08.1989, III R 5/87, BStBl. II 1990, S. 39 f., BFH vom 14.11.1995, VIII R 8/94, BStBl. II 1996, S. 297 f. und BFH vom 09.07.2003, I R 5/03, BFH/NV 2004, S. 1.

selbst eine der beteiligten "Personen" ist.[103] Auf der zweiten Stufe werden dann in einem Feststellungsverfahren für die Obergesellschaft deren Gewinne/Verluste aus dem eigenen Betrieb zzgl. der Ergebnisse aus der Beteiligung an der Untergesellschaft festgestellt und insgesamt den Gesellschaftern der Obergesellschaft anteilig zugerechnet, bei denen dann die Einkommensbesteuerung stattfindet.[104]

In § 180 Abs. 1 Nr. 2a AO wird allerdings ein zweistufiges Feststellungsverfahren nicht erwähnt, aber auch nicht ausgeschlossen, so dass die Vorschrift für ein solches Verfahren offen sein dürfte. Das bedeutet, dass ein zweistufiges Feststellungsverfahren nach § 180 Abs. 1 Nr. 2a AO zur Erreichung des Verfahrenszwecks angewandt werden kann.[105] Dieses erscheint auch notwendig, da die für die Einkommensbesteuerung der Obergesellschafter notwendigen gesonderten und einheitlichen Feststellungen gemäß § 180 Abs. 1 Nr. 2a AO nicht bereits schon im Feststellungsverfahren für die Untergesellschaft getroffen werden können. Grund dafür ist die fehlende unmittelbare Mitunternehmerstellung der Gesellschafter der Obergesellschaft bei der Untergesellschaft, so dass die Einkünfte der Untergesellschaft den Obergesellschaftern nicht unmittelbar und anteilig zugerechnet werden können.[106] Dass die Obergesellschafter bei der Untergesellschaft eine Sondermitunternehmerstellung besitzen, ist hier unerheblich. Zurechnungsadressatin der Untergesellschaft ist die beteiligte Obergesellschaft.[107]

Im Ergebnis ist also dem BFH zuzustimmen, dass bei doppelstöckigen Personengesellschaften eine einheitliche und gesonderte Feststellung ein zweistufiges Feststellungsverfahren – in der oben beschriebenen Form – erfordert. Die dafür

---

[103] Vgl. BAUM, M., in: KOCH, K./SCHOLTZ, R.-D., Abgabenordnung, § 179 Rn. 10/4.

[104] Vgl. SARRAZIN, V., in: FS SCHMIDT, L., Personengesellschaft, S. 397, FÜGER, R./RIEGER, N., Veräußerung, DStR 2002, S. 934 f. Sind mehrere Personengesellschaften hintereinander geschaltet (mehrstöckige Personengesellschaft), sind mehrere Stufen der Einkünftezurechnung und -qualifikation notwendig, bis die Einkünfte schließlich in der letzten Stufe bei den Gesellschaftern zur Besteuerung kommen, vgl. ebd., S. 397.

[105] Vgl. SÖHN, H., Feststellungen, StuW 1999, S. 330.

[106] Vgl. BFH vom 25.02.1991, GrS 7/89, BStBl. II 1991, S. 699 f.

[107] In §§ 179 Abs. 2 Satz 1, 180 Abs. 1 Nr. 2a AO ist das Wort "Person" entsprechend dem Sinn und Zweck dieser Vorschriften auszulegen. Ein Feststellungsbeteiligter muss "einkünfteerzielungsfähig" und Steuerrechtssubjekt der Gewinnermittlung sein, aber nicht zugleich Steuerschuldner. Somit wird eine Personengesellschaft von diesen Vorschriften erfasst und ist möglicher Zurechnungsadressat, vgl. m. w. N. SÖHN, H., Feststellungen, StuW 1999, S. 332 f. Kritisch REIß, W., in: KIRCHHOF, P., EStG, § 15 Rn. 421, der die Obergesellschaft nicht als Zurechnungsobjekt ansieht, sondern die Obergesellschafter in ihrer Verbundenheit als Mitunternehmer der Untergesellschaft.

notwendige gesetzliche Ermächtigungsgrundlage liefert § 180 Abs. 1 Nr. 2a AO.[108]

2. Sonderbetriebsvermögen

2.1. Sonderbetriebsvermögen des Obergesellschafters bei der Ober- bzw. Untergesellschaft

Überlässt ein Obergesellschafter der Obergesellschaft ein aktives oder passives Wirtschaftsgut (Grundstücke, Darlehen etc.), richtet sich die steuerliche Beurteilung grundsätzlich nach den gleichen Regeln wie bei einstöckigen Personengesellschaften. Es entsteht – je nachdem welches Wirtschaftsgut überlassen wird – positives bzw. negatives Sonderbetriebsvermögen I oder II des Obergesellschafters bei der Obergesellschaft mit ggf. anfallenden Sonderbetriebseinnahmen bzw. -ausgaben.[109] Strittig ist jedoch, wie ein Darlehen zu beurteilen ist, dass ein Obergesellschafter für den Erwerb seiner Beteiligung aufgenommen hat. Zwar ist ein unmittelbarer Zusammenhang des Darlehens nur mit der Beteiligung an der Obergesellschaft gegeben, aber durch den Erwerb der Obergesellschaftsbeteiligung wird auch mittelbar eine Beteiligung an der Untergesellschaft erworben.[110] Demnach ist das Darlehen auf die Sonderbetriebsvermögen II des Obergesellschafters bei der Ober- und bei der Untergesellschaft aufzuteilen.[111]

Darüber hinaus werden – wie bereits erwähnt – die im Eigentum des Obergesellschafters stehenden Wirtschaftsgüter, die er der Untergesellschaft zur Nutzung überlässt, als notwendiges Sonderbetriebsvermögen I des Obergesellschafters bei der Untergesellschaft qualifiziert.[112] Das Wirtschaftsgut gehört damit zum

---

[108] Die im Feststellungsverfahren für die Untergesellschaft getroffenen Feststellungen sind für das Feststellungsverfahren der Obergesellschaft inhaltlich bindend § 182 Abs. 1 AO. Insoweit ist der Feststellungsbescheid der Untergesellschaft Grundlagenbescheid für die Obergesellschaft und der Feststellungsbescheid für die Obergesellschaft ist (insoweit) Folgebescheid. Der Feststellungsbescheid der Obergesellschaft ist gleichzeitig wiederum Grundlagenbescheid für die Festsetzung der Steuern bei den Obergesellschaftern, vgl. m. w. N. SÖHN, H., Feststellungen, StuW 1999, S. 329, BAUM, M., in: KOCH, K./SCHOLTZ, R.-D., Abgabenordnung, § 179 Rn. 10/4.

[109] Vgl. z. B. CREMER, U., Personengesellschaften, SteuerStud 2002, S. 671-674, BORDEWIN, A., Sonderbetriebseinnahmen, NWB 1996, Fach 3, S. 9855-9866. Gleiches gilt auch für die Überlassung von Wirtschaftsgütern eines Untergesellschafters an die Untergesellschaft.

[110] Vgl. z. B. SCHMIDT, L., in: FS MOXTER, A., Gewinnermittlung, S. 1121.

[111] Vgl. LEY, U., Besteuerungsfragen, KÖSDI 1996, S. 10931. A. A. WACKER, R., in: SCHMIDT, L., EStG, § 15 Rn. 644.

[112] Vgl. NIEHUS, U./WILKE, H., Besteuerung, S. 347 f.

Gesamtbetriebsvermögen der Untergesellschaft, was auch sachgerecht ist, da ein mittelbar beteiligter Gesellschafter als Mitunternehmer der Untergesellschaft zu behandeln ist. Da das vom Obergesellschafter der Untergesellschaft überlassene Wirtschaftsgut auch seiner Beteiligung bei der Obergesellschaft dient, würde es bei dieser zudem Sonderbetriebsvermögen II darstellen.[113] Jedoch hat in solch einem Fall Sonderbetriebsvermögen I Vorrang vor Sonderbetriebsvermögen II, so dass eine Bilanzierung dieser Wirtschaftsgüter bei der Obergesellschaft ausscheidet.[114] Ist das überlassene Wirtschaftsgut durch ein Darlehen fremdfinanziert, ist das Darlehen als notwendiges Sonderbetriebsvermögen II in der Sonderbilanz des Obergesellschafters bei der Untergesellschaft zu passivieren.[115]

In der Literatur wird allerdings gelegentlich eingewandt, dass es Sonderbetriebsvermögen II des Obergesellschafters bei der Untergesellschaft nicht geben kann.[116] Folgt man streng der Definition des Sonderbetriebsvermögens II – im Eigentum eines Mitunternehmers stehende Wirtschaftsgüter, die unmittelbar zur Begründung oder Stärkung seiner Beteiligung an der Personengesellschaft eingesetzt werden[117] – kann ein nur mittelbar an einer Untergesellschaft beteiligter Gesellschafter kein Sonderbetriebsvermögen II bei der Untergesellschaft besitzen. Der mittelbar an der Untergesellschaft beteiligte Gesellschafter hält keine zivilrechtliche Beteiligung an ihr. Somit kann er auch kein Sonderbetriebsvermögen besitzen, dass seiner "Beteiligung" an der Untergesellschaft

---

[113] Vgl. ZENTHÖFER, W./SCHULZE ZUR WIESCHE, D., Einkommensteuer, S. 459.

[114] Vgl. BFH vom 06.10.1987, VIII R 137/84, BStBl. II 1988, S. 679.

[115] Vgl. ZIMMERMANN, R. u. a., Steuerrecht, Abschn. G. Rn. 21. Überlässt jedoch ein Obergesellschafter der Obergesellschaft ein Wirtschaftsgut, welche dieses – vertragsgemäß – an die Untergesellschaft weitervermietet, gehört das Wirtschaftsgut zum notwendigen Sonderbetriebsvermögen I des Obergesellschafters bei der Obergesellschaft, weil zwischen diesen beiden Parteien die vertraglichen Vereinbarungen vorliegen. Etwas anderes könnte nur dann gelten, wenn die Obergesellschaft lediglich aus Gründen der steuerlichen Vorteilsverschaffung zwischengeschaltet wurde, vgl. ebd., Rn. 22. Überlässt hingegen ein Obergesellschafter der Untergesellschaft ein Wirtschaftsgut, die es ihrerseits wieder an die Obergesellschaft vermietet, ist davon auszugehen, dass die Untergesellschaft nur zwischengeschaltet wurde, um steuerliche Vorteile zu erlangen. In dem Fall kann der Mietvertrag mit der Untergesellschaft nicht anerkannt werden, so dass das Wirtschaftsgut zum notwendigen Sonderbetriebsvermögen I der Obergesellschaft gehört, vgl. BFH vom 15.01.1981, IV R 76/77, BStBl. II 1981, S. 314 und BFH vom 09.09.1993, IV R 14/91, BStBl. II 1994, S. 250. In den entschiedenen Fällen wurde eine Kapitalgesellschaft zwischengeschaltet, was am Ergebnis nichts ändert.

[116] Vgl. SÖFFING, A., Steuerwirkungen, DStZ 1993, S. 590, SÖFFING, G., Beteiligung, FR 1992, S. 188, SCHULZE ZUR WIESCHE, D., Mitunternehmerschaft, FR 1999, S. 16 f. Zuvor noch a. A. SCHULZE ZUR WIESCHE, D., Steueränderungsgesetz, StBp 1992, S. 252.

[117] Vgl. m. w. N. BFH vom 11.12.1990, VIII R 14/87, BStBl. II 1991, S. 510.

dient oder diese fördert.[118] M. E. kann Sonderbetriebsvermögen II eines Obergesellschafters bei der Untergesellschaft allerdings bejaht werden, da der mittelbare Gesellschafter über § 15 Abs. 1 Nr. 2 Satz 2 EStG mit dem unmittelbaren Mitunternehmer gleichgestellt ist. Eine mittelbare Beteiligung ist danach – trotz fehlender zivilrechtlicher Beteiligung – wie eine unmittelbare zu behandeln.[119]
Ist die Untergesellschaft eine GmbH & Co. KG und besitzt ein Obergesellschafter Anteile an der Komplementär-GmbH der Untergesellschaft, so sind diese ebenfalls notwendiges Sonderbetriebsvermögen II des Obergesellschafters in seiner Stellung als Sondermitunternehmer der Untergesellschaft.[120] Werden Gewinnausschüttungen von der GmbH vorgenommen, gehören diese zu den Sonderbetriebseinnahmen des Obergesellschafters bei der Untergesellschaft. Ist der Obergesellschafter zudem Geschäftsführer der GmbH, stellt sein Gehalt ebenfalls Sonderbetriebseinnahmen dar.[121]

Besitzt ein Gesellschafter der Obergesellschaft auch eine zivilrechtliche Beteiligung an der Untergesellschaft, besteht neben der mittelbaren Beteiligung (über die Obergesellschaft) an der Untergesellschaft auch eine unmittelbare Beteiligung an dieser. Für die steuerliche Beurteilung hat die unmittelbare Beteiligung Vorrang, d. h. § 15 Abs. 1 Satz 1 Nr. 2 Satz 1 EStG ist anzuwenden.[122]

---

118 Vgl. SÖFFING, A., Steuerwirkungen, DStZ 1993, S. 589 f., SÖFFING, G., Beteiligung, FR 1992, S. 188. Für SCHULZE ZUR WIESCHE, D., Mitunternehmerschaft, FR 1999, S. 16 f., kann es sich in diesen Fällen allenfalls um Sonderbetriebsvermögen II bei der Obergesellschaft handeln. Für SÖFFING, G., Rechtfertigung, DStR 2003, S. 1107 existiert an sich keine Rechtfertigung für Sonderbetriebsvermögen II.

119 So wird auch steuererklärungstechnisch der Obergesellschafter als Sondermitunternehmer Feststellungsbeteiligter bei der einheitlichen und gesonderten Einkünftefeststellung der Untergesellschaft, wenn er entsprechende Einkünfte aus dem Sonderbetriebsvermögensbereich bei der Untergesellschaft bezieht, vgl. LEY, U., Beratungspraxis, KÖSDI 2003, S. 13918. Im Ergebnis auch FELIX, G., Leistung, KÖSDI 1994, S. 9770, WACKER, R., in: SCHMIDT, L., EStG, § 15 Rn. 617, GRÜTZNER, D., Personengesellschaften, BBK 2004, Fach 14, S. 1471.

120 Vgl. WACKER, R., in: SCHMIDT, L., EStG, § 15 Rn. 617, 716, 721. Gl. A. SCHNITTER, G., Beteiligung, EStB 2003, S. 192, LEY, U., Beratungspraxis, KÖSDI 2003, S. 13918, REIß, W., in: KIRCHHOF, P., EStG, § 15 Rn. 418.

121 Vgl. BORDEWIN, A., Mitunternehmerschaft, NWB 1992, Fach 3, S. 8323 f., SCHULZE ZUR WIESCHE, D., Steueränderungsgesetz, StBp 1992, S. 252 f.

122 Vgl. ZIMMERMANN, R. u. a., Steuerrecht, Abschn. G. Rn. 7. Ist ein Gesellschafter der Untergesellschaft nicht an der Obergesellschaft beteiligt, bestehen aber geschäftliche Beziehungen zwischen ihm und der Obergesellschaft, so ist mangels mittelbarer bzw. unmittelbarer Beteiligung § 15 EStG nicht anzuwenden. Für vertragliche Vereinbarungen zwischen Untergesellschafter und Obergesellschaft gelten stattdessen die normalen gesetzlichen Bestimmungen, z. B. bei Arbeitsverträgen liegen Einkünfte aus nichtselbständiger Arbeit gemäß § 19 EStG vor, vgl. ebd., Rn. 27.

2.2. Sonderbetriebsvermögen der Obergesellschaft bei der Untergesellschaft

2.2.1. Bedeutung der Bilanzierungskonkurrenz

Im Rahmen von gesellschaftsvertraglichen und/oder schuldrechtlichen Leistungsverhältnissen zwischen der Obergesellschaft und der Untergesellschaft kann zudem die Situation eintreten, dass die Obergesellschaft der Untergesellschaft Wirtschaftsgüter zur Nutzung überlässt. Anders als bei Nutzungsüberlassungen zwischen einer natürlichen Person und einer Personengesellschaft tritt in diesem Zusammenhang die Frage auf, ob das bereits bei der Obergesellschaft bilanzierte Wirtschaftsgut weiterhin dort als Betriebsvermögen zu bilanzieren ist oder ob es zu Sonderbetriebsvermögen – mit entsprechenden Sonderbetriebsergebnissen – der Obergesellschaft bei der Untergesellschaft wird (Bilanzierungskonkurrenz).[123] Die Antwort auf diese Frage hat für verschiedene Bereiche der laufenden Besteuerung der doppelstöckigen Personengesellschaft eine Bedeutung. Beispielsweise nehmen ggf. vorhandenes Sonderbetriebsvermögen bzw. die Sonderbetriebsergebnisse erheblichen Einfluss auf die Überentnahmeberechnung des § 4 Abs. 4a EStG oder entscheiden über die Höhe des nach § 35 EStG zuzurechnenden Gewerbesteuer-Messbetrags zur Kompensation der Gewerbesteuerbelastung.[124] Wird das überlassene Wirtschaftsgut dem Sonderbetriebsvermögen bei der Untergesellschaft zugeordnet, ist darüber hinaus zu beachten, dass fremdbestimmte Gewerbesteuerwirkungen auftreten können, wenn an der Untergesellschaft neben der Obergesellschaft noch weitere Gesellschafter beteiligt sind, da Sonderbetriebsergebnisse die Gewerbesteuer und somit die Gewinnanteile beeinflussen.[125] Im Falle einer Veräußerung eines Geschäftsanteils der Obergesellschaft an der Untergesellschaft sind die Tarifbegünstigungen gemäß §§ 16, 34 EStG nur zu gewähren, wenn der gesamte Mitunternehmeranteil – inklusive Sonderbetriebsvermögen – veräußert wurde. Die Tarifbegünstigung ist folglich von der Zuordnung der Wirtschaftsgüter abhängig.[126] Zudem sind gewerbesteuerlichen Auswirkungen zu beachten, wenn beispielsweise Obergesellschaft und Untergesellschaft Betriebsstätten in verschiedenen Gemeinden mit unterschiedlichen Hebesätzen besitzen, oder eine der beiden Gesellschaften einen positiven Gewerbeertrag und die andere Gesellschaft einen Gewerbeverlust aufweist. In diesen Fällen ist die Zuordnung der Wirtschaftsgüter von erheblicher Bedeutung.[127] Auch spielt die Frage für die

---

[123] Vgl. z. B. GRAF KERSSENBROCK, O.-F., Bilanzierungskonkurrenz, BB 2000, S. 763 oder SÖFFING, G., Bilanzierungskonkurrenz, DB 1995, S. 1582.

[124] Vgl. zu den Auswirkungen die Kapitel C.4. und E.2.

[125] Vgl. LEY, U., Beratungspraxis, KÖSDI 2003, S. 13917. Siehe zu den fremdbestimmten Steuerwirkungen auch ausführlich Kapitel C.1.4.

[126] Vgl. PATT, J./RASCHE, R., Frage, DStR 1995, S. 401. Siehe auch Kapitel D.1.

[127] Vgl. FALKENBACH, J., Überlassung, BuW 1998, S. 206 f.

Ausnutzung von Freibeträgen und Staffelsätzen eine Rolle.[128] Schließlich kann auch eine Investitionszulagenberechtigung verloren gehen, wenn diese an die Zugehörigkeit zu einem bestimmten Betrieb anknüpft.[129]

Daher soll im Folgenden geklärt werden, wie eine Bilanzierungskonkurrenz bei zur Nutzung überlassenen Wirtschaftsgütern zwischen der Obergesellschaft und einer oder mehreren Untergesellschaften zu lösen ist.

2.2.2. Klassifikation von Wirtschaftsgütern als Sonderbetriebsvermögen oder Vorrang des Eigenbetriebs?

2.2.2.1. Bilanzierungskonkurrenz zwischen Obergesellschaft und Untergesellschaft

Eine Bilanzierungskonkurrenz bei einer doppelstöckigen Personengesellschaft tritt auf, wenn die Obergesellschaft einer oder mehreren Untergesellschaften ein aktives oder passives Wirtschaftsgut zur Nutzung überlässt, da sich die Frage stellt, in wessen Sphäre das Wirtschaftsgut fortan bilanziert werden soll. Während sich früher ein Großteil der Literatur[130] und die Finanzverwaltung[131] für die sog. Subsidiaritätstheorie aussprach, nach der das zu einem Betriebsvermögen eines Mitunternehmers gehörende Wirtschaftsgut, welches einer Mitunternehmerschaft zur Nutzung überlassen wird, Betriebsvermögen des Betriebs des Gesellschafters blieb, hat sich diese Ansicht seit dem Urteil des BFH vom 18.07.1979[132] geändert. Seit dem gilt gemäß § 15 Abs. 1 Satz 1 Nr. 2 Satz 1 2. Hs. EStG die vorrangige Bilanzierung des Wirtschaftsguts als Sonderbetriebsvermögen. Der BFH begründet seine – mittlerweile ständige[133] – Rechtsprechung damit, dass die Vorschrift des § 15 Abs. 1 Satz 1 Nr. 2 Satz 1 2. Hs. EStG nicht lediglich als Qualifikationsnorm zu verstehen ist, d. h. sich auf die Umqualifizierung der Einkünfte in gewerbliche beschränkt. Vielmehr stellt sie eine für alle Mitunternehmerschaften geltende Zurechnungsnorm dar, nach der ein zur Erzielung von Sondervergütungen eingesetztes Wirtschaftsgut

---

[128] Beispielsweise könnte bei Nichtvorliegen von Sonderbetriebsvermögen der Freibetrag nach § 11 Abs. 1 Satz 3 Nr. 1 GewStG i. H. v. € 24.500 doppelt ausgenutzt werden, vgl. m. w. N. PATT, J./RASCHE, R., Frage, DStR 1995, S. 401.

[129] Vgl. FALKENBACH, J., Überlassung, BuW 1998, S. 207, REIß, W., Grundprobleme (Teil 1), Stbg 1999, S. 368.

[130] Vgl. z. B. BORDEWIN, A., Betriebsvermögen, BB 1976, S. 970 f., DÖLLERER, G., Steuerbilanz, DStZ 1974, S. 215, RAUPACH, A., Personengesellschaft, FR 1976, S. 236.

[131] Vgl. BMF vom 20.12.1977, IV B 2-S 2241-231/77, BStBl. I 1978, S. 8 ff. Rn. 13 und 83.

[132] Vgl. BFH vom 18.07.1979, I R 199/75, BStBl. II 1979, S. 750.

[133] Vgl. u. a. BFH vom 18.05.1983, I R 5/82, BStBl. II 1983, S. 772 f., BFH vom 14.04.1988, IV R 271/84, BStBl. II 1988, S. 667 f., BFH vom 19.05.1993, I R 60/92, BStBl. II 1993, S. 714 f.

Sonderbetriebsvermögen des Gesellschafters bei der Gesellschaft ist.[134] Demnach sind – unter Durchbrechung des Grundsatzes der Maßgeblichkeit der Handels- für die Steuerbilanz – auch bei einer doppelstöckigen Personengesellschaft Wirtschaftsgüter, die die Obergesellschaft der Untergesellschaft zur Nutzung überlassen hat, bei der Untergesellschaft als Sonderbetriebsvermögen der Obergesellschaft zu bilanzieren.[135]

Diese Rechtsprechung hat in der Literatur viele Kritiker hervorgerufen.[136] Sie sprechen sich dafür aus, den § 15 Abs. 1 Satz 1 Nr. 2 Satz 1 2. Hs. EStG lediglich als Qualifikationsnorm zu verstehen. Demnach sollte eine vorrangige Erfassung von Wirtschaftsgütern im Eigenbetrieb erfolgen, statt der Behandlung als Sonderbetriebsvermögen. Zwischenzeitlich wurde durch einige Urteile des BFH zu Schwesterpersonengesellschaften[137] und zur mitunternehmerischen Betriebsaufspaltung[138] sogar vermutet, dass es zu einer "gewissen Renaissance"[139] bezüglich der Subsidiarität des Sonderbetriebs gegenüber dem Eigenbetrieb des Gesellschafters kommen könnte.[140] Bis heute halten BFH, Finanzverwaltung und herrschende Meinung[141] allerdings an der Ablehnung der Subsi-

---

[134] Vgl. z. B. GRAF KERSSENBROCK, O.-F., Bilanzierungskonkurrenz, BB 2000, S. 763 und PATT, J./RASCHE, R., Frage, DStR 1995, S. 403.

[135] So auch ROSE, G., in: FS MOXTER, A., Sonderbetriebsvermögen, S. 1100 f., SARRAZIN, V., in: FS SCHMIDT, L., Personengesellschaft, S. 400, REIß, W., in: KIRCHHOF, P./SÖHN, H./ MELLINGHOFF, R., EStG, § 15 Rn. E 343, BRANDENBERG, H. B., Überlassung, FR 1997, S. 89, PATT, J./RASCHE, R., Aufstockungsmodell, FR 1996, S. 806 f.

[136] Vgl. KNOBBE-KEUK, B., Unternehmenssteuerrecht, S. 449, die von einer "schrecklichen Verkomplizierung" durch diese Rechtsprechung spricht oder LEY, U., Besteuerungsfragen, KÖSDI 1996, S. 10929, die eine Hinwendung zur Subsidiaritätstheorie als einen "Segen für die Praxis" empfinden würde. Kritisch auch SOMMER, J., Bilanzierung, S. 85 f. und SÖFFING, G., Mitunternehmer, Rn. 995-1009.

[137] Vgl. BFH vom 16.06.1994, IV R 48/93, BStBl. II 1996, S. 82 und BFH vom 22.11.1994, VIII R 63/93, BStBl. II 1996, S. 93.

[138] Vgl. BFH vom 23.04.1996, VIII R 13/95, BB 1996, S. 2074.

[139] GOSCH, D., Blickpunkt, StBp 1996, S. 304.

[140] Beispielsweise führt für NEU, N., Betriebsaufspaltung, DStR 1996, S. 1758 f., nach dieser Rechtsprechung kein Weg an der Bejahung der Subsidiaritätstheorie auch bei doppelstöckigen Personengesellschaften vorbei. A. A. dagegen sind BERZ, S./MÜLLER, G.-J., Sonderbetriebsvermögen, DStR 1996, S. 1920, die in diesen Urteilen keinen Grund zur Spekulation über eine Hinwendung der Rechtsprechung zur Subsidiaritätstheorie sehen, da § 15 EStG in den entschiedenen Fällen nicht anwendbar war. Gl. A. LEY, U., Besteuerungsfragen, KÖSDI 1996, S. 10929 und BORDEWIN, A., Beteiligung, DStZ 1997, S. 101.

[141] Vgl. z. B. WACKER, R., in: SCHMIDT, L., EStG, § 15 Rn. 534. Siehe auch BFH vom 24.03.1999, I R 114/97, BStBl. II 2000, S. 399, BFH vom 07.12.2000, III R 35/98, BStBl. II 2001, S. 316, BFH vom 06.03.2002, XI R 9/01, BStBl. II 2002, S. 738. Siehe auch Schreiben des BMF vom 28.04.1998, IV B 2 – S 2241 – 42/98, BStBl. I 1998, S. 583.

diaritätsthese fest. Daher bleibt festzuhalten, dass in Fällen der doppelstöckigen Personengesellschaft – trotz heftiger Kritik der Literatur an der Rechtsprechung des BFH – eine Bilanzierungskonkurrenz zwischen Obergesellschaft und Untergesellschaft zu Gunsten einer Behandlung als Sonderbetriebsvermögen bei der Untergesellschaft gelöst wird.

2.2.2.2. Bilanzierungskonkurrenz zwischen Untergesellschaften (Schwesterpersonengesellschaften)

Wie in der Ausgangssituation in Kapitel A.2. beschrieben, kann die Obergesellschaft an zwei gewerblich tätigen Untergesellschaften beteiligt sein, die auch untereinander Leistungsbeziehungen haben können. Bei den beiden Untergesellschaften handelt es sich dabei um Schwesterpersonengesellschaften.[142] Im Gegensatz zu einer doppelstöckigen Personengesellschaft, wo eine Personengesellschaft an einer anderen beteiligt ist, besteht zwischen Schwesterpersonengesellschaften kein Beteiligungsverhältnis.[143] Von einer Schwesterpersonengesellschaft wird gesprochen, wenn an zwei Personengesellschaften zwar nicht die Personengesellschaft als solche, aber – ganz oder teilweise – dieselben Gesellschafter (Doppelgesellschafter) als Mitunternehmer beteiligt sind.[144] Überlässt die Untergesellschaft 1 der Untergesellschaft 2 ein Wirtschaftsgut, kommt es auch hier zur Bilanzierungskonkurrenz, da sich die Frage stellt, wohin das Wirtschaftsgut steuerlich gehört, wenn die Gesellschafter in beiden Gesellschaften identisch sind.[145] In diesen Fällen wurde die Bilanzierungskonkurrenz lange Zeit – ähnlich wie zwischen Obergesellschaft und Untergesellschaft – nach dem BFH-Urteil vom 18.07.1979[146] zu Gunsten der Behandlung der überlassenen Wirtschaftsgüter als Sonderbetriebsvermögen gelöst. Diese Sichtweise hat der BFH Mitte der 90er Jahre durch mehrere Urteile[147] zu Gunsten der Subsidiaritätsthese geändert. Demnach ist bei einer Nutzungsüberlassung zwischen zwei gewerblichen Untergesellschaften (Schwesterpersonengesellschaften) das Wirtschaftsgut grundsätzlich vorrangig als eigenes

---

[142] ROSE, G., Vorzüge, DB 2004, S. 999, bezeichnet die Schwesterpersonengesellschaften auch als "Parallel-Gesellschaften".

[143] Vgl. WACKER, R., in: SCHMIDT, L., EStG, § 15 Rn. 600.

[144] Vgl. z. B. Zimmermann, R. u. a., Steuerrecht, Abschn. B., Rn. 103 oder ROSE, G., Steuerrecht, DB 1996, S. 167.

[145] Vgl. ROSE, G., Klärung, FR 1995, S. 763.

[146] Vgl. BFH vom 18.07.1979, I R 199/75, BStBl. II 1979, S. 750.

[147] Vgl. BFH vom 16.06.1994, IV R 48/93, BStBl. II 1996, S. 82, BFH vom 22.11.1994, VIII R 63/93, BStBl. II 1996, S. 93, BFH vom 23.04.1996, VIII R 13/95, BB 1996, S. 2074. Bestätigend auch BFH vom 24.11.1998, VIII R 61/97, BStBl. II 1999, S. 483.

Betriebsvermögen anzusehen.[148] Eine Behandlung als Sonderbetriebsvermögen mit zugehörigen Sondervergütungen bei der nutzenden Gesellschaft scheidet somit aus.[149] Dies gilt unabhängig davon, ob die leistende Untergesellschaft lediglich gewerblich geprägt ist[150] und zu welchen Konditionen (fremdüblich oder nicht) die Nutzungsüberlassung vereinbart wurde.[151]

Im Ergebnis wird somit die Bilanzierungskonkurrenz bei Schwesterpersonengesellschaften genau gegenteilig zu der bei doppelstöckigen Personengesellschaften gelöst.[152]

---

[148] Entsprechend sind Leistungsbeziehungen zwischen den Untergesellschaften zu bewerten. Erbringt eine gewerbliche Personengesellschaft an eine Schwesterpersonengesellschaft eine Leistung, ist § 15 Abs. 1 Satz 1 Nr. 2 Satz 1 2. Hs. EStG grundsätzlich nicht anzuwenden. Die Entgelte sind vorrangig Betriebseinnahmen, damit zusammenhängende Aufwendungen Betriebsausgaben, vgl. REIß, W., in: KIRCHHOF, P., EStG, § 15 Rn. 424, LEY, U., Sonderbetriebsvermögen, NWB 1998, Fach 3, S. 10553-10560, NEU, N., Schwesterpersonengesellschaften, DStR 1998, S. 1250-1253, ROSE, G., Steuerrecht, DB 1996, S. 167-181, KEMPERMANN, M., in: FS FLICK, H., Grenzen, S. 445-456.

[149] Vgl. u. a. REIß, W., in: KIRCHHOF, P./SÖHN, H./MELLINGHOFF, R., EStG, § 15 Rn. E 362, MÜLLER, U., Leistungsbeziehungen, SteuerStud 1998, S. 248 f., NEU, N., Betriebsaufspaltung, DStR 1996, S. 1757, ROSE, G., Klärung, FR 1995, S. 763, GAIL, W. u. a., Entwicklungen, DB 1998, Beilage 19 S. 20, BERZ, S./MÜLLER, G.-J., Sonderbetriebsvermögen, DStR 1996, S. 1919 f., NEUFANG, B., Fragen, StBp 1997, S. 162, SCHULZE ZUR WIESCHE, D., Behandlung, StBp 1998, S. 315, SCHIFFERS, J., Sonderbetriebsvermögen, GmbH-StB 1997, S. 275. Das bei Nutzungsüberlassung einer wesentlichen Betriebsgrundlage zwischen Schwesterpersonengesellschaften zugleich eine mitunternehmerische Betriebsaufspaltung vorliegt (personelle und sachliche Verflechtung sind gegeben) ist hier unerheblich, da die Untergesellschaften gemäß der Ausgangssituation bereits gewerblich tätig sind und somit keine Umqualifizierung der Einkunftsart stattfindet. Eine Bilanzierungskonkurrenz bei mitunternehmerischen Betriebsaufspaltungen wird im Übrigen auch nach der Subsidiaritätsthese gelöst, vgl. BRANDENBERG, H. B., Überlassung, FR 1997, S. 89, BFH vom 23.04.1996, VIII R 13/95, BB 1996, S. 2074.

[150] Vgl. BFH vom 22.11.1994, VIII R 63/93, BStBl. II 1996, S. 93.

[151] Vgl. WACKER, R., in: SCHMIDT, L., EStG, § 15 Rn. 536. Bei mittelbarer Nutzungsüberlassung in Erfüllung eigener Leistungspflicht des Gesellschafters plädiert GROH, M., Leistungen, DStZ 1996, S. 676 (m. w. N.) für Sondervergütungen bei der nutzenden Gesellschaft, während das Wirtschaftsgut eigenes Betriebsvermögen der überlassenden Gesellschaft bleibt.

[152] Die Finanzverwaltung hat sogar explizit betont, dass die Rechtsprechung zu Schwesterpersonengesellschaften nicht auf den Fall der doppelstöckigen Personengesellschaft angewandt werden darf, vgl. BMF vom 28.04.1998, IV B 2 – S 2241 – 42/98, BStBl. I 1998, S. 583.

2.2.2.3. Sonderbetriebsvermögen bei gemischt genutzten aktiven und passiven Wirtschaftsgütern

Über die Feststellungen der vorherigen Kapitel hinaus bleibt fraglich, wie die Zuordnung eines Wirtschaftsguts steuerbilanziell zu erfolgen hat, wenn es die Obergesellschaft teils selbst nutzt und teils einer oder mehreren Untergesellschaften zur Nutzung überlässt, bzw. wenn es die Obergesellschaft ausschließlich mehreren Untergesellschaften zur Nutzung überlässt. Ist in diesen Fällen das betreffende Wirtschaftsgut in mehrere Wirtschaftsgüter aufzuteilen oder erfolgt eine hundertprozentige Zuteilung zu einer Gesellschaft?[153] Für die Beantwortung dieser Frage muss danach differenziert werden, ob es sich bei diesem gemischt genutzten Überlassungsgegenstand um ein Grundstück (Grund und Boden/Gebäude) oder ein anderes aktives bzw. passives Wirtschaftsgut handelt.[154]

Grund und Boden bzw. Gebäude können allgemein betrachtet steuerrechtlich in einzelne Wirtschaftsgüter aufgeteilt werden.[155] Bei den teilweise eigenbetrieblich und teilweise fremdbetrieblich genutzten Teilen des Wirtschaftsguts kann eine Aufteilung in besondere Wirtschaftsgüter vorgenommen werden, da sie in verschiedenen Nutzungs- und Funktionszusammenhängen stehen.[156] Bei der Obergesellschaft wäre demnach ein von ihr eigenbetrieblich genutzter Teil zu bilanzieren, während bei der Untergesellschaft der an sie überlassene Teil des Wirtschaftsguts als Sonderbetriebsvermögen der Obergesellschaft bei der Untergesellschaft erfasst werden müsste. Bei einer Überlassung an mehrere Untergesellschaften müsste entsprechend eine Aufteilung des Wirtschaftsguts auf die jeweiligen Untergesellschaften erfolgen.[157]

---

[153] Die im Folgenden angestellten Überlegungen gelten entsprechend für den Fall, dass ein sowohl an der Obergesellschaft als auch an der Untergesellschaft beteiligter Gesellschafter ein Wirtschaftsgut überlässt, welches sowohl von der Obergesellschaft als auch von einer oder mehreren Untergesellschaften genutzt wird. Im Falle der Nutzungsüberlassung eines Wirtschaftsguts einer Untergesellschaft an eine Schwesterpersonengesellschaft (ebenfalls Untergesellschaft) bleibt es auch bei teilweiser Nutzung des Wirtschaftsguts von beiden Gesellschaften bei der vollen Zurechnung bei der überlassenden Gesellschaft, da es bei Nutzungsüberlassungen zwischen Schwesterpersonengesellschaften kein Sonderbetriebsvermögen gibt, vgl. z. B. BFH vom 16.06.1994, IV R 48/93, BStBl. II 1996, S. 82.

[154] Vgl. SCHMID, R., Obergesellschaft, DStR 1997, S. 943 f.

[155] Vgl. BFH vom 26.11.1973, GrS 5/71, BStBl. II 1974, S. 136.

[156] Vgl. BFH vom 26.11.1973, GrS 5/71, BStBl. II 1974, S. 136, BFH vom 13.07.1977, I R 217/75, BStBl. II 1978, S. 7, R 4.2 Abs. 4 EStR.

[157] Vgl. SCHMID, R., Obergesellschaft, DStR 1997, S. 943. In der praktischen Umsetzung kann diese Vorgehensweise einen erheblichen Aufwand nach sich ziehen, so dass aus Vereinfachungsgründen bei untergeordneten Werten (z. B. § 8 EStDV) auf die Behandlung als Sonderbetriebsvermögen verzichtet werden könnte, vgl. m. w. N. ebd., S. 943 f.

Bei anderen aktiven Wirtschaftsgütern stellt sich die Frage, ob eine ähnliche Aufteilung in eigenbetriebliche und zur Nutzung überlassene Teile möglich oder gar geboten sei. Soweit ersichtlich, existiert für diese Fälle allerdings keine Regel. Würde man stattdessen beispielsweise auf die Grundsätze für die Zuordnung von gemischt genutzten Wirtschaftsgütern zum Privat- oder zum Betriebsvermögen für Gewerbetreibende, die ihren Gewinn durch Betriebsvermögensvergleich ermitteln, zurückgreifen, wäre nach herrschender Meinung in der Rechtsprechung und der Literatur eine Aufteilung von beweglichen Wirtschaftsgütern nicht zulässig. Die Zuordnung des Wirtschaftsguts hat in dem Fall vollständig zum Privat- oder zum Betriebsvermögen zu erfolgen.[158] Überträgt man diesen Gedanken auf den Fall der doppelstöckigen Personengesellschaft, würde dies eine ausschließliche Zuordnung entweder zur Obergesellschaft oder zur Untergesellschaft bedeuten. Andererseits sieht der BFH die Vorschrift des § 15 Abs. 1 Satz 1 Nr. 2 Satz 1 2. Hs. EStG – wie bereits erwähnt – als eine Zurechnungsnorm[159], der m. E. durch eine Aufteilung am ehesten entsprochen werden kann. Der Begriff "Wirtschaftsgut" schließt eine Aufteilung auch nicht aus, die zudem bilanztechnisch ohne weiteres umsetzbar wäre. Daher sollte letztlich der jeweilige Einzelfall über eine angemessene Aufteilung entscheiden.[160]

Des Weiteren ist zu fragen, inwieweit gemischt genutzte passive Wirtschaftsgüter (Verbindlichkeiten) der Obergesellschaft zuzurechnen sind bzw. passives Sonderbetriebsvermögen der Obergesellschaft bei der Untergesellschaft darstellen. Allgemein gilt dabei, dass Darlehensmittel dann passives Betriebsvermögen begründen, wenn sie für betriebliche Aufwendungen eingesetzt werden (sog. Verursachungsprinzip). Entscheidend ist demnach der tatsächliche Verwendungszweck.[161] D. h., wird die Darlehensschuld nur zum Teil für Zwecke des Sonderbetriebs und der Rest für andere Zwecke eingesetzt, wird als passives Sonderbetriebsvermögen nur der auf den Sonderbetrieb entfallende Teil bilanziert, unabhängig davon, ob eine einheitliche zivilrechtliche Grundlage vorliegt.[162] Übertragen auf die doppelstöckige Personengesellschaft ergibt sich aus diesen Grundsätzen, dass auch Verbindlichkeiten im Verhältnis ihres Einsatzes im jeweiligen Betriebsvermögen aufgeteilt und entsprechend bilanziert werden sollten. Steht beispielsweise eine Verbindlichkeit der Ober-

---

[158] Vgl. HEINICKE, W., in: SCHMIDT, L., EStG, § 4 Rn. 206.
[159] Vgl. BFH vom 18.07.1979, I R 199/75, BStBl. II 1979, S. 752 f.
[160] So auch SCHMID, R., Obergesellschaft, DStR 1997, S. 944. Zur Aufteilung bei gemischt genutzten beweglichen Wirtschaftsgütern, vgl. HEINICKE, W., in: SCHMIDT, L., EStG, § 4 Rn. 207.
[161] Vgl. BFH vom 04.07.1990, GrS 2-3/88, BStBl. II 1990, S. 822 f.
[162] Vgl. BFH vom 04.07.1990, GrS 2-3/88, BStBl. II 1990, S. 824, BFH vom 08.11.1990, IV R 127/86, BStBl. II 1991, S. 506.

gesellschaft sowohl in Zusammenhang mit ihrem Eigenbetrieb als auch mit ihrer Beteiligung an der Untergesellschaft einschließlich ihres dortigen Sonderbetriebsvermögens, so ist lediglich der nicht eigenbetrieblich eingesetzte Teil der Verbindlichkeit als passives Sonderbetriebsvermögen der Obergesellschaft bei der Untergesellschaft zu bilanzieren.[163]

2.2.2.4. Gestaltungsüberlegungen zur Vermeidung von Sonderbetriebsvermögen

Wie beschrieben, liegt bei doppelstöckigen Personengesellschaften bei der Überlassung von Wirtschaftsgütern regelmäßig Sonderbetriebsvermögen vor. Die Vermeidung von Sonderbetriebsvermögen kann allerdings zu ertragsteuerlichen Vorteilen führen. Beispielsweise kann der Mitunternehmeranteil an der nutzenden Gesellschaft tarifbegünstigt[164] veräußert werden, ohne dass die zur Nutzung überlassene wesentliche Betriebsgrundlage mitveräußert werden muss.[165] Auch kann eine Verdoppelung des Gewerbesteuerfreibetrags gemäß § 11 Abs. 1 Satz 3 Nr. 1 GewStG i. H. v. € 24.500 gelingen. Besteht bei der nutzenden Gesellschaft (Untergesellschaft) kein Sonderbetriebsvermögen, mindern die für die Überlassung geleisteten Zahlungen deren Gewinn, während bei der empfangenden Gesellschaft (Obergesellschaft) bis zur Höhe des Freibetrags die Betriebseinnahmen gewerbesteuerfrei bleiben.[166] Schließlich brächte die Vermeidung von Sonderbetriebsvermögen auch praktische Vorteile, da die mitunter sehr schwierige Zurechnung des Sonderbetriebsvermögens bei doppelstöckigen Personengesellschaften hinfällig wäre.[167]

Als Möglichkeit zur Vermeidung von Sonderbetriebsvermögen bietet sich die Einbringung der betreffenden Wirtschaftsgüter in eine für diesen Zweck neu zu gründende gewerblich geprägte Personengesellschaft gemäß § 15 Abs. 3 Nr. 2 EStG an (sog. Ausgliederungsmodell). Die Obergesellschaft kann die Wirtschaftsgüter dabei steuerneutral gemäß § 6 Abs. 5 EStG in diese Gesellschaft (in der Rechtsform einer GmbH & Co. KG) einbringen.[168] Die Obergesellschaft

---

[163] Vgl. m. w. N. SCHMID, R., Obergesellschaft, DStR 1997, S. 945.

[164] Vgl. zu den Tarifbegünstigungen im Veräußerungsfall Kapitel D.1.3.2.

[165] Vgl. GROH, M., Leistungen, DStZ 1996, S. 674.

[166] Vgl. PATT, J./RASCHE, R., Frage, DStR 1995, S. 401 oder SCHIFFERS, J., Sonderbetriebsvermögen, GmbH-StB 1997, S. 276. Bei einer Darlehensgewährung ist allerdings zu beachten, dass gewerbesteuerlich Dauerschuldzinsen gemäß § 8 Nr. 1 GewStG bei der Untergesellschaft wieder hälftig hinzuzurechnen sind.

[167] Vgl. LEY, U., Sonderbetriebsvermögen, NWB 1998, Fach 3, S. 10560.

[168] Vgl. u. a. NICKEL, J. R./KLEIN, M., Nachfolge, FR 2003, S. 957, HÄGER, M./FORST, P., Übertragung, EStB 2001, S. 357, MÄRKLE, R., Fluch, DStZ 1997, S. 241-248, GAIL, W. u. a., Entwicklungen, DB 1998, Beilage 19 S. 20, REIß, W., Grundprobleme (Teil 1), Stbg 1999, S. 369 oder SCHULZE ZUR WIESCHE, D., Behandlung, StBp 1998, S. 318 f. Siehe ausführlich zu den Voraussetzungen einer gewerblich geprägten Personengesellschaft

besitzt nun eine weitere Untergesellschaft, die wiederum die Wirtschaftsgüter an die andere (ursprüngliche) Untergesellschaft (Schwesterpersonengesellschaft) zur Nutzung überlässt. Aufgrund der Subsidiarität des Eigenbetriebs im Falle der Bilanzierungskonkurrenz bei Schwesterpersonengesellschaften entsteht nun kein Sonderbetriebsvermögen, womit – abhängig vom Einzelfall – die oben genannten positiven Konsequenzen verbunden sein können.[169] Dabei sollten allerdings die steuerlichen Vorteile dieser Konstruktion mit den entstehenden Mehraufwendungen durch die Gründung und Unterhaltung einer weiteren Gesellschaft abgewogen werden.[170]

Als Grenze zu dieser Gestaltung könnte die Missbrauchsvorschrift des § 42 AO zu beachten sein. Jedoch ist in der Rechtsprechung des BFH kein einziger einschlägiger Fall bekannt, der die Existenz von Schwesterpersonengesellschaften nicht akzeptiert. Auch die Literatur hat die Gefahr des § 42 AO erkannt, spricht sich aber tendenziell für diese Gestaltung aus.[171]

---

z. B. NIEHUS, U./WILKE, H., Besteuerung, S. 48-51 oder WACKER, R., in: SCHMIDT, L., EStG, § 15 Rn. 200-235.

[169] Vgl. PATT, J./RASCHE, R., Frage, DStR 1995, S. 404, LEY, U., Sonderbetriebsvermögen, NWB 1998, Fach 3, S. 10560. Kritisch dazu GSCHWENDTNER, H., Anmerkung, DStR 1999, S. 1438 f. (mit Hinweis auf BFH vom 06.07.1999, VIII R 46/94, BStBl. II 1999, S. 720), der die "Durchschlagskraft" des Modells davon abhängig macht, ob die leistende Personengesellschaft vom beherrschenden Gesellschafter nur "zwischengeschaltet", insbesondere zur Leistung angewiesen wird. In dem Fall hätten Sonderbetriebsvermögen und Sondervergütungen bei der nutzenden Personengesellschaft Vorrang. Nach SÖFFING, G., Bilanzierungskonkurrenz, DB 1995, S. 1583 (mit Hinweis auf BFH vom 22.11.1994, VIII R 63/94, BStBl. II 1996, S. 96) kann bei dieser Konstruktion allerdings kein Sonderbetriebsvermögen vorliegen. Da die vermietende Gesellschaft – also die gewerbliche geprägte GmbH & Co. KG – nicht Mitunternehmerin der mietenden Gesellschaft sei und ihr das überlassende Wirtschaftsgut als selbständiges Steuerrechtssubjekt zuzurechnen ist, könne § 15 Abs. 1 Satz 1 Nr. 2 Satz 1 EStG nicht zum Zuge kommen, weil diese Vorschrift voraussetze, dass ein Mitunternehmer – also jemand, der an der nutzenden Personengesellschaft beteiligt ist – dieser ein Wirtschaftsgut zur Nutzung überlässt. Mangels Mitunternehmerstellung der gewerblich geprägten Gesellschaft bei der nutzenden Schwesterpersonengesellschaft kann also kein Sonderbetriebsvermögen vorliegen, so dass diese Gestaltung zur Vermeidung von Sonderbetriebsvermögen als geeignet angesehen werden kann. Gl. A. MÄRKLE, R., Fluch, DStZ 1997, S. 243.

[170] Vgl. ROSE, G., Vorzüge, DB 2004, S. 1001, MÄRKLE, R., Fluch, DStZ 1997, S. 247. Darüber hinaus könnte auch ein Obergesellschafter seine der Ober- oder Untergesellschaft zur Nutzung überlassenen Wirtschaftsgüter in eine gewerblich geprägte GmbH & Co. KG (Schwesterpersonengesellschaft) einbringen, um z. B. gewerbesteuerliche Vorteile zu erzielen, vgl. u. a. RITZER, C. J./STANGL, I., in: FROTSCHER, G., EStG, § 35 Rn. 110.

[171] Vgl. m. w. N. ROSE, G., Vorzüge, DB 2004, S. 1000 f., MÄRKLE, R., Fluch, DStZ 1997, S. 246 f. und BORDEWIN, A., Beteiligung, DStZ 1997, S. 101, der zudem die positiven steuerlichen Konsequenzen für begrüßenswert hält, da so betriebs- und volkswirtschaftlich sinnvolle Umstrukturierungen erleichtert werden.

2.2.3. Würdigung der Bilanzierungskonkurrenz

Die unterschiedliche Lösung der Bilanzierungskonkurrenz bei doppelstöckigen Personengesellschaften und Schwesterpersonengesellschaften hat in der Literatur zahlreiche Diskussionen ausgelöst.[172] Die zwischenzeitliche Andeutung einer Entwicklung zur Angleichung dieser Fälle ist aufgrund bestätigender Rechtsprechung des BFH zurzeit nicht in Sicht.[173] Die Ablehnung der Subsidiaritätsthese führt m. E. aber zu zahlreichen unerwünschten Konsequenzen.

Wird ein der Obergesellschaft gehörendes Wirtschaftsgut als Sonderbetriebsvermögen bei der Untergesellschaft behandelt, darf dieses in der Steuerbilanz der Obergesellschaft nicht ausgewiesen werden. Stattdessen wird es in der steuerrechtlichen Gesamtbilanz der Untergesellschaft angesetzt. Dieses seltsame Ergebnis wird vom BFH[174] damit gerechtfertigt, dass es sich dabei um eine Durchbrechung des Maßgeblichkeitsgrundsatzes handele, ohne dabei zu erkennen, dass hier vor allem aber ein Verstoß gegen die Zurechnungsvorschrift des § 39 Abs. 1 AO vorliegt. Mit der Ablehnung der Subsidiaritätsthese hat der BFH die Zurechnung des Wirtschaftsguts beim zivilrechtlichen Eigentümer negiert.[175]

Überlässt ein Einzelunternehmer einer Personengesellschaft ein Wirtschaftsgut, wird dieses bei Ablehnung der Subsidiaritätsthese in der Steuerbilanz bei der Personengesellschaft ausgewiesen. Wird das Einzelunternehmen veräußert, fällt ein tarifbegünstigter Veräußerungsgewinn gemäß §§ 16, 34 EStG nur insoweit an, als der Gewinn nicht auf das überlassene Wirtschaftsgut entfällt. Mit der Veräußerung des Einzelunternehmens wird aber das Wirtschaftsgut aus dem Betriebsvermögen der Personengesellschaft entnommen. Der dabei entstehende Entnahmegewinn ist ohne Tarifbegünstigung als laufender Gewinn zu versteuern.[176]

---

[172] Vgl. u. a. NEU, N., Betriebsaufspaltung, DStR 1996, S. 1757-1760, ROSE, G., Klärung, FR 1995, S. 763, MÜLLER, U., Leistungsbeziehungen, SteuerStud 1998, S. 248 f., BERZ, S./ MÜLLER, G.-J., Sonderbetriebsvermögen, DStR 1996, S. 1919 f., NEUFANG, B., Fragen, StBp 1997, S. 162, LEY, U., Besteuerungsfragen, KÖSDI 1996, S. 10928 f., KNOBBE-KEUK, B., Unternehmenssteuerrecht, S. 448-450, SCHMID, R., Obergesellschaft, DStR 1997, S. 941-945.

[173] Vgl. BFH vom 24.03.1999, I R 114/97, BStBl. II 2000, S. 399, BFH vom 07.12.2000, III R 35/98, BStBl. II 2001, S. 316, BFH vom 06.03.2002, XI R 9/01, BStBl. II 2002, S. 738.

[174] Vgl. BFH vom 18.07.1979, I R 199/75, BStBl. II 1979, S. 754.

[175] Vgl. m. w. N. SÖFFING, G., Mitunternehmer, Rn. 1000-1002. Auch SOMMER, J., Bilanzierung, S. 85, kritisiert die Nichterfassung der betreffenden Wirtschaftsgüter in der Bilanz des Eigenbetriebs, was mit dem Vollständigkeitsgrundsatz nicht vereinbar ist.

[176] Vgl. SÖFFING, G., Mitunternehmer, Rn. 1002.

Auch besonders folgender Fall führt bei Ablehnung der Subsidiaritätsthese zu einem merkwürdigen Ergebnis. Überlässt eine Obergesellschaft der Untergesellschaft beispielsweise ein Grundstück, welches mit Altlasten belastet ist, ist die Obergesellschaft für deren Beseitigung verpflichtet. Eine dafür gebildete Rücklage führt zu einer Gewinnminderung im Sonderbetriebsvermögen der Obergesellschaft bei der Untergesellschaft, was sich auf den Gesamtgewinn und den Gewerbeertrag der Untergesellschaft auswirkt. Bei nur sehr geringer Beteiligung der Obergesellschaft an der Untergesellschaft kommt somit eine durch die Rücklagenbildung entstehende Minderung der Gewerbesteuer auf Ebene der Untergesellschaft zu großen Teilen den übrigen Untergesellschaftern zugute, ohne dass sich ihr Gewinnanteil aus der Rücklagenbildung mindern würde (fremdbestimmte Steuerwirkungen).[177]

Es zeigt sich also, dass die Ablehnung der Subsidiaritätsthese bei doppelstöckigen Personengesellschaften kritisch zu betrachten ist. Es wird in der Literatur[178] m. E. richtigerweise argumentiert, dass der Wortlaut des § 15 Abs. 1 Satz 1 Nr. 2 Satz 1 2. Hs. EStG die Vorrangigkeit des eigenen Gewerbebetriebes gegenüber dem Sonderbetriebsvermögen deckt, da die Vorschrift nur von Einkünften spricht, während das zur Einkunftserzielung dienende Vermögen nicht erwähnt wird.[179] Nach SÖFFING, G. spricht gegen die Ablehnung der Subsidiaritätsthese auch gerade der Umstand, dass "der eigentliche – aber nicht offen ausgesprochene – Grund für die Ablehnung der Subsidiaritätsthese, die angebliche Doppelbelastung mit Gewerbesteuer war"[180]. Diese Doppelbelastung war aber nur auf den Fall beschränkt, wo Dauerschuldzinsen auf Ebene der Untergesellschaft zwar als Betriebsausgaben abzugsfähig waren, aber bei der Gewerbesteuer gemäß § 8 Nr. 1 GewStG wieder hinzugerechnet wurden, so dass neben der gewerbesteuerlichen Erfassung bei der Obergesellschaft auch eine bei der Untergesellschaft erfolgte. Die Hinzurechnung wurde zum Zeitpunkt der Entscheidungen des BFH[181] noch voll vorgenommen, während Dauerschuldzinsen seit 1984 nur noch hälftig hinzugerechnet werden.[182]

---

177 Vgl. SÖFFING, G., Mitunternehmer, Rn. 1005.

178 Vgl. SCHMID, R., Obergesellschaft, DStR 1997, S. 943. Gl. A. SÖFFING, G., Mitunternehmer, Rn. 1007.

179 Nach MÜLLER, U., Leistungsbeziehungen, SteuerStud 1998, S. 248, wäre deshalb die gesetzlich nicht angeordnete erfolgsrechnerische Einbindung des zur Nutzung überlassenen Gesellschaftervermögens erforderlich, damit § 15 Abs. 1 Satz 1 Nr. 2 EStG konsequent angewandt werden kann.

180 SÖFFING, G., Mitunternehmer, Rn. 1008.

181 Die erstmalige Ablehnung der Subsidiaritätsthese wurde im Urteil des BFH vom 18.07.1979, I R 199/75, BStBl. II 1979, S. 750 ausgesprochen.

182 Vgl. m. w. N. SÖFFING, G., Mitunternehmer, Rn. 995, 1008.

Die Ablehnung der Subsidiaritätsthese und die Behandlung des § 15 Abs. 1 Nr. 2 EStG auch als Zurechnungsnorm ist m. E. nur schwer zu rechtfertigen. Zudem können mögliche ertragsteuerliche Nachteile, die das Vorhandensein von Sonderbetriebsvermögen zur Folge haben könnte, durch die Gründung einer gewerblich geprägten Personengesellschaft ohnehin beseitigt werden. Nicht zuletzt würde die Anwendung der Subsidiaritätsthese einen erheblichen Vereinfachungseffekt hervorrufen, da bei doppelstöckigen Personengesellschaften der gesamte Bereich des Sonderbetriebsvermögens der Obergesellschaft bei der Untergesellschaft entfallen würde.[183] Dennoch bleibt abzuwarten, ob die Bilanzierungskonkurrenz bei vertikalen Beziehungsgefügen (Obergesellschaft – Untergesellschaft) auch in Zukunft anders gelöst wird, als bei horizontalen (Untergesellschaft – Untergesellschaft).[184]

3. Bilanzierung der Beteiligung der Obergesellschaft an der Untergesellschaft in der Steuerbilanz

3.1. Bedeutung der Beteiligungsbilanzierung für die laufende Besteuerung der doppelstöckigen Personengesellschaft

Die handelsrechtliche Bilanzierung von Anteilen an Personengesellschaften ist mit Veröffentlichung der HFA-Stellungnahme 1/1991[185] geklärt worden. Demnach handelt es sich bei der Beteiligung um einen einheitlichen und selbständigen Vermögensgegenstand, der wie alle Vermögensgegenstände in der Bilanz anzusetzen ist.[186] Die Bewertung hat dabei zu Anschaffungskosten zu erfolgen.[187] Steuerrechtlich gesehen ist die Lage allerdings schwieriger. Sowohl bei Ansatz als auch Bewertung einer zum steuerlichen Betriebsvermögen gehörenden Beteiligung an einer (Unter-)Personengesellschaft hat sich noch keine einheitliche Meinung herausgebildet. Die von WREDE im Jahr 1990 getroffene Feststellung, dass die Thematik von einer "schwer überschaubare(n) Fülle von Meinungsäußerungen"[188] geprägt ist, kann nach wie vor bejaht werden. Auch der BFH hat in diesen Fragen keine ausdrückliche Stellung

---

[183] So auch LEY, U., Besteuerungsfragen, KÖSDI 1996, S. 10929, SCHMID, R., Obergesellschaft, DStR 1997, S. 948.

[184] Um eine Abkehr von stetiger Rechtsprechung zu rechtfertigen, bedarf es allerdings nach Beschluss des Großen Senats "schwerwiegender sachlicher Gründe", vgl. BFH vom 05.07.1990, GrS 2/89, BStBl. II 1990, S. 846.

[185] Vgl. HFA DES IDW, Stellungnahme 1/1991, WPg 1991, S. 334 f.

[186] Vgl. z. B. NIESKENS, H., Bilanzierung, WPg 1988, S. 493 f., MELLWIG, W., Beteiligungen, BB 1990, S. 1170, DIETEL, M., Bilanzierung, DStR 2002, S. 2140 oder BÜRKLE, T./ KNEBEL, A., Bilanzierung, DStR 1998, S. 1068.

[187] Vgl. HFA DES IDW, Stellungnahme 1/1991, WPg 1991, S. 334.

[188] WREDE, F., Steuerbilanz, FR 1990, S. 293.

bezogen, kann gar als Ursache für die Unsicherheit auf diesem Gebiet angesehen werden.[189] Die entscheidende Frage in diesem Zusammenhang ist dabei, ob es sich bei der Beteiligung an einer Personengesellschaft um ein selbständiges Wirtschaftsgut handelt oder nicht. Je nachdem, welche Meinung hierzu vertreten wird, entstehen verschiedene Folgefragen zur Bilanzierung der Beteiligung. Es besteht in der Literatur lediglich insoweit Einigkeit darüber, dass nur das einheitlich und gesondert festgestellte Ergebnis der Personengesellschaft für die Gewinnermittlung eines bilanzierenden Gesellschafters maßgebend ist.[190] Diese Feststellung verleitet so manchen, den Streit um einen Ausweis mitunternehmerschaftsgebundener Anteile als Frage rein akademischer Natur abzutun, da eine sachgerechte Besteuerung in jedem Fall erreicht wird.[191] M. E. wird dabei übersehen, dass die Frage, ob und wie die Beteiligung an einer Personengesellschaft angesetzt wird, sehr wohl eine materielle Bedeutung für die laufende Besteuerung insbesondere bei einer doppelstöckigen Personengesellschaft zukommt. Die Steuerbilanz besitzt eine Doppelfunktion, nach der sie zum einen das steuerliche Ergebnis zutreffend ermittelt und zum anderen das "richtige" Betriebsvermögen ausweist.[192] Dies kann wie bei Personengesellschaftsbeteiligungen auseinander fallen. Der zutreffende Betriebsvermögensausweis ist speziell im Zusammenhang mit der Verlustberücksichtigung gemäß § 15a EStG und dem beschränkten Schuldzinsenabzug gemäß § 4 Abs. 4a EStG von Bedeutung.[193] Aber auch im Rahmen von Veräußerungsvorgängen bei doppelstöckigen Personengesellschaften spielt diese Diskussion eine Rolle.[194]

Daher soll im Folgenden die Bilanzierung von Anteilen an Personengesellschaften in der Steuerbilanz der Obergesellschaft ausführlich dargestellt und gewürdigt werden, da dies in der späteren Analyse noch von Bedeutung sein wird. Ausgehend von der Frage der Wirtschaftsguteigenschaft der Beteiligung an einer Personengesellschaft werden die in der Literatur existierenden unterschiedlichen Meinungen zur Bilanzierung der Anteile erläutert, wobei ein Fallbeispiel zur Verdeutlichung dienen soll.

---

[189] Vgl. DIETEL, M., Bilanzierung, DStR 2002, S. 2140.

[190] Vgl. z. B. GROH, M., Bilanzen, StuW 1995, S. 385, SCHÖN, W., Gewinnübertragungen, FR 1994, S. 661, BÜRKLE, T./KNEBEL, A., Bilanzierung, DStR 1998, S. 1071 oder NEU, N., Finanzvermögen, S. 182.

[191] Diese Meinung wird u. a. von SOMMER, J., Bilanzierung, S. 205, REIß, W., Personengesellschaften, DStR 1998, S. 1890, WACKER, R., in: SCHMIDT, L., EStG, § 15 Rn. 622 und STAHL, R., Veräußerung, KÖSDI 2002, S. 13539 vertreten.

[192] Vgl. LEY, U., Besteuerungsfragen, KÖSDI 1996, S. 10924.

[193] Vgl. zu den Auswirkungen die Kapitel E.1.3.1.1.2. und E.2.2.1.2.2.

[194] Vgl. m. w. N. MAYER, L., Behandlung, DB 2003, S. 2038-2040.

3.2. Zur Frage der Wirtschaftsguteigenschaft einer Beteiligung an einer Personengesellschaft

Bis heute wird die Frage uneinheitlich beantwortet, ob es sich steuerrechtlich gesehen bei der Beteiligung an einer Personengesellschaft um ein selbständiges Wirtschaftsgut handelt oder ob die Beteiligung lediglich als Ausdruck für die ideellen Anteile an den einzelnen Wirtschaftsgütern anzusehen ist.[195] Der BFH[196] und die Finanzverwaltung[197] vertreten dabei die Auffassung, dass es sich bei der Beteiligung nicht um ein selbständiges Wirtschaftsgut handelt. Demnach sind Sachen, Rechte oder rein wirtschaftliche Güter nur dann als Wirtschaftsgut zu qualifizieren, wenn sie im Rahmen der Steuerbilanz des Gesellschafters die Höhe seines steuerpflichtigen Gewinns beeinflussen.[198] Die Höhe der gewerblichen Einkünfte des Gesellschafters aus seiner Beteiligung an der Personengesellschaft wird aber gerade nicht durch einen Vermögensvergleich auf Gesellschafterebene ermittelt.[199] Vielmehr erfolgt die Einkunftsermittlung nach §§ 15, 16 EStG durch Vermögensvergleich auf Gesellschaftsebene. Die gewerblichen Einkünfte der Gesellschafter werden, auch wenn der Mitunternehmeranteil zu einem Betriebsvermögen gehört, durch die einheitliche und gesonderte Gewinnfeststellung bei der (Unter-)Personengesellschaft ermittelt und anschließend im Veranlagungsverfahren des Anteilseigners berücksichtigt.[200] Dafür ist

---

[195] Vgl. u. a. zum Meinungsstand in der Literatur m. w. N. MAYER, L., Behandlung, DB 2003, S. 2034 f., DIETEL, M., Bilanzierung, DStR 2002, S. 2140 f., BOGENSCHÜTZ, E./HIERL, M., Unternehmensverkauf, DStR 2003, S. 1104, GROH, M., Bilanzen, StuW 1995, S. 385 f., SCHÖN, W., Gewinnübertragungen, FR 1994, S. 660-662, WREDE, F., Steuerbilanz, FR 1990, S. 293-296, SOMMER, J., Bilanzierung, S. 191-194, BÜRKLE, T./KNEBEL, A., Bilanzierung, DStR 1998, S. 1071 f., LEY, U., Besteuerungsfragen, KÖSDI 1996, S. 10924 f.

[196] Vgl. ständige Rechtsprechung BFH vom 19.02.1981, IV R 41/78, BStBl. II 1981, S. 730, BFH vom 25.06.1984, GrS 4/82, BStBl. II 1984, S. 763, BFH vom 25.02.1991, GrS 7/89, BStBl. II 1991, S. 700, BFH vom 24.03.1999, I R 114/97, BStBl. II 2000, S. 399, BFH vom 30.04.2003, I R 102/01, BStBl. II 2004, S. 804.

[197] Vgl. BMF vom 29.04.1994, IV B 2 – S 2241 – 9/94; IV A 4 – S 0361 – 11/94, BStBl. I 1994, S. 282, OFD Bremen vom 19.10.1995 – S 2241a – St 201, BB 1996, S. 900, OFD Nürnberg vom 13.11.1997 – S 2241a – 31/St 31, BB 1998, S. 44, OFD Chemnitz vom 05.02.1998 – S 2241a – 8/1 – St 31, DB 1998, S. 903 f.

[198] Vgl. HOFFMANN, W.-D., Steuerbilanz, BB 1991, S. 450 mit Verweis auf BFH vom 26.10.1987, GrS 2/86, BStBl. II 1988, S. 352.

[199] Vgl. KNOBBE-KEUK, B., Unternehmenssteuerrecht, S. 436, BÜRKLE, T./KNEBEL, A., Bilanzierung, DStR 1998, S. 1072.

[200] Vgl. BFH vom 23.07.1975, I R 165/73, BStBl. II 1976, S. 73, BFH vom 06.11.1985, I R 242/81, BStBl. II 1986, S. 333. Vgl. auch REGNIET, M., Ergänzungsbilanzen, S. 56 f., BOGENSCHÜTZ, E./HIERL, M., Unternehmensverkauf, DStR 2003, S. 1104, SOMMER, J., Bilanzierung, S. 191, GROH, M., Bilanzen, StuW 1995, S. 385, SCHÖN, W., Gewinnüber-

die Erstellung einer Steuerbilanz nicht erforderlich. Aus diesem Grund vertritt der BFH in ständiger Rechtsprechung die Auffassung, dass der in der Handelsbilanz ausgewiesene Personengesellschaftsanteil für die ertragsteuerliche Gewinnermittlung des Mitunternehmers "keine selbständige Bedeutung" besitzt.[201]

Dennoch wird in der Literatur oft gefordert, die Beteiligung an einer Personengesellschaft als Wirtschaftsgut zu qualifizieren, allerdings ohne Auswirkung auf die steuerliche Gewinnermittlung des Gesellschafters. Begründet wird dies u. a. mit dem Maßgeblichkeitsgrundsatz gemäß § 5 Abs. 1 EStG.[202] KNOBBE-KEUK[203] bemerkt zudem, dass die Anteile an einer Personengesellschaft nicht dadurch ihre Eigenschaft als Wirtschaftsgut verlieren, weil der Beteiligung einkommensteuerrechtlich keine eigenständige Bedeutung zukommt.[204]

Der Begriff des Wirtschaftsguts ist im Steuerrecht nicht definiert. Er wurde von der Rechtsprechung entwickelt. Demnach setzt ein Wirtschaftsgut einen

---

tragungen, FR 1994, S. 661, BÜRKLE, T./KNEBEL, A., Bilanzierung, DStR 1998, S. 1071, NIESKENS, H., Bilanzierung, WPg 1988, S. 501, NEU, N., Finanzvermögen, S. 178.

201 Vgl. BFH vom 23.07.1975, I R 165/73, BStBl. II 1976, S. 73, BFH vom 29.09.1976, I R 171/75, BStBl. II 1977, S. 260, BFH vom 22.01.1981, IV R 160/76, BStBl. II 1981, S. 429, BFH vom 06.11.1985, I R 242/81, BStBl. II 1986, S. 334, BFH vom 24.03.1999, I R 114/97, BStBl. II 2000, S. 399. So auch die Literatur MAYER, L., Behandlung, DB 2003, S. 2035, GLANEGGER, P., in: SCHMIDT, L., EStG, § 6 Rn. 313, WACKER, R., in: SCHMIDT, L., EStG, § 15 Rn. 690, NIESKENS, H., Bilanzierung, WPg 1988, S. 501, DÖLLERER, G., Beteiligung, WPg 1977, S. 87 oder GROH, M., Bilanzen, StuW 1995, S. 385.

202 Vgl. HEBELER, C., Beteiligung, BB 1998, S. 208, DIETEL, M., Bilanzierung, DStR 2002, S. 2143 f., BENECKE, A. Y., Umwandlung, S. 118-120, WREDE, F., Steuerbilanz, FR 1990, S. 294, BLAAS, U., Spiegelbildtheorie, S. 58-61, NEU, N., Finanzvermögen, S. 180 f., GSCHWENDTNER, H., Ergänzungsbilanz, DStR 1993, S. 822-824, DÖLLERER, G., Steuerrecht, DStZ 1977, S. 144 oder REGNIET, M., Ergänzungsbilanzen, S. 57. A. A. dagegen ist (m. w. N.) SOMMER, J., Bilanzierung, S. 29, 94-96 und 193, demzufolge die Maßgeblichkeit aufgrund unterschiedlicher dogmatischer Grundlagen bei der Bilanzierung von Anteilen an Personengesellschaften nicht gilt, da dem Handelsbilanzrecht das sog. "Trennungsprinzip" zu Grunde liege, während das Steuerbilanzrecht auf dem sog. "Einheitsprinzip" beruhe. Eine Vergleichbarkeit von Handels- und Steuerbilanz wäre demnach insoweit nicht gegeben, als das diese Prinzipien bei der Bilanzierung von Personengesellschaftsanteilen unterschiedliche Vorgehensweisen bedingen. Eine Maßgeblichkeit der Handel- für die Steuerbilanz gäbe es bei der Bilanzierung von Personengesellschaftsanteilen somit nicht. Im Ergebnis auch HOFFMANN, W.-D., Bilanzierung, BB 1988, Beilage 2 S. 4 und FELLMETH, P., Gesellschaftsanteile, BB 1992, S. 886.

203 Vgl. KNOBBE-KEUK, B., Unternehmenssteuerrecht, S. 436.

204 So auch MAYER, L., Behandlung, DB 2003, S. 2036, DÖLLERER, G., Beteiligung, WPg 1977, S. 88. A. A. SCHMIDT, L., Anmerkung, FR 1976, S. 21, BÜRKLE, T./KNEBEL, A., Bilanzierung, DStR 1998, S. 1071, BOGENSCHÜTZ, E./HIERL, M., Unternehmensverkauf, DStR 2003, S. 1104.

konkretisierbaren, vermögenswerten Vorteil voraus, der selbständig bewertungsfähig und übertragbar ist.[205] Die Beteiligung an einer Personengesellschaft erfüllt nach überwiegender Auffassung in der Literatur diese Kriterien.[206] Da auch der handelsrechtliche Begriff des Vermögensgegenstandes deckungsgleich mit dem steuerrechtlichen Begriff des Wirtschaftsguts ist[207] und die Beteiligung unstreitig als Vermögensgegenstand in der Handelsbilanz auszuweisen ist, kann ihr die Wirtschaftsguteigenschaft in der Steuerbilanz nicht abgesprochen werden.[208]

Trotz dieser Kritik in der Literatur bleibt im Ergebnis aber festzuhalten, dass die Rechtsprechung die Wirtschaftsguteigenschaft mitunternehmerschaftsgebundener Anteile an einer Personengesellschaft in der Steuerbilanz – entgegen der handelsrechtlichen Auffassung – verneint.

3.3. Mögliche Konzepte zur Bilanzierung der Beteiligung an einer Personengesellschaft

3.3.1. Überblick

Trotz Verneinung der Wirtschaftsguteigenschaft der Personengesellschaftsbeteiligung durch die Rechtsprechung, wird im Schrifttum nach wohl herrschender Meinung deren Aktivierung in der Steuerbilanz des Gesellschafters akzeptiert.[209]

---

205 Vgl. zur Wirtschaftsgutdefinition u. a. BFH vom 09.07.1986, I R 218/82, BStBl. II 1987, S. 14, BFH vom 04.12.1991, I R 148/90, BStBl. II 1992, S. 384, BFH vom 26.08.1992, I R 24/91, BStBl. II 1992, S. 978 f., BFH vom 09.08.2001, III R 30/00, BStBl. II 2001, S. 843, BFH vom 09.07.2002, IX R 29/98, BFH/NV 2003, S. 21, BFH vom 20.03.2003, IV R 27/01, BStBl. II 2003, S. 879.

206 Vgl. m. w. N. BENECKE, A. Y., Umwandlung, S. 118-121, ISING, M., Ergänzungsbilanzen, S. 71-76, LEY, U., Besteuerungsfragen, KÖSDI 1996, S. 10925, WREDE, F., Steuerbilanz, FR 1990, S. 294, REGNIET, M., Ergänzungsbilanzen, S. 57 f., HEBELER, C., Beteiligung, BB 1998, S. 208, SCHÖN, W., Personengesellschaften, S. 76-79, BLAAS, U., Spiegelbildtheorie, S. 152.

207 Vgl. die ständige Rechtsprechung BFH vom 06.12.1978, I R 35/78, BStBl. II 1979, S. 263, BFH vom 26.10.1987, GrS 2/86, BStBl. II 1988, S. 352, BFH vom 07.08.2000, GrS 2/99, BStBl. II 2000, S. 635.

208 Vgl. REIß, W., Behandlung, StuW 1986, S. 254, WREDE, F., Steuerbilanz, FR 1990, S. 294, DIETEL, M., Bilanzierung, DStR 2002, S. 2144, ISING, M., Ergänzungsbilanzen, S. 71-76, CARLÉ, D., in: KORN, K. u. a., EStG, § 15 Rn. 202.

209 Vgl. u. a. MAYER, L., Behandlung, DB 2003, S. 2035 f., SCHNITTER, G., Beteiligung, EStB 2003, S. 193, REIß, W., Personengesellschaften, DStR 1998, S. 1889, HEBELER, C., Beteiligung, BB 1998, S. 208, LEY, U., Anwendung, DStR 2004, S. 1499, BENECKE, A. Y., Umwandlung, S. 119 f., GROH, M., Bilanzen, StuW 1995, S. 385, WREDE, F., Steuerbilanz, FR 1990, S. 294, SCHÖN, W., Gewinnübertragungen, FR 1994, S. 662, MATHIAK, W., Bilanzsteuerrecht, StuW 1985, S. 277.

Was das allerdings für die Bewertung der aktivierten Anteile bedeutet, ist in der Literatur wiederum umstritten. Teilweise wird gefordert, die Anteile in Analogie zum Handelsrecht mit den Anschaffungskosten zu bewerten.[210] Die überwiegende Auffassung befürwortet jedoch eine Bewertung gemäß der sog. Spiegelbildmethode, welche auch in der Praxis weitgehend angewandt wird.[211] Wird hingegen eine Aktivierung der Personengesellschaftsbeteiligung – in Anlehnung an die Rechtsprechung des BFH – abgelehnt, existieren ebenfalls zwei unterschiedliche Auffassungen für die Bilanzierung. Zum einen wird die Rechtsprechung so verstanden, dass die Beteiligung an der Personengesellschaft in der Steuerbilanz überhaupt nicht zu berücksichtigen ist.[212] Davon abweichend wird aber auch vorgeschlagen, nicht die Beteiligung als solche, sondern den jeweiligen Anteil an den einzelnen Wirtschaftsgütern der Personengesellschaft zu bilanzieren.[213]

Die vier genannten Positionen sollen deshalb im Folgenden ausführlich dargestellt werden. Dabei wird auch auf die vorzunehmenden bilanziellen und außerbilanziellen Korrekturen[214] eingegangen, die im Rahmen der steuerlichen Gewinnermittlung beim Gesellschafter zu tätigen sind. Zur Verdeutlichung der

---

[210] Vgl. GRÜTZNER, D., in: LANGE, J., Steuerrecht, Rn. 585, WREDE, F., Steuerbilanz, FR 1990, S. 300 f., SCHÖN, W., Gewinnübertragungen, FR 1994, S. 662, LEY, U., Besteuerungsfragen, KÖSDI 1996, S. 10926 (später anderer Meinung LEY, U., Anwendung, DStR 2004, S. 1499 f.)

[211] Vgl. z. B. ZIMMERMANN, R. u. a., Steuerrecht, Abschn. G. Rn. 18, BOGENSCHÜTZ, E./HIERL, M., Unternehmensverkauf, DStR 2003, S. 1104, HELMREICH, H., Verluste, S. 298, ISING, M., Ergänzungsbilanzen, S. 75 f., SCHNITTER, G., Beteiligung, EStB 2003, S. 193, REIß, W., Personengesellschaften, DStR 1998, S. 1890, HEBELER, C., Beteiligung, BB 1998, S. 208, BENECKE, A. Y., Umwandlung, S. 123, LINDWURM, C., Gewinnverteilung, DStR 2000, S. 58, GROH, M., Bilanzen, StuW 1995, S. 385, DÖLLERER, G., Beteiligung, WPg 1977, S. 88, CARLÉ, D., in: KORN, K. u. a., EStG, § 15 Rn. 202.

[212] Vgl. BÜRKLE, T./KNEBEL, A., Bilanzierung, DStR 1998, S. 1071 f., HOFFMANN, W.-D., Bilanzierung, BB 1988, Beilage 2 S. 4 oder m. w. N. SOMMER, J., Bilanzierung, S. 198-205.

[213] Vgl. DIETEL, M., Bilanzierung, DStR 2002, S. 2141, MAYER, L., Behandlung, DB 2003, S. 2035, NICKEL, J. R./BODDEN, G., Verlustausgleich, FR 2003, S. 395, KORN, K./STRAHL, M., in: KORN, K. u. a., EStG, § 6 Rn. 316.

[214] In der Praxis werden oftmals keine eigenständigen Steuerbilanzen aufgestellt. Die Veranlagung erfolgt vielmehr auf Basis der Handelsbilanz, bei der die erfassten Ergebniseffekte aus der Beteiligung außerbilanziell neutralisiert werden. Anschließend wird das nach §§ 179, 180 AO einheitlich und gesondert festgestellte Ergebnis der Untergesellschaft dem Gesellschafter (Obergesellschaft) ebenfalls außerbilanziell hinzugerechnet. Diese Lösung ist einfach und zulässig. Sofern aber doch eine Steuerbilanz aufgestellt wird, kommt auch den bilanziellen Korrekturen eine praktische Bedeutung zu, vgl. DIETEL, M., Bilanzierung, DStR 2002, S. 2141.

Auswirkungen der unterschiedlichen Meinungen bezüglich der Beteiligungsbilanzierung in den nachfolgenden Kapiteln soll folgendes Beispiel dienen:

Beispiel: Die X-KG (Obergesellschaft) ist einziger Kommanditist der Y-KG (Untergesellschaft) mit einer Kommanditeinlage von T€ 500. Die X-KG verpachtet der Y-KG seit dem 01.01.01 ein in ihrem Eigentum stehendes Grundstück für T€ 100 p. a. Die Anschaffungskosten für das Grundstück betragen T€ 500, was auch dem Buchwert entspricht. Bei der X-KG ereigneten sich in 01 keine weiteren Geschäftsvorfälle. Die Y-KG erzielte in 01 einen (handelsrechtlichen) Gewinn von T€ 150 vor Buchung der Pacht. Auf die X-KG entfallen zudem nicht abziehbare Aufwendungen i. H. v. T€ 10, die in der Gewinnermittlung als Aufwand erfasst wurden. Die Handelsbilanzen (= Steuerbilanzen) der beiden Gesellschaften weisen zum 01.01.01 vor Berücksichtigung der Verpachtung folgende Bestände auf:

X-KG

Grundstück	500	Eigenkapital	1200
Beteiligung Y-KG	500		
Sonstige Aktiva	200		
	1200		1200

Y-KG

Aktiva	1000	Eigenkapital	500
		Verbindlichkeiten	500
	1000		1000

3.3.2. Beteiligungsbilanzierung bei Bejahung der Wirtschaftsguteigenschaft

3.3.2.1. Spiegelbildmethode

Die Anwender der Spiegelbildmethode gehen davon aus, dass es sich bei der Beteiligung an einer Personengesellschaft um ein selbständiges Wirtschaftsgut handelt, das in der Steuerbilanz zu aktivieren ist. In der Steuerbilanz der Obergesellschaft ist die Beteiligung an der Untergesellschaft spiegelbildlich zu ihrem Eigenkapital in der steuerlichen Gesamtbilanz der Untergesellschaft ("Spiegelbild des Kapitalkontos") anzusetzen.[215] Dieses setzt sich aus dem Eigenkapital in der Steuerbilanz der Untergesellschaft zzgl. Ergänzungskapital und Sonder-

[215] Vgl. MAYER, L., Behandlung, DB 2003, S. 2035, DIETEL, M., Bilanzierung, DStR 2002, S. 2142, ZIMMERMANN, R. u. a., Steuerrecht, Abschn. B. Rn. 413, KNOBBE-KEUK, B., Unternehmenssteuerrecht, S. 225, BENECKE, A. Y., Umwandlung, S. 112 f. und 117, NIESKENS, H., Bilanzierung, WPg 1988, S. 498 f.

betriebsvermögen jeweils bei der Untergesellschaft zusammen.[216] Sämtliche Veränderungen des steuerlichen Eigenkapitals der Obergesellschaft bei der Untergesellschaft führen dabei zu einer korrespondierenden Veränderung des Beteiligungsansatzes bei der Obergesellschaft. Beispielsweise erhöht sich das steuerliche Eigenkapital der Obergesellschaft bei der Untergesellschaft durch die Überlassung eines der Obergesellschaft gehörenden aktiven Wirtschaftsguts.[217] Mit Überlassung dieses Wirtschaftsguts an die Untergesellschaft ist es in der Steuerbilanz der Obergesellschaft nicht mehr als solches zu bilanzieren und wird auf den Posten "Beteiligung an der Untergesellschaft"[218] umgebucht, was gleichbedeutend mit der Erhöhung der Einlage der Obergesellschaft bei der Untergesellschaft ist. Das Wirtschaftsgut bleibt also mittelbar in der Steuerbilanz der Obergesellschaft erhalten, da der Posten "Beteiligung an der Untergesellschaft" das überlassene Wirtschaftsgut erfasst.[219]

Bei Anwendung der Spiegelbildmethode ergibt sich für obiges Beispiel folgende Lösung: Der Abschluss des Pachtvertrages hat auf die Handelsbilanzen der beiden Gesellschaften keine Auswirkungen. Nach Vertragsabschluss stellen sich die Steuerbilanzen wie folgt dar:

X-KG

Beteiligung Y-KG	1000	Eigenkapital	1200
Sonstige Aktiva	200		
	1200		1200

Y-KG

Aktiva	1000	Eigenkapital	500
		Verbindlichkeiten	500
	1000		1000

[216] Vgl. LEY, U., Besteuerungsfragen, KÖSDI 1996, S. 10925, ZIMMERMANN, R. u. a., Steuerrecht, Abschn. B. Rn. 413, REGNIET, M., Ergänzungsbilanzen, S. 59 f.

[217] Vgl. SCHMID, R., Obergesellschaft, DStR 1997, S. 946.

[218] Die in der Rechtsprechung für diesen Posten verwendeten Bezeichnungen sind vielfältig, vgl. zu einer Übersicht BLAAS, U., Spiegelbildtheorie, S. 40.

[219] Vgl. LEY, U., Anwendung, DStR 2004, S. 1500, SCHMID, R., Obergesellschaft, DStR 1997, S. 946. Mit dem überlassenden Wirtschaftsgut in Zusammenhang stehende Aufwendungen und Erträge stellen Sonderbetriebseinnahmen und -ausgaben dar, die das Beteiligungsergebnis beeinflussen. Dies führt wiederum zu einer korrespondierenden Veränderung des Beteiligungsansatzes in der Steuerbilanz der Obergesellschaft. Gewinne und Verluste aus der Untergesellschaft sind also unmittelbar im Jahr ihrer Entstehung im Beteiligungsbuchwert der Obergesellschaft zu berücksichtigen, vgl. ZIMMERMANN, R. u. a., Steuerrecht, Abschn. B. Rn. 413.

Sonderbilanz X-KG

Grundstück	500	Eigenkapital	500
	500		500

Das gesamte steuerliche Eigenkapital der X-KG bei der Y-KG beträgt T€ 1000, bestehend aus dem Eigenkapital aus der Steuerbilanz der Y-KG (T€ 500) und dem Sonderbilanzvermögen (T€ 500). Gemäß der Spiegelbildmethode ist die Beteiligung an der Y-KG bei der X-KG mit T€ 1000 auszuweisen.

Zum 31.12.01 ergeben sich die Eigenkapitalstände der X-KG bei der Y-KG wie folgt: Das Eigenkapital in der Steuerbilanz der Y-KG beträgt T€ 550 (Stand 01.01. T€ 500 + Gewinn 01 T€ 150 - Pacht an X-KG T€ 100), das in der Sonderbilanz bei der Y-KG T€ 600 (Stand 01.01. T€ 500 + Pacht T€ 100). Nach der Spiegelbildmethode ist demnach bei der X-KG ein Beteiligungswert i. H. v. T€ 1150 anzusetzen. Die Steuerbilanzen haben daher zum 31.12.01 folgendes Aussehen:

X-KG

Beteiligung Y-KG	1150	Eigenkapital	1200
Sonstige Aktiva	200	Gewinn	150
	1350		1350

Y-KG

Aktiva	1050	Eigenkapital	500
		Gewinn nach Pacht	50
		Verbindlichkeiten	500
	1050		1050

Sonderbilanz X-KG

Grundstück	500	Eigenkapital	500
Forderung aus Pacht	100	Sondergewinn	100
	600		600

Es wird deutlich, dass das steuerliche Ergebnis von T€ 150 doppelt erfasst wurde, nämlich sowohl bei der Obergesellschaft als auch bei der Untergesellschaft verteilt auf die Steuerbilanz (T€ 50) und die Sonderbilanz (T€ 100). Zur Vermeidung dieser Doppelerfassung sind alle Aufwendungen und Erträge aus der Beteiligung der Obergesellschaft an der Untergesellschaft – nicht nur die aus der Überlassung des Wirtschaftsguts – durch Korrektur außerhalb der Bilanz zu neutralisieren.[220] Sodann ist zum so korrigierten steuerlichen Ergebnis der Obergesellschaft deren Anteil am Gewinn bei der Untergesellschaft aus dem Bescheid über die einheitlich und gesonderte Gewinnfeststellung gemäß §§ 179, 180 AO – ebenfalls außerbilanziell – bei ihr hinzuzuaddieren.[221] Übertragen auf das obige Beispiel bedeutet das für die steuerliche Gewinnermittlung der X-KG folgendes: Der in der Steuerbilanz der X-KG erfasste Beteiligungsertrag von T€ 50 und der Pachtertrag von T€ 100 sind außerbilanziell zu kürzen. Anschließend ist das einheitlich und gesondert festgestellte Ergebnis von T€ 160 (T€ 50 Beteiligungsertrag + T€ 100 Pachtertrag + T€ 10 nicht abziehbare Aufwendungen) der Obergesellschaft hinzuzurechen, welches dann für die Besteuerung relevant ist.

3.3.2.2. Anschaffungskostenprinzip

Auch die Vertreter dieser Auffassung gehen davon aus, dass es sich bei der Beteiligung an einer Personengesellschaft um ein in der Steuerbilanz zu aktivierendes selbständiges Wirtschaftsgut handelt. Für die Bilanzierung gelten die allgemeinen Ansatz- und Bewertungsvorschriften.[222] Demnach sind Anteile an Personengesellschaften – analog zur Handelsbilanz – mit den historischen Anschaffungskosten, vermehrt um nachträgliche Anschaffungskosten und vermindert um Teilwertabschreibungen anzusetzen.[223] Anders als bei der Spiegelbildmethode ist hier das Realisationsprinzip (§ 252 Abs. 1 Nr. 4 2. Hs. HGB) zu beachten. Der einem Gesellschafter zukommende Anteil am Gewinn einer Personengesellschaft gilt bei ihm als realisiert und ist damit als Forderung bilanzierungsfähig, wenn dem Gesellschafter hierauf ein Anspruch zusteht, über den er individuell und losgelöst von seinem Gesellschaftsanteil verfügen kann.[224] Verlustanteile bleiben grundsätzlich unberücksichtigt. Im Ergebnis führt diese Sichtweise zu einem Gleichlauf von Handels- und Steuerbilanz.

Für Zwecke der steuerlichen Gewinnermittlung bedeutet dies, dass etwaige in der Handels-/Steuerbilanz des Gesellschafters (Obergesellschaft) erfasste

---

[220] Vgl. HEBELER, C., Beteiligung, BB 1998, S. 208 f. Zur Gefahr der Doppelerfassung vgl. auch BÜRKLE, T./KNEBEL, A., Bilanzierung, DStR 1998, S. 1071 f.

[221] Vgl. SOMMER, J., Bilanzierung, S. 196. Das Steuerbilanzergebnis – unter Berücksichtung der Ergänzungs- und der Sonderbilanzen – und das einheitlich und gesondert festgestellte Ergebnis der Untergesellschaft stimmen dann nicht überein, wenn nicht abziehbare Betriebsausgaben oder steuerfreie Erträge vorliegen, vgl. DIETEL, M., Bilanzierung, DStR 2002, S. 2142.

[222] Vgl. HFA DES IDW, Stellungnahme 1/1991, WPg 1991, S. 334 f.

[223] Vgl. SCHÖN, W., Gewinnübertragungen, FR 1994, S. 662, GRÜTZNER, D., in: LANGE, J., Steuerrecht, Rn. 585.

[224] Vgl. m. w. N. BENECKE, A. Y., Umwandlung, S. 111 f.

Beteiligungserträge, Teilwertabschreibungen und Wertaufholungen außerbilanziell wieder zu korrigieren sind. Sodann ist das einheitlich und gesondert festgestellte Ergebnis gemäß §§ 179, 180 AO – ebenfalls außerbilanziell – hinzuzurechnen.[225]

Der oben dargestellte Beispielsfall ist bei der X-KG (Obergesellschaft) zum 31.12.01 in der Steuerbilanz (= Handelsbilanz) wie folgt abzubilden:[226]

X-KG

Beteiligung Y-KG	1000	Eigenkapital	1200
Forderung	150	Gewinn	150
Sonstige Aktiva	200		
	1350		1350

Bei der Erstellung der Steuerbilanz können die handelsbilanziellen Wertansätze unverändert übernommen werden. Im Unterschied zur Spiegelbildmethode wird beim Anschaffungskostenprinzip der Anteil am steuerlichen Ergebnis nicht im Beteiligungsbuchwert, sondern als Forderung erfasst. Im Rahmen der steuerlichen Gewinnermittlung sind der in der Steuerbilanz der X-KG erfasste Beteiligungsertrag von T€ 50 und der Pachtertrag von T€ 100 außerbilanziell zu kürzen. Anschließend ist das einheitlich und gesondert festgestellte Ergebnis von T€ 160 (T€ 50 Beteiligungsertrag + T€ 100 Pachtertrag + T€ 10 nicht abziehbare Aufwendungen) hinzuzurechen, welches letztlich der Besteuerung unterliegt.

3.3.3. Beteiligungsbilanzierung bei Verneinung der Wirtschaftsguteigenschaft

3.3.3.1. Keine Bilanzierung in der Steuerbilanz

Nach dieser Auffassung ist die Beteiligung der Obergesellschaft an der Untergesellschaft nicht in deren Steuerbilanz auszuweisen und stellt gewissermaßen ein "bilanzielles Nullum" dar.[227] Demnach entfällt hier auch das Bewertungsproblem. Begründet wird diese Argumentation mit der Rechtsprechung des BFH. Dieser stellte bereits im Jahre 1975[228] fest, dass die Beteiligung an einer Personengesellschaft für die ertragsteuerliche Gewinnermittlung keine selb-

---

[225] Vgl. DIETEL, M., Bilanzierung, DStR 2002, S. 2142, GRÜTZNER, D., in: LANGE, J., Steuerrecht, Rn. 585.

[226] Für die Bilanz der Y-KG und die Sonderbilanz der X-KG bei der Y-KG zum 31.12.01 ändert sich durch den Wechsel der Bilanzierungsmethode beim Gesellschafter nichts. Sie werden daher im Folgenden nicht mehr erwähnt.

[227] Vgl. DIETEL, M., Bilanzierung, DStR 2002, S. 2142.

[228] Vgl. BFH vom 23.07.1975, I R 165/73, BStBl. II 1976, S. 73.

ständige Bedeutung habe. Später hatte er dann erstmals explizit klargestellt, dass die Beteiligung kein selbständiges Wirtschaftsgut sei.[229] Diese Rechtsprechung wurde anschließend wiederholt bestätigt.[230] Daraus wird von Teilen der Literatur die Schlussfolgerung gezogen, dass die Beteiligung bilanziell überhaupt nicht zu erfassen sei.[231]

Folgt man dieser Argumentation, wird die Steuerbilanz dergestalt an die Handelsbilanz angepasst, dass sowohl der Beteiligungsansatz als auch sämtliche damit verbundenen Ergebnisauswirkungen zu neutralisieren sind, so dass die Beteiligung insgesamt keinerlei Einfluss mehr auf die Steuerbilanz entfaltet.[232] Gemäß obigem Beispiel würde die Steuerbilanz der X-KG (Obergesellschaft) zum 31.12.01 dann wie folgt abzubilden sein:

X-KG

Sonstige Aktiva	200	Eigenkapital	200
	200		200

Das steuerbilanzielle Vermögen der X-KG ist gegenüber einer Bilanzierung nach der Spiegelbildmethode oder dem Anschaffungskostenprinzip um die auszuweisende Beteiligung und den aus der Y-KG (Untergesellschaft) erzielten Gewinn niedriger.[233] Analog zu den vorherigen Fällen ist der X-KG schließlich für Zwecke der Besteuerung das einheitlich und gesondert festgestellte Ergebnis i. v. H. T€ 160 außerbilanziell zuzurechnen.

---

229 Vgl. BFH vom 19.02.1981, IV R 41/78, BStBl. II 1981, S. 730.

230 Vgl. die in Fn. 196 angegebene Rechtsprechung.

231 Vgl. SOMMER, J., Bilanzierung, S. 198-205, BÜRKLE, T./KNEBEL, A., Bilanzierung, DStR 1998, S. 1071 f., dies., Beteiligungen, DStR 1998, S. 1891 f., FROMM, R., Veräußerung, GmbHR 2005, S. 425 f., STAHL, R., Veräußerung, KÖSDI 2002, S. 13539, HOFFMANN, W.-D., Bilanzierung, BB 1988, Beilage 2 S. 4. SCHÖN, W., Gewinnübertragungen, FR 1994, S. 662, bemerkte, dass es "logische Konsequenz" der BFH-Rechtsprechung sein muss, die Beteiligung in der Steuerbilanz des Gesellschafters "schlicht wegzulassen". Als Anmerkung zum Urteil des BFH vom 23.07.1975 (Fn. 228) stellte bereits SCHMIDT, L., Anmerkung, FR 1976, S. 21, fest, "dass die Beteiligung an einer Personenhandelsgesellschaft, die zum Betriebsvermögen eines Kaufmanns, gleichgültig welcher Rechtsform, gehört, nichts in der Steuerbilanz dieses Kaufmanns zu suchen hat"....."auch wenn [sich dies] aus dem Wortlaut des EStG nicht ohne weiteres ablesen lässt". A. A. DÖLLERER, G., Beteiligung, WPg 1977, S. 88 und HENNIG, T., Kommanditgesellschaften, DB 1985, S. 886.

232 Vgl. DIETEL, M., Bilanzierung, DStR 2002, S. 2143.

233 Vgl. LEY, U., Besteuerungsfragen, KÖSDI 1996, S. 10925.

3.3.3.2. Bilanzierung der Anteile an den Wirtschaftsgütern

Zu der im vorherigen Abschnitt zitierten Rechtsprechung existiert noch eine weitere Interpretation. Demnach sollen – statt der Bilanzierung der Beteiligung als eigenständiges Wirtschaftsgut – die Anteile an den einzelnen Wirtschaftsgütern der Untergesellschaft in der Steuerbilanz der Obergesellschaft erfasst werden. Die Anteile an den Wirtschaftsgütern der Untergesellschaft sind demnach in der Steuerbilanz der Obergesellschaft den Bilanzpositionen zuzuordnen, bei denen die entsprechenden Wirtschaftsgüter in der Steuerbilanz der Obergesellschaft erfasst werden.[234] Die bei der Obergesellschaft erfassten Anteile an den Wirtschaftsgütern der Untergesellschaft entwickeln sich dabei korrespondierend zu den Wertänderungen der Wirtschaftsgüter in der Bilanz der Untergesellschaft. Im Ergebnis ergeben sich somit dieselben Auswirkungen wie bei der Spiegelbildmethode. Die in der Bilanz der Obergesellschaft mit der Wertänderung der Anteile an den Wirtschaftsgütern einhergehende Veränderung des Eigenkapitals entspricht exakt ihrem Anteil am Gewinn bzw. Verlust der Untergesellschaft. Im Vergleich zur Spiegelbildmethode besteht letztlich nur der Unterschied, dass der Ergebnisanteil nicht in der Position "Beteiligung an der Untergesellschaft" (die es ja hier nicht gibt), sondern bei den Anteilen an den Wirtschaftsgütern erfasst wird.[235]

Die Anwendung dieser Auffassung führt im oben genannten Beispiel zu folgender Steuerbilanz der X-KG (Obergesellschaft) zum 31.12.01:

X-KG

Sonstige Aktiva	200	Eigenkapital	1200
Anteilige Wirtschaftsgüter	1150	Gewinn	150
	1350		1350

Bei Ableitung der Steuerbilanz sind die handelbilanziellen Wertansätze zunächst dergestalt anzupassen, dass an die Stelle von Beteiligungsansatz und den sonstigen Aktiva die anteiligen Wirtschaftsgüter i. H. v T€ 1350 (T€ 1200 Aktiva + T€ 150 Gewinn) treten. Der in der Steuerbilanz vorhanden Ergebniseffekt von T€ 150 ist danach – wie in den vorherigen Fällen – außerbilanziell zu

[234] Vgl. NICKEL, J. R./BODDEN, G., Verlustausgleich, FR 2003, S. 395, DIETEL, M., Bilanzierung, DStR 2002, S. 2143.

[235] Vgl. NICKEL, J. R./BODDEN, G., Verlustausgleich, FR 2003, S. 395, MAYER, L., Behandlung, DB 2003, S. 2035, DIETEL, M., Bilanzierung, DStR 2002, S. 2143. In der Praxis bedeutet die Bilanzierung der Anteile an den einzelnen Wirtschaftsgütern gegenüber der Bilanzierung der Position "Beteiligung an der Untergesellschaft" nach der Spiegelbildmethode einen erheblichen Mehraufwand, vgl. ebd., S. 2143.

kürzen. Schließlich ist wiederum das einheitlich und gesondert festgestellte Ergebnis i. v. H. T€ 160 außerbilanziell zuzurechnen.

3.4. Würdigung

Die Beteiligung an einer Personengesellschaft ist gemäß HFA in der Handelsbilanz als selbständiger und einheitlicher Vermögensgegenstand zu aktivieren.[236] Für das Steuerrecht wäre die gleiche Vorgehensweise nicht allein schon aus Gründen der Vermeidung einer weiteren Aufweichung des Grundsatzes der Maßgeblichkeit der Handelsbilanz für die Steuerbilanz ebenfalls wünschenswert. Nach Abweichungen bei Bewertung und Passivierung wäre somit erstmalig die Maßgeblichkeit beim Ansatz eines aktiven Vermögenswertes durchbrochen.[237] Dennoch hat der BFH in ständiger Rechtsprechung die Wirtschaftsguteigenschaft der Beteiligung an einer Personengesellschaft verneint[238], so dass diese Tatsache als geltende Rechtsauffassung hinzunehmen ist.

Es bleibt allerdings die Frage, welche Konsequenzen daraus für die Bilanzierung entstehen? In der Literatur wird es aufgrund der Rechtsprechung vielfach als konsequent angesehen, auf einen Ansatz der Beteiligung ganz zu verzichten. Würde eine Beteiligung einer Obergesellschaft an der Untergesellschaft (T€ 100) zum einen als Aktivposten in der Steuerbilanz der Obergesellschaft und zum anderen als Eigenkapital in der Steuerbilanz der Untergesellschaft ausgewiesen, könnte dies gegen das Vollständigkeitsgebot und das daraus resultierende Verbot der Doppelerfassung verstoßen. Es werden dann nämlich insgesamt T€ 200 in den Bilanzen abgebildet.[239] Ein Nichtansatz bei der Obergesellschaft hingegen würde den vollständigen Gesamtbestand ihres Betriebsvermögens von T€ 100 darstellen, allerdings dann auf zwei Bilanzen verteilt (T€ 0 bei der Obergesellschaft und T€ 100 bei der Untergesellschaft). Gleichzeitig verdeutlichen die beiden Bilanzen, wo welche Wirtschaftsgüter der

---

[236] Vgl. HFA DES IDW, Stellungnahme 1/1991, WPg 1991, S. 334.

[237] Vgl. DIETEL, M., Bilanzierung, DStR 2002, S. 2143 f. Darüber hinaus sollte bei der Frage nach der Aktivierung der Personengesellschaftsbeteiligung in der Steuerbilanz nicht vergessen werden, dass zahlreiche Unternehmer – insbesondere Mittelständler – nur eine Bilanz aufstellen. Da diese an den steuerlichen Vorschriften orientierte Bilanz häufig Grundlage für Entscheidungen über die Kreditwürdigkeit bildet, erfüllt sie ihren Zweck nur, wenn darin sämtliche aktivierbaren Vermögensgegenstände enthalten sind, vgl. WREDE, F., Steuerbilanz, FR 1990, S. 296.

[238] Siehe Kapitel C.3.2.

[239] Vgl. SOMMER, J., Bilanzierung, S. 199 f., GSCHWENDTNER, H., Ergänzungsbilanz, DStR 1993, S. 822. A. A. LEY, U., Besteuerungsfragen, KÖSDI 1996, S. 10925, die gerade umgekehrt bei einem Nichtansatz der Beteiligung bei der Obergesellschaft einen Verstoß gegen "grundlegende Bilanzierungsprinzipien" sieht.

Obergesellschaft zum Einsatz kommen.[240] Gegen diese Vorgehensweise wird allerdings eingewendet, dass z. B. ein Beteiligungserwerb im Rahmen einer doppelten Buchführung nicht vernünftig abgebildet werden kann. Wie wäre dieser zu buchen, als Entnahme oder gar als Aufwand? Ein Beteiligungserwerb würde im Ergebnis zu einer Bilanzverkürzung bei der Obergesellschaft führen bzw. im Vermögensvergleich auf Gesellschaftsebene einen Verlust bedeuten.[241] Nach GROH "drohen also ganz verworrene Verhältnisse"[242], so dass auf eine Bilanzierung der Beteiligung trotz Verneinung der Wirtschaftsguteigenschaft nicht verzichtet werden kann.[243]

Diese Meinung wird in der Literatur vielfach geteilt.[244] So spricht sich SCHÖN für eine Übernahme des handelsrechtlichen Ansatzes (Anschaffungskostenprinzip, § 6 EStG) des Gesellschaftsanteils in die Steuerbilanz aus, da es keinen Anlass gäbe vom Handelsrecht abzuweichen.[245] Dagegen wird allerdings einge-

---

[240] Vgl. SOMMER, J., Bilanzierung, S. 201. Nach BÜRKLE, T./KNEBEL, A., Bilanzierung, DStR 1998, S. 1071 bestünde bei einem Ansatz der Beteiligung zudem die Gefahr einer Doppelerfassung von Gewinnen und Verlusten. A. A. MAYER, L., Behandlung, DB 2003, S. 2036 und REIß, W., Behandlung, StuW 1986, S. 254, die diese "Gefahr" für übertrieben halten, da eine Vermeidung der Doppelerfassung durch Korrektur außerhalb der Bilanz sichergestellt wird.

[241] Vgl. ISING, M., Ergänzungsbilanzen, S. 75, GROH, M., Bilanzen, StuW 1995, S. 385, der auch von einer "Lücke in der Bilanz" spricht. NICKEL, J. R./BODDEN, G., Verlustausgleich, FR 2003, S. 395 weisen zudem darauf hin, dass ein Nichtansatz der Beteiligung im Rahmen der Verlustverrechnung nach § 15a EStG zu ungewollten Ergebnissen führen kann, vgl. dazu auch Kapitel E.1.3.1.1.2.

[242] GROH, M., Bilanzen, StuW 1995, S. 385.

[243] Auch aus § 60 Abs. 2 EStDV kann nicht gefolgert werden, dass die Personengesellschaftsbeteiligung nicht in der Steuerbilanz auszuweisen sei, da keine Verpflichtung bestehe, eine Steuerbilanz aufzustellen. Die Vorschrift regelt, dass der Steuererklärung nicht zwingend eine Steuerbilanz beizufügen ist, sondern dass eine um Zusätze und Anmerkungen ergänzte Handelsbilanz ausreicht. § 60 Abs. 2 EStDV enthält keine eigene Ausweis- oder Bewertungsregelung. Vielmehr ist der zutreffende steuerliche Wert durch die in der Vorschrift geforderten Zusätze und Anmerkungen darzustellen und zu begründen, vgl. MAYER, L., Behandlung, DB 2003, S. 2037.

[244] Auch der BFH hat inzwischen in einem Urteil vom 30.04.2003, I R 102/01, BStBl. II 2004, S. 804-806 einen Ausweis der Beteiligung unterstellt. In dem Streitfall ging es um die Ausübung des Bewertungswahlrechts nach § 20 Abs. 2 UmwStG 1977 im Fall der Einbringung eines Mitunternehmeranteils in eine Kapitalgesellschaft. Zwar wurde zunächst wiederum die Wirtschaftsguteigenschaft der Beteiligung verneint, der Ansatz aber vorausgesetzt. Fraglich blieb schließlich die Bewertung.

[245] Vgl. SCHÖN, W., Gewinnübertragungen, FR 1994, S. 662. Im Ergebnis auch WREDE, F., Steuerbilanz, FR 1990, S. 300 f. Ein praktischer Vorteil dieser Lösung besteht darin, dass die Steuerbilanz des Gesellschafters unmittelbar an die handelsrechtliche Anteilsbilanzierung anknüpft, so dass die Aufstellung einer eigenständigen Steuerbilanz entfällt, vgl. SOMMER, J., Bilanzierung, S. 196 Fn. 398.

wandt, dass Tatbestandsvoraussetzung für eine Anwendung des § 6 EStG das Vorliegen eines einheitlichen bzw. selbständigen Wirtschaftsguts sei, was die Beteiligung an einer Personengesellschaft ja gerade nicht ist.[246] So sehen andere Meinungen die Grundlagen für die Bewertung der Personengesellschaftsbeteiligung in § 15 Abs. 1 Satz 1 Nr. 2 Satz 1 1. Hs. EStG. Demnach sind Gewinne und Verluste der Gesellschaft anteilig beim Gesellschafter zu erfassen. Dies gelingt, wenn die Beteiligung konsequent nach der Spiegelbildmethode bewertet wird.[247] Die Spiegelbildmethode wird in der Literatur auch am häufigsten zur Bilanzierung von Personengesellschaftsanteilen vorgeschlagen und gilt im Allgemeinen als technisch beste Umsetzung der Feststellungen nach §§ 179 ff. AO.[248] Nicht zuletzt deswegen wird sie auch in der Praxis überwiegend angewandt. Gerade im Bereich der mittelständischen Wirtschaft werden weitgehend Einheitsbilanzen nach der Spiegelbildmethode aufgestellt.[249] Gelegentlich wird eingewandt, dass sich mit der Spiegelbildmethode kein zutreffender Ausweis des steuerlichen Beteiligungsergebnisses erreichen lässt. Grund dafür sind die außerbilanziellen Korrekturen (z. B. nichtabziehbare Aufwendungen, steuerfreie Einkünfte), die das steuerliche Beteiligungsergebnis verändern, sich aber nicht im Beteiligungsbuchwert niederschlagen.[250] Die Tatsache, dass außerbilanzielle Korrekturen vorgenommen werden müssen, hat aber m. E. nichts der Frage der Zulässigkeit der Spiegelbildmethode zu tun.[251]

Es spricht aber auch einiges dafür, nicht den Personengesellschaftsanteil selbst, sondern stattdessen die Anteile an den einzelnen Wirtschaftsgütern der Untergesellschaft in der Steuerbilanz der Obergesellschaft anzusetzen. Der Vorteil dieser Vorgehensweise liegt darin, dass man zum einen der Rechtsprechung des BFH Rechnung trägt, indem hier keine Beteiligung als selbständiges Wirtschaftsgut bilanziert wird, sondern die ideellen Anteile an den Wirtschaftsgütern

---

[246] Vgl. BLAAS, U., Spiegelbildtheorie, S. 51.

[247] Vgl. REIß, W., Personengesellschaften, DStR 1998, S. 1890, GROH, M., Bilanzen, StuW 1995, S. 385, HEBELER, C., Beteiligung, BB 1998, S. 206, BLAAS, U., Spiegelbildtheorie, S. 51. A. A. BÜRKLE, T./KNEBEL, A., Bilanzierung, DStR 1998, S. 1072, WREDE, F., Steuerbilanz, FR 1990, S. 300 f.

[248] Vgl. dazu die Literatur aus Fn. 211. Wie groß allerdings das Meinungsspektrum allein zur Spiegelbildmethode ist, verdeutlichen die Aussagen von ZIMMERMANN, R. u. a., Steuerrecht, Abschn. B. Rn. 413, nach dem eine Abweichung von der Spiegelbildmethode "nicht zulässig" ist, und WREDE, F., Steuerbilanz, FR 1990, S. 300, der die Anwendung der Spiegelbildmethode in der Steuerbilanz als "nicht zulässig" bezeichnet.

[249] Vgl. REIß, W., Personengesellschaften, DStR 1998, S. 1890.

[250] Vgl. BÜRKLE, T./KNEBEL, A., Bilanzierung, DStR 1998, S. 1072, LEY, U., Besteuerungsfragen, KÖSDI 1996, S. 10925.

[251] So auch REIß, W., Personengesellschaften, DStR 1998, S. 1890.

der Untergesellschaft.[252] Zum anderen wird im Ergebnis die gleiche Wirkungsweise erreicht, wie bei der von vielen bevorzugten Spiegelbildmethode. Der Unterschied besteht nur im Ausweis.[253] Daher könnten m. E. aus Vereinfachungsgründen sämtliche anteiligen Wirtschaftsgüter aus der Untergesellschaft bei der Obergesellschaft zusammengefasst als eine Position "Beteiligung an Personengesellschaft" abgebildet werden, wobei der Wert dem Spiegelbild der Kapitalkonten entspricht.[254] Die Bilanzposition "Beteiligung an Personengesellschaft" stellt dabei kein Wirtschaftsgut dar, sondern lediglich einen steuerbilanziellen Merkposten.[255]

Es bleibt schließlich festzustellen, dass die Analyse der Bilanzierung der Beteiligung einer Obergesellschaft an der Untergesellschaft in der Steuerbilanz nicht zu einem eindeutigen Ergebnis geführt hat, mithin viele verschiedene Positionen vertreten werden. Im Ergebnis kann m. E. die Bilanzierung der Beteiligung an der Untergesellschaft nur gemäß der Spiegelbildmethode oder analog in Höhe der anteiligen Wirtschaftsgüter der Untergesellschaft erfolgen, da auch mittlerweile der BFH trotz Verneinung der Wirtschaftsguteigenschaft der Beteiligung einen Ansatz akzeptiert[256] und sich die Bewertung nach dem Wert der Beteiligung in der Steuerbilanz der Personengesellschaft richten sollte, an der die Beteiligung besteht. Dieser Wert schlägt sich in dem Saldo der positiven und negativen Wirtschaftsgüter (dem steuerbilanziellen Kapital der Untergesellschaft) nieder, so dass eine spiegelbildliche Übernahme dieses Wertes gerechtfertigt ist.[257]

Inwiefern sich die Beteiligungsbilanzierung auf die laufende Besteuerung der doppelstöckigen Personengesellschaft auswirkt bzw. im Rahmen von Veräußerungsvorgängen eine Rolle spielen wird, wird in der Arbeit noch zu zeigen sein. Dabei wird dann die Anwendung der Spiegelbildmethode (bzw. die Bilanzierung der anteiligen Wirtschaftsgüter) unterstellt.

---

[252] Vgl. DIETEL, M., Bilanzierung, DStR 2002, S. 2144. Nach REIß, W., Behandlung, StuW 1986, S. 254 f., kann dies allerdings zur Bilanzierung von Posten führen, die gar keine Wirtschaftsgüter sind.

[253] Siehe Kapitel C.3.3.3.2.

[254] So auch MAYER, L., Behandlung, DB 2003, S. 2035, LEY, U., Anwendung, DStR 2004, S. 1500. In vielen Fällen wäre wohl auch ein Ausweis der anteiligen Wirtschaftsgüter der Untergesellschaft aus praktischen Gründen schwierig, vgl. ebd., S. 2035.

[255] Vgl. z. B. WACKER, R., in: SCHMIDT, L., EStG, § 15 Rn. 690.

[256] Vgl. BFH vom 30.04.2003, I R 102/01, BStBl. II 2004, S. 804.

[257] Vgl. auch LEY, U., Anwendung, DStR 2004, S. 1499. FROMM, R., Veräußerung, GmbHR 2005, S. 427, fordert sogar den Gesetzgeber auf, im Rahmen seiner umfangreichen Steueränderungsgesetze die Spiegelbildmethode für die Beteiligungsbilanzierung gesetzlich vorzuschreiben.

4. Anrechnung der Gewerbesteuer auf die Einkommensteuer gemäß § 35 EStG

4.1. Gewerbesteuerliche Be- und Entlastung von Personengesellschaften

Die Einkünfte einer (doppelstöckigen) Personengesellschaft aus ihrem Gewerbebetrieb nach § 15 EStG sowie bestimmte Veräußerungsvorgänge i. S. v. § 16 EStG werden zusätzlich zur Einkommensteuer mit Gewerbesteuer belastet. Mit der Vorschrift des § 35 EStG, der in seiner momentanen Fassung erst seit dem Veranlagungszeitraum 2001 im Einkommensteuergesetz zu finden ist, steht allerdings ein Instrument zur Entlastung von der Gewerbesteuer zur Verfügung. Der § 35 EStG ersetzt die Tarifermäßigung des § 32c EStG, dessen Verfassungsmäßigkeit angezweifelt worden war.[258] Hintergrund der neuen Vorschrift ist die Tatsache, dass gewerbliche Einkünfte als einzige zusätzlich zur Einkommensteuer mit Gewerbesteuer belastet werden. Diese Sonderbelastung soll mit § 35 EStG ohne wesentliche Eingriffe in die Finanzautonomie der Gemeinden zu Lasten der Steuergläubiger der Einkommensteuer beseitigt werden, um im Ergebnis eine Angleichung der Steuerbelastung der gewerblichen Einkünfte an die aus selbständiger Arbeit zu erhalten.[259] Zu diesem Zweck regelt § 35 EStG, dass – neben der vollen Abzugsfähigkeit der Gewerbesteuer als Betriebsausgabe – die tarifliche Einkommensteuer des jeweiligen Unternehmers, soweit sie auf die im zu versteuernden Einkommen enthaltenen gewerblichen Einkünfte entfällt, pauschal um das 1,8fache des für das gewerbliche Unternehmen nach § 14 GewStG festgesetzten Gewerbesteuer-Messbetrags gemindert wird. Die ursprüngliche Fassung dieser Vorschrift hat in der Literatur zu zahlreichen kritischen Beiträgen geführt[260], was letztlich neben einer Stellungnahme der Finanzverwaltung[261] auch zu einigen Änderungen im § 35 EStG[262], aber auch im Gewerbesteuergesetz[263] geführt hat.

---

[258] Ohne die Entscheidung des Bundesverfassungsgericht über die Verfassungsmäßigkeit des § 32c EStG abzuwarten, wurde dieser durch das StSenkG vom 23.10.2000, BGBl. I 2000, S. 1433, abgeschafft.

[259] Vgl. Stuhrmann, G., Einkommensteuerminderung, FR 2000, S. 550 f.

[260] Vgl. u. a. Korezkij, L., Anrechnung (Teil 1 + Teil 2), BB 2001, S. 333-344 und S. 389-394, ders., Gewerbebetrieb, StB 2004, S. 171-175, ders., Ermäßigungshöchstbetrag, BB 2005, S. 26-29, Ritzer, C. J./Stangl, I., Besonderheiten, DStR 2002, S. 1785-1794, Stangl, I., Einkünfte, StB 2002, S. 168-176, Hey, J., Reform, FR 2001, S. 870-880, Herzig, N./Lochmann, U., Einkommensteuer, DB 2000, S. 1728-1735, Förster, U., Problembereiche, FR 2000, S. 866-870, Cattelaens, H., Steuerermäßigung, WPg 2000, S. 1180-1189.

[261] Vgl. BMF vom 15.05.2002, IV A 5 – S 2296a – 16/02, FR 2002, S. 640-644.

[262] Vgl. UntStFG vom 20.12.2001, BGBl. I 2001, S. 3858, StVergAbG vom 16.05.2003, BGBl. I 2003, S. 660, Gesetz zur Änderung des Gewerbesteuergesetzes und anderer Gesetze vom 23.12.2003, BGBl. I 2003, S. 2922.

Trotzt allem bleibt in der aktuellen Regelung zur Gewerbesteueranrechnung insbesondere bei Mitunternehmerschaften die Problematik, dass eine vollständige Kompensation der Gewerbesteuerbelastung nur in den seltensten Fällen gelingt und es zu sog. Anrechnungsüberhängen kommt. Gerade bei Vorliegen von Sonder- und Ergänzungsbilanzen entstehen schon in einfachen Fällen erhebliche Verzerrungen, die mit den tatsächlichen Verhältnissen in Widerspruch stehen. Dieser Effekt verstärkt sich bei doppelstöckigen bzw. mehrstöckigen Personengesellschaftskonstruktionen und dann insbesondere bei Gesellschafterwechseln.

Daher soll im Folgenden die Berechnung der Steuerermäßigung des § 35 EStG bei doppelstöckigen Personengesellschaften dargestellt und auf die Konsequenzen, die sich aus den individuellen Verhältnissen der Ober- und Untergesellschafter ergeben (Sonder-, Ergänzungsbilanzen) eingegangen werden. Darüber hinaus soll aufgezeigt werden, wie ein Ausgleich zwischen den Gesellschaftern zur verursachungsgerechten Zuordnung der Gewerbesteuerbelastungen erreicht werden kann.

4.2. Grundlagen des § 35 EStG

4.2.1. Grundsätzliche Berechnung der Steuerermäßigung und Entlastungswirkung

Der Regelungsbereich des § 35 EStG erfasst unbeschränkt und beschränkt steuerpflichtige natürliche Personen, die gewerbliche Einkünfte als Einzelunternehmer oder Einkünfte aus einer gewerblich tätigen bzw. gewerblich geprägten Personengesellschaft erzielen. Als gewerbliche Einkünfte i. S. d. Vorschrift sind gemäß der Finanzverwaltung nur solche anzusehen, die dem Grunde nach gewerbesteuerpflichtig sind.[264] Somit werden im Wesentlichen die Einkünfte aus Gewerbebetrieb nach § 15 EStG erfasst. Darüber hinaus werden aber auch die gewerbesteuerpflichtigen Einkünfte des § 16 EStG berücksichtigt, u. a. die Einkünfte aus der Veräußerung von mittelbar gehaltenen Mitunternehmeranteilen (§ 7 Satz 2 GewStG i. V. m. § 16 Abs. 1 Satz 1 EStG) und der

---

[263] Vgl. GESETZ ZUR ÄNDERUNG DES GEWERBESTEUERGESETZES UND ANDERER GESETZE vom 23.12.2003, BGBl. I 2003, S. 2922.

[264] Vgl. BMF vom 15.05.2002, IV A 5 – S 2296a – 16/02, FR 2002, S. 640 Rn. 10. Die Auslegung des Begriffs "gewerbliche Einkünfte" in § 35 EStG ist – mangels einer einschränkenden Regelung – einer der umstrittensten Punkte der Vorschrift, vgl. zu einer Darstellung mit verschiedenen Auffassungen m. w. N. KOREZKIJ, L., Umfang, DStR 2001, S. 1642-1644, ders., Steuerermäßigung, BB 2002, S. 2099 f.

Veräußerung eines Teils eines Mitunternehmeranteils (§ 16 Abs. 1 Satz 2 EStG).[265]

Die Gewerbesteuerbelastung wird nach § 35 EStG – wie bereits erwähnt – in zwei Stufen abgebaut. Auf der ersten Stufe bleibt die Gewerbesteuer als Betriebsausgabe bei der einkommensteuerlichen Gewinnermittlung weiterhin voll abzugsfähig. Auf der zweiten Stufe wird dann die tarifliche Einkommensteuer des Unternehmers pauschal um das 1,8fache des nach § 14 GewStG festgesetzten Gewerbesteuer-Messbetrags gemindert. Der Ermäßigungsbetrag ist dabei allerdings auf die tarifliche Einkommensteuer begrenzt (absoluter Ermäßigungshöchstbetrag).[266] Das Beispiel in Abbildung 5 verdeutlicht die Wirkungsweise des Entlastungsmechanismus.

Gewinn aus Gewerbebetrieb vor Steuer		120,00
Gewerbesteuer bei Hebesatz 400% = 16,67%		20,00
Einkünfte aus Gewerbebetrieb = Gewerbeertrag		100,00
Tarifliche Einkommensteuer (42%)	- 42,00	
Tarifermäßigung gemäß § 35 EStG (1,8 x 100 x 5%)	9,00	- 33,00
Einkünfte nach Steuern		67,00
Gesamtsteuerbelastung auf den Gewinn vor Steuern		44,17%[267]

Abbildung 5: Berechnung der Steuerermäßigung nach § 35 EStG (Tarif 2005/2006)

Beim Vorliegen mehrerer Einkunftsarten darf sich die tarifliche Steuer allerdings nur auf die anteilig im zu versteuernden Einkommen enthaltenen gewerblichen Einkünfte ermäßigen (relativer Ermäßigungshöchstbetrag). Damit soll verhindert werden, dass eine Steuerermäßigung auf nicht mit Gewerbesteuer

265 Vgl. u. a. DANELSING, W., in: BLÜMICH, W., EStG/KStG/GewStG, § 35 EStG Rn. 17, KOREZKIJ, L., Steuerermäßigung, BB 2002, S. 2099 f. Der Gewinn aus der Veräußerung eines gesamten Mitunternehmeranteils durch eine unmittelbar beteiligte natürliche Person gehört nach Auffassung der Finanzverwaltung mangels Gewerbesteuerpflicht nicht zu den gewerblichen Einkünften i. S. v. § 35 EStG, vgl. BMF vom 15.05.2002, IV A 5 – S 2296a – 16/02, FR 2002, S. 640 Rn. 10. Kritisch dazu u. a. HERZIG, N./LOCHMANN, U., Entwurf, DB 2000, S. 1193, NEU, N., Gewerbesteueranrechnung, DStR 2000, S. 1936, SCHWEDHELM, R./OLBING, K./BINNEWIES, B., Gestaltungsüberlegungen, GmbHR 2000, S. 1185.

266 Vgl. BOHNHARDT, M., Einkommensteuer, S. 40-42, NEU, N., Gewerbesteueranrechnung, DStR 2000, S. 1935, RÖDDER, T., Gewerbesteueranrechnung, DStR 2002, S. 941 f.

267 Die Hinzurechnungen und Kürzungen saldieren sich zu 0 €. Staffeltarif, Freibetrag und Solidaritätszuschlag wurden aus Vereinfachungsgründen vernachlässigt.

belastete Einkünfte gewährt wird.[268] Allerdings ist in diesem Zusammenhang strittig, wie dieser relative Ermäßigungshöchstbetrag ermittelt werden soll. Nach der gesetzlichen Formulierung des § 35 Abs. 1 Satz 1 EStG ermäßigt sich die Einkommensteuer, „soweit sie anteilig auf im zu versteuernden Einkommen enthaltene gewerbliche Einkünfte entfällt". Daraus folgert ein Teil der Literatur, dass der Höchstbetrag aus dem Verhältnis der gewerblichen Einkünfte zum zu versteuernden Einkommen ermittelt werden soll.[269] Bei dieser Auffassung bestehen allerdings Bedenken. Beim Vorliegen von Abzugsbeträgen (z. B. Sonderausgaben) würden diese im Ergebnis den nicht gewerblichen Einkünften zugeordnet werden.[270] Stattdessen sollte aber eine quotale Zuordnung der Beträge zu allen Einkünften erfolgen. Daher entstammt der Vorschlag, die anteilige tarifliche Einkommensteuer aus dem Verhältnis der gewerblichen Einkünfte zur Summe der Einkünfte zu ermitteln, was mittlerweile vom überwiegenden Teil der Literatur akzeptiert wird.[271] Allerdings erscheint auch diese Formel noch verbesserungsfähig. So kann in den Fällen eines vertikalen Verlustausgleichs ein Quotient von über 100% entstehen. Um dies zu vermeiden, wird von KOREZKIJ[272] vorgeschlagen, die Summe der positiven gewerblichen Einkünfte ins Verhältnis zur Summe aller positiven Einkünfte zu setzen. Im Ergebnis bleibt jedoch festzuhalten, dass die knappe Formulierung des § 35 Abs. 1 EStG zum relativen Ermäßigungshöchstbetrag nicht eindeutig ausgelegt werden kann.

---

[268] Vgl. BOHNHARDT, M., Einkommensteuer, S. 42-51, NEU, N., Gewerbesteueranrechnung, DStR 2000, S. 1935, RÖDDER, T., Gewerbesteueranrechnung, DStR 2002, S. 941, BT-Drs. 14/3366 vom 16.05.2000, S. 119.

[269] Vgl. u. a. HERZIG, N./LOCHMANN, U., Entwurf, DB 2000, S. 1196, CATTELAENS, H., Steuerermäßigung, WPg 2000, S. 1184, NEU, N., Gewerbesteueranrechnung, DStR 2000, S. 1936, STEINER, A./JACHMANN, M., in: LADEMANN, F., EStG, § 35 Rn. 35.

[270] Vgl. mit Beispiel FÖRSTER, U., Problembereiche, FR 2000, S. 867.

[271] Vgl. u. a. RITZER, C. J./STANGL, I., Berechnung, DStR 2005, S. 12 f., KOREZKIJ, L., Ermäßigungshöchstbetrag, BB 2005, S. 28 f., GLANEGGER, P., in: SCHMIDT, L., EStG, § 35 Rn. 12, FÖRSTER, U., Problembereiche, FR 2000, S. 867, KOLLRUSS, T., Anrechnung, Stbg 2000, S. 561. Dieser Auffassung hat sich auch das FG Düsseldorf in seinem Urteil vom 07.05.2004, 18 K 5084/03 E, Rev. (Az. BFH: X R 25/04), EFG 2004, S. 1438 f. angeschlossen.

[272] Vgl. KOREZKIJ, L., Anrechnung (1. Teil), BB 2001, S. 343 f. Eine weitere Möglichkeit stammt von SIEGEL, T., Plädoyer, BB 2001, S. 702 f., der für eine Differenzbetrachtung anstatt der bisher diskutierten Durchschnittsbetrachtung plädiert. Diese Variante führt regelmäßig zu einer höheren anteiligen Einkommensteuer, was dem Ziel des Gesetzgebers, eine möglichst vollständige Anrechnung der Gewerbesteuer zu erhalten, entspricht.

4.2.2. Problematik der Anrechnungsüberhänge

Tritt die Situation ein, dass der Abzugsbetrag in Höhe des 1,8fachen des Gewerbesteuer-Messbetrags mangels ausreichender anteiliger Einkommensteuer nicht voll wirksam wird, entsteht ein sog. Anrechnungsüberhang.[273] Eine Erstattung des Ermäßigungsbetrages, der die tarifliche Einkommensteuer übersteigt, ist vom Gesetzgeber nicht vorgesehen, da eine Steuerermäßigung keine Steuervergütung ist und daher maximal bis zu einer Einkommensteuer von 0 € angerechnet werden kann.[274] Der Anrechnungsüberhang geht somit endgültig verloren, so dass die Steuerermäßigung nicht vollständig gewährt wird. Es wird daher in der Literatur gelegentlich vorgeschlagen, die nicht ausgeschöpften Teile des Anrechnungsbetrages in anderen Perioden zum Abzug zuzulassen, um dem Ziel der vollständigen Entlastung von der Gewerbesteuer gerecht zu werden.[275]

Die Entlastungswirkung wird grundsätzlich aus dem Zusammenspiel von Einkommen- und Gewerbesteuerhebesatz bestimmt. Beispielsweise wird bei einer Einkommensteuerspitzenbelastung in den Veranlagungszeiträumen 2005/2006 von 42% eine exakte Kompensation der Gewerbesteuerbelastung bei einem Hebesatz von ca. 341% erreicht.[276] Liegt der Hebesatz der Gemeinde darüber, entsteht eine zu hohe Steuerbelastung (Unterkompensation), liegt er darunter, wird eine geringere Steuerbelastung (Überkompensation) erreicht. Es ist unmittelbar ersichtlich, dass eine Einkommensteuer-/Hebesatz-Kombination, die zu einer exakten Kompensation der Gewerbesteuer führt, nur zufällig erreicht werden kann. Da die meisten Gemeinden einen Hebesatz größer als 341% haben, dürfte eine nicht vollständige Entlastung von der Gewerbesteuer die Regel sein.[277]

Es existieren aber auch darüber hinaus verschiedene Gründe, die eine vollständige Kompensation der Gewerbesteuer verhindern. So können beispielsweise die Einkünfte aus Gewerbebetrieb aufgrund von Hinzurechnungen stark vom Gewerbeertrag abweichen, so dass sich eine erhebliche Gewerbesteuer-

---

[273] Vgl. z. B. STANGL, I., Einkünfte, StB 2002, S. 168 f., KOLLRUSS, T., Anrechnung, Stbg 2000, S. 561, FÖRSTER, U., Anrechnung, FR 2000, S. 868.

[274] Vgl. ROGALL, M., Personengesellschaften, DStR 2001, S. 589.

[275] Vgl. HERZIG, N./LOCHMANN, U., Entwurf, DB 2000, S. 1202; ebenso FÖRSTER, U., Anrechnung, FR 2000, S. 870 und SIEGEL, T., Plädoyer, BB 2001, S. 702, der die derzeitige Regelung sogar als systemwidrig bezeichnet.

[276] Vgl. zur Entlastungswirkung bei verschiedenen Einkommensteuer- und Gewerbesteuerhebesätzen m. w. N. KOREZKIJ, L., Gewerbebetrieb, StB 2004, S. 172 f., HERZIG, N./ LOCHMANN, U., Einkommensteuer, DB 2000, S. 1734, MEINHÖVEL, H., Fassung, StuB 2000, S. 975-977.

[277] Jedoch besitzen in den neuen Bundesländern diverse kleinere Gemeinden Hebesätze von 200% und weniger, vgl. Tabelle bei KOREZKIJ, L., Einkünfte, S. 263-265.

belastung ergibt, während die auf die gewerblichen Einkünfte entfallende tarifliche Einkommensteuer aber eher gering oder gar 0 € ist. Auch andere negative Einkünfte oder Abzugsbeträge (z. B. Sonderausgaben, Verlustausgleich) können dazu führen, dass die Einkommensteuerbelastung 0 € beträgt, so dass eine Gewerbesteueranrechnung ins Leere läuft.[278] Durch den vertikalen Verlustausgleich kann auch die Situation eintreten, dass die Summe der Einkünfte positiv ist, aber kleiner als die gewerblichen Einkünfte. *Beispiel:* Gewerbliche Einkünfte T€ 100; Einkünfte aus Vermietung und Verpachtung ./. T€ 40 = Summe der Einkünfte T€ 60. In diesem Fall ist der Quotient zur Ermittlung der anteiligen Einkommensteuer, die auf die gewerblichen Einkünfte entfällt, größer als 100% (T€ 100 / T€ 60 x 100 = 167%). Es kann somit rechnerisch zu einer Einkommensteuererstattung kommen, die aber vom Gesetz nicht vorgesehen ist, da die Steuerermäßigung höchstens zu einer Steuer von 0 € führen kann.[279]

Besitzt ein Steuerpflichtiger mehrere Gewerbebetriebe, z. B. einen Gewinn- und einen Verlustgewerbebetrieb, kann dies infolge des horizontalen Verlustausgleichs zu geringen oder negativen Einkünften führen, so dass die anteilig auf die Einkünfte aus Gewerbebetrieb entfallende Einkommensteuer niedrig oder Null ist. Da allerdings zumindest der Gewinngewerbebetrieb – vorbehaltlich möglicher Kürzungen nach § 9 GewStG bzw. des Freibetrags nach § 11 Abs. 1 Satz 3 Nr. 1 GewStG – eine Gewerbesteuerbelastung auslöst, stellt sich die Frage, ob bei der Berechnung der Steuerermäßigung die Gewerbebetriebe zusammen oder einzeln betrachtet werden sollen.[280] Eine betriebsbezogene Ermittlung des Ermäßigungshöchstbetrags hat dabei regelmäßig eine umfassendere Entlastung der gewerblichen Einkünfte von der Doppelbelastung mit Einkommen- und Gewerbesteuer zur Folge. Dennoch hat sich dass FG Düssel-

---

[278] Vgl. z. B. WENDT, M., Gewerbesteueranrechnung, FR 2000, S. 1177, WIENANDS, H.-G., Anrechnung, GStB 2001, S. 72 f., BOHNHARDT, M., Einkommensteuer, S. 78.

[279] Vgl. m. w. N. KOLLRUSS, T., Anrechnung, Stbg 2000, S. 563, RÖDDER, T., Gewerbesteueranrechnung, DStR 2002, S. 941, FÖRSTER, U., Anrechnung, FR 2000, S. 869 f., die die Forderung nach einer Steuererstattung als „nicht sinnwidrig" bezeichnet.

[280] Vgl. KOLLRUSS, T., Anrechnung, Stbg 2000, S. 561. Die Begründung zum Entwurf des StSenkG sieht für die Ermittlung der Steuerermäßigung eine getrennte Betrachtung der einzelnen Gewerbebetriebe vor. Im Regierungsentwurf des StSenkG wurde allerdings der Terminus „Einkünfte aus Gewerbebetrieb" verwendet, in dem sämtliche gewerblichen Einkünfte eines Steuerpflichtigen enthalten sind. Die endgültige Gesetzesfassung spricht dagegen von „gewerblichen Einkünften", so dass man interpretieren könnte, der Gesetzgeber habe bewusst eine andere Formulierung gewählt, um zu ermöglichen, dass die Berechnung der Steuerermäßigung betriebsbezogen durchgeführt werden kann, vgl. FÖRSTER, U., Anrechnung, FR 2000, S. 869.

dorf[281] gegen eine betriebsbezogene Ermittlung des Ermäßigungshöchstbetrags ausgesprochen. Das Ergebnis entspricht auch der herrschenden Meinung.[282] M. E. wird dadurch aber das gesetzgeberische Ziel der Entlastung von der tatsächlichen gezahlten Gewerbesteuer verfehlt. Als Lösung schlägt DANELSING[283] daher vor, bei der Höchstbetragsberechnung vorhandene negative gewerbliche Einkünfte mit 0 € anzusetzen.

4.3. Anwendung des § 35 EStG auf Mitunternehmerschaften

4.3.1. Einstöckige Personengesellschaften

Ein bei einer gewerblichen Personengesellschaft festgesetzter Gewerbesteuer-Messbetrag muss wie bei einem Einzelunternehmen zu einer Steuerermäßigung führen. Da die Gewerbesteuerentlastung durch Anrechnung auf die Einkommensteuer erfolgt, muss der gegenüber der Gesellschaft als Schuldner der Gewerbesteuer (§ 5 Abs. 1 Satz 3 GewStG) festgesetzte Gewerbesteuer-Messbetrag bei den einzelnen Mitunternehmern berücksichtigt werden. Dies wird dadurch erreicht, dass sich die tarifliche Einkommensteuer des Mitunternehmers um das 1,8fache des festgesetzten anteiligen Gewerbesteuer-Messbetrags[284] ermäßigt. Gemäß § 35 Abs. 2 Satz 2 EStG erfolgt die Aufteilung des Messbetrags auf die Mitunternehmer nach Maßgabe des allgemeinen Gewinnverteilungsschlüssels, wobei Vorabgewinnanteile und Sondervergütungen nicht zu berücksichtigen sind.[285] Nach dem Regierungsentwurf erfolgte die Berechnung des anteiligen

---

[281] Vgl. Urteil vom 07.05.2004, 18 K 5084/03 E, Rev. (Az. BFH: X R 25/04), EFG 2004, S. 1438 f.

[282] Vgl. KOREZKIJ, L., Ermäßigungshöchstbetrag, BB 2005, S. 28, RITZER, C. J./STANGL, I., Aussagen, DStR 2002, S. 1076, HEY, J., Reform, FR 2001, S. 873, WENDT, M., Gewerbesteueranrechnung, FR 2000, S. 1178, CATTELAENS, H., Steuerermäßigung, WPg 2000, S. 1185, DANELSING, W., in: BLÜMICH, W., EStG/KStG/GewStG, § 35 EStG Rn. 35, STEINER, A./JACHMANN, M., in: LADEMANN, F., EStG, § 35 Rn. 40. A. A. GLANEGGER, P., in: SCHMIDT, L., EStG, § 35 Rn. 13.

[283] Vgl. DANELSING, W., in: BLÜMICH, W. EStG/KStG/GewStG, § 35 EStG Rn. 36.

[284] SÖFFING, G., Mängel, DB 2000, S. 689 hält die gesetzliche Formulierung „anteilig festgesetzter Gewerbesteuer-Messbetrag" für nicht geeignet, da ein anteiliger Gewerbesteuer-Messbetrag nicht festgesetzt wird. Er schlägt die Formulierung „....festgesetzten Gewerbesteuer-Messbetrag, soweit er anteilig auf den Mitunternehmer fällt" vor.

[285] Da der Gesetzestext ausdrücklich an den allgemeinen Gewinnverteilungsschlüssel anknüpft, ist es auch nicht von steuerlicher Bedeutung, ob gesellschaftsvertragliche Regelungen im Innenverhältnis eine anderweitige gewerbesteuerliche Lastentragung vorsehen, vgl. DANELSING, W., in: BLÜMICH, W., EStG/KStG/GewStG, § 35 EStG Rn. 49. Gemäß Schreiben des BMF vom 15.05.2002, IV A 5 – S 2296a – 16/02, FR 2002, S. 641 Rn. 22, sind gewinnabhängige Vorabgewinnanteile und gewinnabhängige Sondervergütungen im Sinne des § 15 Abs. 1 Satz 1 Nr. 2 EStG Bestandteil des allgemeinen Gewinnverteilungsschlüssels i. S. d. § 35 Abs. 2 Satz 2 EStG. Kritisch dazu, NEU, N., Personengesellschaftsbesteuerung, DStR 2002, S. 1079 f., OTTERSBACH, J. H.,

Messbetrags aus dem Verhältnis des dem Mitunternehmer zuzurechnenden Gewinnanteils zuzüglich seiner Sondervergütungen zur Summe aller Gewinnanteile und Sondervergütungen der Mitunternehmerschaft.[286] Diese Berechnungsweise führte allerdings zu ungewollten Ergebnissen. So konnten beispielsweise bei einem durch hohe Sondervergütungen entstandenen negativen Gesamthandsergebnis die den einzelnen Gesellschaftern zuzurechnenden Anteile größer als 100% bzw. kleiner als 0% des Gewerbesteuer-Messbetrags sein. In Anbetracht dieser Schwäche wurde der ursprünglich vorgesehene Aufteilungsschlüssel zugunsten der derzeit gültigen Regelung – der Zurechnung der Steuerermäßigung nach Maßgabe des Gewinnverteilungsschlüssels – aufgegeben.[287] Dort tritt nun allerdings ein Problem auf, wenn Gewinne aus Sonder- und Ergänzungsbilanzen in den Gewerbeertrag der Gesellschaft einfließen und somit die Gewerbesteuer erhöhen. Dem Bezieher dieser Gewinne kommt diese Erhöhung nur im Verhältnis seiner Gewinnquote zugute, während die Mitunternehmer ohne Sonder- und Ergänzungsbilanzgewinne einen höheren anteiligen Gewerbesteuer-Messbetrag zugewiesen bekommen, weil ihnen über den Gewinnverteilungsschlüssel die Sonder- und Ergänzungsbilanzgewinne der anderen Mitunternehmer zu Gute kommen.[288]

Beispiel: X und Y sind mit 20 v. H. bzw. 80 v. H. an der XY-OHG beteiligt. Der Gewinn der Gesamthandsbilanz beträgt T€ 50, welcher durch eine Leistungsvergütung an X i. H. v. T€ 150 gemindert wurde. Der Gewerbesteuer-Messbetrag der OHG beträgt T€ 10; bei einem Hebesatz von 400 v. H. beträgt die Gewerbesteuer T€ 40.

Lösung: Die Einkünfte des X aus seiner Beteiligung betragen T€ 160 (T€ 150 + T€ 50 x 20 v. H.); die ihm gewährte Steuerermäßigung beträgt T€ 3,6 (T€ 10 x 20 v. H. x 1,8). Angenommen, auf die Einkünfte des X entfallen T€ 80 Einkommensteuer, beträgt die Belastung nach der Steuerermäßigung T€ 76,4. Die Einkünfte des Y aus seiner Beteiligung betragen T€ 40 (T€ 50 x 80 v. H.);

Gewerbesteuerklauseln, DStR 2002, S. 2024, GLANEGGER, P., in: SCHMIDT, L., EStG, § 35 Rn. 23, STEINER, A./JACHMANN, M., in: LADEMANN, F., EStG, § 35 Rn. 98. A. A. RITZER, C. J./STANGL, I., in: FROTSCHER, G., EStG, § 35 Rn. 108b f., KOREZKIJ, L., Steuerermäßigung, BB 2002, S. 2102, die zwar auch feststellen, dass dies nicht dem Gesetzeswortlaut entspricht, aber durchaus systematisch und auch aus praktischer Sicht korrekt ist.

[286] Vgl. BT-Drs. 14/2683 vom 15.02.2000, S. 6 rechte Spalte.

[287] Vgl. inklusive Beispiel KOREZKIJ, L., Anrechnung (2. Teil), BB 2001, S. 390 f.

[288] Vgl. RITZER, C. J./STANGL, I., in: FROTSCHER, G., EStG, § 35 Rn. 109, NIELAND, M., in: BORDEWIN, A./BRANDT, J., EStG, § 35 Rn. 84 f., DANELSING, W., in: BLÜMICH, W., EStG/KStG/GewStG, § 35 EStG Rn. 49, WENDT, M., Gewerbesteueranrechnung, FR 2000, S. 1179.

ihm wird eine Steuerermäßigung i. H. v. T€ 14,4 gewährt (T€ 10 x 80 v. H. x 1,8). Angenommen, auf die Einkünfte des Y entfallen T€ 10 Einkommensteuer, kann diese Steuer bis zu einem Betrag von T€ 0 ermäßigt werden. Darüber hinaus bleibt ein Anrechnungsvolumen i. H. v. T€ 4,4 ungenutzt. Es zeigt sich in diesem Beispiel zum einen, dass X, der aufgrund seiner Sondervergütung den Großteil der Gewerbesteuer verursacht hat, im Verhältnis zu Y nur einen unzureichenden Steuerermäßigungsbetrag erhält (fremdbestimmte Steuerwirkung). Zum anderen können die Gesellschafter insgesamt lediglich einen Betrag i. H. v. T€ 13,6 (T€ 3,6 + T€ 10) auf ihre Einkommensteuern anrechnen, obwohl die Gesellschaft eine Gewerbesteuer i. H. v. T€ 40 bezahlt hat. Ein verbleibendes Anrechnungsvolumen i. H. v. T€ 4,4 (T€ 3,6 + T€ 14,4 ./. T€ 13,6) geht nutzlos unter.[289]

Dieses Problem, dass in der Praxis wohl in sehr vielen Fällen zu Verlusten von Ermäßigungsbeträgen führt, beruht auf der Verflechtung verschiedener Rechts- und Rechenwerke. So ist der handelsrechtliche Verteilungsschlüssel relevant, um eine gewerbesteuerliche Größe für einkommensteuerliche Zwecke aufzuteilen. Zurechnungsfehler sind bei so einem Vorgehen vorprogrammiert.[290] Es ist jedoch schwer, einen Verteilungsschlüssel zu finden, der in allen Fällen zu sachgerechten Ergebnissen führt. Beispielweise schlägt KOREZKIJ[291] vor, die ursprünglich im Regierungsentwurf vorgeschlagene Verhältnisrechnung heranzuziehen und dahingehend zu modifizieren, dass ein negativer Betrag der Einkünfte eines Mitunternehmers aus der Mitunternehmerschaft weder im Zähler noch im Nenner berücksichtigt wird. Der Anteil eines Mitunternehmers würde demnach dem Verhältnis seiner positiven Einkünfte aus der Mitunternehmerschaft zur Summe der Einkünfte derjenigen Mitunternehmer entsprechen, die aus der Mitunternehmerschaft insgesamt positive Einkünfte erzielen. Damit wäre es ausgeschlossen, dass negative oder über 100% hinausgehende Anteile am Gewerbesteuer-Messbetrag entstehen können.

4.3.2. Doppelstöckige Personengesellschaften

4.3.2.1. Ermittlung des anteiligen Gewerbesteuer-Messbetrags

Bei doppel- bzw. mehrstöckigen Personengesellschaften ergibt sich über das im vorherigen Kapitel Gesagte hinaus das Problem, dass die Gewinn- und Verlust-

---

[289] Vgl. zu ähnlichen Beispielen KOLLRUSS, T., Anrechnung, Stbg 2000, S. 565 f., RITZER, C. J./STANGL, I., in: FROTSCHER, G., EStG, § 35 Rn. 109, NIELAND, M., in: BORDEWIN, A./ BRANDT, J., EStG, § 35 Rn. 84, DANELSING, W., in: BLÜMICH, W., EStG/KStG/GewStG, § 35 EStG Rn. 49, KOREZKIJ, L., Anrechnung (2. Teil), BB 2001, S. 391.

[290] Vgl. KOREZKIJ, L., Anrechnung (2. Teil), BB 2001, S. 391. So auch RITZER, C. J./STANGL, I., in: FROTSCHER, G., EStG, § 35 Rn. 109.

[291] Vgl. m. w. N. KOREZKIJ, L., Einkünfte, S. 164-166.

anteile der Untergesellschaft im Gewerbeertrag der Obergesellschaft nicht enthalten sind. Das liegt daran, dass sie zwar zunächst in die gewerblichen Einkünfte der Obergesellschaft einfließen, danach aber bei Gewinnanteilen eine gewerbesteuerliche Kürzung (§ 9 Nr. 2 GewStG) bzw. bei Verlustanteilen eine gewerbesteuerliche Hinzurechnung (§ 8 Nr. 8 GewStG) erfolgt.[292] Die gewerbesteuerliche Belastung des Gewinns der Untergesellschaft erfolgt allein bei dieser. Die Gewerbesteuerentlastung steht allerdings den Mitunternehmern der Obergesellschaft zu, bei denen der Gewinn der Untergesellschaft mit Einkommensteuer unterliegt. Da die Gewinnanteile der Schlussgesellschafter mit Gewerbesteuer der Untergesellschaft und mit Einkommensteuer der Gesellschafter belastet sind, muss nach dem Belastungsprinzip insoweit ein Ausgleich der Doppelbelastung erfolgen. Das Auseinanderfallen der Ebenen, auf denen die jeweilige Belastung entsteht, erfordert eine besondere Regelung. Es muss sichergestellt sein, dass bei den Obergesellschaftern nicht nur der für die Obergesellschaft festgesetzte Gewerbesteuer-Messbetrag, sondern auch der anteilige Gewerbesteuer-Messbetrag der Untergesellschaft berücksichtigt wird.[293]

Dem trägt § 35 Abs. 2 Satz 4 EStG Rechnung, indem der Gewerbesteuer-Messbetrag aus der Beteiligung an der Untergesellschaft in die Feststellung des Gewerbesteuer-Messbetrags der Obergesellschaft und die Anteile der einzelnen Mitunternehmer daran einzubeziehen sind. Auf diese Weise ist dafür gesorgt, dass der anteilige Gewerbesteuer-Messbetrag der Untergesellschaft (der dem Anteil der Obergesellschaft an der Untergesellschaft nach Maßgabe des Gewinnverteilungsschlüssels entspricht) bei den Gesellschaftern der Obergesellschaft (entsprechend ihren Anteilen an der Obergesellschaft nach Maßgabe des Gewinnverteilungsschlüssels) berücksichtigt wird.[294] Bei mehrstöckigen Mitunternehmerschaften ist der jeweils anteilige Gewerbesteuer-Messbetrag Stufe für Stufe weiterzuleiten.[295]

Bei einem negativen Gewerbeertrag der Untergesellschaft wirkt sich diese Beteiligung bei der Berechnung des Gewerbesteuer-Messbetrags der Obergesellschaft nicht aus. Der anteilige Gewerbeertrag kann zwar negativ sein, aber nicht

---

[292] Vgl. z. B. DANELSING, W., in: BLÜMICH, W., EStG/KStG/GewStG, § 35 EStG Rn. 50, NIELAND, M., in: BORDEWIN, A./BRANDT, J., EStG, § 35 Rn. 88, WENDT, M., in: HERRMANN, C./HEUER, G./RAUPACH, A., EStG/KStG, § 35 EStG Rn. 32, RITZER, C. J./STANGL, I., in: FROTSCHER, G., EStG, § 35 Rn. 112.

[293] Vgl. KOREZKIJ, L., Einkünfte, S. 148, STEINER, A./JACHMANN, M., in: LADEMANN, F., EStG, § 35 Rn. 59, BOHNHARDT, M., Einkommensteuer, S. 73.

[294] Vgl. BT-Drs. 14/3366 vom 16.5.2000, S. 119.

[295] Vgl. KORN, K./STRAHL, M., Steuersenkungsgesetz, KÖSDI 2000, S. 12604, GOSCH, D., in: KIRCHHOF, P., EStG, § 35 Rn. 63, RITZER, C. J./STANGL, I., in: FROTSCHER, G., EStG, § 35 Rn. 112, KOREZKIJ, L., Einkünfte, S. 148.

dieser, sondern der anteilige Gewerbesteuer-Messbetrag, der nicht negativ sein kann und daher € 0 beträgt[296], wird in den Gewerbesteuer-Messbetrag der Obergesellschaft einbezogen. Allerdings mindert der mit einem negativen Gewerbeertrag ggf. verbundene Verlustanteil aus der Untergesellschaft die gewerblichen Einkünfte der Obergesellschaft und damit auch die tarifliche Steuer der jeweiligen Gesellschafter sowie deren Höchstbetrag für die Steuerermäßigung. So kann in diesen Fällen die Steuerermäßigung komplett leer laufen.[297] Ähnliches ergibt sich bei einem Verlust auf Ebene der Obergesellschaft bei gleichzeitigem Gewinn der Untergesellschaft. Der Verlust aus der Obergesellschaft führt zu einem Gewerbesteuer-Messbetrag von € 0. Dieser Betrag ist nach § 35 Abs. 2 Satz 4 EStG um den aus der Beteiligung an der Untergesellschaft stammenden anteiligen Gewerbesteuer-Messbetrag zu erhöhen und anteilig entsprechend des allgemeinen Gewinnverteilungsschlüssels auf die Obergesellschafter zu verteilen. Auch in diesem Fall könnte der Verlust aus dem Unternehmen der Obergesellschaft die tarifliche Einkommensteuer der Obergesellschafter und damit den Höchstbetrag ihrer Steuerermäßigung so weit gemindert haben, dass die Anrechnung der Gewerbesteuer gänzlich oder teilweise misslingt.[298]

4.3.2.2. Würdigung der Gewerbesteuerentlastung nach § 35 EStG bei doppelstöckigen Personengesellschaften

Es hat sich gezeigt, dass eine sachgerechte Aufteilung des Gewerbesteuer-Messbetrags bei doppelstöckigen Personengesellschaften in den meisten Fällen nicht erreicht werden kann. Vielmehr kommt es schon in den einfachsten Fällen – bei Vorliegen von Sonder- und Ergänzungsbilanzergebnissen – zu Verzerrungen bei der Entlastung von der Gewerbesteuer. Je nach Fallkonstellation können sich beispielsweise Anrechnungsüberhänge und -defizite derart über die Ebenen der doppelstöckigen Personengesellschaft verketten, dass es zu einem Totalverlust des Anrechnungsvolumens kommt.[299]

Die aufgezeigten Ergebnisse sind Folgen der Verflechtung verschiedener Rechts- und Rechenwerke in der Vorschrift des § 35 EStG. So ist ein handelsrechtlicher Maßstab (Gewinnverteilungsschlüssel) relevant, um eine gewerbesteuerliche Größe (Gewerbesteuer-Messbetrag) für einkommensteuerliche

---

[296] Vgl. GÜROFF, G., in: GLANEGGER, P./GÜROFF, G, Gewerbesteuergesetz, § 11 Rn. 3.

[297] Vgl. KOREZKIJ, L., Einkünfte, S. 148 f., ders., § 35 EStG (2.Teil), BB 2001, S. 391 f.

[298] Vgl. BMF vom 15.05.2002, IV A 5 – S 2296a – 16/02, FR 2002, S. 641 Rn. 26 f., ZIMMERMANN, R. u. a., Steuerrecht, Abschn. G., Rn. 20, RITZER, C. J./STANGL, I., in: FROTSCHER, G., EStG, § 35 Rn. 112b.

[299] So auch KOREZKIJ, L., Einkünfte, S. 160, RITZER, C. J./STANGL, I., in: FROTSCHER, G., EStG, § 35 Rn. 112h, NIELAND, M., in: BORDEWIN, A./BRANDT, J., EStG, § 35 Rn. 84.

Zwecke aufzuteilen. Zurechnungsfehler sind bei diesem Vorgehen nicht zu vermeiden.[300] Aufgrund dieser Problematik ist zu überlegen, wie die Gewerbesteuerentlastung sachgerechter erfolgen könnte. In diesem Zusammenhang untersucht KOREZKIJ[301] die alternative Möglichkeit der Aufteilung des Gewerbesteuer-Messbetrags nach dem Verursachungsprinzip. Demnach würde der Gewerbesteuer-Messbetrag nach den Verhältnissen der Einkünfte der einzelnen Mitunternehmer aus der Beteiligung, also unter Einbezug der individuellen Sonder- und Ergänzungsbilanzergebnisse, aufgeteilt werden. In einem Beispiel wird gezeigt, dass auf diese Weise bei einer einstöckigen Personengesellschaft durchaus erwünschte Ergebnisse erzielbar wären, bei Zwischenschaltung einer weiteren Personengesellschaft – bei ansonsten gleichem Sachverhalt – unsachgerechte Verzerrungen auftreten.[302] Somit sind zutreffende Ergebnisse bei doppelstöckigen Personengesellschaften auch nach diesem Prinzip nur in bestimmten Fallkonstellationen erreichbar.

Festzuhalten bleibt, dass kein Modell ersichtlich ist, das die Steuerermäßigung nach § 35 EStG den Gesellschaftern einer doppelstöckigen Personengesellschaft in allen Fällen sachgerecht gewährt. Daher ist in einem weiteren Schritt zu überlegen, wie über Sachverhaltgestaltungen bzw. Vertragsklauseln Nachteile, die einzelnen Gesellschaftern aus der unsachgerechten Aufteilung des Gewerbesteuer-Messbetrags entstehen, vermieden bzw. ausgeglichen werden können.

4.4. Gestaltungsmöglichkeiten zur optimalen Ausschöpfung des Anrechnungsvolumens

Das Ziel, (drohende) Anrechnungsüberhänge zu vermeiden, kann durch zahlreiche Gestaltungen erreicht werden. Grundsätzlich ist dabei zu beachten, dass entweder der Ermäßigungshöchstbetrag – die anteilige tarifliche Einkommensteuer – des jeweiligen Mitunternehmers erhöht oder das Anrechnungsvolumen vermindert werden sollte. Die Erhöhung des Ermäßigungshöchstbetrags kann unter anderem durch eine Erhöhung der gewerblichen Einkünfte (z. B. Reduzierung von Sonderabschreibungen, vorzeitige Gewinnrealisierungen etc.), aber auch durch eine Erhöhung der nichtgewerblichen Einkünfte oder die Verringerung von Sonderausgaben und ähnlichen Abzugsbeträgen erzielt werden.[303] Dabei ist zu beachten, dass durch die Erhöhung des Ermäßigungshöchstbetrags oft auch das Anrechnungsvolumen mit erhöht wird. Allerdings kann auch die gleichzeitige Erhöhung des Ermäßigungshöchstbetrags und

---

300 Vgl. KOREZKIJ, L., Einkünfte, S. 160, ders., Anrechnung (2. Teil), BB 2001, S. 391.
301 Vgl. KOREZKIJ, L., Einkünfte, S. 161-168.
302 Vgl. KOREZKIJ, L., Einkünfte, S. 165 f., 168.
303 Vgl. STEINER, A./JACHMANN, M., in: LADEMANN, F., EStG, § 35 Rn. 104.

Verringerung des Anrechnungsvolumens über negative gewerbesteuerliche Modifikationen gelingen (Verminderung von Hinzurechnungen, Erhöhung von Kürzungen). Ergebnis einer Erhöhung des Ermäßigungshöchstbetrags ist i. d. R. eine höhere tarifliche Einkommensteuer, die durch den Ermäßigungsbetrag des § 35 EStG kompensiert wird. Es können also Einkünfte ohne zusätzliche einkommensteuerliche Belastung erzielt werden. Bei einer Verringerung des Anrechnungsvolumens verringert sich die Gewerbesteuer, während die Einkommensteuer unverändert bleibt.[304]

Bei Mitunternehmerschaften ist darüber hinaus zu beachten, dass die Ergebnisse aus den individuellen Sonder- und Ergänzungsbilanzen regelmäßig ein Auseinander fallen von Verursachung der Gewerbesteuer und Gewerbesteuerbelastung zur Folge haben. Zu diesem Zweck wird in der Praxis oft über vertragliche Vereinbarungen ein zivilrechtlicher Ausgleich zwischen den Gesellschaftern durchgeführt, so dass im Ergebnis jeder Mitunternehmer die von ihm verursachte Gewerbesteuer trägt.[305] Die Errechnung der auf den Verursacher entfallenden Gewerbesteueranteile erfolgt in der Literatur oft schätzungsweise ohne Berücksichtigung des Freibetrags bzw. des Staffeltarifs nach § 11 GewStG.[306] Es muss jedoch im Einzelfall geklärt werden, wie Freibetrag und Staffeltarif dem Gesamthands-, Sonderbetriebs- und Ergänzungsbilanzergebnis zuzurechnen sind.[307] Schwierig ist in diesem Zusammenhang,

---

[304] Vgl. KOREZKIJ, L., Einkünfte, S. 229. Bei sämtlichen Gestaltungsüberlegungen ist zu bedenken, dass sich dabei Auswirkungen auf die nachfolgenden Veranlagungszeiträume ergeben können, z. B. durch Gewinnverschiebungen, Einschränkungen der Verlustverrechnung und Ähnlichem. Damit Anrechnungsüberhänge nicht lediglich in andere Perioden verlagert werden, ist für eine optimale Gestaltung eine mehrperiodige Betrachtung vorzunehmen, vgl. ebd., S. 230, HERZIG, N./LOCHMANN, U., Entwurf, DB 2000, S. 1197.

[305] Vgl. AUTENRIETH, K., Auswirkungen, DStZ 1988, S. 123, BRAUN, R., Sonderbetriebsvermögen, GStB 1999, S. 125-127, WIENANDS, H.-G., Anrechnung, GStB 2001, S. 75 f., FRYSTATZKI, C., Gesellschaftsvertrag, EStB 2001, S. 197-199, ROEMER, M., Sonderregelungen, INF 2001, S. 557 f., PRIESTER, H.-J., Überlegungen, DStR 2001, S. 800.

[306] Vgl. NEU, N., Gewerbesteueranrechnung, DStR 2000, S. 1937, OTTERSBACH, J. H., Gewerbesteuerklauseln, DStR 2002, S. 2024. Um einen exakten Ausgleich der fremdbestimmten Steuerwirkungen zu erreichen, müssen die steuerlichen Verhältnisse der einzelnen Gesellschafter bekannt sein. In der Praxis dürfte es allerdings oft eine mangelnde Bereitschaft zur Offenlegung der relevanten Informationen geben, so dass ein pauschaler Ausgleich zur Abgeltung der entstandenen Vor- und Nachteile angebracht sein könnte, vgl. SCHIFFERS, J., in: KORN, K. u. a., EStG, § 35 Rn. 83.

[307] Vgl. KOREZKIJ, L., Einkünfte, S. 242. Freibetrag und Staffeltarif nach § 11 GewStG könnten z. B. vorrangig beim Gesamthandsergebnis berücksichtig werden, so dass die Gesellschafter gemäß Gewinnverteilungsschlüssel an diesen Beträgen profitieren. Für Sonder- und Ergänzungsbilanzergebnisse stünden dann nur ggf. verbleibende Beträge zur

eine entsprechende Formulierung für den Gesellschaftsvertrag zu finden. Entsteht z. B. durch eine Sondervergütung eine höhere Gewerbesteuer, könnte der Empfänger der Vergütung (Verursacher der Gewerbesteuer) über eine Gewerbesteuer-Klausel zum Ausgleich verpflichtet werden.[308] Es könnte allerdings das Problem entstehen, dass der Gesellschafter, der verpflichtet ist, seine zuviel erhaltene Gewerbesteueranrechnung an die übrigen Gesellschafter zu erstatten – beispielsweise aufgrund von Verlusten aus anderen Einkunftsarten – keine Gewerbesteueranrechnung nach § 35 EStG erhält und somit kein „Guthaben“ den anderen Gesellschaftern erstatten kann. In dem Fall können Gewerbesteuer-Klausel und Steuerermäßigung nach § 35 EStG gegenläufig wirken.[309] Aus diesem Grund empfiehlt es sich eine „erweiterte“ Gewerbesteuer-Klausel[310] in den Gesellschaftsvertrag aufzunehmen. Dadurch wird nicht nur ein zivilrechtlicher Ausgleich für die Abweichung zwischen Gewerbesteuerbelastung und -verursachung vorgenommen, sondern es erfolgt auch ein Ausgleich für Abweichungen zwischen der zivilrechtlichen Gewerbesteuerbelastung und der Steuerermäßigung nach § 35 EStG.[311]

Allerdings besteht bei doppelstöckigen Personengesellschaften zusätzlich das Problem, dass Obergesellschafter mangels zivilrechtlicher Gesellschafterstellung bei der Untergesellschaft Klauseln im Gesellschaftsvertrag der Untergesellschaft nicht gegen sich wirken lassen müssen. Um dennoch Ausgleichsansprüche zwischen Untergesellschafter und Obergesellschafter vertraglich vereinbaren zu können, müssten diese zunächst zwischen Unter- und Obergesellschaft und dann in einem zweiten Schritt zwischen Obergesellschaft und Obergesellschafter

---

Verfügung (Differenzbetrachtung). Freibetrag und Staffeltarif könnten den Gesellschaftern aber auch nach ihren Anteilen am Gesamtgewinn der Gesellschaft zugerechnet werden (Durchschnittsmethode), vgl. ebd., S. 243, AUTENRIETH, K., Auswirkungen, DStZ 1988, S. 124, WIENANDS, H.-G., Anrechnung, GStB 2001, S. 75.

[308] BRAUN, R., Sonderbetriebsvermögen, GStB 1999, S. 127, schlägt folgende Formulierung für eine Gewerbesteuer-Klausel vor: „Gewerbesteuerliche Erhöhungen und Minderungen, die auf Vorgängen in einem steuerrechtlichen Sonderbetriebsvermögen eines oder mehrerer Gesellschafter beruhen, werden bei diesen Gesellschaftern bei der Verteilung des Gesellschaftsgewinns vorab berücksichtigt. Hierbei wird pauschal von einer gewerbesteuerlichen Auswirkung von jeweils ... Prozent ausgegangen. Mit diesem Prozentsatz sind sämtliche Wirkungen abgegolten.“

[309] Vgl. OTTERSBACH, J. H., Gewerbesteuerklauseln, DStR 2002, S. 2023, WIENANDS, H.-G., Anrechnung, GStB 2001, S. 75, PRIESTER, H.-J., Überlegungen, DStR 2001, S. 800, KOREZKIJ, L., Einkünfte, S. 245.

[310] Beispiele für die Formulierung von „erweiterten“ Gewerbesteuer-Klauseln finden sich bei ROEMER, M., Sonderregelungen, INF 2001, S. 557 f., WIENANDS, H.-G., Anrechnung, GStB 2001, S. 76, FRYSTATZKI, C., Gesellschaftsvertrag, EStB 2001, S. 199.

[311] Vgl. KOREZKIJ, L., Einkünfte, S. 245.

geregelt werden.[312] Ein solches Vorgehen könnte – gerade bei mehrstöckigen Personengesellschaften – in der Praxis zu erheblichen Schwierigkeiten bei der Quantifizierung und Durchsetzung der jeweils entstandenen Vor- und Nachteile führen. Daher könnte alternativ versucht werden, Anrechnungsüberhänge über die Steuerung des Anrechnungsvolumens zu vermeiden. Dies kann vor allem über den Gewinnverteilungsschlüssel erreicht werden, da dieser über den anteilig zuzurechnenden Gewerbesteuer-Messbetrag entscheidet. So könnten die Gesellschafter ihre Vergütungen für Gesellschafterleistungen unmittelbar in ihren vertraglichen Gewinnverteilungsschlüssel einbeziehen, so dass die handelsrechtliche und die steuerrechtliche Gewinnverteilung gleich laufen. Für den Fall, dass sich Sondervergütungen im Zeitablauf wesentlich ändern, sollten entsprechende Anpassungen des Gewinnverteilungsschlüssels vorgenommen werden.[313]

Schließlich kommt zur Vermeidung von Verzerrungen durch Sonderbetriebsergebnisse bei gewinnunabhängigen Nutzungsüberlassungen die Ausgliederung der Vergütungen in Schwesterpersonengesellschaften in Betracht.[314] Ist das Sonderbetriebsvermögen für permanente Anrechnungsüberhänge verantwortlich, könnte die Überlassung statt vom Obergesellschafter an die Ober- bzw. Untergesellschaft oder von der Obergesellschaft an die Untergesellschaft von einer durch den Obergesellschafter bzw. die Obergesellschaft kontrollierten gewerblich geprägten GmbH & Co. KG (Schwesterpersonengesellschaft) vorgenommen werden.[315] In diesem Fall stellen die zur Nutzung überlassenen Vermögensgegenstände kein Sonderbetriebsvermögen bei der nutzenden Gesellschaft dar, sondern gehören zum Betriebsvermögen der überlassenden GmbH & Co. KG.[316]

---

[312] Vgl. Kapitel C.1.4.

[313] Vgl. DARAGAN, H./LEY, U./STRAHL M., Gestaltungsüberlegungen, DStR 2000, S. 1979, ROEMER, M., Sonderregelungen, INF 2001, S. 556, KORN, K./STRAHL, M., Steuersenkungsgesetz, KÖSDI 2000, S. 12603 f., SCHWEDHELM, R./OLBING, K./BINNEWIES, B., Gestaltungsüberlegungen, GmbHR 2000, S. 1187, PRIESTER, H.-J., Überlegungen, DStR 2001, S. 800, KOREZKIJ, L., Einkünfte, S. 248. Die Finanzverwaltung erkennt dabei eine nachträgliche Festlegung des Gewinnverteilungsschlüssels nicht an, vgl. BMF vom 15.05.2002, IV A 5 – S 2296a – 16/02, FR 2002, S. 641 Rn. 20.

[314] Vgl. RITZER, C. J./STANGL, I., in: FROTSCHER, G., EStG, § 35 Rn. 110, GLANEGGER, P., in: SCHMIDT, L., EStG, § 35 Rn. 55, SCHIFFERS, J., in: KORN, K. u. a., EStG, § 35 Rn. 80, BOHNHARDT, M., Einkommensteuer, S. 95 f., HERZIG, N./LOCHMANN, U., Entwurf, DB 2000, S. 1197, DARAGAN, H./LEY, U./STRAHL M., Gestaltungsüberlegungen, DStR 2000, S. 1979, ROGALL, M., Personengesellschaften, DStR 2001, S. 589, SCHWEDHELM, R./ OLBING, K./BINNEWIES, B., Gestaltungsüberlegungen, GmbHR 2000, S. 1187.

[315] Vgl. dazu Kapitel C.2.2.2.4.

[316] Vgl. dazu Kapitel C.2.2.2.2.

D. Ertragsteuerliche Behandlung von Veräußerungsvorgängen bei doppelstöckigen Personengesellschaften

1. Grundzüge

1.1. Veräußerungsszenarien bei der doppelstöckigen Personengesellschaft

Scheidet ein Mitunternehmer aus einer Personengesellschaft gegen Abfindung aus und wächst sein Anteil am Gesamthandsvermögen einem oder mehreren verbleibenden Gesellschaftern an oder veräußert er diesen an einen neu eintretenden Gesellschafter, handelt es sich steuerlich gesehen um ein entgeltliches Veräußerungsgeschäft.[317] Veräußerungsgegenstand ist dabei nicht ein Gesellschaftsanteil im Sinne eines einheitlichen Wirtschaftsguts (wie bei der Beteiligung an einer Kapitalgesellschaft), sondern die Anteile an den einzelnen zum Gesellschaftsvermögen der Mitunternehmerschaft gehörenden Wirtschaftsgütern.[318] Ein aus diesem Vorgang erzielter Gewinn wird zu den gewerblichen Einkünften aus § 16 EStG gerechnet. Unter diese Vorschrift fällt auch die Veräußerung eines ganzen Gewerbebetriebs bzw. eines Teilbetriebs. Diese Einkünfte unterliegen aus sozialpolitischen Gründen einer mehrfachen Privilegierung. Es kann der Freibetrag des § 16 Abs. 4 EStG geltend gemacht werden sowie die ermäßigte Besteuerung des § 34 Abs. 1 oder 3 EStG. Zudem unterliegt der Gewinn aus der Veräußerung nicht der Gewerbesteuer, sofern der Veräußerer eine natürliche Person ist.[319] Stehen hingegen auf Seiten des Veräußerers und des Erwerbers dieselben Personen als Mitunternehmer, gilt der Veräußerungsgewinn insoweit als laufender Gewinn, § 16 Abs. 2 Satz 3 EStG.[320] Darüber hinaus regelt § 16 Abs. 1 Satz 2 EStG seit dem 01.01.2002, dass bei der Veräußerung eines Teil-Mitunternehmeranteils erzielte Gewinne ebenfalls als laufende Gewinne zu qualifizieren sind, so dass darauf keine Tarifvergünstigungen gewährt werden.

Diese Grundsätze zur Veräußerung von Betrieben, Teilbetrieben und Mitunternehmeranteilen gelten auch für doppelstöckige Personengesellschaften. Die analoge Anwendung dieser Grundsätze bereitet jedoch dann Probleme, wenn im Rahmen eines Veräußerungsvorgangs sowohl der Obergesellschafts- als auch der Untergesellschaftsanteil betroffen sind, deren Umfang und deren Verhältnis zueinander unklar sind. Daraus resultiert, dass die steuerliche Behandlung von bestimmten Veräußerungsvorgängen bei doppelstöckigen Personengesellschaften nicht eindeutig ist. Fraglich ist demnach für die Veräußererseite, wie sich bei

[317] Vgl. z. B. NIEHUS, U./WILKE, H., Besteuerung, S. 249 f.
[318] Vgl. BFH vom 06.07.1995, IV R 30/93, BStBl. II 1995, S. 831.
[319] Vgl. Kapitel D.1.3.2.
[320] Vgl. BFH vom 15.06.2004, VIII R 7/01, BStBl. II 2004, S. 754.

den möglichen Veräußerungsvorgängen (Veräußerung von Ober- und/oder Untergesellschaftsanteil durch eine natürliche oder juristische Person bzw. durch die Obergesellschaft unter Berücksichtigung von Sonderbetriebsvermögen) der jeweilige Veräußerungsgegenstand zusammensetzt, inwiefern ein Veräußerungsgewinn einkommensteuerlich begünstigt ist und welche Konsequenzen sich daraus für die Gewerbesteuerbelastung bzw. die Anrechnung der Gewerbesteuer auf die Einkommensteuer nach § 35 EStG ergeben. Auch ist bei einer Veräußerung darauf zu achten, dass dadurch keine (Behalte-)Fristen (§§ 6 Abs. 3 und Abs. 5 EStG) zerstört werden, die rückwirkend negative steuerliche Konsequenzen nach sich ziehen können. Für den jeweiligen Erwerber stellt sich hingegen die Frage, wie er den Erwerbsvorgang steuerbilanziell zu erfassen hat. Die Abbildung 6 vermittelt einen Überblick über die möglichen Veräußerungsszenarien, die bei einer doppelstöckigen Personengesellschaft auftreten können.

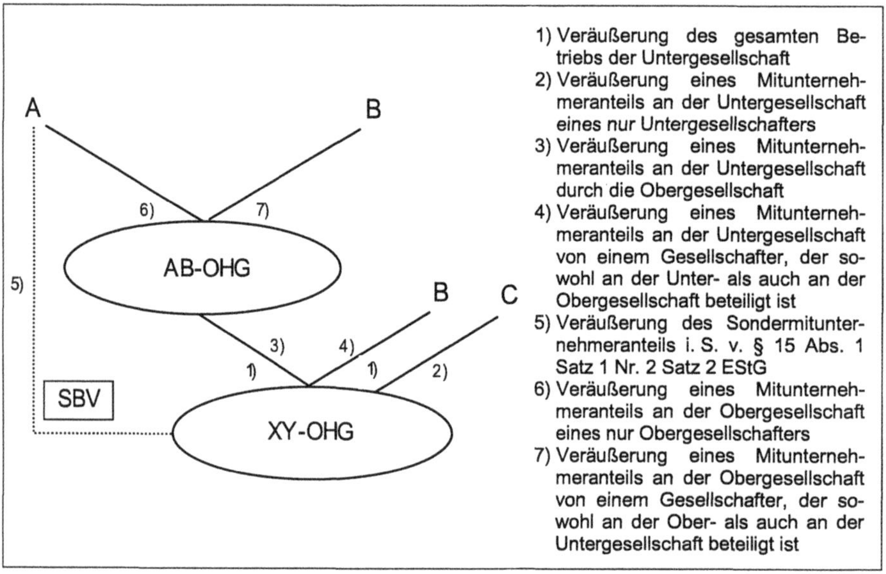

Abbildung 6: Veräußerungsszenarien der doppelstöckigen Personengesellschaft

1.2. Umfang von Mitunternehmeranteilen

1.2.1. Abgrenzung Mitunternehmeranteil/Teil-Mitunternehmeranteil

Der Begriff des Mitunternehmeranteils i. S. v. § 16 Abs. 1 Nr. 2 EStG setzt die Mitunternehmerstellung des jeweiligen Gesellschafters voraus. Zudem ist es erforderlich, dass die Mitunternehmerschaft gewerblich tätig bzw. gewerblich geprägt ist. Demzufolge gilt insbesondere die Beteiligung an Personengesellschaften mit Gesamthandsvermögen (OHG, KG, GbR) als gewerblicher Mitunternehmeranteil.[321] Nach der Rechtsprechung des BFH umfasst der Begriff des Mitunternehmeranteils neben dem Anteil des Mitunternehmers am Vermögen der Gesellschaft auch etwaiges Sonderbetriebsvermögen des Gesellschafters.[322] Sofern das Sonderbetriebsvermögen eine wesentliche Betriebsgrundlage darstellt, ist für die Inanspruchnahme der steuerlichen Vergünstigungen nach §§ 16, 34 EStG von Bedeutung, ob die Wirtschaftsgüter des Sonderbetriebsvermögens mitveräußert werden. Als wesentliche Betriebsgrundlage sind solche Wirtschaftsgüter anzusehen, die funktional wichtig sind oder erhebliche stille Reserven enthalten.[323] Werden wesentliche Betriebsgrundlagen des Sonderbetriebsvermögens statt auf den Erwerber ins Privatvermögen übertragen, liegt anstelle einer Veräußerung eine begünstigte Aufgabe des Mitunternehmeranteils vor.[324] Hingegen sind die Begünstigungen zu versagen, wenn wesentliche Wirtschaftsgüter des Sonderbetriebsvermögens in zeitlichem Zusammenhang mit der Veräußerung des Mitunternehmeranteils erfolgsneutral nach § 6 Abs. 5 EStG in ein anderes Betriebsvermögen überführt werden, da in dem Fall nicht alle stille Reserven realisiert werden.[325]

Ebenfalls wird mangels Aufdeckung aller stillen Reserven die Veräußerung von Teilen von Mitunternehmeranteilen – also die Veräußerung eines Bruchteils des Mitunternehmeranteils und eines Bruchteils des zugehörigen wesentlichen Sonderbetriebsvermögens[326] – nicht mehr nach §§ 16, 34 EStG begünstigt, sofern die Veräußerung nach dem 31.12.2001 erfolgte, § 16 Abs. 1 Satz 2 EStG.

---

[321] Als Anteil an einer gewerblichen Mitunternehmerschaft gelten darüber hinaus auch Anteile an Personengesellschaften ohne Gesamthandsvermögen (stille Gesellschaften, Unterbeteiligungen) sowie Anteile an wirtschaftlich vergleichbaren Gemeinschaften, vgl. NIEHUS, U./WILKE, H., Besteuerung, S. 251.

[322] Vgl. m. w. N. BFH vom 19.03.1991, VIII R 76/87, BStBl. II 1991, S. 635, BFH vom 24.08.2000, IV R 51/98, DB 2000, S. 2147, BFH vom 12.04.2000, XI R 35/99, BStBl. II 2001, S. 26.

[323] Vgl. z. B. WACKER, R., in: SCHMIDT, L., EStG, § 16 Rn. 407, 414, HÖRGER, H./RAPP, S., in: LITTMANN, E./BITZ, H./PUST, H., EStG, § 16 Rn. 26-30, NIEHUS, U./WILKE, H., Besteuerung, S. 251, FÖRSTER, U., Ertragsteuerrecht, FR 2002, S. 650, STAHL, R., Veräußerung, KÖSDI 2002, S. 13537, MÄRKLE, R., Übertragung, DStR 2001, S. 688 f., SCHULZE ZUR WIESCHE, D., Übertragung, FR 1999, S. 992.

[324] Vgl. BFH vom 31.08.1995, VIII B 21/93, BStBl. II 1995, S. 890 f.

[325] Vgl. z. B. WACKER, R., in: SCHMIDT, L., EStG, § 16 Rn. 414, HÖRGER, H./RAPP, S., in: LITTMANN, E./BITZ, H./PUST, H., EStG, § 16 Rn. 142b, NIEHUS, U./WILKE, H., Besteuerung, S. 252, VON WALLIS, H./BRANDMÜLLER, G./SCHULZE ZUR WIESCHE, D., Besteuerung, Rn. 403, FÖRSTER, U., Ertragsteuerrecht, FR 2002, S. 650, STAHL, R., Veräußerung, KÖSDI 2002, S. 13537.

[326] Vgl. m. w. N. WACKER, R., in: SCHMIDT, L., EStG, § 16 Rn. 408, STAHL, R., Veräußerung, KÖSDI 2002, S. 13536 f.

Diese Gewinne sind einkommensteuerlich als laufende Gewinne zu qualifizieren. Die gewerbesteuerliche Beurteilung ist hingegen strittig.[327] Werden allerdings mehrere Teilanteile an verschiedene Erwerber veräußert, liegt eine begünstigte Veräußerung des kompletten Mitunternehmeranteils vor, da sämtliche stillen Reserven aufgedeckt werden. Voraussetzung dafür ist jedoch, dass die Veräußerungen in einem engen zeitlichen und sachlichen Zusammenhang aufgrund eines Gesamtplans erfolgen.[328] Wird unter Zurückbehaltung des Gesellschaftsanteils nur das Sonderbetriebsvermögen veräußert, so liegt grundsätzlich keine Veräußerung des gesamten Anteils vor. Anders ist dies m. E., wenn nahezu sämtliche wesentlichen Betriebsgrundlagen im Sonderbetriebsvermögen liegen. In dem Fall ist trotz Verbleibens des Veräußerers in der Gesellschaft eine begünstigte Veräußerung des gesamten Mitunternehmeranteils anzunehmen.[329]

1.2.2. Umfang der Mitunternehmeranteile bei einer doppelstöckigen Personengesellschaft

Bei einer doppelstöckigen Personengesellschaft setzen sich die Mitunternehmeranteile der jeweiligen Mitunternehmer wie folgt zusammen:

Der Mitunternehmeranteil der Obergesellschaft bei der Untergesellschaft umfasst den Gesellschaftsanteil an der Untergesellschaft sowie etwaiges bei der Untergesellschaft vorhandenes Sonderbetriebsvermögen. Gleiches gilt für weitere ausschließlich an der Untergesellschaft beteiligte natürliche oder juristische Personen. Ist eine natürliche/juristische Person sowohl an der Ober- als auch an der Untergesellschaft zivilrechtlich beteiligt, besitzt sie zwei selbständige Mitunternehmeranteile.[330] Der Mitunternehmeranteil bei der Obergesellschaft setzt sich dabei aus dem Gesellschaftsanteil bei dieser und dem

---

[327] Vgl. Kapitel D.2.4.2.2. und D.2.4.3.2.

[328] Vgl. WACKER, R., in: SCHMIDT, L., EStG, § 16 Rn. 411, HÖRGER, H./RAPP, S., in: LITTMANN, E./BITZ, H./PUST, H., EStG, § 16 Rn. 142b, STAHL, R., Veräußerung, KÖSDI 2002, S. 13537, FÖRSTER, G., Kauf, DB 2002, S. 1396, RÖDDER, T./SCHUMACHER, A., Regierungsentwurf (1. Teil), DStR 2001, S. 1637. Keine Begünstigung wird gewährt, wenn zusammen mit der Veräußerung eines Teil-Mitunternehmeranteils der Restanteil unentgeltlich auf Angehörige übertragen wird, vgl. STAHL, R., Veräußerung, KÖSDI 2002, S. 13537.

[329] So auch STAHL, R., Veräußerung, KÖSDI 2002, S. 13537, der die Geringfügigkeit der stillen Reserven im verbleibenden Mitunternehmeranteil bei 10 v. H. annimmt. A. A. HÖRGER, H./RAPP, S., in: LITTMANN, E./BITZ, H./PUST, H., EStG, § 16 Rn. 142b, die nur die komplette Veräußerung des Mitunternehmeranteils für die Inanspruchnahme der Begünstigungen akzeptieren.

[330] Vgl. BOGENSCHÜTZ, E./HIERL, M., Unternehmensverkauf, DStR 2003, S. 1104, ZIMMERMANN, R. u. a., Steuerrecht, Abschn. G. Rn. 46.

bei der Obergesellschaft befindlichen Sonderbetriebsvermögen zusammen. Zu beachten ist dabei, dass der Gesellschaftsanteil an der Obergesellschaft wirtschaftlich und steuerrechtlich gesehen anteilig alles umfasst, was zum Gesellschafts-/Gesamthandsvermögen der Obergesellschaft gehört, also auch den Gesellschaftsanteil der Obergesellschaft an der Untergesellschaft und die Wirtschaftsgüter, die die Obergesellschaft der Untergesellschaft zur Nutzung überlässt und daher Sonderbetriebsvermögen darstellen.[331] Darüber hinaus besitzt dieser Gesellschafter einen Mitunternehmeranteil an der Untergesellschaft, der sich aus dem Gesellschaftsanteil an der Untergesellschaft und dem bei dieser Gesellschaft vorhandenen Sonderbetriebsvermögen zusammensetzt.[332]

Besteht lediglich eine zivilrechtliche Beteiligung an der Obergesellschaft, setzt sich der Mitunternehmeranteil wiederum aus dem Gesellschaftsanteil an der Obergesellschaft und dem Sonderbetriebsvermögen dort zusammen. Zudem ist dieser Gesellschafter der Obergesellschaft nach § 15 Abs. 1 Satz 1 Nr. 2 Satz 2 EStG als Sondermitunternehmer der Untergesellschaft zu qualifizieren, sofern er bei dieser Sonderbetriebsvermögen besitzt. Fraglich ist, wie sich der Sondermitunternehmeranteil des Obergesellschafters bei der Untergesellschaft zusammensetzt. Dieser umfasst unstrittig das vom Obergesellschafter der Untergesellschaft überlassene Sonderbetriebsvermögen, m. E. allerdings nicht den mittelbaren Anteil an der Untergesellschaft, da der Obergesellschafter lediglich hinsichtlich seiner Tätigkeits- bzw. Nutzungsvergütungen und des Sonderbetriebsvermögens wie ein unmittelbar beteiligter Gesellschafter zu behandeln ist.[333] Der mittelbare Anteil an der Untergesellschaft ist vielmehr wirtschaftlich und steuerlich gesehen dem Gesamthandsvermögen der Obergesellschaft zuzuordnen.[334] Die Abbildung 7 stellt den Umfang der Mitunternehmeranteile nochmals zusammenfassend dar.

---

[331] Vgl. SCHMIDT, L., in: FS MOXTER, A., Gewinnermittlung, S. 1121.

[332] Vgl. ZIMMERMANN, R. u. a., Steuerrecht, Abschn. G. Rn. 17.

[333] Vgl. WACKER, R., in: SCHMIDT, L., EStG, § 16 Rn. 407, VÖLKER, H.-H., Steuerbilanz, INF 1995, S. 488, FELIX, G., Untergesellschaft, BB 1994, S. 690. So auch die Rechtsprechung BFH vom 06.09.2000, IV R 69/99, BStBl. II 2001, S. 733, BFH vom 31.08.1999, VIII B 74/99, BStBl. II 1999, S. 794. A. A. LEY, U., Besteuerung, KÖSDI 1997, S. 11080 f., SCHNITTER, G., Beteiligung, EStB 2003, S. 194, die auch den mittelbaren Anteil an der Untergesellschaft in den Sondermitunternehmeranteil des Obergesellschafters bei der Untergesellschaft einbeziehen. Unklar ZIMMERMANN, R. u. a., Steuerrecht, Abschn. G. Rn. 17, 48, der an einer Stelle (Rn. 17) den mittelbaren Anteil an der Untergesellschaft – m. E. richtigerweise – nicht in den Sondermitunternehmeranteil des Obergesellschafters bei der Untergesellschaft einbezieht, es dann an anderer Stelle (Rn. 48) doch macht.

[334] Vgl. SCHMIDT, L., in: FS MOXTER, A., Gewinnermittlung, S. 1121.

Gesellschafter	**zivilrechtlich beteiligt an...**	**Umfang der Mitunternehmeranteile**
Obergesellschaft	Untergesellschaft	- Gesellschaftsanteil an Untergesellschaft - Sonderbetriebsvermögen
natürliche/ juristische Person	Untergesellschaft	- Gesellschaftsanteil an Untergesellschaft - Sonderbetriebsvermögen
natürliche/ juristische Person	Obergesellschaft	Bei Obergesellschaft: - Gesellschaftsanteil an Obergesellschaft (umfasst anteiligen Anteil + SBV der Ober- bei der Untergesellschaft) - Sonderbetriebsvermögen Bei Untergesellschaft: - Sonderbetriebsvermögen i. S. v. § 15 Abs. 1 Satz 1 Nr. 2 Satz 2 EStG
natürliche/ juristische Person	Ober- und Untergesellschaft	Bei Obergesellschaft: - Gesellschaftsanteil an Obergesellschaft (umfasst anteiligen Anteil + SBV der Ober- bei der Untergesellschaft) - Sonderbetriebsvermögen Bei Untergesellschaft: - Gesellschaftsanteil an Untergesellschaft - Sonderbetriebsvermögen

Abbildung 7: Umfang der Mitunternehmeranteile bei einer doppelstöckigen Personengesellschaft

1.3. Ermittlung des Veräußerungsergebnisses

1.3.1. Veräußerungsgewinn gemäß § 16 EStG

Wird ein Gewerbebetrieb, Teilbetrieb oder Mitunternehmeranteil veräußert, ist die Bemessungsgrundlage für die Einkommensteuer der Veräußerungsgewinn. Er ist von den laufenden Gewinnen/Verlusten, die der Betrieb aufgrund seiner normalen Geschäftstätigkeit erzielt, abzugrenzen. Der Veräußerungsgewinn ermittelt sich nach § 16 Abs. 2 Satz 1 EStG aus dem Differenzbetrag von Veräußerungspreis einerseits und Veräußerungskosten und dem nach §§ 4 Abs. 1, 5 EStG zu ermittelnden Wert des Betriebsvermögens im Zeitpunkt der Veräußerung andererseits. Der so errechnete Veräußerungsgewinn ist schließlich ggf. ertragsteuerlich begünstigt.[335]

[335] Vgl. dazu Kapitel D.1.3.2.

Der Veräußerungspreis ist die Gegenleistung, die der Veräußerer durch das Veräußerungsgeschäft erlangt.[336] Dazu rechnet auch, was ein Dritter auf Veranlassung der Veräußerers erhält und was der Veräußerer auf Veranlassung des Erwerbers von einem Dritten erhält. Die Gegenleistung kann in jeder Leistung, die einen wirtschaftlichen Wert hat, bestehen.[337] Als Veräußerungspreis ist auch die Übernahme von privaten nicht bilanzierten bzw. betrieblichen nicht passivierungsfähigen Verbindlichkeiten des Veräußerers durch den Erwerber zu werten.[338] Wird ein negatives Kapitalkonto übernommen, stellt die Übernahme der dem negativen Kapitalkonto entsprechenden Schulden kein Entgelt dar. Wird allerdings zusätzlich ein Entgelt geleistet, erhöht das negative Kapitalkonto den Veräußerungsgewinn.[339] Besteht das Entgelt für die Veräußerung hingegen in zukünftig zu zahlenden gewinn- oder umsatzabhängigen Bezügen, fehlt die Gewinnrealisierung zum Veräußerungszeitpunkt, so dass es sich nicht um einen Veräußerungsgewinn i. S. v. § 16 EStG handelt.

Der Veräußerungspreis ist um die Veräußerungskosten zu kürzen, § 16 Abs. 2 Satz 1 EStG. Nach früherer Rechtsprechung wurden darunter solche vom Veräußerer getragenen Aufwendungen verstanden, „die in unmittelbarer sachlicher Beziehung zu dem Veräußerungsgeschäft stehen“[340] (z. B. Grundbuchgebühren, Vermittlungsprovisionen oder Gutachterkosten). Nach neuerer Rechtsprechung ist der Veranlassungszusammenhang zur Veräußerung maßgebend.[341] Somit stellen auch Vorfälligkeitsentschädigungen für die Ablösung von Krediten oder Abfindungen für die Beendigung von Schuldverhältnissen Veräußerungskosten dar.[342] Darüber hinaus ist der dem Veräußerungspreis abzuziehende Wert des Betriebsvermögens (Buchwert) oder Mitunternehmer-

---

336 Vgl. BFH vom 17.10.1974, IV R 223/72, BStBl. II 1975, S. 60.

337 Vgl. m. w. N. HÖRGER, H./RAPP, S., in: LITTMANN, E./BITZ, H./PUST, H., EStG, § 16 Rn. 89.

338 Die Übernahme von betrieblichen Verbindlichkeiten durch den Erwerber stellt kein Entgelt dar, da bei Veräußerung eines Betriebs, Teilbetriebs bzw. Mitunternehmeranteils nicht nur die Aktiva, sondern auch zugehörige Passiva veräußert werden. Der Veräußerungsgewinn ist somit der Veräußerungspreis abzüglich Nettobuchwert, RÖDDER, T./HÖTZEL, O./MUELLER-THUNS, T., Unternehmenskauf, § 24 Rn. 115-117, HÖRGER, H./ RAPP, S., in: LITTMANN, E./BITZ, H./PUST, H., EStG, § 16 Rn. 90. A. A. WACKER, R., in: SCHMIDT, L., EStG, § 16 Rn. 267, wonach der Veräußerungsgewinn aus Veräußerungspreis zuzüglich übernommener Verbindlichkeiten abzüglich Buchwert der Aktiva zu ermitteln ist. Diese Unterscheidung hat für die Höhe des Veräußerungsgewinns i. d. R. aber keine Bedeutung.

339 Vgl. STAHL, R., Veräußerung, KÖSDI 2002, S. 13541 f.

340 BFH vom 27.10.1977, IV R 60/74, BStBl. II 1978, S. 101.

341 Vgl. BFH vom 25.01.2000, VIII R 55/97, BStBl. II 2000, S. 459.

342 Vgl. zu weiteren möglichen Veräußerungskosten WACKER, R., in: SCHMIDT, L., EStG, § 16 Rn. 301-306.

anteils im Zeitpunkt der Veräußerung ist nach § 4 Abs. 1 oder § 5 EStG zu ermitteln (§ 16 Abs. 2 Satz 2 EStG). Das bedeutet, dass grundsätzlich die allgemeinen handels- und einkommensteuerlichen Ansatz- und Bewertungsvorschriften anzuwenden sind. Insofern ist der Wert i. S. v. § 16 Abs. 2 EStG ein Buchwert, der grundsätzlich dem Buchwert der letzten Schlussbilanz, die zur Ermittlung des bis zum Zeitpunkt der Veräußerung entstandenen laufenden Gewinns erforderlich ist, entspricht.[343]

1.3.2. Ertragsteuerliche Begünstigungen des Veräußerungsgewinns i. S. v. § 16 EStG

Die ertragsteuerlichen Begünstigungen für Gewinne, die den „Stempel des § 16 EStG tragen", werden von HERZIG[344] in Steuersatz- (§ 34 EStG), Freibetrags- (§ 16 Abs. 4 EStG) und Stundungseffekt (§ 6b EStG) differenziert. Ziel der Begünstigungen ist es, die Besteuerung der geballten Aufdeckung der stillen Reserven bei einer Betriebsveräußerung zu mildern, da dies zu besonderen Härten führen könnte.

Gemäß § 34 Abs. 2 Nr. 1 EStG handelt es sich bei Veräußerungsgewinnen i. S. d. § 16 EStG um außerordentliche Einkünfte i. S. d. § 34 Abs. 1 EStG. Danach beträgt die Einkommensteuer das Fünffache des Unterschiedsbetrags zwischen der Einkommensteuer für das um diese Einkünfte verminderte zu versteuernde Einkommen und der Einkommensteuer für das verbleibende zu versteuernde Einkommen zuzüglich eines Fünftels dieser Einkünfte, § 34 Abs. 1 Satz 2 EStG. Diese Regelung bewirkt im Ergebnis eine Progressionsglättung.[345] Alternativ zur Begünstigung des § 34 Abs. 1 EStG kann der Steuerpflichtige den sog. ermäßigten Steuersatz gemäß § 34 Abs. 3 EStG beantragen.[346] Der ermäßigte Steuersatz für Veräußerungsgewinne i. S. v. § 16 EStG beträgt 56 v. H.[347] des durchschnittlichen Steuersatzes, der sich ergäbe, wenn die tarifliche Einkommensteuer nach dem gesamten zu versteuernden Einkommen zuzüglich der dem Progressionsvorbehalt unterliegenden Einkünfte zu bemessen wäre, mindestens jedoch 15 v. H.[348], § 34 Abs. 3 Satz 2 EStG. Er wird auf

[343] Vgl. m. w. N. WACKER, R., in: SCHMIDT, L., EStG, § 16 Rn. 310-330.
[344] Vgl. HERZIG, N., Beendigung, S. 178.
[345] Vgl. LINDBERG, K., in: BLÜMICH, W., EStG/KStG/GewStG, § 34 EStG Rn. 86, GLANEGGER, P./SEEGER, S. F., in: SCHMIDT, L., EStG, § 34 Rn. 57. Zu Berechnungsbeispielen vgl. ausführlich H 34.2 EStR.
[346] Die Vorschrift des ermäßigten Steuersatzes nach § 34 Abs. 3 EStG für Gewinne i. S. d. § 34 Abs. 2 Nr. 1 EStG ist durch das StSenkErgG vom 19.12.2000, BGBl. I 2000, S. 1812, wieder eingeführt worden.
[347] Bis zum Veranlagungszeitraum 2003 50 v. H. (halber Steuersatz).
[348] Bis zum Veranlagungszeitraum 2003 19,9 v. H., für 2004 16 v. H.

Antrag nur gewährt, wenn der Steuerpflichtige das 55. Lebensjahr vollendet hat oder im sozialversicherungsrechtlichem Sinne dauernd berufsunfähig ist (Höchstbetrag fünf Millionen Euro). Die Begünstigung des Abs. 3 kann der Steuerpflichtige nur einmal im Leben in Anspruch nehmen, § 34 Abs. 3 Satz 4 EStG. Da der Veräußerungsgewinn nach § 16 i. V. m. § 34 Abs. 2 Nr. 1 EStG sowohl nach § 34 Abs. 1 EStG als auch nach § 34 Abs. 3 EStG begünstigt ist, hat der Steuerpflichtige ein Wahlrecht, welche Vorschrift er in Anspruch nehmen möchte. Sind mehrere Veräußerungsgewinne in einem Veranlagungszeitraum zu versteuern, kann der Steuerpflichtige ebenfalls entscheiden, auf welchen Veräußerungsgewinn er § 34 Abs. 3 EStG anwenden möchte.[349]

Der Freibetrag gemäß § 16 Abs. 4 EStG wird unter denselben Voraussetzungen wie § 34 Abs. 3 EStG (55. Lebensjahr oder dauernd berufsunfähig, nur einmal im Leben, auf Antrag) gewährt. Die Höhe des Freibetrags entwickelt sich dabei in Abhängigkeit von der Höhe des Veräußerungsgewinns. Nur der 45.000 Euro übersteigende Gewinn wird zur Einkommensteuer herangezogen. Allerdings ermäßigt sich der Freibetrag um den Betrag, um den der Veräußerungsgewinn 136.000 Euro übersteigt, so dass bei einem Gewinn von 181.000 Euro die volle Steuerpflicht eintritt.[350] Der Freibetrag des § 16 Abs. 4 EStG ist jedem einzelnen Mitunternehmer für seinen Anteil am Veräußerungsgewinn nach Maßgabe der jeweiligen persönlichen Verhältnisse in vollem Umfang zuzuordnen, so dass er sich im Ergebnis um die Anzahl der Gesellschafter vervielfältigt.[351]

Zudem besitzt der Steuerpflichtige gemäß § 6b EStG die Möglichkeit, die anlässlich einer Veräußerung aufgelösten stillen Reserven bestimmter Wirtschaftsgüter auf andere Wirtschaftsgüter zu übertragen oder für eine begrenzte

---

[349] Vgl. LINDBERG, K., in: BLÜMICH, W., EStG/KStG/GewStG, § 34 EStG Rn. 91. Ein Veräußerungsgewinn kann nicht aufgeteilt und teilweise nach Abs. 1 und teilweise nach Abs. 3 versteuert werden. Etwas anderes gilt, wenn der Gewinn den Höchstbetrag von fünf Millionen Euro übersteigt. Auf diesen Betrag kann Abs. 1 angewendet werden. Soweit die Voraussetzungen für die Anwendung des § 34 Abs. 1 und 3 nebeneinander vorliegen, führt dass Finanzamt bei der Steuerberechnung eine – programmgesteuerte – Vorteilsberechnung durch, vgl. R 34.1 Abs. 1 Satz 4 EStR.

[350] Vgl. m. w. N. WACKER, R., in: SCHMIDT, L., EStG, § 16 Rn. 576-581. Bis einschließlich Veranlagungszeitraum 2003 betrug der Freibetrag noch € 51.200 bzw. die Freibetragsgrenze € 154.000, so dass die volle Steuerpflicht des Veräußerungsgewinns erst ab € 205.200 entrat, vgl. zur Entwicklung von Freibetrag und Freibetragsgrenze die Tabelle bei KANZLER, H.-J., Grundfragen, FR 2003, S. 4 Fn. 29.

[351] Vgl. R 16 Abs. 13 Satz 3 EStR. Bezüglich der Begünstigungen wird die Veräußerung eines Teilbetriebs wie ein ganzer Betrieb behandelt. Voraussetzung dabei ist, dass die stillen Reserven aller wesentlichen Betriebsgrundlagen aufgelöst werden, da sonst ein laufender Gewinn gemäß § 15 EStG vorliegt, vgl. BFH vom 19.01.1983, I R 57/79, BStBl. II 1983, S. 312 f.

Zeit in eine steuerfreie Rücklage einzustellen. Mit Hilfe dieses Instruments können unter bestimmten Voraussetzungen Gewinnanteile auf bestimme Veranlagungszeiträume verteilt werden, so dass eine Steuerstundungswirkung erzielt wird.[352] Die Anwendung des § 6b EStG schließt allerdings die steuerliche Begünstigung des § 34 Abs. 1 EStG aus, § 34 Abs. 1 Satz 4 EStG.

Neben den einkommensteuerlichen Begünstigungen besteht mit der grundsätzlichen Gewerbesteuerfreiheit für Veräußerungsgewinne[353] ein weiterer Vorteil, sofern der Veräußerer eine natürliche Person ist. Da die Gewerbesteuer Objektsteuercharakter hat und somit an das „Ergebnis des lebenden Betriebs anknüpft"[354], wird die Existenz eines Gewerbebetriebs vorausgesetzt. Dieser existiert in der Veräußerungsphase allerdings nicht mehr, so dass – unabhängig von den einkommensteuerlichen Begünstigungen – ein Veräußerungsergebnis infolge der Einstellung der gewerblichen Betätigung des Veräußerers aus dem Gewerbeertrag auszuschließen ist. Dies gilt unabhängig davon, ob der Veräußerer Wirtschaftsgüter, die wesentliche Betriebsgrundlagen darstellen, zurückbehält, da es allein auf die Beendigung der gewerblichen Tätigkeit als solche ankommt.[355]

2. Ertragsteuerliche Konsequenzen von Veräußerungsvorgängen bei doppelstöckigen Personengesellschaften auf Seiten des Veräußerers

2.1. Veräußerungsvorgang auf Ebene der Untergesellschaft

2.1.1. Veräußerung des gesamten Gewerbebetriebs der Untergesellschaft

Veräußerungsgeschäfte auf Ebene der Untergesellschaft verlaufen grundsätzlich so wie bei einer einstöckigen Personengesellschaft. Veräußert die Untergesellschaft ihren gesamten Gewerbebetrieb, entsteht ein tarifbegünstigter Veräuße-

---

[352] Vgl. ausführlich zur Vorschrift des § 6b EStG z. B. GLANEGGER, P., in: SCHMIDT, L., EStG, § 6b Rn. 1-107.

[353] Als Ausnahme von diesem Grundsatz fällt Gewerbesteuer bei den Gestaltungen an, wo auf Seiten des Veräußerers und Erwerbers dieselbe Person steht (§ 16 Abs. 2 Satz 3 EStG) oder in den Fällen, in denen eine Personengesellschaft innerhalb von fünf Jahren nach einer Umwandlung veräußert oder aufgegeben wird (§ 18 Abs. 4 UmwStG). Zudem tritt die Gewerbesteuerfreiheit nicht ein, soweit der Gewinn aus der Veräußerung des Betriebs, Teilbetriebs einer Mitunternehmerschaft oder Mitunternehmeranteils nicht auf eine natürliche Person als unmittelbar beteiligten Mitunternehmer entfällt (§ 7 Satz 2 GewStG). Dieser für die doppelstöckige Personengesellschaft relevante Fall wird ausführlich in Kapitel D.2.4. beschrieben.

[354] BFH vom 03.02.1994, III R 23/89, BStBl. II 1994, S. 710.

[355] Vgl. BFH vom 03.02.1994, III R 23/89, BStBl. II 1994, S. 710, BFH vom 29.08.1984, I R 154/81, BStBl. II 1985, S. 161.

rungsgewinn i. S. v. § 16 Abs. 1 Satz 1 Nr. 1 EStG. Ist bei der Untergesellschaft Sonderbetriebsvermögen vorhanden, ist für den Erhalt der Tarifbegünstigungen bei der Veräußerung des ganzen Gewerbebetriebs Voraussetzung, dass die Wirtschaftsgüter mitveräußert oder ins Privatvermögen überführt werden, sofern sie zu den wesentlichen Betriebsgrundlagen gehört haben. Der Veräußerungsgewinn ist entsprechend der Anteile an Gesamthandsvermögen und Sonderbetriebsvermögen auf die Gesellschafter aufzuteilen.[356] Da die Begünstigungen der §§ 16, 34 EStG personenbezogen sind und somit nur natürlichen Personen gewährt werden können, stellt sich die Frage, inwieweit die Begünstigungen nur mittelbar – über die Obergesellschaft – beteiligten Gesellschaftern zugerechnet werden können. Nach wohl herrschender Meinung rechtfertigen es Sinn und Zweck der Vorschriften jedoch, dass die Begünstigungen den Obergesellschaftern in ausnahmsweiser Durchbrechung des Durchgriffsverbots zu gewähren sind, soweit deren Gewinnanteil an der Obergesellschaft auf dem Veräußerungsgewinn der Untergesellschaft beruht.[357] Zwar wird in der Literatur gelegentlich eingewandt, dass der Freibetrag des § 16 Abs. 4 EStG nicht anzuwenden sei, da die Obergesellschaft Mitunternehmer der Untergesellschaft ist und diese kein 55. Lebensjahr vollenden noch dauernd berufsunfähig sein kann.[358] Diese Auffassung berücksichtigt allerdings m. E. nicht die Tatsache, dass die Begünstigungen der §§ 16, 34 EStG auf den Steuerpflichtigen abstellen und das sind die hinter der Obergesellschaft stehenden Gesellschafter.[359] Erzielt die Obergesellschaft hingegen einen laufenden Verlust, der größer ist als der Veräußerungsgewinn, kann die Obergesellschaft ihren Gesellschaftern allerdings keinen tarifbegünstigten Veräußerungsgewinn mehr vermitteln.[360] Darüber hinaus ist zu beachten, dass seit dem 01.01.2002 nach § 7 Satz 2 GewStG Veräußerungsgewinne bezüglich eines Betriebs zum Gewerbeertrag gehören, soweit sie nicht auf eine natürliche Person als unmittelbar beteiligten

---

[356] Vgl. z. B. SCHMIDT, L., in: FS MOXTER, A., Gewinnermittlung, S. 1117.

[357] Vgl. SCHMIDT, L., in: FS MOXTER, A., Gewinnermittlung, S. 1117, WACKER, R., in: SCHMIDT, L., EStG, § 16 Rn. 395, 582, STAHL, R., Veräußerung, KÖSDI 2002, S. 13539, ders., Wiedereinführung, KÖSDI 2001, S. 12841, FÖRSTER, U., Ertragsteuerrecht, FR 2002, S. 652, LEY, U., Besteuerung, KÖSDI 1997, S. 11082 f., PATT, J./RASCHE, R., Aufstockungsmodell, FR 1996, S. 808.

[358] Vgl. WACKER, R., in: SCHMIDT, L., EStG, § 16 Rn. 401 und 582, SCHMIDT, L., in: FS MOXTER, A., Gewinnermittlung, S. 1118, SCHNITTER, G., Beteiligung, EStB 2003, S. 195.

[359] Vgl. STAHL, R., Veräußerung, KÖSDI 2002, S. 13539, ders., Wiedereinführung, KÖSDI 2001, S. 12841, FÖRSTER, G., Kauf, DB 2002, S. 1397, FÖRSTER, U., Ertragsteuerrecht, FR 2002, S. 652, MEICHELBECK, H./VOLLATH, S., Anteilseigner, DStR 2001, S. 2192, LEY, U., Besteuerung, KÖSDI 1997, S. 11082 f., PATT, J./RASCHE, R., Aufstockungsmodell, FR 1996, S. 808, ZIMMERMANN, R. u. a., Steuerrecht, Abschn. G. Rn. 52, RÖDDER, T./ HÖTZEL, O./MUELLER-THUNS, T., Unternehmenskauf, § 24 Rn. 104.

[360] Vgl. BFH vom 26.01.1995, IV R 23/93, BStBl. II 1995, S. 471.

Mitunternehmer entfallen, was bei einer Veräußerung durch die Obergesellschaft der Fall ist.[361]

2.1.2. Veräußerung eines Mitunternehmeranteils an der Untergesellschaft

2.1.2.1. Veräußerung durch die Obergesellschaft

Zu den gleichen steuerlichen Konsequenzen wie die Veräußerung des gesamten Gewerbebetriebs der Untergesellschaft führt die Veräußerung des Mitunternehmeranteils der Obergesellschaft an der Untergesellschaft. Es handelt sich in dem Fall um eine tarifbegünstigte Veräußerung des Mitunternehmeranteils i. S. v. § 16 Abs. 1 Satz 1 Nr. 2 EStG. Auch hier stellt sich das Problem, dass die Begünstigungen der §§ 16, 34 EStG personenbezogen sind und sie damit nicht von einer Obergesellschaft in Anspruch genommen werden können. Wie bei der Veräußerung des gesamten Gewerbebetriebs der Untergesellschaft können aber auch in diesem Fall die Tarifbegünstigungen in Durchbrechung des Durchgriffsverbots den Gesellschaftern der Obergesellschaft vermittelt werden, als wären sie selbst unmittelbar beteiligt.[362]

Besitzt die Obergesellschaft bei der Untergesellschaft Sonderbetriebsvermögen, sind – sofern es sich beim Sonderbetriebsvermögen um wesentliche Betriebsgrundlagen handelt – die Tarifbegünstigungen nur zu gewähren, wenn es mit dem Mitunternehmeranteil mitveräußert wird. Seit dem 01.01.2002 sind derartige Veräußerungsvorgänge allerdings über § 7 Satz 2 Nr. 2 GewStG gewerbesteuerpflichtig, da sie auf eine unmittelbar beteiligte nichtnatürliche Person entfallen.[363] Werden die Wirtschaftsgüter des Sonderbetriebsvermögens hingegen zurückbehalten, wechseln sie erfolgsneutral vom Sonderbetriebsvermögen der Untergesellschaft in das Betriebsvermögen der Obergesellschaft. In dem Fall werden nicht alle stillen Reserven des Mitunternehmeranteils der Obergesellschaft an der Untergesellschaft realisiert, so dass Tarifbegünstigungen ausscheiden. Die aufgedeckten stillen Reserven sind als laufender gewerbesteuerlicher Gewinn zu versteuern.[364] Allerdings kann die Gewerbesteuer über § 35 EStG angerechnet werden.[365] Gleiches gilt auch für die Überführung des

---

[361] Vgl. Kapitel D.2.4.2.1.

[362] Vgl. SCHMIDT, L., in: FS MOXTER, A., Gewinnermittlung, S. 1118, ZIMMERMANN, R. u. a., Steuerrecht, Abschn. G. Rn. 52, STAHL, R., Veräußerung, KÖSDI 2002, S. 13539, FÖRSTER, U., Ertragsteuerrecht, FR 2002, S. 652, LEY, U., Besteuerung, KÖSDI 1997, S. 11082 f., PATT, J./RASCHE, R., Aufstockungsmodell, FR 1996, S. 808.

[363] Vgl. ausführlich Kapitel D.2.4.2.

[364] Vgl. ZIMMERMANN, R. u. a., Steuerrecht, Abschn. G. Rn. 47.

[365] Vgl. Kapitel D.2.5.

Sonderbetriebsvermögens in zeitlichem und sachlichem Zusammenhang mit der Veräußerung des Mitunternehmeranteils in ein anderes Betriebsvermögen.[366]

2.1.2.2. Veräußerung durch einen Gesellschafter, der sowohl an der Ober- als auch der Untergesellschaft beteiligt ist

Veräußert ein Gesellschafter, der sowohl an der Ober- als auch an der Untergesellschaft beteiligt ist, lediglich seinen Mitunternehmeranteil an der Untergesellschaft, ergibt sich zum Fall der Veräußerung eines Mitunternehmeranteils an einer einstöckigen Personengesellschaft kein Unterschied. Dieser Gesellschafter besitzt zwei selbständige Mitunternehmeranteile, die er getrennt veräußern kann.[367] Sofern er Sonderbetriebsvermögen bei der Untergesellschaft besitzt, welches eine wesentliche Betriebsgrundlage darstellt, ist auch hier zu beachten, dass für die Tarifbegünstigungen der §§ 16, 34 EStG eine Mitveräußerung oder Entnahme ins Privatvermögen Voraussetzung ist. Diese Tarifbegünstigungen werden trotz der Tatsache gewährt, dass dieser (ehemalige) Untergesellschafter über seinen Mitunternehmeranteil an der Obergesellschaft noch mittelbar an der Untergesellschaft beteiligt bleibt. Werden stattdessen die Wirtschaftsgüter der Untergesellschaft weiterhin zur Nutzung überlassen, müssen diese nach wie vor zum Buchwert in der Sonderbilanz fortgeführt werden. Insofern wird der veräußernde Gesellschafter neuer Sondermitunternehmer der Untergesellschaft i. S. v. § 15 Abs. 1 Satz 1 Nr. 2 Satz 2 EStG, da zuvor die unmittelbare Beteiligung die mittelbare Beteiligung in der steuerrechtlichen Beurteilung verdrängt hat.[368] Sofern die zurückbehaltenen Wirtschaftsgüter eine wesentliche Betriebsgrundlage darstellen, ist die Veräußerung des Gesellschaftsanteils an der Untergesellschaft in dem Fall nicht tarifbegünstigt. M. E. bleibt es allerdings bei der Gewerbesteuerfreiheit für den Veräußerungsgewinn, da trotz Sondermitunternehmerstellung die eigentliche gewerbliche Tätigkeit beendet wurde.[369]

---

[366] Vgl. WACKER, R., in: SCHMIDT, L., EStG, § 16 Rn. 414, ZIMMERMANN, R. u. a., Steuerrecht, Abschn. G. Rn. 52, SCHILD, C., in: JbFSt 2002/2003, Veräußerung, S. 171 f., LEY, U., Besteuerung, KÖSDI 1997, S. 11083, FÖRSTER, U., Ertragsteuerrecht, FR 2002, S. 652, SCHMIDT, L., in: FS MOXTER, A., Gewinnermittlung, S. 1118 f., PATT, J./RASCHE, R., Aufstockungsmodell, FR 1996, S. 808 f.

[367] Vgl. ZIMMERMANN, R. u. a., Steuerrecht, Abschn. G. Rn. 46, BOGENSCHÜTZ, E./HIERL, M., Unternehmensverkauf, DStR 2003, S. 1104.

[368] Vgl. ZIMMERMANN, R. u. a., Steuerrecht, Abschn. G. Rn. 7.

[369] Vgl. BFH vom 03.02.1994, III R 23/89, BStBl. II 1994, S. 710. A. A. ZIMMERMANN, R. u. a., Steuerrecht, Abschn. G. Rn. 47, der dieses BFH-Urteil für nicht anwendbar hält.

2.1.3. Veräußerung des Sonderbetriebsvermögens eines Obergesellschafters bei der Untergesellschaft

Veräußert ein Gesellschafter der Obergesellschaft, der nur an der Obergesellschaft zivilrechtlich beteiligt ist, ausschließlich sein Sonderbetriebsvermögen bei der Untergesellschaft, ohne dass er auch seinen Mitunternehmeranteil an der Obergesellschaft veräußert, ist fraglich, ob dafür die Tarifbegünstigungen nach §§ 16, 34 EStG wegen Veräußerung des gesamten Mitunternehmeranteils an der Untergesellschaft gewährt werden. Der Sondermitunternehmeranteil des Obergesellschafters an der Untergesellschaft umfasst lediglich dessen Sonderbetriebsvermögen, während die mittelbare Beteiligung an der Untergesellschaft wirtschaftlich und steuerrechtlich der Obergesellschaft zuzurechnen ist.[370] Der Obergesellschafter wird auch nur hinsichtlich seiner Tätigkeits-/Nutzungsvergütungen bzw. seines Sonderbetriebsvermögens wie ein unmittelbar beteiligter Gesellschafter angesehen. Daraus folgt, dass der Obergesellschafter bei Veräußerung seines Sonderbetriebsvermögens sein gesamtes bei der Untergesellschaft vorhandenes Betriebsvermögen veräußert, so dass in vollem Umfang die einkommensteuerrechtliche und wirtschaftliche Stellung des Obergesellschafters als Sondermitunternehmer bei der Untergesellschaft verloren geht. Eine solche entgeltliche Veräußerung des gesamten Betriebsvermögens stellt den klassischen Fall der Veräußerung nach § 16 EStG dar, so dass m. E. die Tarifbegünstigungen zu gewähren sind.[371] Zudem besteht für die Veräußerung Gewerbesteuerfreiheit, da der Veräußerungsgewinn auf eine natürliche Person entfällt.

Dementsprechend ist der Fall zu behandeln, bei dem die Obergesellschaft ihren gesamten Mitunternehmeranteil an der Untergesellschaft veräußert und dabei die Gesellschafter der Obergesellschaft ihre Stellung als Sondermitunternehmer bei der Untergesellschaft verlieren. Hatte ein Obergesellschafter der Untergesellschaft Wirtschaftsgüter zur Nutzung überlassen, verlieren diese ihre Eigenschaft

---

[370] Vgl. Kapitel D.1.2.2.

[371] Vgl. FELIX, G., Untergesellschaft, BB 1994, S. 690, ders., Leistung, KÖSDI 1994, S. 9770. So wohl auch STAHL, R., Veräußerung, KÖSDI 2002, S. 13537, VÖLKER, H.-H., Steuerbilanz, INF 1995, S. 488. A. A. LEY, U., Besteuerung, KÖSDI 1997, S. 11083, die keine Tarifbegünstigung annimmt, da sich ihrer Meinung nach der Mitunternehmeranteil des Obergesellschafters bei der Untergesellschaft aus dem Sonderbetriebsvermögen des Obergesellschafters bei der Untergesellschaft und dem mittelbaren Gesellschaftsanteil an der Untergesellschaft zusammensetzt. So auch ZIMMERMANN, R. u. a., Steuerrecht, Abschn. G. Rn. 50, nach dem bei der Veräußerung lediglich des Sonderbetriebsvermögens eines Obergesellschafters bei der Untergesellschaft nur ein nicht begünstigter laufender Gewinn entsteht. Nur in dem Fall, wo die Veräußerung des Sonderbetriebsvermögens in zeitlichem Zusammenhang mit der Veräußerung des Obergesellschaftsanteils erfolgt, sollen die Tarifbegünstigungen gewährt werden. Dafür entfiele § 35 EStG.

als Sonderbetriebsvermögen bei der Untergesellschaft.[372] Da aber diese Wirtschaftsgüter nicht zum Umfang des Mitunternehmeranteils der Obergesellschaft an der Untergesellschaft gehören, ist m. E. die weitere Verwendung dieser Wirtschaftsgüter getrennt von der Veräußerung des Anteils der Obergesellschaft an der Untergesellschaft zu beurteilen. Werden diese Wirtschaftsgüter ebenfalls veräußert oder ins Privatvermögen des Obergesellschafters überführt, kommt es zu einer Aufdeckung der stillen Reserven. Ein solches Ergebnis ist somit neben dem Gewinn aus der Veräußerung des Mitunternehmeranteils der Obergesellschaft an der Untergesellschaft als weiterer tarifbegünstigter und gewerbesteuerfreier Gewinn anzusehen.[373] Werden hingegen die Wirtschaftsgüter erfolgsneutral in ein anderes Betriebsvermögen nach § 6 Abs. 5 EStG überführt, entsteht diesbezüglich kein tarifbegünstigter bzw. gewerbesteuerfreier Veräußerungsgewinn, da die stillen Reserven nicht aufgedeckt werden.[374]

2.2. Veräußerung eines Mitunternehmeranteils auf Ebene der Obergesellschaft

2.2.1. Veräußerung von einem Gesellschafter, der nur an der Obergesellschaft beteiligt ist

Veräußert ein Gesellschafter, der ausschließlich an der Obergesellschaft beteiligt ist, seinen Mitunternehmeranteil an dieser Gesellschaft, handelt es sich um einen Veräußerungsvorgang i. S. v. § 16 Abs. 1 Satz 1 Nr. 2 EStG. Gleichzeitig endet auch die Sondermitunternehmerstellung des Obergesellschafters bei der Untergesellschaft. In diesem Zusammenhang ist es in der Literatur strittig, wie viele Veräußerungsvorgänge vorliegen. Es stellt sich die Frage, ob die Veräußerung des Obergesellschaftsanteils lediglich eine Veräußerung der unmittelbaren Beteiligung darstellt, die die mittelbare Beteiligung an der Untergesellschaft umfasst, oder ob die Veräußerung der mittelbaren Beteiligung einen weiteren selbständigen Veräußerungstatbestand erfüllt. Dieses Thema wurde in der

---

[372] Vgl. ZIMMERMANN, R. u. a., Steuerrecht, Abschn. G. Rn. 53.

[373] Bei mehreren tarifbegünstigten Veräußerungsgewinnen in einem Veranlagungszeitraum besteht ein Wahlrecht, auf welchen Gewinn § 16 Abs. 4 EStG und § 34 Abs. 3 EStG angewandt werden sollen. Der andere Veräußerungsgewinn ist dann nach § 34 Abs. 1 EStG begünstigt.

[374] A. A. LEY, U., Besteuerung, KÖSDI 1997, S. 11083, ZIMMERMANN, R. u. a., Steuerrecht, Abschn. G. Rn. 53, die die Veräußerung des Untergesellschaftsanteils durch die Obergesellschaft und den Untergang des Sonderbetriebsvermögens des Obergesellschafters bei der Untergesellschaft als insgesamt einen Veräußerungsvorgang ansehen. Wird das Sonderbetriebsvermögen des Obergesellschafters bei der Untergesellschaft in dessen Privatvermögen überführt, entstünde demnach insgesamt ein tarifbegünstigtes Veräußerungsergebnis, während bei einer erfolgsneutralen Überführung dieser Wirtschaftsgüter in ein anderes Betriebsvermögen das Veräußerungsergebnis insgesamt nicht tarifbegünstigt wäre, da nicht alle stille Reserven aufgedeckt werden.

Vergangenheit insbesondere hinsichtlich der Tarifbegünstigungen diskutiert.[375] Da die Beteiligung an der Untergesellschaft zivilrechtlich der Obergesellschaft zuzuordnen ist, ist sie m. E. wirtschaftlich und steuerrechtlich Bestandteil des Mitunternehmeranteils an der Obergesellschaft.[376] Veräußert der Gesellschafter der Obergesellschaft seinen Mitunternehmeranteil, wird somit automatisch auch die mittelbare Beteiligung veräußert. Eine selbständige Veräußerung des mittelbaren Untergesellschaftsanteils durch den Obergesellschafter kann nicht vorgenommen werden, so dass diesbezüglich nur eine Veräußerung getätigt wird.[377] Ergibt sich aus der Veräußerung des Obergesellschaftsanteils ein Gewinn, ist dieser einschließlich des Gewinns aus der Veräußerung der mittelbaren Beteiligung nach §§ 16, 34 EStG begünstigt, wenn der Obergesellschafter die entsprechenden Voraussetzungen erfüllt.[378] Für die Gewährung der Begünstigungen ist darüber hinaus auch hier zu beachten, dass Wirtschaftsgüter, die der Obergesellschafter der Obergesellschaft zur Nutzung überlassen hat und dort wesentliche Betriebsgrundlagen darstellen, mitveräußert oder ins Privatvermögen überführt werden müssen. Sofern eine natürliche Person Gesellschafter der Obergesellschaft ist, fällt für diese Veräußerungen auch keine Gewerbesteuer an, da in diesem Fall § 7 Satz 2 letzter Hs. GewStG die Gewerbesteuerfreiheit vorschreibt.[379]

Losgelöst von seinem Gesellschaftsanteil an der Obergesellschaft kann der Gesellschafter der Obergesellschaft seinen Sondermitunternehmeranteil an der Untergesellschaft – bestehend aus seinem Sonderbetriebsvermögen bei der

---

[375] Vgl. z. B. LEY, U., Besteuerung, KÖSDI 1997, S. 11081 f., SCHMIDT, L., in: FS MOXTER, A., Gewinnermittlung, S. 1120 f. Diese Diskussion war insofern von Bedeutung, weil der Freibetrag nach § 16 Abs. 4 EStG für alle Veräußerungen vor dem 01.01.1997 und der ermäßigte Steuersatz nach § 34 Abs. 3 EStG für alle Veräußerungen vor dem 01.01.2001 mehrmals gewährt werden konnte. Über § 16 Abs. 4 Satz 2 EStG bzw. § 34 Abs. 3 Satz 4 EStG sind die Begünstigungen mittlerweile nur noch einmal im Leben zu gewähren.

[376] Vgl. Kapitel D.1.2.2.

[377] So auch RÖDDER, T./HÖTZEL, O./MUELLER-THUNS, T., Unternehmenskauf, § 24 Rn. 102, 170, SCHMIDT, L./HAGEBÖKE, J., Obergesellschaft, DB 2003, S. 793 f., FÖRSTER, G., Kauf, DB 2002, S. 1396, FÖRSTER, U., Ertragsteuerrecht, FR 2002, S. 650, KRÜGER, R., Probleme, GStB 2002, S. 379, BOHNHARDT, M., Einkommensteuer, S. 106, RÖDDER, T., in: JbFSt 2002/2003, Verschärfungen, S. 97 Fn. 13. Hingegen sprechen sich LEY, U., Besteuerung, KÖSDI 1997, S. 11081 f. und wohl auch SCHULZE ZUR WIESCHE, D., Gestaltungsmöglichkeiten, FR 2002, S. 670, für zwei Veräußerungen aus.

[378] Vgl. FÖRSTER, U., Ertragsteuerrecht, FR 2002, S. 650. Dieser Veräußerungsgewinn kann, soweit er anteilig mittelbar auf Wirtschaftsgüter der Untergesellschaft entfällt, mit einem laufenden Verlust der Untergesellschaft verrechnet werden, vgl. BFH vom 01.07.2004, IV R 67/00, DB 2004, S. 2401.

[379] Vgl. Kapitel D.2.4.3.1.

Untergesellschaft[380] – veräußern, so dass er dort seine Sondermitunternehmerstellung verliert. Der Obergesellschafter besitzt insofern grundsätzlich zwei getrennt veräußerbare (Sonder-)Mitunternehmeranteile.[381] Allerdings ist zu beachten, dass im Falle der Veräußerung des Mitunternehmeranteils an der Obergesellschaft der Gesellschafter der Obergesellschaft – sofern er Sonderbetriebsvermögen bei der Untergesellschaft besitzt – seine Sondermitunternehmerstellung bei der Untergesellschaft automatisch verliert. Ist der Obergesellschafter nicht auch unmittelbar an der Untergesellschaft beteiligt, verliert ein dort als Sonderbetriebsvermögen bilanziertes Wirtschaftsgut seine Eigenschaft als Sonderbetriebsvermögen bei der Untergesellschaft.[382] Unabhängig davon, ob diese Wirtschaftsgüter in dem Zusammenhang mitveräußert, ins Privatvermögen überführt oder erfolgsneutral in ein anderes Betriebsvermögen des Veräußerers übergehen, ist der Tatbestand der Veräußerung des Mitunternehmeranteils des Obergesellschafters an der Obergesellschaft i. S. v. § 16 EStG erfüllt und sofern ein Gewinn entstanden ist, die Begünstigungen darauf zu gewähren, denn die durch den Obergesellschafter der Untergesellschaft überlassenen Wirtschaftsgüter gehören nicht zum Mitunternehmeranteil an der Obergesellschaft.[383] Werden im Zusammenhang mit der Veräußerung des Obergesellschaftsanteils die der Untergesellschaft überlassenen Wirtschaftsgüter mitveräußert oder ins Privatvermögen überführt, werden die gesamten darin enthaltenen stillen Reserven aufgedeckt. Ein solcher Gewinn erfüllt m. E. die Voraussetzungen einer Veräußerung bzw. Aufgabe des gesamten Sondermitunternehmeranteils an der Untergesellschaft i. S. v. § 16 EStG. Der Obergesellschafter verliert nämlich in vollem Umfang seine steuerrechtliche und wirtschaftliche Stellung als Sondermitunternehmer bei der Untergesellschaft.[384] Somit ist dieser Gewinn ebenfalls wie der Gewinn aus der Veräußerung des Mitunternehmeranteils an der Obergesellschaft tarifbegünstigt.[385] Zudem fällt keine Gewerbesteuer für diesen Veräußerungsgewinn an, da die gesamte gewerbliche Tätigkeit beendet wurde.[386] Bei einer erfolgsneutralen Überführung

---

[380] Vgl. Kapitel D.1.2.2.

[381] Zu den steuerrechtlichen Konsequenzen der Veräußerung des Sonderbetriebsvermögens eines Obergesellschafters bei der Untergesellschaft vgl. Kapitel D.2.1.3.

[382] Vgl. FÖRSTER, U., Ertragsteuerrecht, FR 2002, S. 650, ZIMMERMANN, R. u. a., Steuerrecht, Abschn. G. Rn. 53, SCHMIDT, L., in: FS MOXTER, A., Gewinnermittlung, S. 1120.

[383] Vgl. SCHMIDT, L., in: FS MOXTER, A., Gewinnermittlung, S. 1120 f.

[384] Vgl. FELIX, G., Untergesellschaft, BB 1994, S. 690, ders., Leistung, KÖSDI 1994, S. 9770, STAHL, R., Veräußerung, KÖSDI 2002, S. 13537. Siehe auch Kapitel D.2.1.3.

[385] Im Ergebnis auch SCHMIDT, L., in: FS MOXTER, A., Gewinnermittlung, S. 1121. Fallen mehrere tarifbegünstigte Veräußerungsgewinne in einem Veranlagungszeitraum an, besteht für den Gesellschafter ein Wahlrecht, auf welchen Gewinn er § 16 Abs. 4 EStG bzw. § 34 Abs. 3 EStG anwenden möchte. Der andere Veräußerungsgewinn ist dann nach § 34 Abs. 1 EStG begünstigt.

[386] Vgl. BFH vom 03.02.1994, III R 23/89, BStBl. II 1994, S. 710.

der Wirtschaftsgüter, die der Untergesellschaft zur Nutzung überlassen wurden, in ein anderes Betriebsvermögen entfallen hingegen die Steuerbegünstigungen nach §§ 16, 34 EStG.

2.2.2. Veräußerung durch einen Gesellschafter, der sowohl an der Ober- als auch der Untergesellschaft beteiligt ist

Ein Gesellschafter, der sowohl an der Ober- als auch an der Untergesellschaft beteiligt ist, besitzt zwei selbständig voneinander veräußerbare unmittelbare Mitunternehmeranteile. Dass der Gesellschafter zusätzlich über die Obergesellschaft auch mittelbar an der Untergesellschaft beteiligt ist, ist m. E. unerheblich, denn eine unmittelbare Beteiligung geht in der steuerrechtlichen Beurteilung der mittelbaren Beteiligung vor.[387] Gleiches gilt für die Überlassung von Wirtschaftsgütern des Gesellschafters an die Untergesellschaft. Diese sind ebenfalls unmittelbar dort Sonderbetriebsvermögen und nicht mittelbar über die Obergesellschaft, d. h. § 15 Abs. 1 Satz 1 Nr. 2 Satz 1 EStG ist vorrangig gegenüber § 15 Abs. 1 Satz 1 Nr. 2 Satz 2 EStG anzuwenden.[388]

Veräußert dieser Gesellschafter nun seinen Mitunternehmeranteil an der Obergesellschaft, ist Veräußerungsgegenstand sein unmittelbarer Gesellschaftsanteil an der Obergesellschaft, der auch den Anteil der Obergesellschaft an der Untergesellschaft und deren Sonderbetriebsvermögen bei der Untergesellschaft umfasst.[389] Dieser Veräußerungsvorgang ist nach §§ 16, 34 EStG begünstigt, sofern etwaig vorhandenes Sonderbetriebsvermögen des Gesellschafters bei der Obergesellschaft – welches eine wesentliche Betriebsgrundlage darstellt – mitveräußert oder ins Privatvermögen überführt wird. Da auch keine Gewerbesteuer anfällt, kommt die Steuerermäßigung nach § 35 EStG nicht in Betracht. Wird stattdessen das Sonderbetriebsvermögen erfolgsneutral in ein anderes Betriebsvermögen überführt, entfallen die Begünstigungen mangels Aufdeckung sämtlicher stillen Reserven. Der Veräußerungsgewinn unterliegt dann zudem der Gewerbesteuer.[390]

---

387 So auch ZIMMERMANN, R. u. a., Steuerrecht, Abschn. G. Rn. 7.

388 Vgl. Kapitel C.2.1.

389 Vgl. Kapitel D.1.2.2.So auch FÖRSTER, U., Ertragsteuerrecht, FR 2002, S. 650. A. A. ZIMMERMANN, R. u. a., Steuerrecht, Abschn. G. Rn. 51, LEY, U., Besteuerung, KÖSDI 1997, S. 11081, für die die Veräußerung des unmittelbaren Anteils an der Obergesellschaft und die gleichzeitige Veräußerung des Anteils der Ober- an der Untergesellschaft zwei separate Veräußerungsvorgänge darstellen.

390 Das Urteil des BFH vom 03.02.1994, III R 23/89, BStBl. II 1994, S. 709-711 ist m. E. nicht anwendbar.

Veräußert dieser Gesellschafter, auch dann, wenn die Veräußerung in zeitlichem Zusammenhang mit der Veräußerung seines Mitunternehmeranteils an der Obergesellschaft erfolgt, seinen Mitunternehmeranteil an der Untergesellschaft einschließlich des dortigen Sonderbetriebsvermögens an denselben oder einen anderen Erwerber, liegt ein zweiter selbständiger, tarifbegünstigter und zudem gewerbesteuerfreier Veräußerungsvorgang vor.[391] Bezüglich des Sonderbetriebsvermögens gelten die obigen Ausführungen.

2.3. Zu beachtende (Behalte-)fristen in Zusammenhang mit Veräußerungsvorgängen

2.3.1. Fristen nach § 6 Abs. 5 EStG

2.3.1.1. Überführung bzw. Übertragung von Wirtschaftsgütern nach § 6 Abs. 5 EStG

Bei doppelstöckigen Personengesellschaften können, z. B. im Vorfeld von Veräußerungsvorgängen, wesentliche Betriebsgrundlagen in ein anderes Betriebsvermögen oder eine andere Mitunternehmerschaft zu Buchwerten gemäß § 6 Abs. 5 EStG überführt bzw. übertragen werden, damit diese im Zuge der Veräußerung zurückbehalten werden können. Die Vorschrift des § 6 Abs. 5 EStG hat in der Vergangenheit zahlreiche Veränderungen erfahren. In seiner aktuellen Fassung – gemäß Unternehmenssteuerfortentwicklungsgesetz (UntStFG) mit Wirkung auf den 01.01.2001[392] – ist nach § 6 Abs. 5 Satz 1 EStG die Überführung eines Wirtschaftsguts zwischen Betriebsvermögen desselben Steuerpflichtigen zu Buchwerten zwingend vorgeschrieben, sofern die Besteuerung der stillen Reserven sichergestellt ist. Die Buchwertfortführung gilt auch für die Überführung aus einem eigenen Betriebsvermögen des Steuerpflichtigen in dessen Sonderbetriebsvermögen und umgekehrt bzw. für die Überführung zwischen verschiedenen Sonderbetriebsvermögen desselben Steuerpflichtigen bei verschiedenen Mitunternehmerschaften, § 6 Abs. 5 Satz 2 EStG. Darüber hinaus regelt § 6 Abs. 5 Satz 3 EStG die Buchwertfortführung für ein Wirtschaftsgut, sofern es unentgeltlich oder gegen Gewährung/ Minderung von Gesellschaftsrechten aus einem Betriebsvermögen des Mitunternehmers in das Gesamthandsvermögen einer Mitunternehmerschaft und umgekehrt bzw. aus dem Sonderbetriebsvermögen in das Gesamthandsvermögen derselben Mitunternehmerschaft oder einer anderen Mitunternehmerschaft, an

[391] Nach ZIMMERMANN, R. u. a., Steuerrecht, Abschn. G. Rn. 51, liegen in diesem Fall drei Veräußerungsvorgänge vor, da er den mittelbaren Anteil an der Untergesellschaft zusätzlich als selbständigen Veräußerungsvorgang qualifiziert. M. E. gehört allerdings der mittelbare Anteil an der Untergesellschaft zum unmittelbaren Anteil an der Obergesellschaft dazu, so dass diesbezüglich nur ein Veräußerungsvorgang vorliegt.

[392] Vgl. UNTSTFG vom 20.12.2001, BGBl. I 2001, S. 3859.

der der Übertragende beteiligt ist, und umgekehrt, übertragen worden ist. Auch für die unentgeltliche Übertragung zwischen den jeweiligen Sonderbetriebsvermögen verschiedener Mitunternehmer derselben Mitunternehmerschaft werden die Buchwerte fortgeführt.

Für eine doppelstöckige Personengesellschaft bedeutet dies, dass z. B. einzelne Wirtschaftsgüter, die unentgeltlich bzw. gegen Gewährung/Minderung von Gesellschaftsrechten aus dem Gesamthandsvermögen der Obergesellschaft in das Gesamthandsvermögen der Untergesellschaft übertragen werden, dort zu Buchwerten fortgeführt werden.[393] Die Buchwertverknüpfung gilt auch dann, wenn keine hundertprozentige Beteiligung an der Untergesellschaft vorliegt, sofern die Besteuerung der stillen Reserven sichergestellt ist.[394] Die Vorschrift des § 6 Abs. 5 EStG ist auch auf die Fälle anwendbar, in denen der Gesellschafter der Obergesellschaft nach § 15 Abs. 1 Satz 1 Nr. 2 Satz 2 EStG als Sondermitunternehmer der Untergesellschaft gilt. Demnach gilt die Buchwertfortführung auch bei unentgeltlicher Übertragung von Wirtschaftsgütern des Sonderbetriebsvermögens eines Gesellschafters der Untergesellschaft auf einen Gesellschafter der Obergesellschaft in dessen Sonderbetriebsvermögen bei der Untergesellschaft[395] und bei Übertragung von Wirtschaftsgütern aus dem eigenen Betriebsvermögen eines Gesellschafters der Obergesellschaft in das Gesamthandsvermögen der Untergesellschaft.[396] Auch bei Schwesterpersonengesellschaften ist eine unentgeltliche Übertragung eines Wirtschaftsguts zwischen den Gesamthandsvermögen der Gesellschaften zu Buchwerten nach § 6 Abs. 5 Satz 3 Nr. 2 EStG nach herrschender Auffassung geboten.[397] Wird hingegen ein Wirtschaftsgut eines Gesellschafters der Obergesellschaft aus dessen Sonderbetriebsvermögen bei der Obergesellschaft unentgeltlich auf einen Gesellschafter der Untergesellschaft in dessen Sonderbetriebsvermögen bei der Untergesellschaft übertragen, kann eine Buchwertfortführung nicht erfolgen, da nach § 6 Abs. 5 Satz 3 Nr. 3 EStG eine Übertragung zwischen verschiedenen

---

[393] Vgl. WACKER, R., in: SCHMIDT, L., EStG, § 15 Rn. 618.

[394] Vgl. WERNDL, J., in: KIRCHHOF, P./SÖHN, H./MELLINGHOFF, R., EStG, § 6 Rn. L 69.

[395] Vgl. HOFFMANN, W.-D., Transfer, GmbHR 2002, S. 133.

[396] Vgl. BRANDENBERG, H. B., Personengesellschaftsbesteuerung (Teil II), DStZ 2002, S. 556, BERGSTEINER, S., Umstrukturierung, S. 120 f.

[397] Diese Annahme ist zwar aufgrund der Materialien zum UntStFG, BT-Drs. 14/7343 vom 07.11.2001, S. 4, unzulässig. Die Literatur spricht sich allerdings häufig für eine Buchwertfortführung aus, zumindest, soweit die Schwesterpersonengesellschaften anteilsidentisch sind. Ansonsten könnte die Buchwertfortführung auch über den Umweg der Übertragung auf das Sonderbetriebsvermögen erzielt werden, vgl. m. w. N. BERGSTEINER, S., Umstrukturierung, S. 110-115, HOFFMANN, W.-D., Transfer, GmbHR 2002, S. 131. A. A. BRANDENBERG, H. B., Personengesellschaftsbesteuerung (Teil II), DStZ 2002, S. 555.

Mitunternehmern derselben Mitunternehmerschaft gefordert wird, was auf die Ober- und Untergesellschaft nicht zutrifft.[398]

2.3.1.2. Behaltefrist nach § 6 Abs. 5 Satz 4 EStG

Wurde ein Wirtschaftsgut i. S. v. § 6 Abs. 5 Satz 3 EStG innerhalb einer doppelstöckigen Personengesellschaft zum Buchwert übertragen, ist im Anschluss an diese Übertragung die Behaltefrist[399] des § 6 Abs. 5 Satz 4 EStG zu beachten. Demnach hat eine Veräußerung bzw. Entnahme des übertragenen Wirtschaftsguts innerhalb einer Behaltefrist von drei Jahren den rückwirkenden Ansatz des Teilwerts zum Zeitpunkt der Übertragung zur Folge.[400] Die Berechnung der dreijährigen Behaltefrist beginnt im Zeitpunkt der Abgabe der Steuererklärung des Übertragenden für den Veranlagungszeitraum, in dem die Übertragung stattgefunden hat, § 6 Abs. 5 Satz 4 2. Hs. EStG. Die Berechnung der Frist erfolgt dabei taggenau.[401]

Beispiel: An der Y-OHG sind zu je 50 v. H. die X-OHG und Z beteiligt. An der X-OHG sind wiederum A und B hälftig beteiligt. Die X-OHG überträgt gemäß § 6 Abs. 5 Satz 3 EStG ein Wirtschaftsgut zum Buchwert von T€ 500 (Teilwert T€ 1000) aus ihrem Gesamthandsvermögen in das der Y-OHG. Nach zwei Jahren wird das Wirtschaftsgut von der Y-OHG verkauft.

Lösung: Nach § 6 Abs. 5 Satz 4 EStG ist rückwirkend auf den Übertragungsstichtag im Gesamthandsvermögen der Y-OHG der Teilwert von T€ 1000 anzusetzen. Es genügt allerdings ein anteiliger Teilwertansatz entsprechend der Beteiligungsquote der übrigen Gesellschafter, da der Einbringende (X-OHG) die

---

[398] Vgl. WACKER, R., in: SCHMIDT, L., EStG, § 15 Rn. 618, WERNDL, J., in: KIRCHHOF, P./SÖHN, H./MELLINGHOFF, R., EStG, § 6 Rn. L 68.

[399] Der Gesetzgeber verwendet den Begriff „Sperrfrist“. Dieses Wort ist irritierend, da die Veräußerung bzw. Entnahme des übertragenden Wirtschaftsguts nicht untersagt ist, sondern die Übertragung lediglich mit bestimmten Rechtsfolgen verbunden ist, so auch WERNDL, J., in: KIRCHHOF, P./SÖHN, H./MELLINGHOFF, R., EStG, § 6 Rn. L 41.

[400] Mit § 6 Abs. 5 Satz 4 EStG soll verhindert werden, dass stille Reserven gezielt auf andere Personen verlagert werden. Werden übertragene Wirtschaftsgüter innerhalb der Behaltefrist veräußert oder entnommen, wird unwiderlegbar vermutet, dass die Übertragung nicht der Umstrukturierung diente, vgl. EHMKE, T., in: BLÜMICH, W., EStG/KStG/GewStG, § 6 EStG Rn. 1351, NIEHUS, U./WILKE, H., in: HERRMANN, C./HEUER, G./RAUPACH, A., EStG/KStG, § 6 EStG Rn. 1443a.

[401] Durch die Bezugnahme auf die Abgabe der Steuererklärung ergeben sich jedoch einige Unklarheiten, z. B. in den Fall, wo der Übertragende keine Steuererklärung abgibt. Auch ist nicht eindeutig, ob auf die Abgabe der Gewinnfeststellungserklärung der Mitunternehmerschaft oder die persönliche Einkommensteuererklärung abzustellen ist, vgl. m. w. N. BRINKMANN, L., Übertragung (1. Teil), StBp 2005, S. 203.

aufgedeckten stillen Reserven bereits mit seiner Beteiligungsquote versteuert.[402] Ein solcher Fall ist allerdings nur zwischen nahe stehenden Personen denkbar, da die stillen Reserven des Wirtschaftsguts vermögensrechtlich zur Hälfte auf Z übergegangen sind. Grund für diese Gestaltung könnte ein niedriger persönlicher Steuersatz von Z sein.[403] Vorbeugend „sperrt“ der Gesetzgeber die stillen Reserven daher beim Rechtsvorgänger des Wirtschaftsguts mit der Dreijahresfrist vorübergehend ein.

Alternativ können die stillen Reserven in einer Ergänzungsbilanz dem Übertragenden zugeordnet werden, § 6 Abs. 5 Satz 4 EStG. Demzufolge würde im Zeitpunkt der Übertragung das Wirtschaftsgut in der Gesamthandsbilanz der Y-OHG mit dem Teilwert von T€ 1000 (Gegenbuchung Kapitalkonto I) angesetzt und gleichzeitig wegen der gewünschten Buchwertübertragung der Aufstockungsgewinn von T€ 500 in einer Ergänzungsbilanz für die X-OHG bei der Y-OHG passiviert werden. Der Verkauf des Wirtschaftsguts innerhalb der Behaltefrist führt dann zu einer Auflösung dieses Passivpostens in der Ergänzungsbilanz, was den Veräußerungsgewinn der X-OHG entsprechend erhöht. Somit wäre eine sachgerechte Versteuerung der stillen Reserven erreicht.[404] Festzuhalten bleibt allerdings, dass die Veräußerung des Wirtschaftsguts durch den Rechtsnachfolger (Y-OHG) rückwirkende steuerliche Konsequenzen für den Rechtsvorgänger (X-OHG) hat.[405] Es liegen somit fremdbestimmte Steuerwirkungen vor, da nicht der Steuerlastträger, sondern ein anderes Wirtschaftssubjekt eine Steuerwirkung ausgelöst hat.[406]

Es stellt sich in diesem Zusammenhang auch die Frage, welche Vorgänge i. S. d. § 6 Abs. 5 Satz 4 EStG als schädlich zu qualifizieren sind. Die Vorschrift setzt voraus, dass das nach Satz 3 übertragene Wirtschaftsgut veräußert oder entnommen wird. Die Begriffe „Veräußerung“ und „Entnahme“ sind dabei im ertragsteuerlichen Sinne zu verstehen.[407] Die Voraussetzung ist für jedes Wirtschaftsgut getrennt zu prüfen. Zwischen dem übertragenen und dem

---

[402] Vgl. RÖDDER, T./SCHUMACHER, A., Regierungsentwurf (1. Teil), DStR 2001, S. 1637.
[403] Vgl. HOFFMANN, W.-D., Transfer, GmbHR 2002, S. 131 f.
[404] Vgl. GROH, M., Teilwerteinbringung, DB 2003, S. 1406. Im Falle der Übertragung eines Wirtschaftsguts aus einem Gesamthandsvermögen in ein Sonderbetriebsvermögen stellt sich die Frage, ob in diesen Fällen entgegen der bisherigen Praxis der Bildung von Ergänzungsbilanzen auch die gewinnneutralisierende Passivierung der stillen Reserven für Sonderbetriebsvermögen möglich ist. Dies wird in der Literatur m. E. zu Recht bejaht, vgl. RÖDDER, T./SCHUMACHER, A., Regierungsentwurf (1. Teil), DStR 2001, S. 1637, WENDT, M., Übertragung, FR 2002, S. 63.
[405] Vgl. CREZELIUS, G., Drittverhalten, FR 2002, S. 806.
[406] Vgl. Kapitel C.1.4.
[407] Vgl. HERRMANN, H.-J., in: FROTSCHER, G., EStG, § 6 Rn. 521a.

veräußerten bzw. entnommenen Wirtschaftsgut muss eine Identität bestehen. Es ist dabei unerheblich, ob die Veräußerung bzw. Entnahme durch ein unabwendbares Ereignis verursacht wurde.[408] Entscheidend ist, dass die im übertragenden Wirtschaftsgut beinhalteten stillen Reserven nicht unversteuert bleiben dürfen.[409] Wird demnach das übertragende Wirtschaftsgut innerhalb der Dreijahresfrist im Rahmen der Veräußerung des gesamten Übernehmer-Betriebs (im Beispiel: Y-OHG) oder eines Teilbetriebs des Übernehmer-Betriebs mitveräußert, so ist unstrittig die Behaltefrist verletzt, da die stillen Reserven an dem übertragenden Wirtschaftsgut aufgedeckt werden. Fraglich ist allerdings, wie die Veräußerung eines Mitunternehmeranteils bzw. -teilanteils an dem Übernehmer-Betrieb zu bewerten ist. Da die Veräußerung eines einzelnen Wirtschaftsguts von der Veräußerung eines Mitunternehmeranteils zu unterscheiden ist und auch der Gesetzeswortlaut strikt zwischen den Begriffen Wirtschaftsgut und Mitunternehmeranteil differenziert, könnte der Auffassung gefolgt werden, dass die Veräußerung eines Mitunternehmeranteils keine schädliche Veräußerung i. S. v. § 6 Abs. 5 Satz 4 EStG darstellt.[410] Da ein Mitunternehmeranteil aber die Gesamtheit der Bruchteile an den einzelnen Wirtschaftsgütern repräsentiert, wird allerdings in der Literatur m. E. nach richtig argumentiert, dass die Veräußerung eines Mitunternehmeranteils der anteiligen Veräußerung eines Wirtschaftsguts entspricht, mit der Folge, dass die Veräußerung in vollem Umfang als schädlich im Sinne von § 6 Abs. 5 Satz 4 EStG anzusehen ist.[411] Unschädlich dürfte darüber hinaus allerdings eine weitere Übertragung des betreffenden Wirtschaftsguts sein, sofern die Buchwerte fortgeführt werden.[412] Wird das übertragende Wirtschaftsgut innerhalb der Behaltefrist verändert bzw. weiterverarbeitet, ist dies m. E. solange für die Buchwertfortführung unschädlich, wie die übertragenen stillen Reserven nicht am Markt bestätigt werden.[413]

2.3.1.3. Körperschaftsklausel nach § 6 Abs. 5 Satz 6 EStG

Wird in Zusammenhang mit einem Veräußerungsvorgang innerhalb einer doppelstöckigen Personengesellschaft eine Kapitalgesellschaft neuer Gesellschafter einer Ober- oder Untergesellschaft, ist die Frist des § 6 Abs. 5 Satz 6

---

[408] Vgl. EHMKE, T., in: BLÜMICH, W., EStG/KStG/GewStG, § 6 EStG Rn. 1352 f.

[409] Vgl. WERNDL, J., in: KIRCHHOF, P./SÖHN, H./MELLINGHOFF, R., EStG, § 6 Rn. L 44.

[410] Vgl. KORN, K., Buchwertfortführung, KÖSDI 2001, S. 13279, HERRMANN, H.-J., in: FROTSCHER, G., EStG, § 6 Rn. 521a und wohl auch NIEHUS, U./WILKE, H., in: HERRMANN, C./HEUER, G./RAUPACH, A., EStG/KStG, § 6 EStG Rn. 1445b.

[411] Vgl. WIDMANN, S., in: WIDMANN, S./MAYER, D., Umwandlungsrecht, § 24 UmwStG (StSenkG/UntStFG) Rn. 10, BERGSTEINER, S., Umstrukturierung, S. 126.

[412] Vgl. BRINKMANN, L., Übertragung (1. Teil), StBp 2005, S. 203, Korn, KÖDSI 2002, S. 13279, HERRMANN, H.-J., in: FROTSCHER, G., EStG, § 6 Rn. 521a.

[413] So auch WERNDL, J., in: KIRCHHOF, P./SÖHN, H./MELLINGHOFF, R., EStG, § 6 Rn. L 44.

EStG zu beachten. Demnach ist der Teilwert eines zum Buchwert eingebrachten Wirtschaftsguts rückwirkend auf den Zeitpunkt der Übertragung auch dann anzusetzen, wenn sich der Anteil einer Kapitalgesellschaft an dem betreffenden Wirtschaftsgut innerhalb von sieben Jahren nach der Übertragung aus einem anderen als nach § 6 Abs. 5 Satz 5 EStG genannten Grund unmittelbar oder mittelbar begründet oder sich erhöht. Die Vorschrift dient der Verhinderung missbräuchlicher Gestaltungen, bei denen Kapitalgesellschaften aufgrund von Steuerprivilegien (Halbeinkünfteverfahren/Steuerfreiheit gemäß § 8b KStG) die stillen Reserven des übertragenen Wirtschaftsguts günstig realisieren könnten.[414]

Beispiel: An der Untergesellschaft Y-OHG sind zu 60 v. H. die natürliche Person X und zu 40 v. H. die Obergesellschaft AB-OHG beteiligt. An der AB-OHG sind die natürlichen Personen A und B zur Hälfte beteiligt. Gesellschafter A hat in 01 ein Wirtschaftsgut aus seinem Sonderbetriebsvermögen bei der Y-OHG in das Gesamthandsvermögen der Y-OHG gegen Gewährung von Gesellschaftsrechten zum Buchwert von T€ 200 (Teilwert T€ 500) eingebracht. In 05 veräußert X seinen Anteil an der Y-OHG an die Z-GmbH.

Lösung: Die Veräußerung des Mitunternehmeranteils an der Y-OHG durch X in 05 bewirkt eine Verletzung der Siebenjahresfrist nach § 6 Abs. 5 Satz 6 EStG, da der Anteil der Körperschaft Z-GmbH an dem zuvor übertragenen Wirtschaftsgut unmittelbar begründet wurde. Die Rechtsfolge ist, dass es zu einem anteiligen rückwirkenden Teilwertansatz des Wirtschaftsguts in der Gesamthandsbilanz der Y-OHG kommt.[415]

Abwandlung des Beispiels: Wie vorheriges Beispiel, nur dass nicht X sondern B seinen Anteil an der AB-OHG an die Z-GmbH in 05 veräußert.

Lösung: Auch diese Mitunternehmeranteilsveräußerung führt zu einer Verletzung der Siebenjahresfrist nach § 6 Abs. 5 Satz 6 EStG, da der Anteil der Körperschaft Z-GmbH an dem zuvor übertragenen Wirtschaftsgut in diesem Fall mittelbar – über die AB-OHG – begründet wurde, so dass es auch hier zu einem anteiligen rückwirkenden Teilwertansatz des Wirtschaftsguts kommt.

---

[414] Vgl. z. B. HOFFMANN, W.-D., Transfer, GmbHR 2002, S. 132, GROH, M., Teilwerteinbringung, DB 2003, S. 1407.

[415] Ob zur Zuordnung der stillen Reserven in diesem Zusammenhang eine negative Ergänzungsbilanz gebildet werden kann, ist streitig. Der Wortlaut des § 6 Abs. 5 Satz 6 EStG sieht die Bildung einer Ergänzungsbilanz nicht vor, vgl. GLANEGGER, P., in: SCHMIDT, L., EStG, § 6 Rn. 539, RÖDDER, T./SCHUMACHER, A., Regierungsentwurf (1. Teil), DStR 2001, S. 1637. A. A. GROH, M., Teilwerteinbringung, DB 2003, S. 1407.

In beiden Fällen kommt es somit – wie auch schon bei der Verletzung der Frist des § 6 Abs. 5 Satz 4 EStG – zu fremdbestimmten Steuerwirkungen, da der Verkauf der Mitunternehmeranteile durch X bzw. B rückwirkende steuerliche Konsequenzen für andere Wirtschaftssubjekte hat.

2.3.2. Fristen nach § 6 Abs. 3 Satz 2 EStG

2.3.2.1. Mitunternehmerteilanteilsübertragungen nach § 6 Abs. 3 Satz 2 EStG

Werden Veräußerungen im Rahmen von doppelstöckigen Personengesellschaften durchgeführt, sind zudem die Behaltefristen des § 6 Abs. 3 Satz 2 EStG zu beachten. Die Vorschrift des § 6 Abs. 3 EStG regelt die Buchwertfortführung für unentgeltliche Übertragungen von Betrieben, Teilbetrieben und Mitunternehmer(teil-)anteilen. Zweck der Vorschrift ist die Vermeidung der Aufdeckung stiller Reserven, solange Wertsteigerungen nicht in Form von liquiden Mitteln vergütet wurden. Im Falle des § 6 Abs. 3 EStG gilt dies ausnahmsweise auch steuersubjektübergreifend, d. h., dass Wertsteigerungen auf einen Rechtsnachfolger übergehen, dieser aber die Buchwerte bis zur Realisation der stillen Reserven fortführt.[416] Nach § 6 Abs. 3 Satz 2 EStG werden die Buchwerte auch dann fortgeführt, wenn der Übertragende Wirtschaftsgüter, die weiterhin zum Betriebsvermögen derselben Mitunternehmerschaft gehören, zurückbehält, sofern der Übernehmende den übernommenen Mitunternehmerteilanteil über einen Zeitraum von fünf Jahren nicht veräußert oder aufgibt. Unter die Behaltefristen des Satzes 2 fallen also nur bestimmte Teilanteilsübertragungen, was an folgendem Beispiel verdeutlicht werden soll:

Beispiel: A, der mit 30 v. H. an der ABC-OHG beteiligt ist, überträgt aus Gründen der vorweggenommenen Erbfolge seinem Sohn S 50 v. H. (alternativ: 100 v. H.) seines Mitunternehmeranteils unentgeltlich. Das funktional wesentliche Sonderbetriebsvermögen[417], welches der A bei der ABC-OHG besitzt, wird zu 50 v. H. (alternativ: 0 v. H.; 20 v. H.; 100 v. H.) mit übertragen.

Lösung: Werden sowohl der Mitunternehmeranteil als auch das Sonderbetriebsvermögen des A auf den Sohn in demselben Verhältnis (50 v. H.) unentgeltlich übertragen, ist § 6 Abs. 3 Satz 1 EStG (Buchwertfortführung) anwendbar.[418] Satz 2 kommt nicht zur Anwendung, da kein Sonderbetriebsvermögen zurück-

---

[416] Vgl. WERNDL, J., in: KIRCHHOF, P./SÖHN, H./MELLINGHOFF, R., EStG, § 6 Rn. J 4.

[417] Darunter fallen Wirtschaftsgüter, die für die Funktion des Betriebes von Bedeutung sind. Ist lediglich funktional nicht wesentliches Sonderbetriebsvermögen vorhanden und wird dieses zurückbehalten, so liegt kein Fall des § 6 Abs. 3 Satz 2 EStG vor. Hingegen ist § 6 Abs. 3 Satz 1 EStG uneingeschränkt anwendbar, vgl. BMF vom 03.03.2005, IV B 2 – S 2241 – 14/05, BStBl. I 2005, S. 458 Rn. 3, 19.

[418] Vgl. BMF vom 03.03.2005, IV B 2 – S 2241 – 14/05, BStBl. I 2005, S. 458 Rn. 9.

behalten wird. Wird hingegen bei hälftiger Übertragung des Mitunternehmeranteils das Sonderbetriebsvermögen komplett zurückbehalten, ist der Tatbestand des § 6 Abs. 3 Satz 2 EStG erfüllt. Fraglich ist der Fall, in dem nur 20 v. H. des Sonderbetriebsvermögens – also nur unterquotal – übertragen wird, da dieser Fall nicht explizit vom Gesetz erwähnt wird. Somit wäre es denkbar, § 6 Abs. 3 Satz 2 EStG nicht anzuwenden, so dass keine Behaltefristen zu beachten sind.[419] Auch könnte eine gedankliche Aufteilung in zwei Vorgänge vorgenommen werden. In Höhe der quotengleichen Übertragung (20 v. H.) läge demnach der Fall des § 6 Abs. 3 Satz 1 EStG vor. Hinsichtlich des restlichen Mitunternehmeranteils (30 v. H.) würde Sonderbetriebsvermögen zurückbehalten, so dass hier Satz 2 mit den Behaltefristen einschlägig wäre.[420] Für die Finanzverwaltung liegt in den Fällen der unterquotalen Übertragung von Sonderbetriebsvermögen allerdings insgesamt eine Übertragung nach § 6 Abs. 3 Satz 2 EStG vor.[421] M. E. wäre die gedankliche Aufteilung in zwei Vorgänge allerdings schlüssiger, zumal das BMF diese Vorgehensweise auch für den Fall der überquotalen Übertragung (50 v. H. Mitunternehmeranteil; 100 v. H. Sonderbetriebsvermögen) vorsieht. Demnach wird die unentgeltliche Übertragung in Höhe des quotengleichen Teils nach § 6 Abs. 3 Satz 1 EStG und in Höhe des Überhangs an Sonderbetriebsvermögen nach § 6 Abs. 5 Satz 3 Nr. 3 EStG behandelt.[422] Bezüglich des letzteren Vorgangs sind dann wiederum die Fristen nach § 6 Abs. 5 Satz 4 und 6 EStG zu beachten.[423]

Wird der gesamte Mitunternehmeranteil übertragen, kann § 6 Abs. 3 Satz 2 EStG nicht angewandt werden. Bei gleichzeitiger Übertragung des gesamten Sonderbetriebsvermögens ist Satz 1 einschlägig. Wird hingegen Sonderbetriebsvermögen zurückbehalten, wird dieses mangels Mitunternehmerstellung entweder ins Privatvermögen oder in ein anderes Betriebsvermögen überführt. Die Vorschrift des § 6 Abs. 3 EStG ist dabei nicht anzuwenden.[424] Die Abbildung 8 stellt zusammenfassend die Fälle dar, in denen die Fristen des § 6 Abs. 3 Satz 2 EStG zu beachten sind.

---

[419] Vgl. BRANDENBERG, H. B., Personengesellschaftsbesteuerung (Teil I), DStZ 2002, S. 518.
[420] Vgl. BRINKMANN, L., Übertragung (1. Teil), StBp 2005, S. 204, BRANDENBERG, H. B., Personengesellschaftsbesteuerung (Teil I), DStZ 2002, S. 518.
[421] Vgl. BMF vom 03.03.2005, IV B 2 – S 2241 – 14/05, BStBl. I 2005, S. 458 Rn. 10.
[422] Vgl. BMF vom 03.03.2005, IV B 2 – S 2241 – 14/05, BStBl. I 2005, S. 458 Rn. 16.
[423] Vgl. Kapitel D.2.3.1.1. und D.2.3.1.2.
[424] Vgl. BRANDENBERG, H. B., Personengesellschaftsbesteuerung (Teil I), DStZ 2002, S. 515 f.

Mitunternehmeranteil wird unentgeltlich übertragen i.H.v.	Sonderbetriebsvermögen wird unentgeltlich übertragen i.H.v.	§ 6 Abs. 3 Satz 2 EStG anwendbar?
50%	50%	nein
50%	0%	ja
50%	20%	ja (insgesamt oder nur für 30%)
50%	100%	nein (aber § 6 Abs. 5 Satz 4-6 EStG)
100%	0%; 20%; 50%; 100%	nein

Abbildung 8: Fallkonstellationen zur Anwendung des § 6 Abs. 3 Satz 2 EStG

Sofern eine unentgeltliche Übertragung i. S. v. § 6 Abs. 3 Satz 2 EStG gegeben ist, sind im Folgenden zwei Fristen zu beachten. Zum einen wird vom Übertragenden verlangt, dass die zurückbehaltenen Wirtschaftsgüter „weiterhin" dem Betriebsvermögen derselben Mitunternehmerschaft angehören. Zum anderen darf der Übernehmer den übernommenen Mitunternehmerteilanteil, der für ihn einen ganzen Mitunternehmeranteil darstellt, über einen Zeitraum von mindestens fünf Jahren nicht veräußern oder aufgeben.

Es ist in der Literatur strittig, wie die Frist „weiterhin" zu interpretieren ist. Nach herrschender Meinung erscheint es wenig sinnvoll, den Wortlaut des Gesetzes dahingehend auszulegen, dass das zurückbehaltene Wirtschaftsgut unbefristet zum Betriebsvermögen der Mitunternehmerschaft gehören muss.[425] Es ist statt dessen plausibler zu argumentieren, dass für den Übertragenden die gleiche Frist gelten sollte, wie für den Übernehmer, also fünf Jahre.[426] Nach anderer Auffassung ist allerdings aufgrund des bewussten Verzichts einer Behaltefrist im Gesetzestext auf die Regeln der Gesamtplanrechtsprechung abzustellen.[427] Demnach ist ein enger zeitlicher Zusammenhang zwischen den einzelnen Schritten ein Anzeichen für einen Gesamtplan. In diesem Fall dürfte ein Zeitraum von 18 Monaten bis maximal drei Jahren zugrunde zu legen sein. Dieser Auffassung ist m. E. zu folgen.

[425] Vgl. BRINKMANN, L., Übertragung (1. Teil), StBp 2005, S. 203, FUNK, T. E., Unternehmensakquisitionen, BB 2002, S. 1240, KORN, K./STRAHL, M., in: KORN, K. u. a., EStG, § 6 Rn. 475.6, HOFFMANN, W.-D., in: LITTMANN, E./BITZ, H./PUST, H., EStG, § 6 Rn. 1018.

[426] So auch FUNK, T. E., Unternehmensakquisitionen, BB 2002, S. 1240, HOFFMANN, W.-D., in: LITTMANN, E./BITZ, H./PUST, H., EStG, § 6 Rn. 1018.

[427] Vgl. FÖRSTER, G./BRINKMANN, L., Nachfolge, BB 2003, S. 664, FÖRSTER, U., Ertragsteuerrecht, FR 2002, S. 655, KORN, K./STRAHL, M., in: KORN, K. u. a., EStG, § 6 Rn. 475.6.

Darüber hinaus bleibt in diesem Zusammenhang allerdings die Frage, ob die nicht mit dem Mitunternehmerteilanteil übertragenen Wirtschaftsgüter überhaupt nicht innerhalb der Behaltefrist „bewegt" werden dürfen oder ob eine steuerneutrale Übertragung nach § 6 Abs. 5 Satz 3 Nr. 3 EStG auf einen anderen Gesellschafter derselben Mitunternehmerschaft möglich ist, der die Wirtschaftsgüter wiederum der Mitunternehmerschaft zur Nutzung überlässt. Die Formulierung des Satzes 2 „...Wirtschaftsgüter, die weiterhin zum Betriebsvermögen derselben Mitunternehmerschaft gehören, nicht überträgt..." schließt letzteren Fall m. E. nicht aus.[428]

Die für den Übernehmer relevante fünfjährige Behaltefrist beginnt in dem Zeitpunkt, an dem der Übergang des wirtschaftlichen Eigentums (= Übergang von Nutzen und Lasten) erfolgt. Das Fristende darf nicht unter fünf Jahren ab diesem Zeitpunkt liegen.[429] Fraglich ist, ob die Behaltefrist schon verletzt wird, wenn nur ein Teil des übertragenen Mitunternehmeranteils veräußert oder aufgegeben wird. Da der Gesetzestext auf den „übernommenen Mitunternehmeranteil", also den gesamten Mitunternehmeranteil, abstellt, könnte eine solche Teilanteilsveräußerung/-aufgabe unschädlich sein.[430] Da dies aber Gestaltungsmöglichkeiten zur Umgehung der Fristenregelung schaffen würde, hat die Finanzverwaltung für diesen Fall allerdings entschieden, dass schon die teilweise Veräußerung des übernommenen Mitunternehmeranteils innerhalb der Fünfjahresfrist der gesamten Veräußerung gleichzustellen ist.[431] Ist aber der Übernehmer vor dem Übertragungsvorgang bereits an der Mitunternehmerschaft beteiligt gewesen, so kann in Höhe dieses Anteils eine Veräußerung bzw. Aufgabe innerhalb der Behaltefrist erfolgen.[432] Auch die unentgeltliche Weiterübertragung des übernommenen Mitunternehmeranteils ist unschädlich. Jedoch geht dann die Behaltefrist auf den Rechtsnachfolger über.[433]

Wird eine der Behaltefristen verletzt, muss für den ursprünglichen unentgeltlichen Übertragungsvorgang rückwirkend auf den Übertragungszeitpunkt (§ 175 Abs. 1 Satz 1 Nr. 2 AO) der Buchwertansatz durch einen Teilwertansatz

---

[428] Vgl. auch m. w. N. FÖRSTER, U., Ertragsteuerrecht, FR 2002, S. 656.

[429] Vgl. BMF vom 03.03.2005, IV B 2 – S 2241 – 14/05, BStBl. I 2005, S. 458 Rn. 11.

[430] Vgl. BRINKMANN, L., Übertragung (1. Teil), StBp 2005, S. 204, FÖRSTER, U., Ertragsteuerrecht, FR 2002, S. 655, WENDT, M., Teilanteilsübertragung, FR 2002, S. 134.

[431] Vgl. BMF vom 03.03.2005, IV B 2 – S 2241 – 14/05, BStBl. I 2005, S. 458 Rn. 11. Als Veräußerung gilt auch eine Einbringung nach den §§ 20, 24 UmwStG sowie ein Formwechsel nach § 25 UmwStG, vgl. ebd., Rn. 13.

[432] Vgl. BMF vom 03.03.2005, IV B 2 – S 2241 – 14/05, BStBl. I 2005, S. 458 Rn. 12.

[433] Vgl. BMF vom 03.03.2005, IV B 2 – S 2241 – 14/05, BStBl. I 2005, S. 458 Rn. 14.

ersetzt werden.[434] Auch hier fällt auf, dass die Fünfjahresfrist vom Übernehmenden einzuhalten ist, die Rechtsfolgen ihrer Missachtung allerdings den Übertragenden treffen. Es treten somit – wie schon bei den Fristen des § 6 Abs. 5 EStG – fremdbestimmte Steuerwirkungen auf.

2.3.2.2. Besonderheiten bei doppelstöckigen Personengesellschaften

In Bezug auf die unentgeltliche Übertragung von Teilen von Mitunternehmeranteilen an einer doppelstöckigen Personengesellschaft i. S. v. § 6 Abs. 3 Satz 2 EStG, sind über die vorstehenden Grundsätze hinaus einige Besonderheiten zu beachten.

Überträgt beispielsweise ein Gesellschafter der Untergesellschaft einen Anteil seines Mitunternehmeranteils unentgeltlich auf eine andere Person und behält er dabei sein funktional wesentliches Sonderbetriebsvermögen bei der Untergesellschaft zurück, liegen die Voraussetzungen für die Anwendung des § 6 Abs. 3 Satz 2 EStG vor. Für den Fall, dass eine der dort aufgeführten Fristen verletzt wird, kommt es – wie im vorherigen Kapitel beschrieben – zum rückwirkenden Teilwertansatz. Die Problematik bei einer Doppelstockkonstruktion liegt nun darin, dass die Aufdeckung von stillen Reserven die Gewerbesteuer erhöht und dieser Aufwand über die Gewinnverteilung auf eine weitere Personengesellschaft bzw. die dahinter stehenden Gesellschafter anteilig durchschlägt. Da die Obergesellschafter keine zivilrechtliche Gesellschafterstellung bei der Untergesellschaft besitzen, ist es in dem Fall schwer, einen Ausgleich für die durch ein Drittverhalten verursachte Steuerbelastung zu finden.[435] Allerdings kann die Gewerbesteuer über den Betriebsausgabenabzug und die Gewerbesteueranrechnung nach § 35 EStG kompensiert werden.

Überträgt ein Gesellschafter der Obergesellschaft, der sowohl bei der Obergesellschaft als auch bei der Untergesellschaft wesentliches Sonderbetriebsvermögen besitzt, einen Mitunternehmerteilanteil an der Obergesellschaft unentgeltlich auf eine andere Person, dann ist eine Buchwertfortführung nach § 6 Abs. 3 Satz 2 EStG vorzunehmen, wenn er sein Sonderbetriebsvermögen insgesamt zurückbehält und den Gesellschaften weiterhin zur Verfügung stellt. Auch in diesem Fall gilt es für den Übernehmer, die fünfjährige Behaltefrist einzuhalten bzw. für den Übertragenden, das Sonderbetriebsvermögen „weiterhin" zur Verfügung zu stellen. Fraglich ist in diesem Fall, ob sich die Frist „weiterhin" für den Übertragenden auch auf das Sonderbetriebsvermögen

---

[434] Vgl. FÖRSTER, G./BRINKMANN, L., Nachfolge, BB 2003, S. 664, PAUS, B., Übertragung (Teil II), StBp 2005, S. 16, WERNDL, J., in: KIRCHHOF, P./SÖHN, H./MELLINGHOFF, R., EStG, § 6 Rn. J 26.

[435] Vgl. Kapitel C.1.4.

bei der Untergesellschaft bezieht, da ja der Obergesellschafter über die Obergesellschaft an der Untergesellschaft beteiligt ist. Dies ist zu verneinen, da der Sondermitunternehmeranteil des Obergesellschafters bei der Untergesellschaft von seinem Gesellschafteranteil bei der Obergesellschaft getrennt zu behandeln ist. Das Sonderbetriebsvermögen bei der Untergesellschaft gehört nicht zum Mitunternehmeranteil des Obergesellschafters bei der Obergesellschaft[436] und könnte veräußert werden, ohne dass dadurch die Frist „weiterhin“ verletzt würde. Lediglich das Sonderbetriebsvermögen des Obergesellschafters bei der Obergesellschaft muss weiterhin dem Betriebsvermögen der Obergesellschaft zur Verfügung stehen.

Der Übernehmer darf den Obergesellschaftsteilanteil – der für ihn einen gesamten Obergesellschaftsanteil darstellt – fünf Jahre ab dem Übertragungszeitpunkt nicht veräußern oder aufgeben. Der Anteil umfasst neben einem Anteil an der Obergesellschaft auch mittelbar einen Anteil an der Untergesellschaft zuzüglich anteiligen Sonderbetriebsvermögens der Obergesellschaft bei der Untergesellschaft. Es ist somit zu fragen, wie sich die Veräußerung oder Aufgabe der Untergesellschaft bzw. des Sonderbetriebsvermögens der Ober- bei der Untergesellschaft auf die Frist auswirkt. Da gemäß Wortlaut der Vorschrift eine Verletzung der Fünfjahresfrist eintritt, wenn der „übernommene Mitunternehmeranteil“, also der gesamte Anteil, veräußert oder aufgegeben wird, könnte die Veräußerung oder Aufgabe der Untergesellschaft bzw. des Sonderbetriebsvermögens der Ober- bei der Untergesellschaft unschädlich sein. Da ein solches Ergebnis aber wohl zu Gestaltungsmöglichkeiten einladen dürfte, hat die Finanzverwaltung entschieden, dass schon die teilweise Veräußerung des übernommenen Mitunternehmeranteils innerhalb der Fünfjahresfrist der gesamten Veräußerung gleichzustellen ist.[437] Somit dürfte also schon die teilweise Veräußerung oder Aufgabe der Untergesellschaft bzw. des Sonderbetriebsvermögens der Ober- bei der Untergesellschaft einen rückwirkenden Teilwertansatz für die Übertragung des Obergesellschaftsteilanteils bewirken. Veräußert hingegen ein weiterer Untergesellschafter lediglich seinen Mitunternehmeranteil an der Untergesellschaft an einen Dritten, ohne dass der mittelbare Mitunternehmeranteil des Obergesellschafters betroffen ist, bleibt die Buchwertfortführung bestehen.

---

[436] Vgl. zum Umfang der Mitunternehmeranteile bei einer doppelstöckigen Personengesellschaft Kapitel D.1.2.2.

[437] Vgl. BMF vom 03.03.2005, IV B 2 – S 2241 – 14/05, BStBl. I 2005, S. 458 Rn. 11.

2.3.3. Würdigung

Die vorstehenden Ausführungen haben gezeigt, dass Veräußerungsvorgänge bei doppelstöckigen Personengesellschaften verschiedene (Behalte-)Fristen verletzen können, die aufgrund von im Vorfeld der Veräußerungen getätigten Übertragungen von Wirtschaftsgütern und Mitunternehmerteilanteilen ausgelöst wurden. Die Abbildung 9 stellt dies zusammenfassend dar.

Vorschrift	Sachverhalt	Frist	Rechtsfolge bei Veräußerungsvorgang = Verletzung der Frist
§ 6 Abs. 3 Satz 2 EStG	Übertragender muss zurückbehaltenes wesentliches SBV derselben Mitunternehmerschaft zur Verfügung stellen	"weiterhin" (ca. 18 Monate bis 3 Jahre ab Übertragung = Übergang wirtschaftliches Eigentum)	Rückwirkender Ansatz des Teilwerts für Übertragungsvorgang zum Zeitpunkt der Übertragung
	Übernehmender darf den übernommenen Mitunternehmerteilanteil nicht veräußern oder aufgeben	5 Jahre (ab Übertragung)	Rückwirkender Ansatz des Teilwerts für Übertragungsvorgang zum Zeitpunkt der Übertragung
§ 6 Abs. 5 Satz 4 EStG	Übernehmender darf das übernommene Wirtschaftsgut innerhalb der Sperrfrist nicht veräußern oder entnehmen	3 Jahre (ab Steuererklärungsabgabe des Übertragenden)	Rückwirkender Ansatz des Teilwerts für Übertragungsvorgang zum Zeitpunkt der Übertragung
§ 6 Abs. 5 Satz 6 EStG	Anteil einer Körperschaft an dem übertragenen Wirtschaftsgut darf nicht unmittelbar bzw. mittelbar begründet werden oder sich erhöhen	7 Jahre (ab Übertragung)	Rückwirkender Ansatz des Teilwerts für Übertragungsvorgang zum Zeitpunkt der Übertragung

Abbildung 9: (Behalte-)fristen bei Veräußerungsvorgängen

Die Fristen haben gemeinsam, dass die schädliche Handlung eines Gesellschafters steuerrechtliche Konsequenzen für ein anderes Wirtschaftssubjekt hat, also fremdbestimmte Steuerwirkungen auftreten. Um dies zu vermeiden, könnten z. B. vertragliche Regelungen zwischen dem Übertragenden und dem Übernehmenden getroffen werden, nach denen der Übernehmende den Übertragenden im Falle der Nichtbeachtung der Frist von steuerlichen Lasten freistellt. Zudem könnten Zustimmungsvorbehalte u. ä. verhindern, dass eine Veräußerung überhaupt vorgenommen wird.[438] Im Falle einer doppelstöckigen Personengesellschaft können derartige Regelungen allerdings nicht ohne weiteres getroffen werden, da die Gesellschafter der Obergesellschaft keine Gesellschafterstellung bei der Untergesellschaft besitzen. Obergesellschafter müssen demnach Klauseln im Gesellschaftsvertrag der Untergesellschaft nicht

[438] Vgl. zu Formulierungsvorschlägen WIDMANN, S., in: WIDMANN, S./MAYER, D., Umwandlungsrecht, § 126 UmwG Rn. 354.2. Kritisch dazu CREZELIUS, G., Drittverhalten, FR 2002, S. 808-811.

gegen sich wirken lassen.[439] Selbst wenn es gelänge, über entsprechende Klauseln die entstandenen Ansprüche über Unter- und Obergesellschaft durchzusetzen[440], könnten steuerliche Ausgleichsberechnungen gerade bei drei- oder mehrstöckigen Konstruktionen in der Praxis nahezu unmöglich werden. Zudem steigt dann die Wahrscheinlichkeit, dass die einzelnen Ober- und Untergesellschafter keinerlei persönlichen Kontakt untereinander haben, so dass es schon an der nötigen Kommunikation mangeln dürfte.

An dieser Stelle zeigt sich deutlich, zu welch unsachgerechten steuerlichen Konsequenzen das Verletzen einer Behaltefrist der §§ 6 Abs. 3 EStG bzw. 6 Abs. 5 EStG im Falle eines Veräußerungsvorgangs bei einer doppelstöckigen Personengesellschaft führen kann und wie problematisch sich mögliche Kompensationen gestalten.

2.4. Gewerbesteuerliche Beurteilung der Veräußerungsvorgänge i. S. v. § 7 Satz 2 GewStG

2.4.1. Grundlagen des § 7 Satz 2 GewStG

Wie bereits erwähnt, belastet die Gewerbesteuer grundsätzlich nur die laufenden gewerblichen Einkünfte. Veräußerungsgewinne gehörten daher bis einschließlich dem Veranlagungszeitraum 2001 nicht zum Gewerbeertrag.[441] Durch das Gesetz zur Fortentwicklung des Unternehmenssteuerrechts (UntStFG)[442] hat der Gesetzgeber schließlich den § 7 Satz 2 GewStG neu gefasst. Demnach gehören seit dem 01.01.2002 unter anderem Veräußerungs- bzw. Aufgabegewinne bezüglich eines Betriebs, Teilbetriebs oder Mitunternehmeranteils zum Gewerbeertrag, soweit sie nicht auf eine natürliche Person als unmittelbar beteiligten Mitunternehmer entfallen. Hintergrund dieser Neuregelung ist die Absicht, Kapitalgesellschaften die Möglichkeit zu nehmen, Wirtschaftsgüter oder (Teil-)Betriebe gewerbesteuerfrei zu veräußern, indem diese in einem ersten Schritt erfolgneutral (gemäß § 6 Abs. 5 EStG bzw. § 24 UmwStG) in eine bereits bestehende oder neu gegründete Personengesellschaft eingebracht und anschließend die Personengesellschaftsanteile gewerbesteuerfrei veräußert

---

[439] Vgl. SÖFFING, A., Steuerwirkungen, DStZ 1993, S. 590 f., ISING, M., Ergänzungsbilanzen, S. 200.

[440] Vgl. Kapitel C.1.4.

[441] Als Ausnahme von diesem Grundsatz fällt Gewerbesteuer bei den Gestaltungen an, wo auf Seiten des Veräußerers und Erwerbers dieselbe Person steht (§ 16 Abs. 2 Satz 3 EStG) oder in den Fällen, in denen eine Personengesellschaft innerhalb von fünf Jahren nach einer Umwandlung veräußert oder aufgegeben wird (§ 18 Abs. 4 UmwStG), vgl. Kapitel D.2.5.2.

[442] UNTSTFG vom 20.12.2001, BGBl. I 2001, S. 3858.

werden (Ausgliederungsmodell).[443] Zur Erfüllung dieses Zwecks hätte es demnach gereicht, den Anwendungsbereich des § 7 Satz 2 GewStG auf Körperschaften als Mitunternehmer zu beschränken. Allerdings werden durch das Erfordernis der unmittelbaren Beteiligung einer natürlichen Person auch doppelstöckige Personengesellschaften in den Anwendungsbereich des § 7 Satz 2 GewStG gezogen. Das Unmittelbarkeitserfordernis ist aus praktischen Gründen für notwendig erachtet worden, da es für das jeweilige Betriebsfinanzamt bei einer doppel- oder mehrstöckigen Personengesellschaft regelmäßig nicht oder nur schwer feststellbar ist, ob und in welchem Umfang eine natürliche Person mittelbar an dem Veräußerungs- oder Aufgabegewinn der Personengesellschaft beteiligt ist.[444] Die nur mittelbar beteiligte natürliche Person erhält in dem Zusammenhang eine Entlastung durch die Anrechnung der Gewerbesteuer auf die Einkommensteuer nach § 35 EStG. Es besteht dabei jedoch immer die Gefahr, dass die Gewerbesteuerbelastung aus verschiedenen Gründen nicht vollständig abgebaut werden kann.[445]

Umstritten ist, inwiefern Veräußerungs- bzw. Aufgabeverluste von der Vorschrift des § 7 Satz 2 GewStG erfasst werden. Gemäß Gesetzeswortlaut gehört lediglich der Gewinn aus der Veräußerung bzw. Aufgabe zum Gewerbeertrag. M. E. kann aus dieser Formulierung allerdings nicht geschlossen werden, dass Verluste aus Veräußerungs- bzw. Aufgabevorgängen nicht nach § 7 Satz 2 GewStG gewerbesteuerlich geltend gemacht werden dürfen.[446] Zwar unterscheidet das Gewerbesteuergesetz in den §§ 8, 9 GewStG (Hinzurechnungen, Kürzungen) zwischen den Begriffen „Gewinn“ und „Verlust“.[447] Allerdings ist entscheidend, dass der Begriff des Gewerbeertrags i. S. v. § 7 Satz 1 GewStG an den nach den Vorschriften des Einkommensteuer- oder des

---

443 Vgl. SCHMIDT, L./HAGEBÖKE, J., Obergesellschaft, DB 2003, S. 794, FÜGER, R./RIEGER, N., Veräußerung, DStR 2002, S. 933 f., BENZ, S., Steueränderungen, DB 2002, Beilage 1 S. 22, BEUßER, T., Veräußerung, FR 2001, S. 883, BRINKMANN, L./SCHMIDTMANN, D., Belastungen, DStR 2003, S. 93, FÖRSTER, G., Kauf, DB 2002, S. 1396, BEHRENS, S./ SCHMITT, R., Mitunternehmerschaften, BB 2002, S. 860 f., KRÜGER, R., Probleme, GStB 2002, S. 378, STOLLENWERK, A./SCHERFF, S., Veräußerung, GmbH-StB 2005, S. 45, FREIHERR VON TWICKEL, D., in: BLÜMICH, W., EStG/KStG/GewStG, § 7 GewStG Rn. 151.

444 Vgl. BT-Drs. 14/7344 vom 08.11.2001, S. 12.

445 Vgl. dazu ausführlich Kapitel D.2.5. Zur Kritik an der gewerbesteuerlichen Ungleichbehandlung von unmittelbar und mittelbar beteiligten natürlichen Personen, vgl. BOHNHARDT, M., Einkommensteuer, S. 112-119, NEU, N., Personengesellschaftsbesteuerung, DStR 2002, S. 1082.

446 So auch BEHRENS, S./SCHMITT, R., Mitunternehmerschaften, BB 2002, S. 862, NEU, N., Personengesellschaftsbesteuerung, DStR 2002, S. 1081, KRÜGER, R., Probleme, GStB 2002, S. 380 f., a. A. BEUßER, T., Veräußerung, FR 2001, S. 884.

447 Vgl. z. B. § 8 Nr. 8 GewStG „Verlust“, § 9 Nr. 2 GewStG „Gewinn“.

Körperschaftsteuergesetzes zu ermittelnden Gewinn aus Gewerbebetrieb anknüpft. Ein solcher Gewinn kann positiv oder negativ sein, so dass auch Verluste erfasst werden.[448] Dies gilt auch für einen negativen Veräußerungs- bzw. Aufgabegewinn i. S. v. § 7 Satz 2 GewStG. Außerdem müssen nach dem Prinzip der Leistungsfähigkeit Vorgänge, bei denen Gewinne der Gewerbebesteuerung unterworfen werden, auch die entsprechenden Verluste steuerliche Berücksichtigung finden, sofern die Verlustberücksichtigung nicht ausdrücklich gesetzlich ausgeschlossen ist. Dies ist in § 7 Satz 2 GewStG nicht ersichtlich.[449] Problematisch ist in diesem Zusammenhang allerdings, dass ein Veräußerungs- oder Aufgabeverlust, der im Jahr der Veräußerung oder Aufgabe nicht durch einen laufenden Gewinn der Gesellschaft ausgeglichen werden kann, nicht nach § 10a GewStG vorgetragen werden kann. Denn Voraussetzung für den gewerbesteuerlichen Verlustabzug sind in den Fällen des § 7 Satz 2 Nr. 1 GewStG Unternehmensidentität bzw. nach § 7 Satz 2 Nr. 2 GewStG Unternehmeridentität.[450] Dem Verlustvortrag steht bei einer Veräußerung bzw. Aufgabe regelmäßig ein Wegfall der Unternehmens-/Unternehmeridentität entgegen, soweit der Verlust auf den veräußernden oder aufgebenden Mitunternehmer entfällt. In vielen Fällen dürften somit Veräußerungs- oder Aufgabeverluste gewerbesteuerlich zumindest teilweise unberücksichtigt bleiben, obwohl ein entsprechender Gewinn voll der Gewerbesteuer unterläge.[451]

2.4.2. Veräußerungsvorgang auf Ebene der Untergesellschaft

2.4.2.1. Veräußerung des gesamten Gewerbebetriebs bzw. gesamten Mitunternehmeranteils

Veräußert die Untergesellschaft ihren gesamten Gewerbebetrieb oder wird ein gesamter Mitunternehmeranteil an der Untergesellschaft veräußert, handelt es sich in diesen Fällen um einen Veräußerungsvorgang nach § 16 Abs. 1 Satz 1 Nr. 1 bzw. Nr. 2 EStG. Je nachdem, wie die Gesellschafterstruktur der Untergesellschaft ausgestaltet ist, ergeben sich in dem Zusammenhang allerdings unterschiedliche gewerbesteuerliche Konsequenzen.

Zunächst ist aber zu überlegen, auf welcher Ebene (Mitunternehmer oder Mitunternehmerschaft) eine mögliche Gewerbesteuerbelastung i. S. v. § 7 Satz 2

---

[448] Vgl. HEINICKE, W., in: SCHMIDT, L., EStG, § 4 Rn. 2, BEHRENS, S./SCHMITT, R., Mitunternehmerschaften, BB 2002, S. 862, KRÜGER, R., Probleme, GStB 2002, S. 380 f., FREIHERR VON TWICKEL, D., in: BLÜMICH, W., EStG/KStG/GewStG, § 7 GewStG Rn. 151.

[449] Vgl. BEHRENS, S./SCHMITT, R., Mitunternehmerschaften, BB 2002, S. 862.

[450] Vgl. KRÜGER, R., Probleme, GStB 2002, S. 381. Vgl. dazu auch Kapitel D.2.6.

[451] Vgl. BEHRENS, S./SCHMITT, R., Mitunternehmerschaften, BB 2002, S. 863, NEU, N., Personengesellschaftsbesteuerung, DStR 2002, S. 1081, KRÜGER, R., Probleme, GStB 2002, S. 381.

GewStG anfallen würde. Nach den Gesetzgebungsmaterialien sollen gewerbesteuerliche Veräußerungsvorgänge auf Ebene der Mitunternehmerschaft entstehen, deren Anteil veräußert wird und nicht auf Ebene des veräußernden Mitunternehmers.[452] Auch die Rechtsprechung[453] und die überwiegende Meinung in der Literatur[454] ist dieser Ansicht. Diese Auffassung ist plausibel, denn nach § 5 Abs. 1 Satz 3 GewStG ist eine Personengesellschaft, deren Tätigkeit Gewerbebetrieb ist, selbst Schuldner der Gewerbesteuer. Dies gilt auch für die Fälle des § 7 Satz 2 GewStG. Daraus folgt, dass bei einer Personengesellschaft, deren Betrieb, Teilbetrieb oder Gesellschaftsanteile veräußert werden, diese Gesellschaft selbst Steuerschuldner einer sich aus einem Veräußerungsvorgang ergebenden Gewerbesteuerbelastung ist und auch dort den laufenden Gewinn mindert.[455]

Veräußert demnach eine Obergesellschaft ihren Mitunternehmeranteil an der Untergesellschaft, wird ein daraus entstehender Gewinn bzw. Verlust von § 7 Satz 2 Nr. 2 GewStG erfasst, da mit der Obergesellschaft eine nichtnatürliche Person unmittelbar an der Untergesellschaft beteiligt ist. Dies gilt ungeachtet der Tatsache, ob an der Obergesellschaft wiederum natürliche Personen beteiligt sind.[456] Eine aus der Veräußerung resultierende Gewerbesteuerbelastung mindert entsprechend den Gewinn der Untergesellschaft. Gleiches gilt für eine neben der Obergesellschaft an der Untergesellschaft unmittelbar beteiligte

---

[452] Vgl. BT-Drs. 14/6882 vom 10.09.2001, S. 41 bzw. BR-Drs. 638/01 vom 17.08.2001, S. 67, „Veräußerungsgewinne sollen bei Mitunternehmerschaften (...) der Gewerbesteuer unterliegen".

[453] Vgl. BFH vom 28.02.1990, I R 92/86, BStBl. II 1990, S. 699, BFH vom 27.03.1996, I R 89/95, BStBl. II 1997, S. 224.

[454] Vgl. RÖDDER, T./SCHUMACHER, A., Regierungsentwurf (2. Teil), DStR 2001, S. 1689, SCHMIDT, L./HAGEBÖKE, J., Obergesellschaft, DB 2003, S. 791, BECHLER, C./SCHRÖDER, K.-W., Gewerbesteuer, DB 2002, S. 2239, BONERTZ, R., Schuldner, DStR 2002, S. 795, FÜGER, R./RIEGER, N., Veräußerung, DStR 2002, S. 933, BENZ, S., Steueränderungen, DB 2002, Beilage 1 S. 22, STOLLENWERK, A./SCHERFF, S., Veräußerung, GmbH-StB 2005, S. 45 f. A. A. ist lediglich SCHILD, C., in: JbFSt 2002/2003, Veräußerung, S. 173, allerdings ohne Begründung.

[455] Vgl. BONERTZ, R., Schuldner, DStR 2002, S. 795, BENZ, S., Steueränderungen, DB 2002, Beilage 1 S. 22, KRÜGER, R., Probleme, GStB 2002, S. 378.

[456] Vgl. BEHRENS, S./SCHMITT, R., Mitunternehmerschaften, BB 2002, S. 862, SCHMIDT, L./HAGEBÖKE, J., Obergesellschaft, DB 2003, S. 792 Fn. 13, FÜGER, R./RIEGER, N., Veräußerung, DStR 2002, S. 935, FÖRSTER, G., Kauf, DB 2002, S. 1397, BENZ, S., Steueränderungen, DB 2002, Beilage 1 S. 22, KRÜGER, R., Probleme, GStB 2002, S. 378, STOLLENWERK, A./SCHERFF, S., Veräußerung, GmbH-StB 2005, S. 45 f., VON WALLIS, H./BRANDMÜLLER, G./SCHULZE ZUR WIESCHE, D., Besteuerung, Rn. 503. Allerdings ist die Gewerbesteuerbelastung nach § 35 EStG auf die Einkommensteuer anrechenbar, soweit sie letztlich auf natürliche Personen entfällt, vgl. BMF vom 15.05.2002, IV A 5 – S 2296a – 16/02, FR 2002, S. 642 Rn. 26 f.

juristische Person. Veräußert sie ihren Mitunternehmeranteil an der Untergesellschaft, fällt auch dieser Veräußerungsvorgang aufgrund einer unmittelbaren Beteiligung einer nichtnatürlichen Person unter die Regelung des § 7 Satz 2 Nr. 2 GewStG und löst Gewerbesteuer auf Ebene der Untergesellschaft aus.[457]

Ist stattdessen neben der Obergesellschaft eine natürliche Person unmittelbar an der Untergesellschaft beteiligt und veräußert sie ihren Mitunternehmeranteil, greift die Nicht-Anwendungs-Klausel des § 7 Satz 2 letzter Hs. GewStG. Demnach sind Veräußerungsgewinne für unmittelbar an einer Personengesellschaft beteiligte natürliche Personen nach wie vor kein Bestandteil des Gewerbeertrags. Sofern bei der Untergesellschaft lediglich eine Sondermitunternehmerstellung i. S. v. § 15 Abs. 1 Satz 1 Nr. 2 Satz 2 EStG besteht und der Gesellschafter der Obergesellschaft sein Sonderbetriebsvermögen, welches seinen gesamten Sondermitunternehmeranteil bei der Untergesellschaft darstellt[458], veräußert, fällt das daraus resultierende Ergebnis ebenfalls nicht in den Anwendungsbereich des § 7 Satz 2 Nr. 2 GewStG. Der Obergesellschafter ist zwar nicht zivilrechtlich an der Untergesellschaft unmittelbar beteiligt, aber hinsichtlich seines Sonderbetriebsvermögens entfällt das Veräußerungsergebnis auf den Obergesellschafter als unmittelbaren Sondermitunternehmer.[459] Die unterschiedlichen gewerbesteuerlichen Konsequenzen aus der Veräußerung eines Untergesellschaftsanteils durch natürliche bzw. nichtnatürliche Personen besitzen den Nachteil, dass dadurch fremdbestimmte Steuerwirkungen auftreten können, was folgendes Beispiel belegt:

Beispiel: An der X-OHG sind die Z-KG zu 80 v. H. und die natürliche Person Y zu 20 v. H. beteiligt. Die Z-KG veräußert zum 31.12.01 ihren gesamten Mitunternehmeranteil an die A-OHG und erzielt dadurch einen Gewinn nach § 16 Abs. 1 Satz 1 Nr. 2 EStG.

Lösung: Durch die Veräußerung des Mitunternehmeranteils der Z-KG entsteht nach § 7 Satz 2 Nr. 2 GewStG auf Ebene der X-OHG eine gewerbesteuerliche Zusatzbelastung, die ausschließlich durch die Z-KG verursacht und von Y anteilig mitgetragen wird.[460] Diesem Nachteil kann Y zwar grundsätzlich durch

---

[457] Vgl. BRINKMANN, L./SCHMIDTMANN, D., Belastungen, DStR 2003, S. 93-95, BECHLER, C./ SCHRÖDER, K.-W., Gewerbesteuer, DB 2002, S. 2240, FÖRSTER, G., Kauf, DB 2002, S. 1396.

[458] Vgl. Kapitel D.1.2.2.

[459] Vgl. BEHRENS, S./SCHMITT, R., Mitunternehmerschaften, BB 2002, S. 862, FÖRSTER, G., Kauf, DB 2002, S. 1396.

[460] Dieser für Y negative Effekt würde auch auftreten, wenn eine an der Untergesellschaft beteiligte Kapitalgesellschaft ihren Mitunternehmeranteil veräußern würde, da dieser Fall auch unter § 7 Satz 2 Nr. 2 GewStG fällt.

den Anzug der Gewerbesteuer als Betriebsausgabe und über die Anrechnung der Gewerbesteuer nach § 35 EStG begegnen. Hätte Y allerdings nur geringe oder negative Einkünfte, z. B. weil eine hohe Gewerbesteuerbelastung aus der Veräußerung des Mitunternehmeranteils der Z-KG das Ergebnis der X-OHG stark gesenkt hat, kann die Steuerermäßigung nach § 35 EStG ganz oder teilweise ins Leere laufen.[461] Eine verursachungsgerechte Zurechnung der Gewerbesteuer kann in solchen Fällen wohl nur durch eine entsprechende Regelung im Gesellschaftsvertrag zum Ausgleich gewerbesteuerlicher Nachteile erzielt werden. Zudem wird die Gewerbesteuerbelastung bei den Kaufpreisverhandlungen zwischen Veräußerer und Erwerber berücksichtigt werden müssen.[462]

2.4.2.2. Veräußerung eines Teil-Mitunternehmeranteils

Wird ein Teil eines Mitunternehmeranteils an einer (Unter-)Personengesellschaft durch eine natürliche Person veräußert, ist die gewerbesteuerliche Behandlung umstritten. Derartige Veräußerungsvorgänge, die nach dem 31.12.2001 getätigt wurden, gelten über § 16 Abs. 1 Satz 2 EStG als „laufende Gewinne“, so dass darauf keine einkommensteuerlichen Begünstigungen (§§ 16, 34 EStG)[463] mehr gewährt werden. Daraus leiten die Finanzverwaltung[464] und wohl auch der BFH[465] für diese Gewinne eine Gewerbesteuerpflicht ab. Diese

---

[461] Vgl. zur Wirkung der Steuerermäßigung nach § 35 EStG bei Veräußerungsvorgängen auch Kapitel D.2.5.

[462] Vgl. m. w. N. BECHLER, C./SCHRÖDER, K.-W., Gewerbesteuer, DB 2002, S. 2240 f., dies., Veräußerung, DStR 2003, S. 869-871, BRINKMANN, L./SCHMIDTMANN, D., Belastungen, DStR 2003, S. 93-96, dies., Duplik, DStR 2003, S. 871, BOHNHARDT, M., Einkommensteuer, S. 120-127, GÜNKEL, M./LEVEDAG, C., Gewerbesteuer, FR 2004, S. 266-268.

[463] Vgl. Kapitel D.1.3.2.

[464] Vgl. OFD Düsseldorf vom 10.09.2002 – G 1421 – 19 – St 132 – K, GmbHR 2002, S. 986 (zuvor war eine Vfg. der OFD Düsseldorf vom 18.01.2001 – G 1421 – 19 – St 132 – K, DB 2001, S. 671 f., zur Gewerbesteuerpflicht der Veräußerung von Teil-Mitunternehmeranteilen durch OFD Düsseldorf vom 03.09.2001 – G 1421 – 19 – St 132 – K, DB 2001, S. 2071, wieder aufgehoben worden), OFD Kiel vom 28.02.2001 – G 1421 A – St 261, DStZ 2001, S. 405 f.

[465] Vgl. BFH vom 24.08.2000, IV R 51/98, DB 2000, S. 2147. In diesem Urteil war der BFH der Ansicht, dass der Gewinn aus der Veräußerung eines Teil-Mitunternehmeranteils jedenfalls dann der Gewerbesteuer unterliegt, wenn der Gesellschafter das in seinem Eigentum stehende und zu den wesentlichen Betriebsgrundlagen zählende Sonderbetriebsvermögen wie bisher der Gesellschaft zur Nutzung überlässt. Die Veräußerung eines ganzen Mitunternehmeranteils unterliege nicht der Gewerbesteuer, da die unternehmerische Tätigkeit des Veräußerers beendet sei. Bei der Veräußerung eines Teilanteils setze der veräußernde Mitunternehmer seine unternehmerische Tätigkeit allerdings fort. Daraus kann m. E. interpretiert werden, dass unabhängig von der Frage der Veräußerung oder Zurückbehaltung von Sonderbetriebsvermögen der BFH in der Frage der Teilanteilsveräußerung zu einer Gewerbesteuerpflicht tendiert.

Auffassung wird zudem auch von Teilen der Literatur vertreten.[466] Es ist m. E. allerdings nicht sachgerecht, eine rein einkommensteuerliche Regelung auf die Gewerbesteuer durchschlagen zu lassen.[467] Der Objektsteuercharakter der Gewerbesteuer verhindert einen Einbezug von Veräußerungsvorgängen in den Gewerbeertrag und zwar unabhängig davon, ob es sich um eine teilweise oder vollständige Veräußerung eines Mitunternehmeranteils handelt.[468] Zudem hätte der Gesetzgeber, nachdem er die Veräußerung von Teil-Mitunternehmeranteilen durch das UntStFG einkommensteuerlich neu geregelt hatte, in dem Zusammenhang eine Änderung der gewerbesteuerlichen Beurteilung über eine Neufassung von § 7 Satz 2 GewStG ausdrücklich regeln können.[469] Eine explizite Regelung fehlt allerdings, so dass m. E. nach wie vor die Veräußerung von Teil-Mitunternehmeranteilen nicht der Gewerbesteuer unterliegen dürfte.[470]

Fraglich ist darüber hinaus, wie die Veräußerung eines Teil-Mitunternehmeranteils an einer Untergesellschaft durch eine an dieser unmittelbar beteiligte nichtnatürliche Person (Oberpersonen- bzw. Oberkapitalgesellschaft) gewerbesteuerlich zu werten ist. Dieser Fall wird ebenfalls nicht explizit von § 7 Satz 2 GewStG erfasst. In § 7 Satz 2 Nr. 2 GewStG wird lediglich von Mitunternehmeranteilen und nicht von Teil-Mitunternehmeranteilen gesprochen.[471] Somit ist m. E. anders als die Veräußerung von gesamten Mitunternehmeranteilen durch unmittelbar beteiligte nichtnatürliche Personen die entsprechende Veräußerung von Teil-Mitunternehmeranteilen gewerbesteuerfrei. Eine Obergesellschaft, die eine Veräußerung ihres gesamten Mitunternehmeranteils an der

---

[466] Vgl. FREIHERR VON TWICKEL, D., in: BLÜMICH, W., EStG/KStG/GewStG, § 7 GewStG Rn. 151b, WACKER, R., in: SCHMIDT, L., EStG, § 16 Rn. 411, BENZ, S., Steueränderungen, DB 2002, Beilage 1 S. 21, WENDT, M., Teilanteilsübertragung, FR 2002, S. 135, BRANDENBERG, H. B., Übertragung, NWB 2001, Fach 3, S. 11819, STRAHL, M., Hinweise, KÖSDI 2002, S. 13170, WISCHMANN, R., Beraterhinweis, EStB 2004, S. 317.

[467] So auch NEYER, W., Gewerbesteuer, BB 2005, S. 577-581, FÖRSTER, G./BRINKMANN, L., Nachfolge, BB 2003, S. 664, BEHRENS, S./SCHMITT, R., Mitunternehmerschaften, BB 2002, S. 862, STAHL, R., Veräußerung, KÖSDI 2002, S. 13543 f., BEUßER, T., Veräußerung, FR 2001, S. 884, NEU, N., Personengesellschaftsbesteuerung, DStR 2002, S. 1082, RITZER, C. J./STANGL, I., Neuerungen, INF 2002, S. 132.

[468] Vgl. NEYER, W., Gewerbesteuer, BB 2005, S. 577, BEUßER, T., Veräußerung, FR 2001, S. 884. Nach WOLTMANN, A., Gewerbesteuerpflicht, DB 1987, S. 2008, unterliegt der Gewerbesteuer als Objektsteuer nur der Teil des Gewinns, der auf die Gewinnphase des werbenden Betriebs fällt.

[469] Vgl. NEYER, W., Gewerbesteuer, BB 2005, S. 577, FÖRSTER, G./BRINKMANN, L., Nachfolge, BB 2003, S. 664.

[470] Auch aus der Begründung zum Gesetzesentwurf zu § 16 Abs. 1 Satz 2 EStG ergibt sich kein Hinweis auf eine Gewerbesteuerpflicht einer Veräußerung eines Teil-Mitunternehmeranteils, vgl. BT-Drs. 14/6882 vom 10.09.2001, S. 34.

[471] So auch FREIHERR VON TWICKEL, D., in: BLÜMICH, W., EStG/KStG/GewStG, § 7 GewStG Rn. 128.

Untergesellschaft plant, könnte somit eine daraus resultierende hohe Gewerbesteuerbelastung ggf. dadurch umgehen, indem sie zunächst lediglich einen Teil-Mitunternehmeranteil veräußert und erst später (nicht in engem zeitlichen Zusammenhang mit der ersten Teilveräußerung) weitere Teile des Mitunternehmeranteils veräußert.[472] Würde man sich hingegen auf den Standpunkt stellen, dass § 7 Satz 2 Nr. 2 GewStG auch die Veräußerung von Teil-Mitunternehmeranteilen umfasst[473], müsste dafür auch die Ausnahme des § 7 Satz 2 letzter Hs. GewStG greifen. Danach wäre die Veräußerung eines Teil-Mitunternehmeranteils durch eine unmittelbar beteiligte natürliche Person gewerbesteuerfrei. Dieses Ergebnis steht dann allerdings im Widerspruch zu der Auffassung der Finanzverwaltung[474] und wohl auch der Auffassung des BFH.[475] Somit kann zusammenfassend gesagt werden, dass sich eine Gewerbesteuerpflicht aus einer Veräußerung eines Teil-Mitunternehmeranteils an einer (Unter-)Personengesellschaft durch eine unmittelbar beteiligte natürliche Person aus § 7 Satz 2 GewStG nicht ergeben kann. Würde man argumentieren, die entsprechende Teilanteilsveräußerung durch eine unmittelbar beteiligte nichtnatürliche Person sei gewerbesteuerpflichtig, da solche Teilanteilsveräußerungen von § 7 Satz 2 Nr. 2 GewStG erfasst würden, würde eine entsprechende Veräußerung durch eine natürliche Person über die Ausnahme des § 7 Satz 2 letzter Hs. GewStG als gewerbesteuerfrei eingestuft werden müssen. Würde man hingegen – m. E. richtigerweise – argumentieren, eine Teilanteilsveräußerung durch eine unmittelbar beteiligte nichtnatürliche Person sei nicht gewerbesteuerpflichtig, da Teilanteilsveräußerungen von § 7 Satz 2 Nr. 2 GewStG nicht erfasst werden, könnten auch Teilanteilsveräußerungen von natürlichen Personen nicht von § 7 Satz 2 GewStG erfasst werden.[476] Sollte sich dennoch

---

[472] Auf diese Weise könnte die Missbrauchsvorschrift des § 7 Satz 2 GewStG auch von Kapitalgesellschaften umgangen werden. Mit der Vorschrift des § 7 Satz 2 GewStG sollte verhindert werden, dass Kapitalgesellschaften über das sog. Ausgliederungsmodell (Kapitel D.2.4.1.) Wirtschaftsgüter gewerbesteuerfrei veräußern können. Würde nun nach der Überführung der Wirtschaftsgüter in eine Personengesellschaft nicht der gesamte, sondern nur ein Teil des Mitunternehmeranteils veräußert, wäre dieser Vorgang m. E. gewerbesteuerfrei. Würde allerdings der gesamte Mitunternehmeranteil in mehrere Teil-Mitunternehmeranteile aufgeteilt und diese in engem zeitlichem Zusammenhang veräußert werden, wäre dies wohl gewerbesteuerlich wie die Veräußerung des gesamten Mitunternehmeranteils zu werten.

[473] So wohl FÜGER, R./RIEGER, N., Verbot, DStR 2002, S. 1022.

[474] Vgl. OFD Düsseldorf vom 10.09.2002 – G 1421 – 19 – St 132 – K, GmbHR 2002, S. 986.

[475] Vgl. BFH vom 24.08.2000, IV R 51/98, DB 2000, S. 2147.

[476] Nach FREIHERR VON TWICKEL, D., in: BLÜMICH, W., EStG/KStG/GewStG, § 7 GewStG Rn. 151b und SARRAZIN, V./STÄUBER, H.-W., in: LENSKI, E./STEINBERG, W., Gewerbesteuergesetz, § 7 Rn. 14, bedarf es hingegen keiner ausdrücklichen Regelung der Gewerbesteuerpflicht von Teilanteilsveräußerungen im Gewerbesteuergesetz, da über § 7 Satz 1 GewStG an die Gewinnermittlungsvorschriften des Einkommensteuergesetzes Bezug

bei derartigen Veräußerungsvorgängen eine Gewerbesteuerpflicht in der Praxis durchsetzen, stünde mit der Abzugsfähigkeit der Gewerbesteuer als Betriebsausgabe und der Anrechenbarkeit auf die Einkommensteuer nach § 35 EStG eine Regelung zur Entlastung von der Gewerbesteuer zur Verfügung.[477]

2.4.3. Veräußerungsvorgang auf Ebene der Obergesellschaft

2.4.3.1. Veräußerung des gesamten Mitunternehmeranteils

Veräußert ein Gesellschafter der Obergesellschaft seinen Mitunternehmeranteil an dieser Gesellschaft i. S. v. § 16 Abs. 1 Satz 1 Nr. 2 EStG, ist die gewerbesteuerliche Behandlung dieses Veräußerungsvorgangs umstritten. Fraglich ist, ob der Veräußerungsgewinn aus dem Verkauf eines Obergesellschaftsanteils für Zwecke der Gewerbesteuer ausschließlich auf Ebene der Obergesellschaft oder auch anteilig, soweit er auf aufgedeckte stille Reserven der Beteiligung der Ober- an der Untergesellschaft entfällt, auf Ebene der Untergesellschaft entsteht (Durchstockung).[478]

Diese Frage knüpft direkt an die Diskussion an, wie viele Veräußerungsvorgänge bei der Veräußerung eines Mitunternehmeranteils an der Obergesellschaft vorliegen.[479] Würden in diesem Zusammenhang zwei selbständige Veräußerungsvorgänge, nämlich die unmittelbare Beteiligung an der Obergesellschaft und die mittelbare Beteiligung an der Untergesellschaft, angenommen werden, würde die Veräußerung der unmittelbaren Beteiligung gemäß der Nicht-Anwendungs-Klausel des § 7 Satz 2 letzter Hs. GewStG gewerbesteuerfrei bleiben, soweit der Veräußerer des Obergesellschaftsanteils eine unmittelbar beteiligte natürliche Person ist. Die Veräußerung der mittelbaren Beteiligung wäre hingegen nach § 7 Satz 2 Nr. 2 GewStG gewerbesteuerpflichtig, da an der

genommen wird. Dagegen ist allerdings einzuwenden, dass die Gewinnermittlungsvorschriften des Einkommensteuergesetzes nicht § 16 EStG umfassen. Bei § 16 EStG handelt es sich nur um eine Tarifregelung des Einkommensteuerrechts, so dass daraus nicht zwangsläufig eine Gewerbesteuerpflicht resultiert, vgl. FG Berlin vom 16.02.2000, 6 K 4411/97, EFG 2000, Beilage 12 S. 94. So auch NEYER, W., Gewerbesteuer, BB 2005, S. 578, PATT, J., Beurteilung, DStZ 1998, S. 156. A. A. BFH vom 15.06.2004, VIII R 7/01, BStBl. II 2004, S. 757.

477 Vgl. dazu ausführlich Kapitel D.2.5.

478 Diese Frage ist insbesondere für die Verteilung des Gewerbesteueraufkommens zwischen den Gemeinden von Bedeutung, wenn Ober- und Untergesellschaft in unterschiedlichen Gemeinden angesiedelt sind. Dies kann erhebliche Beträge ausmachen, z. B. wenn sich die Obergesellschaft in einer Gemeinde mit relativ hohem Gewerbesteuerhebesatz befindet und die stillen Reserven im Wesentlichen auf die Untergesellschaft entfallen, vgl. SCHMIDT, L./HAGEBÖKE, J., Obergesellschaft, DB 2003, S. 792.

479 Vgl. Kapitel D.1.2.2. und D.2.2.1.

Untergesellschaft eine nichtnatürliche Person unmittelbar beteiligt ist.[480] Allerdings ist gegen diese Auffassung einzuwenden, dass zivilrechtlich nur ein Mitunternehmeranteil, nämlich der an der Obergesellschaft, veräußert wurde. Die zivilrechtlichen Gesellschaftsanteile an der Untergesellschaft befinden sich nach wie vor im Besitz der Obergesellschaft und ggf. sonstigen Untergesellschaftern, so dass die tatbestandlichen Voraussetzungen der §§ 16 Abs. 1 Satz 1 Nr. 2 EStG, § 7 Satz 2 Nr. 2 GewStG in Bezug auf den Untergesellschaftsanteil nicht vorliegen.[481] Zudem würde die Auffassung der Durchstockung erhebliche praktische Probleme mit sich bringen. Bei mehrstöckigen Personengesellschaftskonzernen würden auf diese Weise auch kleinste Anteile an weiteren nachgelagerten Untergesellschaften auf den jeweiligen Ebenen anteilige Gewerbesteuern nach sich ziehen. Dieses Ergebnis würde steuererklärungstechnisch schwierig umzusetzen sein.[482]

Problematisch wäre auch der Fall, bei dem der Verkauf der Obergesellschaftsanteile insgesamt zu einem steuerlichen Veräußerungsverlust führt, allerdings separat betrachtet für die (fiktiven) mittelbaren Veräußerungen Gewinne und somit Gewerbesteuer anfallen würden. Dieses Ergebnis erscheint nicht sachgerecht und würde dem Leistungsfähigkeitsgebot der Besteuerung nicht gerecht werden.[483] Insgesamt bedingen diese Argumente der Sichtweise zu folgen, dass bei einer Veräußerung von Obergesellschaftsanteilen nur ein Veräußerungsvorgang anzunehmen ist, was zur Konsequenz hat, dass die Obergesellschaft für gewerbesteuerliche Zwecke eine „Abschirmwirkung" gegenüber der Untergesellschaft besitzt.[484] Soweit die Obergesellschaftsanteile demnach von einer natürlichen Person veräußert werden, fällt insgesamt keine Gewerbesteuer an, da die Nicht-Anwendungs-Klausel des § 7 Satz 2 letzter Hs. GewStG zu einer Gewerbesteuerbefreiung führt.[485] Zu beachten ist in dem Zusammenhang, dass

[480] Vgl. BEHRENS, S./SCHMITT, R., Mitunternehmerschaften, BB 2002, S. 862, FÖRSTER, U., Ertragsteuerrecht, FR 2002, S. 650.

[481] Vgl. BOHNHARDT, M., Einkommensteuer, S. 106, SCHMIDT, L./HAGEBÖKE, J., Obergesellschaft, DB 2003, S. 792 f., FÖRSTER, G., Kauf, DB 2002, S. 1396, KRÜGER, R., Probleme, GStB 2002, S. 379, RÖDDER, T./HÖTZEL, O./MUELLER-THUNS, T., Unternehmenskauf, § 24 Rn. 192. Auch aus dem Wortlaut des § 7 Satz 2 Nr. 2 GewStG kann nicht auf zwei Veräußerungsvorgänge geschlossen werden.

[482] Vgl. STOLLENWERK, A./SCHERFF, S., Veräußerung, GmbH-StB 2005, S. 46.

[483] Vgl. STOLLENWERK, A./SCHERFF, S., Veräußerung, GmbH-StB 2005, S. 46.

[484] So auch SCHMIDT, L./HAGEBÖKE, J., Obergesellschaft, DB 2003, S. 792 f., BOHNHARDT, M., Einkommensteuer, S. 106, FÖRSTER, G., Kauf, DB 2002, S. 1396, KRÜGER, R., Probleme, GStB 2002, S. 379.

[485] Werden die Obergesellschaftsanteile allerdings durch eine Kapitalgesellschaft veräußert, liegt hingegen ein Veräußerungsgewinn i. S. v. § 7 Satz 2 Nr. 2 GewStG vor. In dem Fall könnte es – wie bei der Veräußerung von Untergesellschaftsanteilen durch Kapitalgesellschaften – zu fremdbestimmten Steuerwirkungen kommen, vgl. Kapitel D.2.4.2.1.

der Obergesellschafter durch die Veräußerung seines Obergesellschaftsanteils auch gleichzeitig seine Sondermitunternehmerstellung hinsichtlich seiner der Untergesellschaft zur Nutzung überlassenen Wirtschaftsgüter verliert. Aber auch dieser Vorgang löst keine Gewerbesteuer aus, da ein daraus resultierender Gewinn unmittelbar beim Veräußerer entsteht, § 7 Satz 2 letzter Hs. GewStG.[486] Dieses Ergebnis kann letztlich auch zu Gestaltungen genutzt werden:

Beispiel: A und B sind jeweils hälftig an der AB-OHG beteiligt. Die AB-OHG ist wiederum zu 80 v. H. an der Y-GmbH & Co. KG beteiligt. Die restlichen Anteile an der Y-GmbH & Co. KG werden von den natürlichen Personen R und S zu je 10 v. H. gehalten. Die Komplementärin X-GmbH hält keine Beteiligung. Die AB-OHG veräußert zum 31.12.01 ihren gesamten Mitunternehmeranteil an der Y-GmbH & Co. KG mit Gewinn.

Lösung: Durch den Veräußerungsvorgang der AB-OHG fällt ein nach § 7 Satz 2 Nr. 2 GewStG gewerbesteuerpflichtiger Gewinn an. Die auf Ebene der Y-GmbH & Co. KG entstehende Gewerbesteuer belastet zudem die Gesellschafter R und S (fremdbestimmte Steuerwirkungen).[487] Um dieses Ergebnis zu vermeiden, könnten die hinter der AB-OHG stehenden Gesellschafter A und B anstelle der Veräußerung der Beteiligung der AB-OHG an der Y-GmbH & Co. KG ihre Mitunternehmeranteile an der AB-OHG veräußern. Danach würde nach § 7 Satz 2 letzter Hs. GewStG ein insgesamt gewerbesteuerfreier Veräußerungsgewinn erzielt werden können, da eine Durchstockung nach der hier vertretenen Auffassung ausscheidet.[488]

2.4.3.2. Veräußerung eines Teil-Mitunternehmeranteils

Wird ein Teil eines Mitunternehmeranteils an einer Obergesellschaft durch eine natürliche Person veräußert, ergeben sich hinsichtlich der gewerbesteuerlichen Beurteilung die gleichen Fragestellungen wie bei der Veräußerung von Teil-Mitunternehmeranteilen bei Untergesellschaften.[489] Auch hier ist m. E. entgegen der Ansicht von Finanzverwaltung, BFH und weiten Teilen der Literatur[490] eine Gewerbesteuerpflicht derartiger Gewinne zu verneinen, da sich aus der Tatsache, dass Teilanteilsveräußerungen seit dem 01.01.2002 einkommensteuerlich gemäß § 16 Abs. 1 Satz 2 EStG als laufende Gewinne gelten, keine Änderung bezüglich der gewerbesteuerlichen Beurteilung ableiten lässt. Auch ist dieser

---

486 Vgl. BEHRENS, S./SCHMITT, R., Mitunternehmerschaften, BB 2002, S. 862, FÖRSTER, G., Kauf, DB 2002, S. 1396.
487 Vgl. Kapitel D.2.4.2.1.
488 Vgl. KRÜGER, R., Probleme, GStB 2002, S. 379.
489 Vgl. Kapitel D.2.4.2.2.
490 Vgl. Fn. 464-466.

Fall nicht über § 7 Satz 2 Nr. 2 GewStG geregelt, da dieser m. E. nur gesamte Mitunternehmeranteile erfasst.[491] Somit fällt auch nicht die Veräußerung von Teil-Mitunternehmeranteilen an einer Obergesellschaft durch eine Kapitalgesellschaft in die Gewerbesteuerpflicht, trotz unmittelbarer Beteiligung einer nicht-natürlichen Person.

Sollte sich trotzdem in der Praxis eine Gewerbesteuerpflicht für die Veräußerung von Teil-Mitunternehmeranteilen an einer Obergesellschaft durchsetzen, würde die mögliche Gewerbesteuer – wie bei der Veräußerung von gesamten Mitunternehmeranteilen – ausschließlich auf Ebene der Obergesellschaft anfallen, da insofern nur ein Veräußerungsvorgang der anteiligen unmittelbaren Beteiligung vorliegt und keine weitere anteilige Veräußerung einer mittelbaren Beteiligung gegeben ist (Abschirmwirkung).[492] Die Gewerbesteuerlast kann schließlich, soweit sie auf eine natürliche Person entfällt, gemäß § 35 EStG auf die Einkommensteuer angerechnet werden.

2.4.4. Veräußerungsvorgang durch einen Gesellschafter, der sowohl an der Ober- als auch der Untergesellschaft beteiligt ist

Eine natürliche Person, die sowohl an der Ober- als auch an der Untergesellschaft beteiligt ist, besitzt zwei selbständig voneinander veräußerbare unmittelbare Mitunternehmeranteile.[493] Veräußert dieser Gesellschafter lediglich seinen gesamten Mitunternehmeranteil an der Untergesellschaft, liegt ein gewerbesteuerfreier Veräußerungsvorgang nach § 7 Satz 2 letzter Hs. GewStG vor. Dies gilt ungeachtet der Tatsache, dass dieser Gesellschafter über die zivilrechtliche Beteiligung an der Obergesellschaft auch mittelbar an der Untergesellschaft beteiligt ist, denn die unmittelbare Beteiligung geht für die steuerrechtliche Beurteilung vor.[494] Veräußert dieser Gesellschafter hingegen ausschließlich seinen gesamten Mitunternehmeranteil an der Obergesellschaft – der die Beteiligung der Ober- an der Untergesellschaft enthält – greift auch in diesem Fall die Nicht-Anwendungs-Klausel des § 7 Satz 2 letzter Hs. GewStG, so dass ein Veräußerungsgewinn gewerbesteuerfrei ist. Werden sowohl der Ober- als auch der Untergesellschaftsanteil in zeitlichem Zusammenhang veräußert, liegen insgesamt zwei selbständige nach § 7 Satz 2 letzter Hs. GewStG gewerbesteuerfreie Veräußerungsvorgänge vor.[495] Die Gewerbesteuerfreiheit gilt

---

[491] So auch FREIHERR VON TWICKEL, D., in: BLÜMICH, W., EStG/KStG/GewStG, § 7 GewStG Rn. 128.

[492] Vgl. Kapitel D.2.4.3.1.

[493] Vgl. Kapitel D.2.2.2.

[494] Vgl. ZIMMERMANN, R. u. a., Steuerrecht, Abschn. G. Rn. 7.

[495] A. A. ZIMMERMANN, R. u. a., Steuerrecht, Abschn. G. Rn. 51, der in diesem Fall drei Veräußerungsvorgänge annimmt, da er die Veräußerung der Beteiligung der Obergesell-

unabhängig davon, ob im Zuge der Veräußerung der Ober- und/oder Untergesellschaftsanteile Wirtschaftsgüter des Sonderbetriebsvermögens mitveräußert, der jeweiligen Gesellschaft weiterhin zu Nutzung überlassen oder steuerneutral in ein anderes Betriebsvermögen transferiert werden, da es für den Anfall von Gewerbesteuer nur darauf ankommt, ob die eigentliche gewerbliche Betätigung eingestellt wurde.[496]

Ist hingegen eine juristische Person sowohl an der Ober- als auch der Untergesellschaft unmittelbar beteiligt, liegt im Falle einer Veräußerung des Ober- und/oder Untergesellschaftsanteils nach § 7 Satz 2 Nr. 2 GewStG immer ein gewerbesteuerpflichtiger Vorgang vor. Dies könnte – wie schon zuvor beschrieben – fremdbestimmte Steuerwirkungen nach sich ziehen.[497] Bezüglich einer Veräußerung eines Teil-Mitunternehmeranteils an einer Ober- und/oder Untergesellschaft durch eine natürliche oder juristische Person gelten die obigen Ausführungen analog.

Die Abbildung 10 stellt zusammenfassend die gewerbesteuerliche Behandlung der Veräußerung von Mitunternehmeranteilen bei doppelstöckigen Personengesellschaften dar.

Veräußerer	**Veräußerungsobjekt**	**Gewerbesteuer?**	**Steuerermäßigung nach § 35 EStG**
Natürliche Person	Mitunternehmeranteil	Nein	Entfällt
	Teil-Mitunternehmeranteil	Nein (?)	Entfällt (?)
	Sonder-Mitunternehmeranteil i. S. v. § 15 Abs. 1 S. 1 Nr. 2 S. 2 EStG	Nein	Entfällt
Oberpersonen-gesellschaft	Mitunternehmeranteil	Ja	Ja
	Teil-Mitunternehmeranteil	Nein (?)	Entfällt (?)
Juristische Person	Mitunternehmeranteil	Ja	Nein
	Teil-Mitunternehmeranteil	Nein (?)	Nein

Abbildung 10: Gewerbesteuerliche Beurteilung von Veräußerungsvorgängen bei doppelstöckigen Personengesellschaften

schaft an der Untergesellschaft als selbständigen Veräußerungsvorgang betrachtet. Danach wäre dieser Veräußerungsvorgang nach § 7 Satz 2 Nr. 2 GewStG gewerbesteuerpflichtig, da die Nicht-Anwendungs-Klausel des § 7 Satz 2 letzter Hs. GewStG aufgrund der unmittelbaren Beteiligung einer nichtnatürlichen Person an der Untergesellschaft nicht greifen würde. M. E. ist diese Ansicht nicht sachgerecht, da der Mitunternehmeranteil an der Obergesellschaft die Beteiligung der Ober- an der Untergesellschaft umfasst, vgl. Kapitel D.1.2.2.

[496] Vgl. BFH vom 03.02.1994, III R 23/89, BStBl. II 1994, S. 710.

[497] Vgl. Kapitel D.2.4.2.1.

Sofern bei den Veräußerungsvorgängen von natürlichen Personen bzw. der Obergesellschaft der Tatbestand des § 18 Abs. 4 UmwStG erfüllt ist, fällt allerdings Gewerbesteuer an, die nicht nach § 35 EStG angerechnet werden kann.[498]

2.5. Anrechnung der Gewerbesteuer nach § 35 EStG[499]

2.5.1. Gewerbesteuerentlastung bei (unterjährigen) Veräußerungsvorgängen i. S. v. § 7 Satz 2 GewStG

Die vorstehenden Ausführungen haben gezeigt, dass bestimmte Veräußerungsvorgänge bei doppelstöckigen Personengesellschaften Gewerbesteuer nach § 7 Satz 2 GewStG auslösen können, so dass natürliche Personen als Schlussgesellschafter eine Anrechnung der Gewerbesteuer auf die Einkommensteuer nach § 35 EStG vornehmen können.[500] Der aus einem Veräußerungsvorgang eines Untergesellschaftsanteils durch die Obergesellschaft entstandene Gewerbesteuer-Messbetrag ist nach dem allgemeinen Gewinnverteilungsschlüssel aufzuteilen, so dass die veräußernde Obergesellschaft nur einen Anteil am Gewerbesteuer-Messbetrag erhält.[501] Einkommensteuerlich fällt der Gewinn aus der Veräußerung des Mitunternehmeranteils hingegen im Rahmen der einheitlichen und gesonderten Feststellung vollständig der veräußernden Obergesellschaft zu.[502] Bei solchen Veräußerungsvorgängen ist daher die Gefahr groß, dass Anrechnungsvolumen und Ermäßigungshöchstbetrag personell auseinander fallen, was erhebliche Anrechnungsüberhänge zur Folge haben kann.

Beispiel:[503] An der Untergesellschaft (KG) ist die natürliche Person Y mit 80 v. H. und die Obergesellschaft (OHG) mit 20 v. H. beteiligt. An der Obergesellschaft sind weiterhin die natürlichen Personen A und B hälftig beteiligt. Die Obergesellschaft veräußert ihren Mitunternehmeranteil an der Untergesellschaft zum Ende des Wirtschaftsjahres 01, wodurch sich der Gewerbesteuer-Messbetrag bei der Untergesellschaft um T€ 100 erhöht.

---

498 Vgl. m. w. N. Kapitel D.2.5.2.

499 Vgl. zu den Grundlagen der Gewerbesteuerentlastung nach § 35 EStG bei doppelstöckigen Personengesellschaften Kapitel C.4.

500 Vgl. BMF vom 15.05.2002, IV A 5 – S 2296a – 16/02, FR 2002, S. 640 Rn. 10. Zudem fällt Gewerbesteuer bei den Veräußerungsvorgängen an, bei dem auf Seiten des Veräußerers und Erwerbers dieselbe Person steht (§ 16 Abs. 2 Satz 3 EStG) oder in den Fällen des § 18 Abs. 4 UmwStG.

501 Vgl. BMF vom 15.05.2002, IV A 5 – S 2296a – 16/02, FR 2002, S. 641 f. Rn. 24 und 29.

502 Vgl. BFH vom 29.04.1993, IV R 107/92, BStBl. II 1993, S. 666.

503 Siehe zu ähnlichen Beispielen KRÜGER, R., Probleme, GStB 2002, S. 382, RITZER, C. J./ STANGL, I., Besonderheiten, DStR 2002, S. 1790, dies., in: FROTSCHER, G., EStG, § 35 Rn. 112i.

Lösung: Der Veräußerungsvorgang führt bei der Obergesellschaft für Zwecke des § 35 EStG zu einem zuzurechnenden anteiligen Gewerbesteuer-Messbetrag von T€ 20 (T€ 100 x 0,2), der wiederum hälftig auf die Gesellschafter A und B zu verteilen ist (je T€ 10). Gesellschafter Y erhält hingegen einen anteiligen Gewerbesteuer-Messbetrag von T€ 80 (T€ 100 x 0,8). Es tritt somit die – unbefriedigende – Situation ein, dass die hinter der Veräußerung stehenden Gesellschafter A und B, die die höhere Gewerbesteuer verursacht haben und hohe Einkommensteuern auf ihren anteiligen Veräußerungsgewinn zahlen, nur einen relativ geringen anteiligen Gewerbesteuer-Messbetrag zugerechnet bekommen, während Gesellschafter Y womöglich einer nur sehr geringen Einkommensteuerzahllast ausgesetzt ist, hingegen aber den Großteil des durch die Veräußerung entstandenen Gewerbesteuer-Messbetrags erhält, so dass die ihm gewährte Steuerermäßigung nach § 35 EStG ganz oder teilweise ins Leere läuft.

Fraglich ist darüber hinaus, in welcher Weise der Gewerbesteuer-Messbetrag und damit das Anrechnungsvolumen auf die Gesellschafter zu verteilen ist, wenn ein Gesellschafterwechsel unterjährig erfolgt. Zum Teil wird im Schrifttum die Auffassung vertreten, dass die Aufteilung nach Maßgabe des Gewinnverteilungsschlüssels am Ende des Wirtschaftsjahres zu erfolgen hat.[504] Dies soll zumindest dann gelten, wenn die Gewerbesteuer in den Veräußerungsverhandlungen nicht berücksichtigt wird und sie wirtschaftlich somit die am Ende des Jahres beteiligten Gesellschafter im Verhältnis des allgemeinen Gewinnverteilungsschlüssels belastet.[505] Die Finanzverwaltung teilt den Gewerbesteuer-Messbetrag auf die Gesellschafter nach dem „allgemeinen Gewinnverteilungsschlüssel einschließlich der Vereinbarungen, die anlässlich des Eintritts oder des Ausscheidens des Gesellschafters getroffen worden sind"[506] auf. Rein vom Wortlaut des BMF-Schreibens könnten beide Auffassungen gedeckt sein. Es kommt für den maßgeblichen Verteilungsschlüssel im Ergebnis darauf an, ob im Rahmen eines Gesellschafterwechsels spezielle Vereinbarungen bezüglich der Gewerbesteuer getroffen werden oder nicht. Da die Gewerbesteuer Aufwand darstellt, dürfte bei den Verhandlungen über einen Gesellschafterwechsel eine Vereinbarung über die Gewerbesteuerlast der Regelfall sein.[507] In dem Fall würde der Gewerbesteuer-Messbetrag zeitanteilig ent-

---

[504] Vgl. SCHIFFERS, J., in: KORN, K. u. a., EStG, § 35 Rn. 73, WENDT, M., in: HERRMANN, C./ HEUER, G./RAUPACH, A., EStG/KStG, § 35 EStG Rn. 31.
[505] Vgl. SCHIFFERS, J., Steuerermäßigung, Stbg 2001, S. 407.
[506] BMF vom 15.05.2002, IV A 5 – S 2296a – 16/02, FR 2002, S. 642 Rn. 29.
[507] Vgl. RITZER, C. J./STANGL, I., in: FROTSCHER, G., EStG, § 35 Rn. 112f.

sprechend der jeweiligen Gewinnverteilungsschlüssel verteilt.[508] Wird die Gewerbesteuer im Rahmen der Vereinbarungen über einen Gesellschafterwechsel von den Gesellschaftern jedoch ausnahmsweise nicht berücksichtigt, greift der allgemeine Gewinnverteilungsschlüssel am Jahresende. Dies könnte sachgerecht sein, da in diesen Fällen die Gewerbesteuer nur die am Jahresende noch beteiligten Gesellschafter belastet. Andererseits ist offensichtlich, dass dadurch eine verstärkte Gefahr von Anrechnungsüberhängen droht.[509]

2.5.2. Gewerbesteuerentlastung in den Fällen des § 18 Abs. 4 Satz 3 UmwStG

2.5.2.1. Grundlagen des § 18 Abs. 4 UmwStG

Neben den Veräußerungsvorgängen i. S. v. § 7 Satz 2 GewStG unterliegen auch Veräußerungen i. S. v. § 18 Abs. 4 UmwStG der Gewerbesteuer. Dabei handelt es sich um Veräußerungsgewinne, die durch die Veräußerung oder Aufgabe einer Personengesellschaft entstanden sind, die in den fünf Jahren zuvor umgewandelt worden ist (Satz 1). Entsprechendes gilt auch für die Veräußerung oder Aufgabe eines Teilbetriebs oder Mitunternehmeranteils (Satz 2).[510] Fraglich ist allerdings, ob von der Vorschrift auch die Veräußerung oder Aufgabe von Teil-Mitunternehmeranteilen erfasst wird. Aus dem Wortlaut des § 18 Abs. 4 UmwStG geht dies nicht explizit hervor. Zudem hatte der Gesetzgeber im UntStFG die Möglichkeit gehabt, diesen Fall zu regeln. Während er für die einkommensteuerliche Behandlung von Teil-Mitunternehmeranteilen eine aus-

---

[508] Vgl. GLANEGGER, P., in: SCHMIDT, L., EStG, § 35 Rn. 52, KOREZKIJ, L., Einkünfte, S. 151, KRÜGER, R., Probleme, GStB 2002, S. 383, RÖDDER, T., in: JbFSt 2002/2003, Verschärfungen, S. 112 f.

[509] Vgl. RITZER, C. J./STANGL, I., in: FROTSCHER, G., EStG, § 35 Rn. 112f, NEU, N., Personengesellschaftsbesteuerung, DStR 2002, S. 1080, SCHIFFERS, J., in: KORN, K. u. a., EStG, § 35 Rn. 73 f.

[510] Da Veräußerungen des gesamten Mitunternehmeranteils an einer Personengesellschaft sowohl unter die Vorschrift des § 18 Abs. 4 UmwStG als auch des § 7 Satz 2 Nr. 2 GewStG fallen können, ist zu fragen, welcher Regelung Vorrang einzuräumen ist. Es wird u. a. argumentiert, dass § 7 Satz 2 Nr. 2 GewStG vorgehen soll, da sich aus § 18 Abs. 4 UmwStG nur dann eine Gewerbesteuerpflicht ergibt, wenn sie sich nicht bereits aus dem Gewerbesteuergesetz selbst ergibt, vgl. BENZ, S., Steueränderungen, DB 2002, Beilage 1 S. 22. Dem wird allerdings m. E. richtigerweise entgegengehalten, dass § 18 Abs. 4 UmwStG nach der Zielsetzung (Verhinderung der Umstrukturierung zum Zweck der anschließenden Veräußerung) und der schärferen Rechtsfolgen als lex specialis dem § 7 Satz 2 GewStG vorgeht, vgl. FÜGER, R./RIEGER, N., Verbot, DStR 2002, S. 1023. So auch BRANDENBERG, H. B., Personengesellschaftsbesteuerung (Teil II), DStZ 2002, S. 553, GLANEGGER, P., in: SCHMIDT, L., EStG, § 35 Rn. 34, HERRMANN, H.-J., in: FROTSCHER, G./MAAS, E., UmwStG, § 18 Rn. 40, BMF vom 16.12.2003, IV A 2 – S 1978 – 16/03, DB 2004, S. 221 Rn. 14.

drückliche Regelung aufnahm[511], ist dies bezüglich der gewerbesteuerlichen Behandlung sowohl bei Änderung des § 7 Satz 2 GewStG als auch des § 18 Abs. 4 UmwStG nicht geschehen.[512] Somit ist zumindest zweifelhaft, ob § 18 Abs. 4 Satz 2 UmwStG auch die Veräußerung oder Aufgabe von Teil-Mitunternehmeranteilen erfasst.[513]

Mit der Vorschrift des § 18 Abs. 4 UmwStG will der Gesetzgeber verhindern, dass eine Kapitalgesellschaft die Gewerbesteuerpflicht infolge einer Veräußerung ihres Betriebs vermeidet, indem sie in eine Personengesellschaft umgewandelt wird, um sodann diesen Betrieb gewerbesteuerfrei zu veräußern oder aufzugeben.[514] Da im Schrifttum[515] die Auffassung bestand, dass ein aus derartigen Veräußerungsvorgängen resultierender Gewerbesteuer-Messbetrag bei den Mitunternehmern grundsätzlich zu einer Steuerermäßigung nach § 35 EStG führen könne, wurde in § 18 Abs. 4 UmwStG ein Satz 3 aufgenommen[516], der den auf Veräußerungs- und Aufgabegewinne i. S. d. § 18 Abs. 4 Satz 1 und 2 UmwStG beruhenden Teil des Gewerbesteuer-Messbetrags bei der Ermäßigung der Einkommensteuer nach § 35 EStG nicht berücksichtigt.

2.5.2.2. Anwendung auf doppelstöckige Personengesellschaften

Es ist nun zu untersuchen, inwiefern § 18 Abs. 4 UmwStG bei Veräußerungsvorgängen einer doppelstöckigen Personengesellschaft angewandt wird, wenn entweder die Ober- oder die Untergesellschaft in den fünf Jahren zuvor umgewandelt wurde. Dies sei durch folgendes Beispiel erläutert:

Beispiel: A und B sind hälftig an der AB-OHG beteiligt, die wiederum zu 100 v. H. an der X-KG beteiligt ist. Alternative a) Die AB-OHG ist aus einer

---

[511] UNTSTFG vom 20.12.2001, BGBl. I 2001, S. 3860.

[512] UNTSTFG vom 20.12.2001, BGBl. I 2001, S. 3872 f.

[513] So auch RÖDDER, T., in: JbFSt 2002/2003, Verschärfungen, S. 114, ders., Gewerbesteueranrechnung, DStR 2002, S. 943. Nach FÜGER, R./RIEGER, N., Verbot, DStR 2002, S. 1023, ist § 18 Abs. 4 Satz 2 UmwStG auf Teil-Mitunternehmeranteile anzuwenden.

[514] Vgl. FÜGER, R./RIEGER, N., Verbot, DStR 2002, S. 1022, ZIMMERMANN, R. u. a., Steuerrecht, Abschn. B., Rn. 443. Der Gesetzeszweck des § 18 Abs. 4 UmwStG ist durch § 7 Satz 2 GewStG i. d. F. des UNTSTFG vom 20.12.2001, BGBl. I 2001, S. 3858 insoweit überflüssig geworden, als Kapitalgesellschaften das sog. Ausgliederungsmodell dadurch nicht mehr zur Umgehung der Gewerbesteuerpflicht nutzen können, da Kapitalgesellschaften seitdem ohnehin der Gewerbesteuer mit Gewinnen aus der Veräußerung von Mitunternehmeranteilen unterliegen, vgl. HERRMANN, H.-J., in: FROTSCHER, G./MAAS, E., UmwStG, § 18 Rn. 41.

[515] Vgl. SCHMITT, J., in: SCHMITT, J./HÖRTNAGL, R./STRATZ, R.-C., UmwStG, § 18 Rn. 58, GLANEGGER, P., in: SCHMIDT, L., EStG 2001, § 35 Rn. 6.

[516] Vgl. BT-Drs. 14/7343 vom 07.11.2001, S. 37.

Umwandlung der AB-GmbH entstanden; Alternative b) Die X-KG ist aus einer Umwandlung der X-GmbH entstanden.

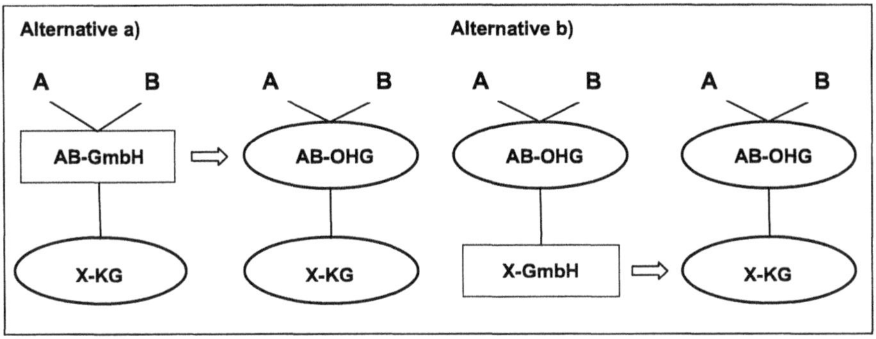

Abbildung 11: Beispiel zu § 18 Abs. 4 UmwStG i. V. m. § 35 EStG bei doppelstöckigen Personengesellschaften

Fraglich ist, wie Veräußerungsvorgänge bei der entstandenen doppelstöckigen Personengesellschaft nach §§ 18 Abs. 4 UmwStG i. V. m. § 35 EStG zu beurteilen sind, wenn eine Veräußerung an der Ober- bzw. Untergesellschaft innerhalb von fünf Jahren nach der Umwandlung erfolgt.

Veräußern in der Alternative a) die Gesellschafter A oder B ihre Mitunternehmeranteile an der AB-OHG mit Gewinn, ist § 18 Abs. 4 Satz 2 UmwStG einschlägig, da die AB-OHG in den fünf Jahren vor der Veräußerung umgewandelt wurde. Dies hat zur Konsequenz, dass der Veräußerungsvorgang auf Ebene der AB-OHG Gewerbesteuer auslöst und die Mitunternehmer diese nicht nach § 35 EStG auf die Einkommensteuer anrechnen können.[517] Damit wird entsprechend des Gesetzeszwecks verhindert, dass eine gewerbesteuerpflichtige Veräußerung der ursprünglichen AB-GmbH durch eine Umwandlung in eine Personengesellschaft gewerbesteuerfrei wird. Veräußert hingegen die AB-OHG ihren Mitunternehmeranteil an der X-KG, greift § 18 Abs. 4 Satz 2 UmwStG nach dem Wortlaut nicht, da die Vorschrift nur die Veräußerung von Mitunternehmeranteilen einer durch eine Umwandlung entstandenen Personen-

[517] Es ergibt sich das Problem, dass § 18 Abs. 4 UmwStG nicht nur die stillen Reserven der umgewandelten Kapitalgesellschaft erfasst, die durch die Umwandlung auf die Personengesellschaft übergegangen sind, sondern auch die stillen Reserven, die bei der übernehmenden Personengesellschaft nach der Umwandlung entstanden sind und ohne die Umwandlung nicht gewerbesteuerpflichtig wären. Da dies nicht sachgerecht ist, spricht sich SÖFFING, G., Wortlaut, FR 2005, S. 1007-1012, in diesem Zusammenhang für eine teleologische Reduktion des Wortlauts des § 18 Abs. 4 UmwStG aus.

gesellschaft erfasst.[518] Veräußert die entstandene Personengesellschaft Anteile an einer Tochterpersonengesellschaft, handelt es sich stattdessen um eine Veräußerung nach § 7 Satz 2 Nr. 2 GewStG. Das hat zur Folge, dass der Veräußerungsgewinn auf Ebene der Untergesellschaft der Gewerbesteuer unterliegt und bei den Gesellschaftern der Obergesellschaft auf die Einkommensteuer nach § 35 EStG angerechnet werden kann.[519] Ähnliche Konsequenzen ergeben sich aus dem umgekehrten Fall, der Alternative b): Veräußern A oder B ihre Mitunternehmeranteile an der AB-OHG, fällt ein daraus resultierender Gewinn nicht in den Bereich des § 18 Abs. 4 UmwStG, sondern wird von § 7 Satz 2 GewStG erfasst. Nach § 7 Satz 2 letzter Hs. GewStG ist dieser Vorgang allerdings gewerbesteuerfrei, da der Gewinn auf eine unmittelbar beteiligte natürliche Person fällt.[520] Es erfolgt keine Gewerbesteueranrechnung nach § 35 EStG.[521] Hingegen wird die Veräußerung der Anteile der AB-OHG an der durch Umwandlung innerhalb der letzten fünf Jahre entstandenen X-KG von § 18 Abs. 4 Satz 2 UmwStG erfasst, mit der Folge, dass auf Ebene der X-KG Gewerbesteuer anfällt, die nach § 35 EStG bei den Gesellschaftern der Obergesellschaft nicht angerechnet werden kann.

2.6. Verlustvortrag nach § 10a GewStG

2.6.1. Voraussetzungen

Existieren gewerbesteuerliche Verluste, können diese gemäß § 10a GewStG in künftige Wirtschaftsjahre vorgetragen und dort mit Gewerbeerträgen verrechnet werden. Ab dem Veranlagungszeitraum 2004 wurde allerdings eine Einschränkung dieser Nutzungsmöglichkeit ins Gewerbesteuergesetz aufgenommen. Nach § 10a Satz 2 GewStG dürfen positive Gewerbeerträge nur noch bis zu 1 Mio. € unbeschränkt, darüber hinausgehende Beträge zu maximal 60 v. H. um einen vorhandenen Gewerbesteuerverlustvortrag gekürzt werden.

Voraussetzung für den gewerbesteuerlichen Verlustabzug sind die Unternehmensidentität und die Unternehmeridentität, die im Jahr der Verlustentstehung und im Jahr der Verlustnutzung übereinstimmen müssen. Die Unternehmensidentität ergibt sich aus dem Objektsteuercharakter der Gewerbesteuer.[522]

---

[518] So auch FÜGER, R./RIEGER, N., Verbot, DStR 2002, S. 1023, WIDMANN, S., in: WIDMANN, S./MAYER, D., Umwandlungsrecht, § 18 UmwStG Rn. 178 f. Zweifelnd THIEL, J. u. a., Umwandlungssteuer-Erlass, GmbHR 1998, S. 430.

[519] Vgl. FÜGER, R./RIEGER, N., Verbot, DStR 2002, S. 1023 f.

[520] Vgl. OFD Koblenz vom 27.12.2004 – G 1421 A, DStR 2005, S. 194. So auch FÜGER, R./ RIEGER, N., Verbot, DStR 2002, S. 1023, WIDMANN, S., in: WIDMANN, S./MAYER, D., Umwandlungsrecht, § 18 UmwStG Rn. 180.

[521] Vgl. BMF vom 15.05.2002, IV A 5 – S 2296a – 16/02, FR 2002, S. 640 Rn. 10.

[522] Vgl. BFH vom 12.01.1978, IV R 26/73, BStBl. II 1978, S. 350.

Demnach soll der im Anrechnungsjahr bestehende Gewerbebetrieb derselbe sein, wie der Betrieb, der den Fehlbetrag erwirtschaftet hat.[523] Dabei kommt es insbesondere auf den wirtschaftlichen Weiterbestand des Gewerbebetriebs an, d. h. Zweck (z. B. Handel, Produktion, gewerbliche Dienstleistungen), Kapitalausstattung, Mitarbeiter, Lieferanten und Standort.[524] Es müssen nicht alle Merkmale zur Annahme der Unternehmensidentität unverändert beibehalten werden. Es kommt darauf an, dass das Gesamtbild des Betriebs, also die Merkmale, die den Betrieb kennzeichnen, erhalten bleibt. Vereinzelte Veränderungen bzw. Anpassungen sind unschädlich.[525] Geht ein Gewerbebetrieb mit allen wesentlichen Betriebsgrundlagen auf einen anderen Unternehmer über, kann ein noch vorhandener Gewerbeverlust aus früheren Jahren nicht mit übertragen werden. Sowohl bei der Einzel- als auch bei der Gesamtrechtsnachfolge gilt der Gewerbebetrieb beim neuen Unternehmer als neu gegründet.[526] Bei einer Personengesellschaft ist vom gleichen Gewerbetrieb auszugehen, solange mindestens ein Gesellschafter sowohl im Jahr des Entstehens des Gewerbeverlustes als auch im Jahr der Kürzung vom Gewerbeertrag unverändert beteiligt ist.[527]

Unternehmeridentität bedeutet, dass der Unternehmer, der die Kürzung in Anspruch nimmt, derselbe ist, der den Verlust erlitten hat, d. h. der Steuerpflichtige muss sowohl im Zeitpunkt der Verlustentstehung als auch zur Zeit des Auftretens des zu verrechnenden positiven Gewerbeertrags Unternehmensinhaber gewesen sein.[528] Demnach führt – wie bereits erwähnt – die Übertragung eines Einzelunternehmens zum Untergang der Verluste. Bei einer Personengesellschaft stellt sich die Frage, ob die Gesellschaft selbst oder die dahinter stehenden Gesellschafter als Unternehmer und somit als Träger des Rechts auf den gewerbesteuerlichen Verlustabzug anzusehen sind. Nach ständiger Rechtsprechung des BFH ist auf die Gesellschafter abzustellen, so dass beim Wechsel innerhalb des Gesellschafterbestands einer Personengesellschaft die Unternehmeridentität verletzt wird und ein entsprechender Anteil des Gewerbeverlusts untergeht.[529]

---

[523] Vgl. BFH vom 19.12.1984, I R 165/80, BStBl. II 1985, S. 403 f.
[524] Vgl. BFH vom 26.08.1993, IV R 133/90, BStBl. II 1995, S. 792 f.
[525] Vgl. BFH vom 19.12.1984, I R 165/80, BStBl. II 1985, S. 404.
[526] Vgl. ZIMMERMANN, R. u. a., Steuerrecht, Abschn. B. Rn. 475.
[527] Vgl. Abschn. 20 Abs. 2 Satz 1 GewStR.
[528] Vgl. GÜROFF, G., in: GLANEGGER, P./GÜROFF, G., Gewerbesteuergesetz, § 10a Rn. 12, HERZIG, N./FÖRSTER, G./FÖRSTER, U., Gesellschafterbestand, DStR 1996, S. 1025.
[529] Vgl. BFH vom 26.08.1993, IV R 133/90, BStBl. II 1995, S. 791, BFH vom 03.05.1993, GrS 3/92, BStBl. II 1993, S. 616, BFH vom 14.12.1989, IV R 117/88, BStBl. II 1990, S. 437.

2.6.2. Mitunternehmerbezogene Verlustvortragsberechnung

2.6.2.1. Einstöckige Personengesellschaft

Der Verlustabzug bei Personengesellschaften erfordert – wie bereits ausgeführt – eine auf den einzelnen Mitunternehmer bezogene Betrachtung. Dabei muss im Verlustentstehungsjahr ein negativer Gewerbeertrag und im Anrechnungsjahr ein positiver Gewerbeertrag bei der Personengesellschaft bestehen. Die Ermittlung der Beträge erfolgt nach Maßgabe des jeweiligen Gewinnverteilungsschlüssels unter Berücksichtigung von Sonderbetriebseinnahmen und -ausgaben, auch soweit sie auf nur mittelbar beteiligte Gesellschafter nach § 15 Abs. 1 Satz 1 Nr. 2 Satz 2 EStG entfallen.[530] Ein Verlustabzug entfällt, wenn sich für eine Personengesellschaft ein positiver Gewerbeertrag ergibt, auch wenn einzelne Mitunternehmer nach der einheitlichen und gesonderten Gewinnfeststellung einen Verlust aus ihrer Beteiligung erzielen. Umgekehrt ist ein bei einer Personengesellschaft entstandener Verlust in den Folgejahren nicht abzuziehen, wenn ein negativer Gewerbeertrag erzielt wird, wobei es unerheblich ist, bei dem einzelne Mitunternehmer nach der einheitlichen und gesonderten Gewinnfeststellung einen Gewinnanteil aufweisen.[531] Zur Veranschaulichung soll folgendes Beispiel dienen:

Beispiel: An der XY-OHG sind zur Hälfte X und Y beteiligt. Die Gesellschaft erzielt lt. Handelsbilanz in 01 einen Verlust von T€ 200 und in 02 einen Gewinn von T€ 60. Gesellschafter X erzielte in beiden Wirtschaftsjahren einen Sonderbilanzgewinn von T€ 40 (in Handelsbilanz ergebniswirksam berücksichtigt).

Lösung: In 01 ergeben sich Einkünfte i. S. v. § 15 EStG bzw. § 7 GewStG i. H. v. ./. T€ 160 (./. T€ 200 + T€ 40), die sich auf X mit ./. T€ 60 (./. T€ 100 + T€ 40) und auf Y mit ./. T€ 100 verteilen. In 02 kann X nach Auffassung des BFH[532] sein positives Ergebnis i. H. v. T€ 70 (T€ 30 + T€ 40) mit seinem Verlust aus 01 komplett verrechnen, während Y seinen Verlust aus 01 (T€ 100) nur bis zur Höhe seines Gewinnanteils von T€ 30 anrechnen kann. Nach Durchführung des Verlustabzugs von insgesamt T€ 90 (X = T€ 60; Y = T€ 30) verbleibt zum 31.12.02 ein festzustellender vortragsfähiger Gewerbeverlust von T€ 70 (der noch nicht ausgeschöpfte Anteil des Y).

---

530 Vgl. BFH vom 17.01.2006, VIII R 96/04, BB 2006, S. 645, BFH vom 14.12.1989, IV R 117/88, BStBl. II 1990, S. 437, FG Düsseldorf vom 15.09.2005, 11 K 7141/01 F, Rev. eingelegt (Az. BFH: IV R 59/05), EFG 2006, S. 757, FG München vom 29.09.2004, 9 K 3768/03, Rev. (Az. BFH: I R 108/04), EFG 2005, S. 213.

531 Vgl. ZIMMERMANN, R. u. a., Steuerrecht, Abschn. B. Rn. 462, HERZIG, N./FÖRSTER, G./FÖRSTER, U., Gesellschafterbestand, DStR 1996, S. 1025, PFLÜGER, H., Gewerbeverlust, GStB 2006, S. 154.

532 Vgl. BFH vom 16.02.1994, XI R 50/88, BStBl. II 1994, S. 364 f.

Nach Auffassung der Finanzverwaltung[533] ist das Urteil des BFH allerdings nicht über den entschiedenen Einzelfall hinaus anzuwenden. Danach wird der Gewerbeverlust aus 01 von T€ 160 mit dem Gewinn aus 02 von T€ 100 (T€ 60 + T€ 40) verrechnet, so dass nach Durchführung des Verlustabzugs nur noch ein Verlust i. H. v. T€ 60 zum 31.12.02 festzustellen ist. Die Verwaltung führt die mitunternehmerbezogene Betrachtungsweise somit nicht konsequent durch. Dies ist wahrscheinlich darauf zurückzuführen, dass die praktische Umsetzung des BFH-Urteils erhebliche Schwierigkeiten nach sich ziehen würde, da für jeden Mitunternehmer ein eigenes Verlustkonto geführt werden müsste.[534] Für den Steuerpflichtigen ist diese Sichtweise allerdings zu begrüßen, da so – wie im Beispiel gezeigt – das gewerbesteuerliche Verlustvortragsvolumen besser ausgeschöpft werden kann. Da der BFH aber seine strikt mitunternehmerbezogene Sichtweise in einem Urteil kürzlich bestätigt hat[535], bleibt abzuwarten, inwiefern die Finanzverwaltung darauf reagiert.

2.6.2.2. Doppelstöckige Personengesellschaft

Liegt eine doppelstöckige Personengesellschaft vor, so stellt sich die Frage, inwiefern die Gesellschafter, die nur mittelbar über die Obergesellschaft an der Untergesellschaft beteiligt sind, an den Gewerbeverlusten der Untergesellschaft partizipieren. Träger des Rechts auf den gewerbesteuerlichen Verlustabzug sind die (zivilrechtlichen) Gesellschafter und nicht die Gesellschaft.[536] Der Gesellschafter der Obergesellschaft ist über § 15 Abs. 1 Satz 1 Nr. 2 Satz 2 EStG aber nur hinsichtlich seiner Tätigkeits- und Nutzungsvergütung und seines Sonderbetriebsvermögens wie ein unmittelbar beteiligter Gesellschafter zu behandeln. Daher hat der BFH in einem Urteil entschieden, dass es nicht ernstlich zweifelhaft sei, eine Verlustverrechnung nach § 10a Satz 1 GewStG bei einem nur mittelbar an einer Personengesellschaft beteiligten Gesellschafter nach Einfügung des § 15 Abs. 1 Satz 1 Nr. 2 Satz 2 EStG nicht uneingeschränkt zuzulassen, sondern nur im Rahmen des Sonderbetriebsvermögens.[537] Es ergibt sich somit die Beschränkung des gewerbesteuerlichen Verlustvortrags beim Gesellschafter der Obergesellschaft auf diejenigen Verluste, die im Sonderbetriebsvermögensbereich angefallen sind.[538] Entsteht dem mittelbar beteiligten

---

[533] Vgl. BMF vom 16.12.1996, Gleichlautende Ländererlasse, BStBl. I 1996, S. 1392.
[534] Vgl. ZERHUSEN, S., Verlustvortrag, INF 2005, S. 702, MADAUß, N., Fragen, StBp 1998, S. 331.
[535] Vgl. BFH vom 17.01.2006, VIII R 96/04, BB 2006, S. 645.
[536] Vgl. Kapitel D.2.6.1.
[537] Vgl. BFH vom 06.09.2000, IV R 69/99, BStBl. II 2001, S. 731.
[538] Vgl. KEMPERMANN, M., Probleme, GmbHR 2002, S. 202. A. A. WINGLER, E., Verlustnutzung, BB 1998, S. 2090 und BORDEWIN, A., Verlustabzug, DStR 1996, S. 1595, die die Gesellschafter der Obergesellschaft als die Träger eines gewerbesteuerlichen Verlusts der

Gesellschafter in seiner Sonderbilanz bei der Untergesellschaft allerdings ein negatives Ergebnis und es entsteht dennoch insgesamt ein Gewerbeertrag, so ist insgesamt kein Fehlbetrag gegeben und der Sonderbilanzverlust kann nicht in späteren Erhebungszeiträumen genutzt werden.[539]

Beispiel: Die Untergesellschaft erleidet einen Bilanzverlust i. H. v. T€ 200. Ein mittelbar an der Untergesellschaft beteiligter Gesellschafter hat als Geschäftsführer eine Tätigkeitsvergütung i. H. v. T€ 150 bezogen, so dass bei der Untergesellschaft ein Gewerbeverlust i. H. v. T€ 50 entstanden ist.

Lösung: Der Gewerbeverlust ist ausschließlich unter den zivilrechtlichen Gesellschaftern der Untergesellschaft zu verteilen, da dem nur mittelbar beteiligten Gesellschafter kein Anteil am Bilanzverlust zuzurechnen ist und seine Sonderbilanz ein positives Ergebnis aufweist.[540]

Würde umgekehrt die Untergesellschaft einen Bilanzgewinn erzielen, aber aufgrund eines negativen Sonderbilanzergebnisses eines mittelbar beteiligten Gesellschafters ein Gewerbeverlust entstehen, ist dieser Fehlbetrag ausschließlich dem mittelbaren Gesellschafter zuzuordnen, da er durch sein Sonderbetriebsvermögen entstanden ist. Der Fehlbetrag kann dann in den folgenden Erhebungszeiträumen nur mit Gewinnen aus seinem Sonderbetriebsvermögen verrechnet werden.[541] Hat die Untergesellschaft einen Bilanzverlust erlitten und darüber hinaus auch der mittelbar beteiligte Gesellschafter ein negatives Sonderbilanzergebnis erzielt, so ist der insgesamt entstandene gewerbesteuerliche Fehlbetrag auf die unmittelbaren Gesellschafter der Untergesellschaft einerseits und den Sondermitunternehmer andererseits aufzuteilen.[542] Die vorzutragenden Verluste können dann auch nur mit späteren Gewinnen aus dem jeweiligen Vermögen verrechnet werden.

Untergesellschaft ansehen, da diese die Verluste auch wirtschaftlich tragen, und somit gewerbesteuerlich in den Kreis der Gesellschafter der Untergesellschaft einbeziehen.

[539] Vgl. BORDEWIN, A., Personengesellschaften, DStR 1995, S. 318. Umgekehrt entsteht auch kein Fehlbetrag i. S. v. § 10a Satz 1 GewStG, wenn der Bilanzverlust der Untergesellschaft kleiner ist, als der Sonderbilanzgewinn eines mittelbar an der Untergesellschaft beteiligten Gesellschafters.

[540] Vgl. HERZIG, N./FÖRSTER, G./FÖRSTER, U., Gesellschafterbestand, DStR 1996, S. 1032.

[541] Vgl. BFH vom 06.09.2000, IV R 69/99, BStBl. II 2001, S. 731.

[542] Vgl. BFH vom 06.09.2000, IV R 69/99, BStBl. II 2001, S. 731.

2.6.3. Verlustvortrag bei Ausscheiden eines oder mehrerer Gesellschafter

2.6.3.1. Gesellschafterwechsel bei der Untergesellschaft

Scheiden im Rahmen des Wechsels im Gesellschafterbestand einer doppelstöckigen Personengesellschaft Gesellschafter aus, so geht der diesen Mitunternehmern zuzurechnende Anteil am gewerbesteuerlichen Verlustvortrag verloren. Treten hingegen neue Gesellschafter in die Personengesellschaft ein, wird ein existierender gewerbesteuerlicher Fehlbetrag nicht beeinträchtigt. In Zukunft kann dieser Fehlbetrag aber nur noch von positiven Gewerbeerträgen abgezogen werden, soweit sie auf die Altgesellschafter entfallen. Diese Grundsätze ergeben sich aus der Unternehmens- bzw. Unternehmeridentität.[543]

Beispiel: An der ABC-OHG sind die natürlichen Personen A und B und die C-KG (an der wiederum X und Y hälftig beteiligt sind) zu je einem Drittel beteiligt. Y vermietet an die ABC-OHG Wirtschaftsgüter. Die ABC-OHG erzielt in 01 einen gewerbesteuerlichen Fehlbetrag von T€ 90, der sich aus dem Verlust im Gesellschaftsvermögen von T€ 120 und einem Sonderbilanzgewinn von T€ 30 zusammensetzt und in 02 einen Gewerbeertrag von T€ 60 (Gesamthandsgewinn T€ 30 + Sonderbilanzgewinn des Y T€ 30). Zum 31.12.02 scheidet A gegen Abfindung aus der Gesellschaft aus. Dessen Anteile wachsen B und der C-KG an.

Lösung: Der Gewerbeverlust in 01 hat seine Ursache ausschließlich im Gesellschaftsvermögen der ABC-OHG. Er ist daher auch nur den an diesem Vermögen zivilrechtlich beteiligten Gesellschaftern nach dem maßgebenden Gewinnverteilungsschlüssel zuzurechnen. A, B und die C-KG erhalten demnach einen Fehlbetrag von jeweils T€ 30 zugewiesen. Das Ausscheiden des A in 02 beeinträchtigt zwar nicht die Unternehmensidentität, wohl aber die Unternehmeridentität. Es liegt ein partieller Unternehmenswechsel vor, der zum anteiligen Untergang des vorgetragenen Gewerbeverlusts führt. Gemäß der Beteiligungsquote des A geht der Verlustvortrag um ein Drittel verloren, so dass nur noch i. H. v. T€ 60 spätere Gewinne verrechnet werden können. In 02 erhalten B und die C-KG aus dem Gesamthandsgewinn je T€ 10 zugewiesen, den sie verrechnen können. Es verbleibt für sie zum 31.12.02 ein vortragsfähiger Gewerbeverlust i. H. v. T€ 20. Soweit der Gewerbeertrag in 02 aus den Sonderbilanzgewinn des Y beruht (T€ 30), kommt ein gewerbesteuerlicher

[543] Vgl. ZIMMERMANN, R. u. a., Steuerrecht, Abschn. B. Rn. 464, CARLÉ, T., Steuerfallen, KÖSDI 2006, S. 15100.

Verlustabzug nicht in Betracht, weil von dem Fehlbetrag aus 01 dem Y nichts zuzurechnen war.[544]

Wird das Beispiel dahingehend geändert, dass der Gesellschafter A seinen Anteil an eine andere natürliche Person veräußert, so geht ebenfalls der auf den Ausscheidenden entfallende Anteil am gewerbesteuerlichen Verlustvortrag verloren, weil er an diese Person gebunden ist. Der verbleibende Verlustvortrag kann dann zukünftig nur noch mit positiven Gewerbeerträgen verrechnet werden, soweit diese nach dem Gewinnverteilungsschlüssel auf die verbliebenen Altgesellschafter entfallen. Veräußert A lediglich einen Teil eines Mitunternehmeranteils auf den neuen Gesellschafter, wird der vorhandene Verlustvortrag nicht beeinflusst, da auch zukünftig alle Mitunternehmer, die den Fehlbetrag erlitten haben, weiterhin an der Personengesellschaft beteiligt sind. Allerdings kann der Verlust nur noch von dem Teil der positiven Gewerbeerträge zukünftiger Erhebungszeiträume abgezogen werden, der nach dem Gewinnverteilungsschlüssel des Abzugsjahres auf die Altgesellschafter entfällt.[545] Veräußert der A seinen Mitunternehmeranteil an den Altgesellschafter B, geht auch in diesem Fall der auf A entfallende Anteil am gewerbesteuerlichen Verlustvortrag unter.[546] Der reduzierte Verlustvortrag kann dann in den folgenden Erhebungszeiträumen vom gesamten positiven Gewerbeertrag abgesetzt werden, weil er ausschließlich auf die Gesellschafter entfällt, die den Verlust auch erlitten haben.[547]

Tritt zu den bisherigen Gesellschaftern ein weiterer Gesellschafter hinzu, so kommt es bei den verbleibenden Gesellschaftern zu einer Abwachsung. Die bis zum Eintritt entstandenen Verluste bleiben auch durch den Gesellschafterbeitritt unverändert erhalten, da die bisherigen Mitunternehmer, die den Fehlbetrag erzielt haben, auch weiterhin Mitunternehmer der Gesellschaft sind. Allerdings ist der Fehlbetrag nur noch von den positiven zukünftigen Gewerbeerträgen

---

[544] So z. B. auch WINGLER, E., Verlustnutzung, BB 1998, S. 2088, SÖFFING, G., Verlustabzug, DB 1994, S. 1488.

[545] Vgl. HERZIG, N./FÖRSTER, G./FÖRSTER, U., Gesellschafterbestand, DStR 1996, S. 1027 f., ZIMMERMANN, R. u. a., Steuerrecht, Abschn. B. Rn. 467.

[546] Vgl. BFH vom 14.12.1989, IV R 117/88, BStBl. II 1990, S. 436.

[547] Vgl. ORTH, M., Gewerbeverlustvortrag, DB 1994, S. 1314. Würde sich die C-KG in eine Kapitalgesellschaft umwandeln, würde trotz Formwechsels die Unternehmeridentität der Untergesellschaft erhalten bleiben und der Gewerbeverlust der Untergesellschaft nicht anteilig verloren gehen, vgl. OFD Düsseldorf vom 12.10.2000 – G 1422 A – St 131, DB 2000, S. 2247. Dagegen würden eigene Gewerbeverluste der Obergesellschaft durch jede Art der Umwandlung in eine Kapitalgesellschaft untergehen, da in dem Fall ein Rechtsträgerwechsel vorliegt, vgl. ZIMMERMANN, R. u. a., Steuerrecht, Abschn. B. Rn. 470.

abzuziehen, die nach dem neuen Gewinnverteilungsschlüssel auf die Altgesellschafter entfallen.[548]

Beispiel: Wie oben, aber in die ABC-OHG kauft sich D zum 01.01.02 ein, so dass die Gesellschafter fortan nur noch zu je einem Viertel an der OHG beteiligt sind.

Lösung: Den Fehlbetrag i. H. v. T€ 90 in 01 haben A, B und die C-KG erwirtschaftet. Daher können nur diese Gesellschafter ihren anteiligen Verlust von ihrem anteiligen Gewinn in 02 abziehen. Dem anteiligen Verlust von je T€ 30 steht in 02 ein anteiliger Gewinn von T€ 7,5 (T€ 30 x ¼) gegenüber, so dass jeder Altgesellschafter sein positives Ergebnis auf € 0 verrechnen und darüber hinaus noch T€ 22,5 Gewerbeverlust in zukünftige Erhebungszeiträume vortragen kann. Insgesamt wird somit der Gewerbeertrag in 02 um T€ 22,5 auf T€ 7,5 (Anteil des D) gemindert.

Ist ein Gesellschafter sowohl bei der Ober- als auch bei der Untergesellschaft unmittelbar beteiligt und veräußert der Gesellschafter seinen unmittelbaren Anteil an der Untergesellschaft, so ist fraglich, ob ein zu diesem Zeitpunkt bestehender Gewerbeverlustvortrag aus der Untergesellschaft dem Gesellschafter weiterhin zuzurechnen ist, da dieser ja über die Obergesellschaft immer noch (mittelbar) zum Gesellschafterbestand der doppelstöckigen Personengesellschaft gehört.

Beispiel: An der AB-OHG sind A und die B-KG hälftig beteiligt. An der B-KG sind wiederum A und B hälftig beteiligt, so dass A sowohl bei der Ober- als auch bei der Untergesellschaft eine unmittelbare Beteiligung besitzt. Die AB-OHG erzielt in 01 einen Bilanzverlust von T€ 100. Da A durch die Überlassung eines Grundstücks[549] und damit verbundene hohe Aufwendungen einen Sonderbilanzverlust von T€ 20 erleidet, beträgt der Gewerbeverlust der Untergesellschaft insgesamt T€ 120. Zum 01.01.02 veräußert A seinen Mitunternehmeranteil (ohne Sonderbetriebsvermögen) an der AB-OHG an D. Zum 31.12.02 erzielt die AB-OHG einen Gewerbeertrag i. H. v. T€ 50, der sich aus einem Gewinn aus dem Gesellschaftsvermögen i. H. v. T€ 60 und einem Sonderbilanzverlust des A i. H. v. T€ 10 zusammensetzt.

---

[548] Vgl. ORTH, M., Gewerbeverlustvortrag, DB 1994, S. 1314, HERZIG, N./FÖRSTER, G./FÖRSTER, U., Gesellschafterbestand, DStR 1996, S. 1027, ZIMMERMANN, R. u. a., Steuerrecht, Abschn. B. Rn. 467.

[549] Für die steuerliche Beurteilung hat bei sowohl unmittelbarer als auch mittelbarer Beteiligung die unmittelbare Beteiligung Vorrang, so dass das Sonderbetriebsvermögen unmittelbar zur Nutzung überlassen wird, vgl. Kapitel C.2.1.

Lösung: Zum 31.12.01 werden A und der B-KG je T€ 60 Gewerbeverlust aus der Beteiligung an der AB-OHG zugerechnet. Das Ausscheiden des A zum 01.01.02 führt m. E. dazu, dass dessen Verlustvortrag untergeht, obwohl der A noch über die B-KG zum Gesellschafterbestand der doppelstöckigen Personengesellschaft gehört. Die B-KG als unmittelbarer Gesellschafter der AB-OHG ist Träger des Rechts auf den gewerbesteuerlichen Verlustabzug und entfaltet gegenüber den dahinter stehenden – nur mittelbar an der AB-OHG beteiligten – Gesellschaftern eine Abschirmwirkung.[550] Gesellschafter A kann nach der Veräußerung seines Mitunternehmeranteils an der AB-OHG nur noch einen Gewerbeverlust hinsichtlich des der AB-OHG – nun mittelbar – überlassenen Grundstücks erzielen. Die diesbezüglich in 02 erlittenen Verluste i. H. v. T€ 10 sind allerdings nicht vortragsfähig, da insgesamt kein gewerbesteuerlicher Fehlbetrag entstanden ist. Der Gewerbeertrag der AB-OHG in 02 i. H. v. T€ 50 entfällt hälftig auf D und die B-KG, die wiederum den Verlust aus 01 zur Verrechnung einsetzen kann.

2.6.3.2. Gesellschafterwechsel bei der Obergesellschaft

Erleidet ausschließlich die Obergesellschaft einer doppelstöckigen Personengesellschaft Gewerbeverluste und kommt es anschließend zu Veränderungen im Gesellschafterbestand der Gesellschaft, dann sind bzgl. der Nutzung der Gewerbeverluste die vorstehend erläuterten Regelungen analog zu beachten. Erzielt hingegen die Untergesellschaft Gewerbeverluste und ergeben sich im Gesellschafterbestand der Obergesellschaft Wechsel, hat dies keine Auswirkungen auf den gewerbesteuerlichen Verlustabzug, wenn der Fehlbetrag ausschließlich aus dem Gesellschaftsvermögen stammt.[551] Denn Gesellschafter und Mitunternehmer der Untergesellschaft ist lediglich die Obergesellschaft als solche und nicht die dahinter stehenden Gesellschafter.[552] Die Gesellschafter der Obergesellschaft können nur neben der Obergesellschaft als Sondermitunternehmer hinsichtlich ihrer Tätigkeits- und Nutzungsvergütungen bzw. ihres

---

[550] A. A. WINGLER, E., Verlustnutzung, BB 1998, S. 2090 und BORDEWIN, A., Verlustabzug, DStR 1996, S. 1595, die eine Durchstockung des Gewerbeverlustes auf den „letzten" Gesellschafter befürworten, da diese als hinter den Gesellschaften stehende Wirtschaftssubjekte die Verluste wirtschaftlich tragen.

[551] Vgl. ROSER, F., Gewinnermittlung, EStB 2006, S. 150 f., SCHUMACHER, A., Verlustvortrag, DStR 1998, S. 841, SÖFFING, G., Verlustabzug, DB 1994, S. 1488, HERZIG, N./FÖRSTER, G./FÖRSTER, U., Gesellschafterbestand, DStR 1996, S. 1032, SARRAZIN, V./STÄUBER, H.-W., in: LENSKI, E./STEINBERG, W., Gewerbesteuergesetz, § 10a Rn. 85, ZIMMERMANN, R. u. a., Steuerrecht, Abschn. B. Rn. 470. A. A. WINGLER, E., Verlustnutzung, BB 1998, S. 2090 und BORDEWIN, A., Verlustabzug, DStR 1996, S. 1595.

[552] Vgl. BFH vom 25.02.1991, GrS 7/89, BStBl. II 1991, S. 691.

Sonderbetriebsvermögens im Gewinnfeststellungsverfahren der Untergesellschaft einen gewerblichen Gewinn zugerechnet bekommen.[553]

Beispiel: An der ABC-OHG sind A und B zu je 10 v. H. und die XYZ-OHG zu 80 v. H. beteiligt. An der XYZ-OHG sind X und Y zu je 20 v. H. und Z zu 60 v. H. beteiligt. Die ABC-OHG erzielt in 01 einen Gewerbeverlust von T€ 50 bzw. in 02 einen Gewerbeertrag von T€ 100. Die XYZ-OHG erzielt in 01 einen Gewerbeverlust i. H. v. T€ 60 und in 02 einen Gewerbeertrag i. H. v. T€ 30. Der Gesellschafter Z veräußert zum 30.06.02 seinen Mitunternehmeranteil an der XYZ-OHG an A.

Lösung: Zum 31.12.01 erhalten die Gesellschafter A und B einen Gewerbeverlust von je T€ 5 und die XYZ-OHG von T€ 40 zugewiesen. Bei der XYZ erhalten X und Y einen Fehlbetrag von je T€ 12 und Z einen i. H. v. T€ 36 zugewiesen. Das Ausscheiden des Z in 02 hat keine Bedeutung für den Gewerbeverlust der Untergesellschaft, da dort nach wie vor Unternehmergleichheit besteht. Somit kann der in 02 bestehende gewerbesteuerliche Verlustvortrag zum 31.12.02 mit dem individuellen Anteil am Gewerbeertrag der ABC-OHG verrechnet werden (A und B je T€ 10 ./. T€ 5, XYZ-OHG T€ 80 ./. T€ 40). Bei der XYZ-OHG können die Gesellschafter X und Y in 02 ihren Gewinnanteil von je T€ 6 mit ihren Gewerbeverlusten aus 01 verrechnen, so dass zum 31.12.02 noch ein vortragsfähiger Gewerbeverlust i. H. v. jeweils T€ 6 verbleibt. Dem Z ist in 02 bis zu seinem Ausscheiden zur Jahreshälfte noch ein Gewinnanteil von T€ 9 zuzurechnen, der aufgrund des Fehlbetrags in 01 verrechnet werden kann. Der verbleibende Gewerbeverlust von T€ 27 geht verloren.[554]

Hätte Y Sonderbetriebsvermögen i. S. v. § 15 Abs. 1 Satz 1 Nr. 2 Satz 2 EStG bei der ABC-OHG besessen und wäre daraus in vorangegangenen Perioden ein ihm zuzurechnender vortragsfähiger Gewerbeverlust entstanden, würde dieser durch sein Ausscheiden ebenfalls verloren gehen.

---

[553] Vgl. Kapitel D.2.6.2.2.

[554] Hat die Personengesellschaft ein abweichendes Wirtschaftsjahr, dann ist bei unterjährigem Ausscheiden für die Bemessung der auf den ausscheidenden Gesellschafter entfallenden Quote zeitanteilig auf das abweichende Wirtschaftsjahr abzustellen, vgl. OFD Kiel vom 06.01.2000 – G 1421 A – St 261, DStR 2000, S. 823.

2.6.4. Gestaltungen zum Erhalt eines Gewerbeverlusts

In der Literatur wurde vorgeschlagen[555], dass der Untergang des gewerbesteuerlichen Verlustvortragspotenzials zumindest teilweise vermieden werden kann, indem das Ausscheiden eines Gesellschafters schrittweise erfolgt. Das FG Bremen hatte in einem rechtskräftigen Urteil[556] festgestellt, dass Umschichtungen von Anteilen an Personengesellschaften unter den Gesellschaftern nicht zu Kürzungen beim Gewerbeverlustabzug führen. Aus dieser Entscheidung wurde eine Gestaltungsmöglichkeit abgeleitet, nach der ein ausscheidender Gesellschafter bis auf einen Splitteranteil sämtliche Anteile auf die verbleibenden Gesellschafter übertragen und erst nach einer gewissen Zeitspanne vollständig aus der Gesellschaft ausscheiden könnte, so dass die Personengesellschaft den Gewerbeverlustabzug lediglich in Höhe des Splitteranteils verlieren würde. Umgekehrt könnte ein hinzutretender Gesellschafter zunächst einen Splitteranteil erwerben, um nach einer Übergangszeit einen Vollanteil durch Umschichtung der Anteile unter den Gesellschaftern zu erhalten. Auch dann würde die Gesellschaft nur einen Bruchteil des Gewerbeverlustes verlieren.[557] Diese Überlegung wurde in der Literatur überwiegend kritisch kommentiert, da die Beteiligungsquote, mit der der ausgeschiedene Gesellschafter im Jahr der Verlustentstehung an dem Verlust beteiligt war, maßgebend für den Wegfall des gewerbesteuerlichen Verlustvortrags sei.[558] Hingegen wird das stufenweise Ändern des Gesellschafterbestands zur Rettung eines Gewerbeverlustes von der OFD Köln[559] und dem FG München[560] akzeptiert, so dass festzuhalten bleibt, dass das „Stufenmodell“ für den Steuerpflichtigen ggf. zu seinem Vorteil genutzt werden kann.

Darüber hinaus besitzt das Gründen einer doppelstöckigen Personengesellschaft zum Erhalt eines Gewerbeverlustes einen gewissen Reiz. In der Praxis kann dadurch der für die Unternehmeridentität schädliche Gesellschafterwechsel in der Untergesellschaft vermieden werden.[561] Würde nämlich bei einer ein-

---

[555] Vgl. WEẞLING, J., Gewerbeverlustvortrag, INF 1995, S. 489 f., ders., Gesellschafterwechsel, INF 1997, S. 167 f.

[556] Vgl. FG Bremen vom 27.10.1994, 1 94 188 K 1, EFG 1995, S. 585.

[557] Vgl. WEẞLING, J., Gewerbeverlustvortrag, INF 1995, S. 489 f., ders., Gesellschafterwechsel, INF 1997, S. 167 f., MADAUẞ, N., Fragen, StBp 1998, S. 331.

[558] Vgl. PYSZKA, T., Bilanzen, DStR 1995, S. 1825, ders., Verlustvortrag, DStR 1997, S. 1073-1076, HERZIG, N./FÖRSTER, G./FÖRSTER, U., Gesellschafterbestand, DStR 1996, S. 1026, GÜROFF, G., in: GLANEGGER, P./GÜROFF, G., Gewerbesteuergesetz, § 10a Rn. 18.

[559] Vgl. OFD Köln vom 12.05.1998 – G 1427 – 6 – St 132, DStR 1998, S. 1472, OFD Köln vom 12.02.1997 – G 1427 – 6 – St 132, DStR 1997, S. 1046.

[560] Vgl. FG München vom 29.09.2004, 9 K 3768/03, Rev. (Az. BFH: I R 108/04), EFG 2005, S. 213.

[561] Vgl. ROSER, F., Gewinnermittlung, EStB 2006, S. 151.

stöckigen Personengesellschaft das Ausscheiden eines Gesellschafters dazu führen, dass der entsprechende anteilige Gewerbeverlust verloren geht, kann durch das Gründen einer doppelstöckigen Personengesellschaft die gewerbesteuerliche Abschirmwirkung der Obergesellschaft genutzt werden. Bei Auslagerung der Geschäftstätigkeit auf die Untergesellschaft – bei der dann ein Gewerbeverlust entstehen würde – würde das Ausscheiden eines Gesellschafters der Obergesellschaft keine Folgen für die Höhe des gewerbesteuerlichen Fehlbetrags haben.

3. Ertragsteuerliche Konsequenzen von Veräußerungsvorgängen bei doppelstöckigen Personengesellschaften auf Seiten des Erwerbers

3.1. Erstellung von Ergänzungsbilanzen bei doppelstöckigen Personengesellschaften

Der Erwerber eines Mitunternehmeranteils an einer Ober- und/oder Untergesellschaft einer doppelstöckigen Personengesellschaft erwirbt Anteile an den einzelnen zum Gesellschaftsvermögen der Mitunternehmerschaft gehörenden Wirtschaftsgütern.[562] Demzufolge hat er die von ihm anteilig erworbenen Wirtschaftsgüter mit den von ihm aufgewendeten Anschaffungskosten zu aktivieren. In Abhängigkeit von der Höhe des Kaufpreises ist in diesem Zusammenhang ggf. die Aufstellung einer Ergänzungsbilanz erforderlich. Die Ergänzungsbilanz ist – wie bereits erwähnt – Teil der Gewinnermittlung einer (doppelstöckigen) Personengesellschaft, dessen Ergebnis dem Gesellschafter zugerechnet wird, für den die Ergänzungsbilanz gebildet worden ist. Die Wertansätze in den Ergänzungsbilanzen stellen für den jeweiligen Gesellschafter Korrekturen zu den Wertansätzen der Wirtschaftsgüter in der Gesamthandsbilanz der Personengesellschaft dar.[563] Sind die Anschaffungskosten für einen Personengesellschaftsanteil im Rahmen eines Veräußerungsvorganges höher als das vom Veräußerer übernommene steuerbilanzielle Kapitalkonto, sind die sich ergebenden Mehrwerte in einer positiven Ergänzungsbilanz zur Gesamthandsbilanz für den Erwerber zu erfassen. Entsprechend werden Minderwerte aufgrund geringerer Anschaffungskosten in einer negativen Ergänzungsbilanz abgebildet.[564] Die Fortschreibung positiver bzw. negativer Ergänzungsbilanzen zum jeweiligen Bilanzstichtag mindert bzw. erhöht das Ergebnis der Gesamthandsbilanz.[565]

---

[562] Vgl. BFH vom 06.07.1995, IV R 30/93, BStBl. II 1995, S. 831.

[563] Vgl. BFH vom 28.09.1995, IV R 57/94, BStBl. II 1996, S. 69.

[564] Vgl. dazu u. a. BFH vom 06.07.1995, IV R 30/93, BStBl. II 1995, S. 832, BFH vom 24.10.1996, IV R 90/94, BStBl. II 1997, S. 241.

[565] Vgl. BFH vom 28.09.1995, IV R 57/94, BStBl. II 1996, S. 68.

Die Erstellung von Ergänzungsbilanzen kann bei einer doppelstöckigen Personengesellschaft sowohl auf Ebene der Obergesellschaft als auch auf Ebene der Untergesellschaft erfolgen. Hierbei sind zwei Grundkonstellationen zu unterscheiden. Zum einem kann ein Beteiligungserwerb der Obergesellschaft an der Untergesellschaft vorliegen. In diesem Fall sind auf Ebene der Untergesellschaft für die Obergesellschaft Ergänzungsbilanzen zu führen, die ein im Rahmen des Anschaffungsvorgangs entstandenes Mehr- oder Minderkapital enthalten.[566] Insoweit sind hier keine Besonderheiten zu beachten. Es gelten für die Erstellung der Ergänzungsbilanzen die gleichen Regeln wie für einstöckige Personengesellschaften.[567]

Anders verhält es sich hingegen beim Erwerb einer Beteiligung an der Obergesellschaft. Hier ist zu beachten, dass zwar zivilrechtlich nur ein Gesellschaftsanteil an der Obergesellschaft erworben wurde, wirtschaftlich und auch steuerlich betrachtet aber Gegenstand des Erwerbs der Anteil des Veräußerers am Gesamthandsvermögen der Obergesellschaft ist, wozu auch der Anteil des Veräußerers am Gesellschaftsanteil der Obergesellschaft bei der Untergesellschaft – also mittelbar die anteiligen Wirtschaftsgüter an der Untergesellschaft – und die Wirtschaftsgüter, die die Obergesellschaft der Untergesellschaft zur Nutzung überlassen hat und die daher Sonderbetriebsvermögen bei der Untergesellschaft darstellen, gehören.[568] Es stellt sich in diesem Zusammenhang die Frage, wie die Mehr- bzw. Minderwerte dem neuen Obergesellschafter für ihm anteilig zuzurechnende Wirtschaftsgüter der Untergesellschaft in einer Ergänzungsbilanz zu erfassen sind.[569]

Diesbezüglich sind in der Literatur über die Jahre verschiedene Vorschläge unterbreitet worden, auf welcher Ebene für welchen Gesellschafter bzw. welche Gesellschaft eine Ergänzungsbilanz gebildet werden sollte, was im Ergebnis unterschiedliche materielle Konsequenzen zur Folge hatte. Bei der Erstellung von Ergänzungsbilanzen auf Ebene von Ober- und/oder Untergesellschaft ist zu beachten, dass dadurch mehrere Bereiche der laufenden Besteuerung der doppelstöckigen Personengesellschaft berührt werden. Die Mehr- oder Minderabschreibungen aus Ergänzungsbilanzen beeinflussen die Ergebnisse von Ober- und Untergesellschaft und somit die Gewerbesteuerlast. Eine "falsch" erstellte Ergänzungsbilanz kann dabei leicht zu fremdbestimmten Steuerwirkungen

---

566 Vgl. REIß, W., Grundprobleme (Teil 2), Stbg 1999, S. 420.

567 Vgl. dazu grundlegend z. B. LEY, U., in: Steuerberater-Jahrbuch 2003/2004, Probleme, S. 166-172, CREMER, U., Gesellschafterwechsel (Teil A + Teil B), BBK 2002, Fach 14, S. 1337-1350 und S. 1351-1360.

568 Vgl. SCHMIDT, L., in: FS MOXTER, A., Gewinnermittlung, S. 1121.

569 Vgl. REIß, W., Grundprobleme (Teil 2), Stbg 1999, S. 421, MAYER, L., Behandlung, DB 2003, S. 2039, LEY, U., Anwendung, DStR 2004, S. 1501.

führen. Zudem gelingt eine zutreffende Ermittlung der Verlustverrechnung nach § 15a EStG oder des begrenzten Schuldzinsenabzugs nach § 4 Abs. 4a EStG nur, wenn das Ergänzungskapital in richtiger Höhe und auf der richtigen Ebene ausgewiesen ist.[570] Daher werden im Folgenden die in der Literatur genannten Möglichkeiten zur Erstellung von Ergänzungsbilanzen beim Erwerb eines Anteils an einer Obergesellschaft diskutiert und gewürdigt, damit eine im Hinblick auf die laufende Besteuerung der doppelstöckigen Personengesellschaft zutreffende Erstellung der Ergänzungsbilanzen gelingt. In dem Zusammenhang soll auch auf Sonderbetriebsvermögen der Obergesellschaft bei der Untergesellschaft und die Fortführung bereits bestehender Ergänzungsbilanzen der Obergesellschaft bei der Untergesellschaft eingegangen werden.

3.2. In der Literatur diskutierte Möglichkeiten zur Erstellung von Ergänzungsbilanzen beim Erwerb eines Anteils an der Obergesellschaft

3.2.1. Obergesellschafter bildet Ergänzungsbilanz bei der Obergesellschaft

Nach dieser Meinung sind die Mehr- bzw. Minderwerte, die dem Obergesellschafter aus dem Anteilserwerb an der Obergesellschaft zuzurechnen sind, auch soweit sie auf Wirtschaftsgüter der Untergesellschaft entfallen, in einer Ergänzungsbilanz für ihn bei der Obergesellschaft zu führen und damit originärer Teil des Gesamtgewinns der Obergesellschaft.[571] Begründet wird diese Ansicht unter anderem mit Praktikabilitätsüberlegungen. Da der Vorgang, der zur Aufstellung der Ergänzungsbilanz führt, bei der Obergesellschaft erfolgt, könne die sachgerechte Zuordnung der stillen Reserven nur bei der Obergesellschaft selbst vorgenommen werden. Strittige Fragen im Zusammenhang mit dem Beteiligungserwerb bei der Obergesellschaft könnten nicht sinnvoll auf Ebene der Untergesellschaft diskutiert werden.[572] Für die Bildung der Ergänzungsbilanz auf Ebene der Obergesellschaft wird zudem aufgeführt, dass im Rahmen eines Veräußerungsvorgangs bei der Obergesellschaft schutzwürdige Interessen der Obergesellschafter verletzt werden könnten. Würde eine Ergänzungsbilanz auf Ebene der Untergesellschaft geführt, könnten Fremdbeteiligte (an der Untergesellschaft beteiligte Dritte) somit beispielsweise Einblicke in Abfindungsvereinbarungen erhalten.[573] Dies wird vom BFH zwar in Kauf

---

[570] Vgl. dazu die entsprechenden Kapitel E.1.3.1. und E.2.2.1.2.

[571] Vgl. LEY, U., Schwerpunkte, KÖSDI 1992, S. 9157.

[572] Vgl. PRINZ, U./THIEL, U., Anbindung, FR 1992, S. 194. Allerdings wäre dabei zu beachten, dass die Obergesellschaft vielfältige Informationen von der Untergesellschaft bezüglich der anteilig dem Obergesellschafter zuzurechnenden Wirtschaftsgüter benötigt und somit ein funktionierender Informationsfluss Voraussetzung ist, vgl. ebd., S. 194 f.

[573] Vgl. PRINZ, U./THIEL, U., Anbindung, FR 1992, S. 194, SCHMIDT, L., in: FS MOXTER, A., Gewinnermittlung, S. 1122.

genommen, ist aber zumindest strittig. Der BFH[574] vertritt die Auffassung, dass im Rahmen der einheitlich und gesonderten Feststellung der Einkünfte die Interessen des einzelnen Beteiligten, seine Verhältnisse vor anderen Mitbeteiligten geheim zu halten, prinzipiell zurückzutreten haben, auch gerade deshalb, weil man sich zur gemeinsamen Einkünfteerzielung mit anderen Mitbeteiligten zusammengeschlossen hat. Dagegen kann m. E. eingewandt werden, dass es gerade bei doppelstöckigen Personengesellschaften keinen unmittelbaren zivilrechtlichen Zusammenschluss mit fremden Untergesellschaftern gibt und es zudem bei Mehrstockkonstruktionen nicht selten zu einem Untergesellschaftsanteil von weniger als 1 v. H. bei der letzten Untergesellschaft der Mitunternehmerkette kommen kann, somit der Verbund zur gemeinsamen Einkünfteerzielung eher zufällig ist.

Schließlich wird argumentiert, dass durch Bildung von Ergänzungsbilanzen ausschließlich auf Obergesellschaftsebene, fremdbestimmte Steuerwirkungen auf Ebene der Untergesellschaft vermieden werden können. Dies wäre der Fall, wenn Ergänzungsbilanzergebnisse bei der Untergesellschaft deren Gewerbesteuerlast beeinflussen würden, so dass die übrigen Untergesellschafter einen zu niedrigen bzw. zu hohen Gewinnanteil zugerechnet bekämen.[575]

Trotz dieser Argumentation ist die Ansicht der Bildung von Ergänzungsbilanzen ausschließlich auf Ebene der Obergesellschaft abzulehnen, da sie nicht genügend berücksichtigt, wo die stillen Reserven entstanden bzw. vorhanden sind.[576] Durch die Einführung des § 15 Abs. 1 Satz 1 Nr. 2 Satz 2 EStG ist ja der mittelbare Mitunternehmer dem unmittelbaren gleichgestellt worden. Beim Erwerb eines Anteils an der Obergesellschaft entfällt der Kaufpreis somit gleichzeitig mittelbar auch auf die Beteiligung an der Untergesellschaft. Ist der Kaufpreis höher als der Buchwert der mittelbaren Beteiligung, müsste die Differenz folgerichtig in einer Ergänzungsbilanz eingestellt werden, die eine Ergänzung der Steuerbilanzwerte der Untergesellschaft darstellt und dort auch fortgeführt wird.[577]

---

[574] Vgl. BFH vom 11.09.1991, IX R 35/90, BStBl. II 1992, S. 4.

[575] Vgl. PRINZ, U./THIEL, U., Anbindung, FR 1992, S. 193 f., SÖFFING, A., Steuerwirkungen, DStZ 1993, S. 590 f., ISING, M., Ergänzungsbilanzen, S. 198-200. Vgl. zur Problematik der fremdbestimmten Steuerwirkungen auch Kapitel C.1.4.

[576] So z. B. auch BENECKE, A. Y., Umwandlung, S. 128.

[577] Vgl. LEY, U., Besteuerungsfragen, KÖSDI 1996, S. 10927 (die damit ihre ursprüngliche Auffassung geändert hat, SEIBOLD, F., Anwendung, DStR 1998, S. 439, STEGEMANN, D., Einzelfragen, INF 2003, S. 266 f.

3.2.2. Obergesellschafter bildet Ergänzungsbilanz bei der Untergesellschaft in seiner Eigenschaft als Sondermitunternehmer

Beim Erwerb eines Anteils an einer Obergesellschaft wird als weitere Möglichkeit in der Literatur vorgeschlagen, eine Ergänzungsbilanz für den Obergesellschafter in seiner Eigenschaft als mittelbarer Sonderunternehmer unmittelbar bei der Untergesellschaft zu führen.[578] Da der Obergesellschafter nicht zivilrechtlich an der Untergesellschaft beteiligt ist, ist es allerdings fraglich, ob eine Ergänzungsbilanz für ihn unmittelbar bei der Untergesellschaft überhaupt geführt werden darf. Es wird zwar unter anderem die Auffassung vertreten, dass die zivilrechtliche Zuordnung für das Steuerrecht nicht zwingend sei und dass daher auf Ebene der Untergesellschaft eine Ergänzungsbilanz für den Anteilserwerber der Obergesellschaft gebildet werden könnte.[579] Dem wird aber entgegengehalten, dass eine Ergänzungsbilanz bei der Untergesellschaft nur dann bestehen kann, wenn der Obergesellschafter als Sondermitunternehmer der Untergesellschaft gemäß § 15 Abs. 1 Satz 1 Nr. 2 Satz 2 EStG angesehen werden kann. Nach der Rechtsprechung des BFH bezieht sich die Sondermitunternehmerstellung allerdings nur auf die Sondervergütungen und das Sonderbetriebsvermögen.[580] Somit würde die Bildung einer Ergänzungsbilanz bei der Untergesellschaft für den nur mittelbar beteiligten Obergesellschafter nicht in Frage kommen.[581]

Zudem ist bei dieser Lösungsmöglichkeit zu berücksichtigen, dass das Ergänzungsbilanzergebnis des Obergesellschafters bei der Untergesellschaft dann auch Teil des einheitlich und gesondert festzustellenden Gesamtgewinnanteils der Obergesellschaft als Gesellschafterin der Untergesellschaft ist.[582] Somit würde in die Steuerbilanz der Obergesellschaft ein Gewinnanteil aus der Untergesellschaft fließen, der das Ergebnis aus der Ergänzungsbilanz des Obergesellschafters bei der Untergesellschaft enthält. Das bei der Obergesellschaft zu verteilende Ergebnis würde dann regelmäßig nach Maßgabe des gesellschaftsvertraglichen Gewinnverteilungsschlüssels allen Obergesellschaftern zugerechnet werden. Würde nicht der Ausnahmefall der 100%igen Beteiligung eines Gesellschafters vorliegen, könnte das Ergänzungsbilanzergebnis den-

---

578 Vgl. SEIBOLD, F., Anwendung, DStR 1998, S. 439.

579 Vgl. SEIBOLD, F., Anwendung, DStR 1998, S. 439, NICKEL, J. R./BODDEN, G., Verlustausgleich, FR 2003, S. 393 Fn. 13.

580 Vgl. BFH vom 06.09.2000, IV R 69/99, BStBl. II 2001, S. 732.

581 Vgl. STEGEMANN, D., Einzelfragen, INF 2003, S. 267. So auch BENECKE, A. Y., Umwandlung, S. 126 f., CARLÉ, D., in: KORN, K. u. a., EStG, § 15 Rn. 201, LEY, U., Besteuerungsfragen, KÖSDI 1996, S. 10927, SÖFFING, A., Steuerwirkungen, DStZ 1993, S. 590 Fn. 22.

582 Vgl. WACKER, R., in: SCHMIDT, L., EStG, § 15 Rn. 619. Für STEGEMANN, D., Einzelfragen, INF 2003, S. 267, ist diese Auffassung strittig.

jenigen Obergesellschafter, den es eigentlich betrifft, nicht in vollem Umfang zugerechnet werden. Die übrigen Obergesellschafter würden im Verhältnis des Gewinnverteilungsschlüssels daran partizipieren, so dass auch hier fremdbestimmte Steuerwirkungen entstehen.[583] Um dies zu vermeiden und eine wirtschaftlich zutreffende Verteilung des Ergänzungsbilanzergebnisses zu erreichen, müsste unter Missachtung der Gewinnverteilungsregeln aus dem steuerbilanziellen Ergebnis der Obergesellschaft zunächst vorab das Ergebnis der für den Obergesellschafter bei der Untergesellschaft geführten Ergänzungsbilanz dem betreffenden Obergesellschafter zugerechnet werden, bevor anschließend das verbleibende Restergebnis auf alle Obergesellschafter nach den handelsrechtlichen Gewinnverteilungsregeln verteilt wird.[584]

Darüber hinaus wird die Bildung von Ergänzungsbilanzen bei der Untergesellschaft für den Obergesellschafter kritisiert, da diese Vorgehensweise für Zwecke der Verlustverrechnung gemäß § 15a EStG zu unzutreffenden Ergebnissen führen würde. Wird § 15a EStG auf Ebene der Untergesellschaft angewandt, ist zur Berechnung des Verlustausgleichsvolumens die Höhe der Kapitalkonten der an der Untergesellschaft beteiligten Gesellschafter (also die Obergesellschaft) relevant. Würde also eine Ergänzungsbilanz für den Obergesellschafter bei der Untergesellschaft erstellt, stünde dieses Kapital nicht für die Verlustverrechnung gemäß § 15a EStG bei der Untergesellschaft zur Verfügung, da das Mehrkapital des Obergesellschafters bei der Untergesellschaft nicht dem Kapital der Obergesellschaft bei der Untergesellschaft zugerechnet werden kann.[585]

Schließlich würde man bei der Erstellung von Ergänzungsbilanzen für den Obergesellschafter bei der Untergesellschaft in der Praxis gerade bei mehrstöckigen Personengesellschaften auf besondere Probleme stoßen. Würde z. B. bei einer fünfstöckigen Konstruktion ein Anteilserwerb an der Obergesellschaft erfolgen, müsste bei der Untergesellschaft auf der letzten Stufe für den neuen Gesellschafter der von ihr aus gesehen letzten Obergesellschaft eine Ergänzungsbilanz gebildet werden, wobei die durchgerechnete Beteiligungsquote womöglich

---

583 Vgl. STEGEMANN, D., Einzelfragen, INF 2003, S. 267, ISING, M., Ergänzungsbilanzen, S. 198-200.

584 Vgl. CARLÉ, D., in: KORN, K. u. a., EStG, § 15 Rn. 202, LEY, U., Anwendung, DStR 2004, S. 1504, REIß, W., Grundprobleme (Teil 2), Stbg 1999, S. 421 Fn. 107.

585 Vgl. LEY, U., Anwendung, DStR 2004, S. 1502 f., dies., Anwendbarkeit, KÖSDI 2005, S. 14488, STEGEMANN, D., Einzelfragen, INF 2003, S. 267. A. A. SEIBOLD, F., Anwendung, DStR 1998, S. 441, für den § 15a EStG auf Ebene der Untergesellschaft nicht anwendbar ist.

weniger als 1 v. H. beträgt. Nach CARLÉ ist dieses Ergebnis "wirklichkeitsfremd".[586]

Im Ergebnis bleibt daher festzuhalten, dass die unmittelbare Bildung von Ergänzungsbilanzen eines Obergesellschafters bei der Untergesellschaft und die korrekte Zurechnung des Ergebnisses aus der Ergänzungsbilanz möglicherweise vertreten bzw. erreicht werden kann, aber die Schwächen dieser Lösungsmöglichkeit, insbesondere in Zusammenhang mit § 15a EStG, eine Anwendung problematisch machen.

3.2.3. Bildung einer Ergänzungsbilanz für die Obergesellschaft bei der Untergesellschaft

3.2.3.1. Darstellung anhand eines Beispiels

Als weitere Möglichkeit zur Bildung einer Ergänzungsbilanz für bei einem Anteilserwerb an der Obergesellschaft auf den Erwerber entfallende stille Reserven in den Wirtschaftsgütern der Untergesellschaft wird in der Literatur die Bildung einer Ergänzungsbilanz für die Obergesellschaft bei der Untergesellschaft genannt. Um diese Auffassung zu verdeutlichen, soll folgendes Beispiel dienen:[587]

An der Obergesellschaft-GmbH & Co. KG sind zu je 50 v. H. die natürlichen Personen A und B beteiligt. Die Obergesellschaft ist wiederum zu 100 v. H. an der Untergesellschaft-GmbH & Co. KG als Kommanditistin beteiligt. Die Komplementär-GmbHs der GmbH & Co. KGs sind an den Kommanditgesellschaften nicht beteiligt. Die steuerlichen Bilanzen (Werte in T€) der beiden Personengesellschaften stellen sich dabei wie folgt dar (in Klammern sind die Teilwerte der Wirtschaftsgüter angegeben):[588]

OG-GmbH & Co. KG

Anteil an UG	1200	(1500)	Kapital A	900	(1500)
Sonstige Aktiva	600	(1500)	Kapital B	900	(1500)
	1800			1800	

[586] Vgl. CARLÉ, D., in: KORN, K. u. a., EStG, § 15 Rn. 201. Auch bei der Überentnahmeberechnung nach § 4 Abs. 4a EStG würden bei dieser Lösungsmöglichkeit keine zutreffenden Ergebnisse erzielt, vgl. Kapitel E.2.2.1.2.3.

[587] Das Beispiel lehnt an die von LEY, U., Anwendung, DStR 2004, S. 1501-1504 und MAYER, L., Fortführung, KÖSDI 2005, S. 14609-14613 geführte Diskussion zu diesem Thema an.

[588] Das Beispiel unterstellt die Anwendung der Spiegelbildmethode zur Bilanzierung der Untergesellschaftsbeteiligung bei der Obergesellschaft, wie in Kapitel C.3.4. festgelegt.

UG-GmbH & Co. KG

Aktiva		Kapital der OG	
	1200 (1500)		1200 (1500)
	1200		1200

Veräußert B seinen Anteil an der Obergesellschaft nun an C für T€ 1500, wovon je T€ 750 auf die Beteiligung an der Untergesellschaft bzw. die sonstigen Wirtschaftsgüter der Obergesellschaft entfallen, werden stille Reserven i. H. v. T€ 600 aufgedeckt, wobei T€ 150 die Untergesellschaftsbeteiligung und T€ 450 die sonstigen Wirtschaftsgüter der Obergesellschaft betreffen.

Durch die Veräußerung seiner Beteiligung an der Obergesellschaft erzielt B einen Veräußerungsgewinn i. S. v. § 16 EStG i. H. v. T€ 600 (Veräußerungspreis T€ 1500 abzgl. Kapitalkonto des B T€ 900). Dieser Veräußerungsgewinn ist einheitlich und gesondert festzustellen.[589] Der Erwerb der Anteile durch C bleibt ohne Auswirkung auf die Gesamthandsbilanz der Obergesellschaft. Die dem B vergüteten stillen Reserven i. H. v. T€ 600 sind in Ergänzungsbilanzen einzustellen, wobei zu unterscheiden ist, ob die stillen Reserven auf Wirtschaftsgüter des Gesamthandsvermögens der Obergesellschaft oder auf die Beteiligung der Obergesellschaft an der Untergesellschaft entfallen. Soweit die stillen Reserven die Wirtschaftsgüter des Gesamthandsvermögens der Obergesellschaft betreffen (T€ 450), sind sie in einer steuerlichen Ergänzungsbilanz des C bei der Obergesellschaft zu erfassen.[590] Soweit die stillen Reserven auf den Anteil an Wirtschaftsgütern des Gesamthandsvermögens der Untergesellschaft entfallen (T€ 150), ist auf der Ebene der Untergesellschaft eine weitere Ergänzungsbilanz zu bilden (Durchstockung).[591] Nach der hier vertretenen Auffassung handelt es sich bei der Ergänzungsbilanz auf Ebene der Untergesellschaft um eine Ergänzungsbilanz der Obergesellschaft, was durch die Tatsache gerechtfertigt sein könnte, dass ihr die Beteiligung an der Untergesellschaft zivilrechtlich zuzurechnen ist.[592] Demzufolge würden sich folgende bilanzielle Konsequenzen aus dem Anteilserwerb für den Beispielsfall ergeben:

---

[589] Vgl. z. B. WACKER, R., in: SCHMIDT, L., EStG, § 16 Rn. 211. Hier zeigt sich auch, dass die zutreffende Ermittlung des Veräußerungsgewinns auf Ebene der Obergesellschaft durch Anwendung der Spiegelbildmethode bei der Bilanzierung der Beteiligung der Untergesellschaft erreicht wird.

[590] Vgl. REIß, W., Grundprobleme (Teil 2), Stbg 1999, S. 421.

[591] Vgl. VON BECKERATH, H.-J., in: KIRCHHOF, P./SÖHN, H./MELLINGHOFF, R., EStG, § 15a Rn. B 252, LEY, U., Besteuerungsfragen, KÖSDI 1996, S. 10927.

[592] Vgl. MAYER, L., Behandlung, DB 2003, S. 2039.

OG-GmbH & Co. KG

Anteil an UG	1200	Kapital A	900
Sonstige Aktiva	600	Kapital B	900
	1800		1800

EGB des C bei OG-GmbH & Co. KG

Sonstige Aktiva	450	Mehrkapital	600
Mehrwert an UG	150		—
	600		600

UG-GmbH & Co. KG

Aktiva	1200	Kapital der OG	1200
	1200		1200

EGB der OG bei UG-GmbH & Co. KG

Aktiva	150	Mehrkapital	150
	150		150

Bei der Obergesellschaft wird eine Ergänzungsbilanz für den Anteilserwerber C gebildet, welche die Mehrwerte bezüglich der Wirtschaftsgüter der Obergesellschaft enthält. Zudem werden dort die auf die Beteiligung der Obergesellschaft an der Untergesellschaft entfallenden Mehrwerte ausgewiesen, da sie von C bezahlt wurden.[593] Darüber hinaus bildet die Obergesellschaft bei der Untergesellschaft eine Ergänzungsbilanz, welche die Mehrwerte in Bezug auf die Wirtschaftsgüter der Untergesellschaft enthält und deren Ergebnisse dem Obergesellschafter C über die Obergesellschaft zuzurechnen sind.[594]

[593] Vgl. MAYER, L., Behandlung, DB 2003, S. 2039, ders., Fortführung, KÖSDI 2005, S. 14610. A. A. LEY, U., Fortführung, KÖSDI 2005, S. 14614.

[594] Vgl. MAYER, L., Fortführung, KÖSDI 2005, S. 14613. Im behandelten Beispiel war der geleistete Mehrkaufpreis so hoch, dass dadurch die gesamten im Betriebsvermögen der Ober- und Untergesellschaft ruhenden stillen Reserven abgegolten wurden. Sämtliche aktivierbaren Wirtschaftsgüter werden somit beim Erwerber mit dem anteiligen Teilwert – verteilt auf Gesamthands- und Ergänzungsbilanz – ausgewiesen. In der Praxis tritt allerdings häufig die Situation auf, dass der Kaufpreis geringer ist, als die Summe der vorhandenen stillen Reserven. In dem Fall hat die Aufstockung der stillen Reserven grundsätzlich nach der sog. Stufentheorie zu erfolgen, vgl. m. w. N. ISING, M., Ergänzungsbilanzen, S. 123-142. Bei einer doppelstöckigen Personengesellschaft stellt sich allerdings zusätzlich die Frage, in welcher Reihenfolge die Aufstockung vorzunehmen ist, wenn sich stille Reserven sowohl in der Ober- als auch in der Untergesellschaft befinden. M. E. ist es nicht ersichtlich, dass der Aufstockung der Wirtschaftsgüter bei der Obergesellschaft ein Vorrang einzuräumen ist, also die Bildung einer Ergänzungsbilanz bei der Untergesellschaft erst erfolgen kann, nachdem sämtliche stillen Reserven bei der Obergesellschaft aufgestockt sind, da die Obergesellschaft ja auch an den Wirtschaftsgütern der Untergesellschaft beteiligt ist. Somit hat einer Aufstockung der stillen Reserven in den Wirtschaftsgütern der Ober- und Untergesellschaft gleichmäßig zu erfolgen, so auch SEIBOLD, F., Anwendung, DStR 1998, S. 439 f.

3.2.3.2. *Würdigung*

Bei der Erstellung von Ergänzungsbilanzen beim Erwerb eines Anteils an einer Obergesellschaft ist unter anderem zu beachten, dass das Ergebnis der Untergesellschaft zutreffend ausgewiesen wird, damit entsprechend die richtige Gewerbesteuer ermittelt werden kann. Das bedeutet, dass die Mehr- oder Minderabschreibungen, die dem Obergesellschafter für Wirtschaftsgüter der Untergesellschaft zuzurechnen sind, das Ergebnis der Untergesellschaft beeinflussen müssen (Durchstockung), was nach der hier vertretenen Auffassung auch passiert.[595] Allerdings ist zu beachten, dass durch die Ergänzungsbilanzergebnisse einer an der Untergesellschaft zivilrechtlich nicht beteiligten Person Gewerbesteuererhöhungen-/minderungen ausgelöst werden, welche die an der Untergesellschaft zivilrechtlich beteiligten Gesellschafter letztlich anteilig zu tragen haben bzw. von denen sie profitieren (fremdbestimmte Steuerwirkungen).[596]

Fraglich ist, ob auch ein zutreffendes Ergebnis auf Ebene der Obergesellschaft ermittelt wird. Hier ist insbesondere problematisch, dass sowohl in der Ergänzungsbilanz der Obergesellschaft bei der Untergesellschaft als auch in der Ergänzungsbilanz des Obergesellschafters bei der Obergesellschaft die in den Wirtschaftsgütern der Untergesellschaft auf C entfallenden stillen Reserven (im Beispielsfall T€ 150) ausgewiesen sind, also doppelt erfasst und somit auch doppelt abgeschrieben werden.[597] In einer von MAYER[598] durchgeführten Fallstudie wird diese Doppelabschreibung dadurch behoben, indem das bei der Untergesellschaft einheitlich und gesondert festgestellte Ergebnis ohne Berücksichtigung des Ergänzungsbilanzergebnisses der Obergesellschaft bei der Untergesellschaft in die Gewinnermittlung der Obergesellschaft eingeht. Somit wird zwar letztlich erreicht, dass auf Ebene der Obergesellschaft das richtige Ergebnis errechnet wird und zudem idealerweise die auf den Anteilserwerber der Obergesellschaft entfallende Mehrabschreibung aus den Wirtschaftsgütern der Untergesellschaft direkt aus dessen Ergänzungsbilanz bei der Obergesellschaft ersichtlich ist.[599] Dennoch wird m. E. gegen die Systematik der steuerlichen Gewinnermittlung bei doppelstöckigen Personengesellschaften verstoßen,

---

595 Vgl. LEY, U., Anwendbarkeit, KÖSDI 2005, S. 14490, dies., Anwendung, DStR 2004, S. 1503.

596 Vgl. PRINZ, U./THIEL, U., Anbindung, FR 1992, S. 193 f., SEIBOLD, F., Anwendung, DStR 1998, S. 439, SÖFFING, A., Steuerwirkungen, DStZ 1993, S. 590, ISING, M., Ergänzungsbilanzen, S. 198-200. Vgl. zu den fremdbestimmten Steuerwirkungen auch Kapitel C.1.4.

597 Vgl. LEY, U., Fortführung, KÖSDI 2005, S. 14614 f., dies., Anwendbarkeit, KÖSDI 2005, S. 14490 f., dies., Anwendung, DStR 2004, S. 1503.

598 Vgl. MAYER, L., Fortführung, KÖSDI 2005, S. 14611-14613.

599 Vgl. MAYER, L., Fortführung, KÖSDI 2005, S. 14611-14613.

da es sich bei dem auf Ebene der Untergesellschaft einheitlich und gesondert festgestellten Ergebnis um einen Grundlagenbescheid für die Obergesellschaft handelt. In der angesprochenen Fallstudie wird dieses Ergebnis allerdings nicht vollständig übernommen. Diese Vorgehensweise ist somit als problematisch anzusehen.[600]

Bezüglich der für die Verlustverrechnung nach § 15a EStG maßgeblichen Höhe des Kapitalkontos der Obergesellschaft bei der Untergesellschaft ergeben sich bei dieser Lösung korrekte Ergebnisse. Da die Ergänzungsbilanz auf Ebene der Untergesellschaft für die Obergesellschaft gebildet wird, erhöht sich entsprechend das nach § 15a EStG relevante Kapital der Obergesellschaft, so dass es auch in Bezug auf das Haftkapital zu einer zutreffenden Anwendung des § 15a EStG auf Ebene der Untergesellschaft kommt. Hinsichtlich des für den Obergesellschafter bei der Obergesellschaft maßgeblichen Kapitals für die Verlustverrechnung nach § 15a EStG ist zu beachten, dass sich das zutreffende Kapital nur einstellt, wenn in der Ergänzungsbilanz des Obergesellschafters bei der Obergesellschaft die ergänzungsbilanziellen Korrekturen der Mehr-/Minderwerte für die Wirtschaftsgüter der Untergesellschaft bei der Untergesellschaft als gleich hohe Korrektur des Anteils an der Untergesellschaft erfasst werden.[601] Auch bei der Überentnahmeberechnung i. S. v. § 4 Abs. 4a EStG würde diese Lösungsmöglichkeit nur dann die zutreffenden Einlagen ermitteln, wenn die doppelte Berücksichtigung der auf C entfallenden stillen Reserven aus den Wirtschaftsgütern der Untergesellschaft auf Ebene der Obergesellschaft korrigiert würde.[602]

Es bleibt festzuhalten, dass der in diesem Kapitel behandelte Lösungsansatz Schwächen zeigt, die aus der Behandlung der vom Anteilserwerber der Obergesellschaft bezahlten und das Vermögen der Untergesellschaft betreffenden stillen Reserven in einer Ergänzungsbilanz bei der Obergesellschaft resultieren. Im Folgenden Kapitel soll daher eine Alternative dazu betrachtet werden.

3.2.4. Bildung einer Ergänzungsbilanz für den Obergesellschafter über die Obergesellschaft bei der Untergesellschaft

3.2.4.1. Darstellung anhand eines Beispiels

Nach dieser Auffassung ist für den Obergesellschafter C beim Erwerb eines Anteils an der Obergesellschaft-GmbH & Co. KG eine Ergänzungsbilanz für die mittelbar miterworbenen stillen Reserven der Untergesellschaft (im Beispielsfall

---

[600] So auch LEY, U., Fortführung, KÖSDI 2005, S. 14615.
[601] Vgl. LEY, U., Anwendung, DStR 2004, S. 1503 f.
[602] Vgl. Kapitel E.2.2.1.2.3.

T€ 150) über die Obergesellschaft bei der Untergesellschaft zu bilden. Es ergeben sich folgende Gesamthands- und Ergänzungsbilanzen für den Ausgangsfall:

OG-GmbH & Co. KG

Anteil an UG	1350	Kapital A	900
Sonstige Aktiva	600	Kapital B	1050
	1950		1950

EGB des C bei OG-GmbH & Co. KG

Sonstige Aktiva	450	Mehrkapital	450
	450		450

UG-GmbH & Co. KG

Aktiva	1200	Kapital der OG	1200
	1200		1200

EGB der OG bei UG-GmbH & Co. KG

Aktiva	150	Mehrkapital	150
	150		150

Es zeigt sich, dass diese Lösungsmöglichkeit nahezu die gleichen steuerbilanziellen Konsequenzen hervorruft wie im vorherigen Kapitel. Der Unterschied liegt lediglich darin, dass der vom Obergesellschafter C bezahlte Mehrwert für die stillen Reserven aus der Untergesellschaft i. H. v. T€ 150 nicht in die Ergänzungsbilanz des C bei der Obergesellschaft eingeht, sondern dem Beteiligungsansatz für die Anteile an der Untergesellschaft bei der Obergesellschaft (T€ 1350) zugeschlagen werden. Die Beteiligung der Obergesellschaft an der Untergesellschaft i. H. v. T€ 1350 umfasst somit das steuerbilanzielle Eigenkapital der Untergesellschaft von T€ 1200 und das Ergänzungsbilanzkapital der Obergesellschaft bei der Untergesellschaft von T€ 150 (spiegelbildlicher Ausweis). Die Ergänzungsbilanz des C bei der Obergesellschaft enthält daher lediglich die für die sonstigen Aktiva der Obergesellschaft gezahlten Mehrwerte.[603]

3.2.4.2. Würdigung

Auch bei dieser Lösungsmöglichkeit wird das Ergebnis der Untergesellschaft wie im vorherigen Kapitel für gewerbesteuerliche Zwecke (vorbehaltlich fremdbestimmter Steuerwirkungen) korrekt ermittelt, da die Mehrabschreibungen, die dem Obergesellschafter für Wirtschaftsgüter der Untergesellschaft zuzurechnen sind, das Ergebnis der Untergesellschaft beeinflussen (Durchstockung). Durch die Bildung der Ergänzungsbilanz der Obergesellschaft bei der Untergesellschaft wird zudem das für die Verlustverrechnung nach § 15a EStG relevante Kapital bzw. die für die Überentnahmeberechnung nach § 4 Abs. 4a EStG relevanten

---

[603] Vgl. LEY, U., Anwendbarkeit, KÖSDI 2005, S. 14489, dies., Anwendung, DStR 2004, S. 1502, STEGEMANN, D., Einzelfragen, INF 2003, S. 267.

Einlagen auf Ebene der Untergesellschaft richtig ausgewiesen.[604] Anders ist bei diesem Ansatz jedoch, dass das Ergebnis der Obergesellschaft nicht doppelt belastet wird, da eben dieser auf den Obergesellschafter C entfallende Mehrwert (T€ 150) für Wirtschaftsgüter der Untergesellschaft nicht auch noch in die Ergänzungsbilanz des Obergesellschafters bei der Obergesellschaft eingeht und dort erfolgswirksam fortgeschrieben wird, sondern den Wert der Beteiligung der Obergesellschaft an der Untergesellschaft erhöht. Dies ist auch sachgerecht, da sich das anteilige steuerliche Eigenkapital einer Personengesellschaft aus dem Anteil am steuerbilanziellen Eigenkapital zzgl. Ergänzungs- und Sonderkapital zusammensetzt.[605] Daher ist in der Gesamthandsbilanz der Obergesellschaft bei Erfassung des Anteils an der Untergesellschaft auch das Ergänzungskapital des Obergesellschafters bei der Untergesellschaft (T€ 150) als Teil des steuerlichen Eigenkapitals der Untergesellschaft zu berücksichtigen.[606] Durch die Vermeidung einer doppelten Abschreibung des auf den Obergesellschafter entfallenden Mehrwertes für Wirtschaftsgüter der Untergesellschaft wird auf Ebene der Obergesellschaft ein zutreffendes steuerliches Ergebnis ermittelt.[607]

Schwierig ist hingegen die personelle Zurechnung des für die Obergesellschaft bei der Untergesellschaft entstandenen Ergänzungsbilanzergebnisses zum Obergesellschafter C, da dieses Ergebnis in das steuerliche Gesamthandsergebnis der Obergesellschaft einfließt und somit grundsätzlich gemäß dem handelsrechtlichen Gewinnverteilungsschlüssel zu verteilen ist. Soweit nicht der Fall einer 100%-Beteiligung an der Obergesellschaft vorliegt, würde dann den übrigen Obergesellschaftern ein Teil des Ergänzungsbilanzergebnisses des neu in die Obergesellschaft eingetretenen Gesellschafters C zufließen, was nicht sachgerecht sein kann.[608] Um dies zu vermeiden, müsste dem Obergesellschafter C aus dem steuerbilanziellen Ergebnis der Obergesellschaft vorab das Ergebnis aus der für ihn über die Obergesellschaft bei der Untergesellschaft gebildeten Ergänzungsbilanz zugerechnet werden. Erst danach wäre das (Rest-)Ergebnis gemäß handelsrechtlichem Gewinnverteilungsschlüssel auf die übrigen Obergesellschafter zu verteilen. Dieses Vorgehen durchbricht zwar den Grundsatz der Zurechnung nach dem handelsrechtlichen Gewinnverteilungsschlüssel, wird aber von der herrschenden Meinung akzeptiert, da die Ergebnisse aus

---

604 Vgl. LEY, U., Anwendbarkeit, KÖSDI 2005, S. 14490, dies., Anwendung, DStR 2004, S. 1503, STEGEMANN, D., Einzelfragen, INF 2003, S. 267.

605 Vgl. WACKER, R., in: SCHMIDT, L., EStG, § 15 Rn. 401.

606 Vgl. LEY, U., Fortführung, KÖSDI 2005, S. 14614.

607 Es wird bei dieser Lösungsmöglichkeit auch ein zutreffendes Ergebnis für die Überentnahmeberechung i. S. v. § 4 Abs. 4a EStG erzielt, vgl. Kapitel E.2.2.1.2.3.

608 Vgl. LEY, U., Anwendung, DStR 2004, S. 1504.

Ergänzungsbilanzen mit der handelsrechtlichen Gewinnverteilung nichts zu tun haben.[609]

Schließlich wird bei dieser Lösungsmöglichkeit auch das für die Verlustverrechnung nach § 15a EStG relevante steuerliche Kapital der Obergesellschaft erfasst und den Obergesellschaftern richtig zugeordnet. Das ergibt sich dadurch, dass durch den Einbezug des Ergänzungsbilanzkapitals in den Wertansatz der Beteiligung an der Untergesellschaft gleichzeitig das steuerbilanzielle Kapital des jeweiligen Obergesellschafters erhöht wird.[610]

Es bleibt somit festzuhalten, dass die in diesem Kapitel vorgestellte Lösungsmöglichkeit zu korrekten Ergebnissen hinsichtlich der steuerlichen Gewinnermittlung, wie auch der Erfassung des Kapitals für die Verlustverrechnung nach § 15a EStG führt. Zudem führt diese Lösungsmöglichkeit bei der Überentnahmeberechnung nach § 4 Abs. 4a EStG zu zutreffenden Ergebnissen, da die für die Berechnung relevanten Einlagen in richtiger Höhe unmittelbar aus den Ergänzungsbilanzen ersichtlich sind. Auch die Fortschreibung der Ergänzungsbilanzen in den Folgejahren würde sachgerecht das Mehrkapital im Zeitablauf kompensieren.[611] Dies ist zwar auch bei der Auffassung im vorherigen Kapitel D.3.2.3. grundsätzlich der Fall gewesen. Dennoch ist m. E. die in diesem Kapitel dargestellte Lösung vorzuziehen, da sie die bessere technische Umsetzung enthält. Insbesondere bei der steuerlichen Gewinnermittlung konnte das korrekte Ergebnis im vorherigen Kapitel nur erzielt werden, indem dass bei der Untergesellschaft festgestellte Ergebnis nicht vollständig in die Gewinnfeststellung der Obergesellschaft eingegangen ist und somit gegen verfahrensrechtliche Grundsätze bei der Gewinnermittlung bei doppelstöckigen Personengesellschaften verstoßen wurde.

---

[609] Vgl. CARLÉ, D., in: KORN, K. u. a., EStG, § 15 Rn. 202, VON BECKERATH, H.-J., in: KIRCHHOF, P./SÖHN, H./MELLINGHOFF, R., EStG, § 15a Rn. B 252, REIß, W., Grundprobleme (Teil 2), Stbg 1999, S. 421 Fn. 107, LEY, U., Fortführung, KÖSDI 2005, S. 14614 f., dies., Anwendbarkeit, KÖSDI 2005, S. 14491, dies., Anwendung, DStR 2004, S. 1504, STEGEMANN, D., Einzelfragen, INF 2003, S. 267. Im Ergebnis auch MAYER, L., Fortführung, KÖSDI 2005, S. 14613, ders., Behandlung, DB 2003, S. 2039. A. A. SEIBOLD, F., Anwendung, DStR 1998, S. 439, OFD Berlin vom 24.08.2001 – St 124 – S 2241 – 6/01, FR 2002, S. 48.

[610] LEY, U., Anwendbarkeit, KÖSDI 2005, S. 14491, dies., Anwendung, DStR 2004, S. 1504, STEGEMANN, D., Einzelfragen, INF 2003, S. 267.

[611] Vgl. ausführlich Kapitel E.2.2.1.2.3.

3.3. Ergänzungsbilanzen bei vorhandenem Sonderbetriebsvermögen der Obergesellschaft bei der Untergesellschaft

Über die zuvor angesprochene Thematik hinaus stellt sich die Frage, wie Ergänzungsbilanzen im Rahmen eines Anteilserwerbs an der Obergesellschaft zu bilden sind, soweit stille Reserven auf Wirtschaftsgüter der Obergesellschaft entfallen, die Sonderbetriebsvermögen bei der Untergesellschaft darstellen. Um diese Frage zu beantworten, soll der zuvor behandelte Beispielsfall um vorhandenes Sonderbetriebsvermögen der Obergesellschaft bei der Untergesellschaft erweitert werden:

OG-GmbH & Co. KG

Anteil an UG	1200	(1500)	Kapital A	900	(1500)
Sonstige Aktiva	600	(1500)	Kapital B	900	(1500)
	1800			1800	

UG-GmbH & Co. KG

Aktiva	1000	(1200)	Kapital der OG	1000	(1200)
	1000			1000	

Sonderbilanz der OG-KG bei der UG-KG

Aktiva	200	(300)	Sonderkapital	200	(300)
	200			200	

Das gesamte steuerliche Eigenkapital der Obergesellschaft bei der Untergesellschaft beträgt wie zuvor T€ 1200, besteht hier aber aus dem Eigenkapital aus der Steuerbilanz der Untergesellschaft (T€ 1000) und dem Sonderbilanzvermögen der Obergesellschaft bei der Untergesellschaft (T€ 200). Die ursprünglich vom Anteilserwerber an der Obergesellschaft C bezahlten und das Vermögen der Untergesellschaft betreffenden stillen Reserven i. H. v. T€ 150 teilen sich nun auf in stille Reserven aus den Aktiva der Untergesellschaft (T€ 100) und stille Reserven im Sonderbetriebsvermögen der Obergesellschaft bei der Untergesellschaft (T€ 50). Fraglich ist nun, wie die Mehrwerte aus dem Sonderbetriebsvermögen steuerlich zu berücksichtigen sind.

Analog zu den Erkenntnissen aus Kapitel D.3.2. hat zunächst auf Ebene der Untergesellschaft die Aufstockung der stillen Reserven i. H. v. T€ 150 (T€ 100 + T€ 50) zu erfolgen. Soweit die Mehrwerte auf die Aktiva der Untergesellschaft entfallen (T€ 100), sind sie – wie bisher auch – in einer Ergänzungsbilanz der Obergesellschaft bei der Untergesellschaft zu erfassen.[612] Soweit die Mehrwerte allerdings aus dem Sonderbetriebsvermögen (T€ 50) resultieren, können diese nicht in der Ergänzungsbilanz der Obergesellschaft bei der Untergesellschaft erfasst werden, da das Sonderbetriebsvermögen der Obergesellschaft bei der Untergesellschaft nicht in der Steuerbilanz der Untergesellschaft, sondern in einer Sonderbilanz ausgewiesen ist. Daher sind diese Mehrwerte in eine zusätzliche Ergänzungsbilanz zur Sonderbilanz einzustellen.[613] Strittig ist allerdings, wie die „spiegelbildliche" Erfassung dieser Mehrwerte bei der Obergesellschaft erfolgen sollte. Während in der Literatur teilweise vorgeschlagen wird, dass diese Mehrwerte in der Ergänzungsbilanz des Obergesellschafters bei der Obergesellschaft ausgewiesen werden sollten[614], sind m. E. die Mehrwerte bei der Obergesellschaft dem Beteiligungsansatz für die Anteile an der Untergesellschaft zuzuschlagen.[615] Die steuerlichen Bilanzen hätten dann folgendes Aussehen:

OG-GmbH & Co. KG

Anteil an UG	1350	Kapital A	900
Sonstige Aktiva	600	Kapital B	1050
	1950		1950

EGB des C bei OG-GmbH & Co. KG

Sonstige Aktiva	450	Mehrkapital	450
	450		450

UG-GmbH & Co. KG

Aktiva	1000	Kapital der OG	1000
	1000		1000

EGB der OG bei UG-GmbH & Co. KG

Aktiva	100	Mehrwert	100
	100		100

Sonderbilanz der OG-KG bei der UG-KG

Aktiva	200	Sonderkapital	200
	200		200

EGB zur Sonderbilanz

Aktiva	50	Mehrwert	50
	50		50

Dies entspricht der Vorgehensweise aus Kapitel D.3.2.4. und hat auch hier den Vorteil, dass auf Ebene der Obergesellschaft die Mehrwerte aus der Untergesellschaft nicht doppelt erfolgswirksam erfasst werden. Um dann nämlich zutreffende steuerliche Ergebnisse auf Ebene der Obergesellschaft zu erzielen, müssten Korrekturen vorgenommen werden, die nicht der Systematik der steuerlichen Gewinnermittlung bei doppelstöckigen Personengesellschaften ent-

---

[612] Vgl. LEY, U., Besteuerungsfragen, KÖSDI 1996, S. 10927, MAYER, L., Behandlung, DB 2003, S. 2039.

[613] Vgl. LEY, U., Besteuerungsfragen, KÖSDI 1996, S. 10927, MAYER, L., Behandlung, DB 2003, S. 2039.

[614] Vgl. MAYER, L., Behandlung, DB 2003, S. 2039 f., WACKER, R., in: SCHMIDT, L., EStG, § 15 Rn. 471. Diese Lösungsmöglichkeit folgt den Überlegungen aus Kapitel D.3.2.3.

[615] So wohl auch LEY, U., Fortführung, KÖSDI 2005, S. 14614 f., dies., Anwendbarkeit, KÖSDI 2005, S. 14490 f., dies., Anwendung, DStR 2004, S. 1503 f.

sprächen. Zudem wird bei der Obergesellschaft das steuerliche Eigenkapital der Untergesellschaft (T€ 1350) zutreffend ausgewiesen, da dieses neben dem steuerbilanziellen Eigenkapital (T€ 1000) auch das Sonder- (T€ 200) und das Ergänzungsbilanzkapital (T€ 100 + T€ 50) umfasst.

3.4. Fortführung bereits bestehender Ergänzungsbilanzen der Obergesellschaft bei der Untergesellschaft

Ein weiteres Problem in diesem Zusammenhang ergibt sich dann, wenn bei einem Anteilserwerb an einer Obergesellschaft einer doppelstöckigen Personengesellschaft die Obergesellschaft bereits eine Ergänzungsbilanz bei der Untergesellschaft führt. Es stellt sich die Frage, wie diese bereits bestehende – aus einem früheren Anteilserwerb der Obergesellschaft an der Untergesellschaft resultierende – Ergänzungsbilanz fortzuführen ist.[616]

Für den Erwerber von Anteilen an einer einstöckigen Personengesellschaft hat eine vorhandene Ergänzungsbilanz des Veräußerers grundsätzlich keine Bedeutung.[617] Der Erwerber der anteiligen Wirtschaftsgüter der Gesamthand der Personengesellschaft stellt eine neue Ergänzungsbilanz auf. Werden hingegen Anteile an einer Obergesellschaft einer doppelstöckigen Personengesellschaft erworben, kann diese Vorgehensweise m. E. nicht auf Ergänzungsbilanzen der Obergesellschaft bei der Untergesellschaft angewandt werden.[618] Die Obergesellschaft bleibt trotzt des Erwerbsvorgangs unmittelbarer Mitunternehmer der Untergesellschaft, während der neue Obergesellschafter nur eine mittelbare Sondermitunternehmerstellung besitzt. Die unmittelbare Mitunternehmerstellung wird von der mittelbaren Mitunternehmerstellung jedoch nicht verdrängt.[619] Daher ist keine anteilige Auflösung einer bestehenden Ergänzungsbilanz der Obergesellschaft bei der Untergesellschaft vorzunehmen. Sie ist stattdessen unverändert fortzuführen, so dass der neue Obergesellschafter entsprechend seines anteiligen Gewinnanspruchs an der erfolgswirksamen Fortschreibung der "alten" Ergänzungsbilanz partizipiert.[620] Zur Verdeutlichung soll folgendes Beispiel dienen:

---

[616] Vgl. STEGEMANN, D., Einzelfragen, INF 2003, S. 267.

[617] Vgl. LEY, U., Erwerb, KÖSDI 2001, S. 12984. Der Veräußerer löst seine Ergänzungsbilanz grundsätzlich erfolgswirksam auf, so dass dieses Ergebnis Bestandteil des Veräußerungsgewinns i. S. v. § 16 EStG ist, vgl., REIß, W., in: KIRCHHOF, P., EStG, § 15 Rn. 326.

[618] So auch STEGEMANN, D., Einzelfragen, INF 2003, S. 268.

[619] Vgl. BFH vom 06.09.2000, IV R 69/99, BStBl. II 2001, S. 733.

[620] Vgl. STEGEMANN, D., Einzelfragen, INF 2003, S. 268. Durch Fortführung der bereits bestehenden Ergänzungsbilanz verringert sich automatisch das bei der Untergesellschaft zu Verfügung stehende Aufstockungsvolumen, vgl. ebd., S. 268.

Beispiel: An der Obergesellschaft-GmbH & Co. KG (OG-KG) sind zu je 50 v. H. die natürlichen Personen A und B beteiligt. Die Obergesellschaft ist wiederum zu 100 v. H. an der Untergesellschaft-GmbH & Co. KG (UG-KG) als Kommanditistin beteiligt. Die Komplementär-GmbHs der GmbH & Co. KGs sind an den Kommanditgesellschaften nicht beteiligt. Die OG-KG führt bei der UG-KG eine Ergänzungsbilanz mit einem fortgeschriebenen Mehrkapital von T€ 1000 (fortgeführter Firmenwert, der ursprünglich T€ 1500 betrug und auf 15 Jahre abgeschrieben wird). B veräußert nun seinen Anteil an C.

Lösung: Der Anteilserwerb des C wirkt sich m. E. nicht auf die Ergänzungsbilanz der OG-KG bei der UG-KG aus. Sie wird unverändert fortgeführt. Anteilig werden C aus der Ergänzungsbilanz T€ 50 (T€ 1000 x 50 v. H. bei Restnutzungsdauer 10 Jahre) als Aufwand zugerechnet. Würde diese Ergänzungsbilanz aufgrund des Gesellschafterwechsels aufgelöst werden, müsste ein bezahlter Mehrwert in eine neu zu bildende Ergänzungsbilanz bei der Untergesellschaft eingestellt werden, der wiederum auf 15 Jahre abzuschreiben wäre.[621]

---

[621] So auch STEGEMANN, D., Einzelfragen, INF 2003, S. 268.

E. Problembereiche der laufenden Besteuerung der doppelstöckigen Personengesellschaft unter Berücksichtigung von Veräußerungsvorgängen

1. Verlustausgleich und Verlustverrechnung gemäß § 15a EStG

1.1. Grundlagen des § 15a EStG

Für Gesellschafter, deren Haftung beschränkt ist (insbesondere Kommanditisten[622]), ergibt sich die Besonderheit des beschränkten Verlustabzuges nach § 15a EStG. Dieser besagt, dass der einem beschränkt haftenden Gesellschafter zuzurechnende Anteil am Verlust der Gesellschaft weder mit anderen Einkünften ausgeglichen noch nach § 10d EStG vor- oder zurückgetragen werden darf, soweit für den Gesellschafter ein negatives Kapitalkonto entsteht oder sich erhöht. Steuerlich gesehen gehen diese Verluste jedoch nicht verloren. Nach § 15a Abs. 2 EStG werden sie in sog. verrechenbare Verluste umqualifiziert.[623] Diese Regelung basiert nach der Gesetzesbegründung auf der Tatsache, dass Verluste eines Kommanditisten, die im Jahr der Entstehung über die Hafteinlage (im Handelsregister eingetragener Haftungsbetrag) hinausgehen, den Kommanditisten in diesem Zeitpunkt weder rechtlich noch wirtschaftlich belasten, sondern erst, wenn und soweit spätere Gewinne entstehen.[624] Deshalb sollen derartige Verluste nur mit späteren Gewinnen aus derselben Tätigkeit nach Art eines Verlustvortrags verrechnet werden[625] (z. B. Kapital eines Kommanditisten T€ 100; anteiliger auf ihn entfallender Verlust T€ 150; somit ausgleichfähig T€ 100 und nur mit späteren Gewinnen aus derselben Tätigkeit verrechenbar T€ 50[626]). Die Verlustzurechnung wird also im Ergebnis nicht durch § 15a EStG verhindert, sondern lediglich die sofortige steuerliche Ausnutzung der Verluste in ihrem Entstehungsjahr begrenzt (aufgeschobener Verlustausgleich).[627]

---

622 Über § 15a Abs. 5 EStG wird der Anwendungsbereich auch auf andere Rechtsformen mit beschränkt haftenden Gesellschaftern ausgeweitet, u. a. atypisch stille Gesellschaften und Gesellschaften bürgerlichen Rechts, bei denen im Innenverhältnis die Haftung eines Gesellschafters vertraglich begrenzt ist.

623 Vgl. WACKER, R., in: SCHMIDT, L., EStG, § 15a Rn. 30.

624 Vgl. BT-Drs. 8/3648 vom 08.02.1980, S. 16.

625 Vgl. BFH vom 16.05.2002, IV R 58/00, BStBl. II 2002, S. 750.

626 Nach § 15a Abs. 4 EStG sind verrechenbare Verluste des einzelnen Kommanditisten jährlich gesondert durch Bescheid festzustellen.

627 Vgl. BINZ, M. K., GmbH & Co., § 18 Rn. 255. Zur Kritik am § 15a EStG vgl. m. w. N. BITZ, H., in: LITTMANN, E./BITZ, H./PUST, H., EStG, § 15a Rn. 6 oder PAUS, B., Verluste, DStZ 2004, S. 450. Es wird sogar – speziell im Hinblick auf § 2b EStG – eine Streichung des § 15a EStG gefordert, vgl. HERZIG, N./BRIESEMEISTER, S., Normen, DB 1999, S. 1474.

Hat der Kommanditist seine im Handelsregister eingetragene Haftsumme noch gar nicht oder nicht in voller Höhe geleistet und entsteht dann durch anteilige Verlustzurechnung ein negatives Kapitalkonto, so sind die zugewiesenen Verluste in Höhe der Differenz zwischen eingetragener Haftsumme und eingezahlter Einlage, trotz des negativen Kapitalkontos, steuerlich berücksichtigungsfähig, sog. überschießende Außenhaftung (z. B. Haftsumme i. H. v. T€ 200 zu 50 v. H. eingezahlt; Verlust T€ 300; somit sind T€ 200 ausgleichsfähig und T€ 100 nur verrechenbar). Diese Verlustausgleichserweiterung gilt ausschließlich für die Haftung des Kommanditisten nach § 171 Abs. 1 HGB.[628]

Durch vorübergehende Erhöhung der Einlage bzw. der im Handelsregister eingetragenen Haftsumme könnten Kommanditisten in diesem Jahr einen höheren Verlustausgleich erreichen, während sie im darauf folgenden Jahr die Beträge wieder entnehmen bzw. die Haftsumme wieder reduzieren.[629] Mit § 15a Abs. 3 EStG sollen solche missbräuchlichen Gestaltungen vermieden werden. Dazu wird im Jahr der Erhöhung der Einlage bzw. des Haftungsbetrages der Verlustausgleich zwar nicht angetastet, im Jahr der Minderung wird allerdings der zuvor ausgeglichene Betrag fiktiv dem Gewinn wieder hinzugerechnet, soweit durch die Entnahme keine erweiterte Außenhaftung entsteht. Zudem wird in gleicher Höhe ein verrechenbarer Verlust festgestellt, so dass (vorbehaltlich möglicher Zins- und Liquidationseffekte) im Ergebnis die Situation hergestellt ist, als wäre der Verlust von Anfang an nur verrechenbar, anstatt ausgleichs- oder abzugsfähig gewesen.[630]

---

[628] Vgl. NIEHUS, U./WILKE, H., Besteuerung, S. 320 f. Eine überschießende Außenhaftung kann sich auch daraus ergeben, dass die vereinbarte Pflichteinlage im Innenverhältnis niedriger ist als die im Handelsregister eingetragene, dem Gesellschafter seine Einlage zurückbezahlt wurde oder das Kapitalkonto durch Entnahmen unter die Pflichteinlage abgesunken ist, vgl. ebd., S. 320 f. Alle steuerfreien Betriebsvermögensmehrungen, z. B. steuerfreie Zuschüsse, erhöhen das steuerliche Kapitalkonto und damit das Verlustausgleichsvolumen aufgrund von Kapital. Als handelsrechtlicher Teil des Betriebsergebnisses stellen sie jedoch keine haftungsbeendende Einlage i. S. d. § 171 HGB dar und mindern daher auch nicht die erweiterte Außenhaftung nach § 15a Abs. 1 Satz 2 EStG, vgl. m. w. N. OFD Frankfurt am Main vom 17.01.2002 – S 2241aA – 11 – St II 21, StuB 2002, S. 445-447.

[629] Vgl. m. w. N. KOCH, E., Entnahmen, DStR 1984, S. 543-547 oder BOLK, W., Beschränkung, BuW 1997, S. 692 f.

[630] Vgl. m. w. N. KANTWILL, W., Verluste, SteuerStud 2004, S. 444-446, STUHRMANN, G., in: BLÜMICH, W., EStG/KStG/GewStG, § 15a EStG Rn. 83 f. Zur Frage, inwiefern Einlagen zum Ausgleich eines negativen Kapitalkontos Verluste künftiger Wirtschaftsjahre ausgleichsfähig machen, vgl. BFH vom 14.10.2003, VIII R 32/01, DStR 2004, S. 24-27 bzw. BMF vom 14.04.2004, IV A 6 – S 2241a – 10/04, DStR 2004, S. 773 f. (Nichtanwendungsschreiben) und die Literaturmeinungen WACKER, R., Einlagen, DB 2004, S. 11-16, HEMPE, R./SIEBELS, R./OBERMAIER, M., Präzisierung, DB 2004, S. 1460-1463, PICKHARDT-POREMBA, N., Ausgleich, StuB 2004, S. 366-368, ROGALL, M., Funktionsweise,

Sind im laufenden Wirtschaftjahr ein oder alle beschränkt haftenden Gesellschafter einer Kommanditgesellschaft in die Rechtsstellung eines unbeschränkt haftenden Gesellschafters gewechselt, greift die Abzugsbeschränkung des § 15a EStG ab diesem Jahr nicht mehr ein.[631] Die Haftungserweiterung führt jedoch nicht zu einer Umwandlung der aufgelaufenen verrechenbaren Verluste in ausgleichsfähige. Der Vollhafter kann sie nur mit späteren Gewinnen aus der Beteiligung ausgleichen. Bis zum vollständigen Verbrauch sind die verrechenbaren Verluste weiterhin jährlich gesondert festzustellen.[632] Wechselt anders herum ein Vollhafter in die Stellung eines Kommanditisten, findet § 15a EStG für das gesamte Jahr Anwendung.[633]

1.2. Anwendbarkeit des § 15a EStG auf doppelstöckige Personengesellschaften

1.2.1. Untersuchung von Wortlaut sowie Sinn und Zweck des § 15a EStG

Die Verlustverrechnungsvorschrift des § 15a EStG wird bei doppelstöckigen Personengesellschaften nach herrschender Meinung[634] und Auffassung der Finanzverwaltung[635] auch auf die Beteiligung der Obergesellschaft an der Untergesellschaft angewandt. Wird der Obergesellschaft von der Untergesellschaft ein Verlustanteil zugewiesen, ist dieser demnach auch nach den Regeln des § 15a

---

BB 2004, S. 1819-1823, GRÜTZNER, D., Beschränkungen, StuB 2004, S. 578, BRANDENBERG, H. B., Mindestbesteuerung, DB 2004, S. 1634-1637, KEMPERMANN, M., Einlagen, DStR 2004, S. 1515 f.

631 Vgl. BFH vom 12.02.2004, IV R 70/02, EStB 2004, S. 184.

632 Vgl. BFH vom 14.10.2003, VIII R 38/02, DStR 2004, S. 31, in Anknüpfung an BFH vom 11.05.1995, IV R 44/93, DB 1995, S. 1690 und BFH vom 14.12.1995, IV R 106/94, BStBl. II 1996, S. 226. Kritisch dazu m. w. N. PAUS, B., Verluste, DStZ 2004, S. 448-450, WILKE, H., Komplementär, INF 2004, S. 69-73, die m. E. zu Recht darauf verweisen, dass die verrechenbaren Verluste entgegen der Auffassung des BFH aufgrund der nun unbeschränkten Haftung eigentlich als voll ausgleichsfähig zu behandeln sein sollten. Der Vollhafter wird durch diese Verluste wirtschaftlich belastet.

633 Vgl. BFH vom 14.10.2003, VIII R 81/02, DStR 2004, S. 29. Vgl. dazu ausführlich GRÜTZNER, D., Beschränkungen, StuB 2004, S. 579, WILKE, H., Komplementär, INF 2004, S. 69-73, WATRIN, C./SIEVERT, E./NUßMANN, P., Konsequenzen, BB 2004, S. 1529-1533, KEMPERMANN, M., Einlagen, DStR 2004, S. 1516 f.

634 Vgl. z. B. ZIMMERMANN, R. u. a., Steuerrecht, Abschn. G. Rn. 41-44, WACKER, R., in: SCHMIDT, L., EStG, § 15a Rn. 61, LEY, U., Besteuerungsfragen, KÖSDI 1996, S. 10931-10934, HELMREICH, H., Verluste, S. 293-310, HENNIG, T., Kommanditgesellschaften, DB 1985, S. 886-889, BORDEWIN, A., Verlustverrechnung, NWB 1995, Fach 3, S. 9463 f.

635 Vgl. OFD Bremen vom 19.10.1995 – S 2241a – St 201, BB 1996, S. 900. Gl. A. OFD Nürnberg vom 13.11.1997 – S 2241a – 31/St 31, BB 1998, S. 44 und OFD Chemnitz vom 05.02.1998 – S 2241a – 8/1 – St 31, DB 1998, S. 903 f.

EStG nur beschränkt ausgleichsfähig, unabhängig davon, ob die Gesellschafter der Obergesellschaft ihrerseits für die Verbindlichkeiten dieser Gesellschaft beschränkt oder unbeschränkt haften.[636]

Dies könnte zweifelhaft sein, wenn man den Wortlaut des § 15a EStG genauer betrachtet. Dabei kann zunächst festgestellt werden, dass eine Obergesellschaft unzweifelhaft Kommanditistin[637] einer Untergesellschaft sein kann. Probleme tauchen allerdings auf der Rechtsfolgenseite auf. Nach § 15a Abs. 1 Satz 1 EStG ist der dem Kommanditisten zuzurechnende Anteil am Verlust der Kommanditgesellschaft weder mit anderen Einkünften aus Gewerbebetrieb noch mit Einkünften aus anderen Einkunftsarten ausgleichsfähig, soweit ein negatives Kapitalkonto des Kommanditisten entsteht oder sich erhöht. Eine Obergesellschaft kann aber keine anderen Einkünfte aus Gewerbebetrieb beziehen, da sie gemäß § 15 Abs. 3 EStG nur einen Gewerbebetrieb hat. Zudem können ihr auch aus anderen Einkunftsarten keine Einkünfte entstehen, da sämtliche Einkünfte der Obergesellschaft Einkünfte aus Gewerbebetrieb sind. Ähnliches gilt auch für § 15a Abs. 1 Satz 1 2. Hs. EStG. Demnach darf ein nur verrechenbarer Verlust nicht nach § 10d EStG abgezogen werden. Ein solcher Verlustabzug wird bei der Ermittlung des Gesamtbetrags der Einkünfte gemäß § 2 Abs. 2 EStG vorgenommen und ist nicht bei einer Personengesellschaft anwendbar.[638]

---

636 Nicht selten wird diese Vorgehensweise mit einer Entscheidung des BFH vom 26.01.1995, IV R 23/93, BStBl. II 1995, S. 467-471, begründet. In diesem Fall ging es aber vorrangig um die Verrechnung eines Veräußerungsgewinns aus dem Verkauf der Untergesellschaft mit nur verrechenbaren Verlusten der Obergesellschaft. Zwar lag bei der Untergesellschaft auch ein Verlust aus laufender Geschäftstätigkeit vor, aber der wurde durch einen höheren Veräußerungsgewinn kompensiert. Somit musste sich der BFH mit der Problematik der Anwendung des § 15a EStG auf einen Verlust der Untergesellschaft hier nicht auseinandersetzen.

637 Die Obergesellschaft kann dabei in den in Kapitel B.3.1. genannten Rechtsformen betrieben werden.

638 Darüber hinaus ist die Anwendung von § 15a EStG auf doppelstöckige Personengesellschaften auch im Hinblick auf die Gesamtsystematik des Einkommensteuergesetzes fraglich. Die Einkommensteuer ist eine Personensteuer, nach der das Steuersubjekt gemäß § 1 EStG ausschließlich natürliche Personen sind. Da die §§ 13-24 EStG, die lediglich bestimmen, zu welcher Einkunftsart die einzelnen Einkünfte gehören, sich ebenfalls ausschließlich auf natürliche Personen beziehen, ist die Anwendung von § 15a EStG auf (Unter-)Personengesellschaften zumindest zweifelhaft, vgl. dazu insgesamt NICKEL, J. R./ BODDEN, G., Verlustausgleich, FR 2003, S. 392 f., SEIBOLD, F., Anwendung, DStR 1998, S. 440 f., AUTENRIETH, K., Verlustverrechnung, DStZ 1987, S. 124.

1.2.2. Der Beschluss des BFH vom 18.12.2003 – IV B 201/03[639]

Zu den genannten kritischen Punkten in Bezug auf die Anwendbarkeit des § 15a EStG bei doppelstöckigen Personengesellschaften hat der BFH in einem Beschluss schließlich Stellung genommen. Er führt dabei explizit aus, dass "Es ... nicht ernstlich zweifelhaft [sei], dass § 15a EStG auf doppelstöckige Personengesellschaften Anwendung findet"[640]. Zwar kann es bei einer gewerblichen Personengesellschaft als Kommanditistin auf deren Ebene nicht zu einem Ausgleich der Verluste mit anderen positiven Einkünften kommen bzw. ein Verlustabzug gemäß § 10d EStG geltend gemacht werden, so dass die Rechtsfolgen des § 15a Abs. 1 EStG nicht unmittelbar eintreten können. Daraus ist nach Auffassung des BFH allerdings nicht zu folgern, "dass auf der Ebene der Untergesellschaft § 15a EStG überhaupt nicht anzuwenden ist"[641]. Dessen Verlustausgleichsbeschränkung wirkt nämlich mittelbar über die Obergesellschaft. Die Ausgleichs- und Abzugsbeschränkung des § 15a EStG reflektiert im Verhältnis zur Obergesellschaft, dass diese bisher mit über ihre Einlage hinausgehenden Verlusten nicht wirtschaftlich belastet worden sei. Damit fehle es mittelbar aber auch an einer entsprechenden wirtschaftlichen Belastung der Obergesellschafter. Würde auf Ebene der Untergesellschaft keine Ausgleichsbeschränkung eintreten, könnten unbeschränkt haftende Gesellschafter der Obergesellschaft ihren Anteil am Verlustanteil der Obergesellschaft – welcher dann um über die Einlage der Obergesellschaft bei der Untergesellschaft hinausgehende Verluste höher ausfiele – zum Ausgleich mit anderen positiven Einkünften verwenden. Dies widerspräche dem Zweck der Verlustausgleichsbeschränkung des § 15a EStG, so dass bei doppelstöckigen Personengesellschaften eine Anwendung dieser Vorschrift erforderlich sei.[642]

Es bleibt somit festzuhalten, dass der Beschluss des BFH die Anwendung des § 15a EStG auf doppelstöckige Personengesellschaften (insbesondere die Untergesellschaft) nun eindeutig vorschreibt. Die Begründung des BFH dafür wird wohl nicht jeden überzeugen, da die in der Literatur diesbezüglich kritisch aufgeworfenen Fragen (Nichtkonformität mit dem Gesetzeswortlaut; falsche

---

[639] Vgl. BFH vom 18.12.2003, IV B 201/03, BStBl. II 2004, S. 231-233, bestätigt durch BFH vom 07.10.2004, IV R 50/02, BFH/NV 2005, S. 533-534.

[640] BFH vom 18.12.2003, IV B 201/03, BStBl. II 2004, S. 231.

[641] BFH vom 18.12.2003, IV B 201/03, BStBl. II 2004, S. 233, BFH vom 07.10.2004, IV R 50/02, BFH/NV 2005, S. 534.

[642] Vgl. BFH vom 18.12.2003, IV B 201/03, BStBl. II 2004, S. 233. So auch BFH vom 07.10.2004, IV R 50/02, BFH/NV 2005, S. 534, BFH vom 01.07.2004, IV R 67/00, DB 2004, S. 2401, FG Düsseldorf vom 03.11.2003, 7 K 6498/99 F, EFG 2004, S. 495 f., BT-Drs. 8/3648 vom 08.02.1980, S. 16, GRÜTZNER, D., Beschränkungen, StuB 2004, S. 580, LEY, U., Anwendung, DStR 2004, S. 1498, HELMREICH, H., Verluste, S. 297.

Stellung im Gesetz) nicht direkt beantwortet wurden. Es wird lediglich auf die mittelbare Beteiligung der Obergesellschafter an der Untergesellschaft verwiesen, die dem BFH genügt, um die gewollten Rechtsfolgen herbeizuführen.[643] Dennoch spricht m. E. auch vieles für das Resultat des BFH, da nur so ein Verlustausgleich gemäß der wirtschaftlichen Belastung der Obergesellschafter erreicht werden kann, was schließlich im Einklang mit dem Sinn und Zweck des § 15a EStG steht.[644] Ein anderes Ergebnis würde wohl auch die vermehrte Zwischenschaltung einer Personengesellschaft hervorrufen, da so die negativen Konsequenzen der Verlustausgleichsbeschränkungen des § 15a EStG verringert werden könnten.[645]

1.3. Verlustverrechnung nach § 15a EStG bei doppelstöckigen Personengesellschaften

1.3.1. Umfang der jeweiligen Kapitalkonten i. S. d. § 15a EStG

1.3.1.1. Kapitalkonto des Obergesellschafters bei der Obergesellschaft

1.3.1.1.1. Bestandteile des Kapitalkontos des Obergesellschafters bei der Obergesellschaft

Erleidet eine Obergesellschaft einen Verlust auf der ersten Stufe der Gewinnermittlung (Steuerbilanz- einschließlich Ergänzungsbilanzergebnis)[646], ist dieser ausgleichsfähig, soweit kein negatives Kapitalkonto entsteht oder sich erhöht, § 15a Abs. 1 Satz 1 EStG.[647] Die Ausgleichsfähigkeit bzw. Verrechenbarkeit des

---

[643] Kritisch NICKEL, J. R./BODDEN, G., Verlustausgleich, FR 2003, S. 393, die die Tatsache, dass die Personengesellschaft als partiell rechtsfähiges Steuersubjekt den Tatbestand des § 15a EStG verwirklicht und die Rechtsfolgen dem eigentlichen Einkommenssteuersubjekt mittelbar zukommen lässt, für "wenig überzeugend und rechtsmethodisch kaum nachvollziehbar" halten.

[644] So auch LEY, U., Anwendbarkeit, KÖSDI 2005, S. 14486. A. A. wohl SEIBOLD, F., Anwendung, DStR 1998, S. 441.

[645] Im Ergebnis auch MAYER, L., Behandlung, DB 2003, S. 2036 f.

[646] Das Ergebnis der zweiten Stufe (Sonderbetriebsergebnis) bleibt außer Betracht, da nach Sinn und Zweck des § 15a EStG ein Verlustausgleich des Kommanditisten entsprechend seines gesetzlichen Haftungsumfangs erreicht werden soll, vgl. BFH vom 30.03.1993, VIII R 63/91, BStBl. II 1993, S. 708 f. Ein Kommanditist haftet seinen Gläubigern gegenüber jedoch nur mit dem Gesellschaftsvermögen. Das private Sonderbetriebsvermögen und die daraus erzielten Verluste fallen daher nicht unter die Ausgleichsbeschränkung des § 15a EStG und sind entsprechend voll ausgleichsfähig oder abziehbar, vgl. BFH vom 14.05.1991, VIII R 31/88, BStBl. II 1992, S. 169 f.

[647] Der in Kapitel E.1.2. genannte Spezialfall der überschießenden Außenhaftung der Obergesellschaft als Kommanditistin der Untergesellschaft gemäß § 15a Abs. 1 Satz 2, 3 EStG, nach der sich ein erweiterter Verlustausgleich ergeben kann, soll im Folgenden nicht

Verlustes i. S. d. § 15a EStG hängt demnach entscheidend von der Höhe des steuerlichen Kapitalkontos des Obergesellschafters bei der Obergesellschaft ab. Je höher es ist, desto größer ist das Ausgleichspotenzial und umgekehrt. Es ist daher zu klären, wie sich das Kapitalkonto gemäß § 15a EStG zusammensetzt, was lange Zeit umstritten war.[648]

Bei der Ermittlung des Umfangs des Kapitalkontos i. S. d. § 15a EStG ist insbesondere die Tatsache zu berücksichtigen, dass es nach steuerrechtlichen und nicht nach handelsrechtlichen Regeln bestimmt wird.[649] Es setzt sich aus dem steuerbilanziellen Kapital[650] sowie ggf. einem – aus dem Erwerb des Anteils an der Obergesellschaft resultierenden – Ergänzungskapital der Obergesellschafter bei der Obergesellschaft zusammen. Zudem gehört auch das Ergänzungskapital einer für den Obergesellschafter bei der Untergesellschaft geführten Ergänzungsbilanz zum steuerlichen Kapitalkonto des Obergesellschafters bei der Obergesellschaft, da dieser Mehr- oder Minderwert – trotz Durchstockung – auch Teil des steuerlichen Kapitals des Obergesellschafters bei der Obergesellschaft ist.[651]

Bis Ende der 80er Jahre ging die überwiegende Meinung[652] und auch die Finanzverwaltung[653] zudem von einem Einbezug des Sonderbetriebsvermögens

---

weiter betrachtet werden, da sich diesbezüglich für die doppelstöckige Personengesellschaft keine weiterführenden Erkenntnisse ergeben.

648 Siehe zur Entwicklung dieser Frage in Rechtsprechung und Literatur m. w. N. ZIMMERMANN, R. u. a., Steuerrecht, Abschn. E. Rn. 9-12, PAUS, B., Kapitalkonto, NWB 2005, Fach 3, S. 13178-13180.

649 Vgl. BFH vom 14.05.1991, VIII R 31/88, BStBl. II 1992, S. 170.

650 Die Abgrenzung des Kapitalkontos des Kommanditisten kann problematisch sein, wenn der Kommanditist in der Gesamthandsbilanz mehrere variable Gesellschafterkonten mit den unterschiedlichsten Bezeichnungen, z. B. Kapitalkonto II, Verrechnungskonto etc., führt, denn als Kapitalkonten i. S. d. § 15a EStG sind nur solche Konten zu qualifizieren, auf denen Eigenkapital ausgewiesen wird. Nicht zu berücksichtigen sind dagegen Konten, auf denen Verbindlichkeiten der Gesellschaft gegenüber dem Kommanditisten erfasst werden. Fraglich ist häufig die Rechtsnatur solcher Konten, vgl. zu dieser Problematik m. w. N. GRANTZ, J., Verlustausgleichsbeschränkung, GStB 2006, S. 204-206, SCHWER, H.-W., Verrechnungskonten, StBp 2003, S. 161-168, HEIßENBERG, L., Verluste, KÖSDI 2001, S. 12949-12951, LEY, U., Behandlung, KÖSDI 2002, S. 13459-13471, FG Düsseldorf vom 11.02.2004, 7 K 5737/01 F, rkr., DStRE 2004, S. 938-940.

651 Vgl. LEY, U., Anwendung, DStR 2004, S. 1503 f., REIß, W., Grundprobleme (Teil 2), Stbg 1999, S. 421, NICKEL, J. R./BODDEN, G., Verlustausgleich, FR 2003, S. 394. Die einzelnen Besonderheiten zur Erstellung und Führung von Ergänzungsbilanzen bei doppelstöckigen Personengesellschaften wurden ausführlich in Kapitel D.3. dargestellt.

652 Vgl. u. a. JAKOB, W., Kommanditisten, BB 1988, S. 1435 f., BIERGANS, E., Verluste, DStR 1981, S. 6, DÖLLERER, G., Steuerbilanz, DStR 1981, S. 21, BORDEWIN, A., Änderung, BB 1980, S. 1037.

in das steuerliche Kapitalkonto nach § 15a EStG aus. Diese Ansicht hat sich allerdings mittlerweile geändert.[654] Dies ist auch gerechtfertigt, da entsprechend dem Zweck des § 15a EStG ein Verlustausgleich des Kommanditisten nur im Verhältnis zu seiner Haftung möglich sein soll. Der Kommanditist trägt aber lediglich ein Ausfallrisiko hinsichtlich seiner (geleisteten) Einlage zzgl. deren Wertsteigerungen. Verluste im Sonderbetriebsvermögen betreffen sein Privatvermögen. Ein Einbezug des Kapitalkontos der Sonderbilanz in das Kapitalkonto nach § 15a EStG wäre somit systemwidrig und wird deshalb auch nicht vorgenommen.[655]

1.3.1.1.2. Einfluss der Bilanzierung der Beteiligung der Obergesellschaft an der Untergesellschaft

1.3.1.1.2.1. Wirkungsweisen der verschiedenen Methoden zur Beteiligungsbilanzierung

Das für § 15a EStG relevante Kapital kann grundsätzlich unmittelbar der Steuerbilanz der Obergesellschaft entnommen werden. Bei doppelstöckigen Personengesellschaften ist allerdings entscheidend, wie die Bilanzierung der Beteiligung der Obergesellschaft an der Untergesellschaft als Teil des Aktivvermögens und damit des steuerbilanziellen Kapitals der Obergesellschaft erfolgt ist.[656] Je nachdem, ob und wie die Beteiligung an der Untergesellschaft bilanziell behandelt wird (Anschaffungskostenprinzip, Spiegelbildmethode, anteilige Wirtschaftsgüter, keine Bilanzierung)[657], ergeben sich für die Steuerbilanz unterschiedlich hohe Kapitalstände mit entsprechenden materiellen Konsequenzen für die Verlustverrechnung nach § 15a EStG. Nachfolgendes Beispiel soll diese Auswirkungen verdeutlichen:

---

[653] Vgl. BMF vom 08.05.1981, IV B 2 – S 2241 – 102/81, BStBl. I 1981, S. 308.

[654] Vgl. zur mittlerweile ständigen Rechtsprechung und Auffassung der Finanzverwaltung BFH vom 14.05.1991, VIII R 31/88, BStBl. II 1992, S. 169, BFH vom 30.03.1993, VIII R 63/91, BStBl. II 1993, S. 708 f., BFH vom 13.10.1998, VIII R 78/97, BStBl. II 1999, S. 164 f., BMF vom 30.05.1997, IV B 2 – S 2241a – 51/93 II, BStBl. I 1997, S. 627, BMF vom 20.02.1992, IV B 2 – S 2241a – 8/92, BStBl. I 1992, S. 123 f., BMF vom 24.11.1993, IV B 2 – S 2241a – 51/93, BStBl. I 1993, S. 934.

[655] Vgl. m. w. N. HELMREICH, H., Verluste, S. 37 f., ZIMMERMANN, R. u. a., Steuerrecht, Abschn. E. Rn. 9-12. Gewinne aus dem Sonderbetriebsvermögen dürfen daher auch nicht um verrechenbare Verluste gemindert werden (sog. Saldierungsverbot). Das gilt für Gewinne aus demselben Wirtschaftsjahr wie für Gewinne aus späteren Wirtschaftsjahren, vgl. BMF vom 15.12.1993, IV B 2 – S 2241a – 57/93, BStBl. I 1997, S. 976. So auch GRÖGLER, H., Anwendung, DStR 1994, S. 682, PRINZ, U./THIEL, U., Replik, DStR 1994, S. 682 f., kritisch BÜCHELE, E., Einlage, DB 1999, S. 2338.

[656] Vgl. LEY, U., Anwendung, DStR 2004, S. 1499.

[657] Vgl. zu dieser Thematik ausführlich das Kapitel C.3.

Beispiel: Die Obergesellschaft (KG) ist alleinige Kommanditistin der Untergesellschaft. Die Handelbilanzen der beiden Gesellschaften sehen zum 01.01.01 – vereinfacht – wie folgt aus:

Obergesellschaft

Beteiligung UG	600	Eigenkapital	1000
Sonstige Aktiva	400		
	1000		1000

Untergesellschaft

Aktiva	600	Eigenkapital	600
	600		600

In 01 erleidet die Untergesellschaft einen Verlust von T€ 200, die Obergesellschaft einen von T€ 1200. In Abhängigkeit von der Bilanzierungsweise der Beteiligung ergeben sich nun folgende Kapitalstände bzw. ausgleichsfähige und verrechenbare Verluste:

1) **Anschaffungskostenprinzip:** Der Verlust der Untergesellschaft führt in deren Handelsbilanz zwar zu einer Minderung des Eigenkapitals. Der Beteiligungsbuchwert bei der Obergesellschaft wird aber nicht verringert, sofern – wie hier unterstellt – nicht die Voraussetzungen einer Teilwertabschreibung vorliegen.[658] Somit bleibt in der Steuerbilanz der Obergesellschaft der Beteiligungsbuchwert i. H. v. T€ 600 und damit ihr Eigenkapital von T€ 1000 unverändert.[659] Der eigene Verlust von T€ 1200 wäre demnach i. H. v. T€ 1000 ausgleichsfähig und i. H. v. T€ 200 nur verrechenbar. Der "durchgerechnete" Verlust der Untergesellschaft i. H. v. T€ 200 ist im Ergebnis ausgleichsfähig.

2) **Spiegelbildmethode:** In diesem Fall entwickelt sich das Beteiligungskonto in der Steuerbilanz der Obergesellschaft spiegelbildlich zu dem Kapitalkonto bei der Untergesellschaft. Durch den Verlust der Untergesellschaft i. H. v. T€ 200 verringert sich deren Eigenkapital auf T€ 400, was dann auch dem Beteiligungsbuchwert bei der Obergesellschaft entspricht und zu einem Absinken des Eigenkapitals der Obergesellschaft auf T€ 800 führt. Der

[658] Vgl. FROMM, R., Veräußerung, GmbHR 2005, S. 425, GRÜTZNER, D., in: LANGE, J., Steuerrecht, Rn. 585.

[659] Auf die in der Steuerbilanz der Obergesellschaft ausgewiesene Beteiligung kann keine gewinnmindernde Teilwertabschreibung vorgenommen werden, vgl. BFH vom 20.06.1985, IV R 36/83, BStBl. II 1985, S. 655. So auch GROH, M., Bilanzen, StuW 1995, S. 386, REIß, W., Behandlung, StuW 1986, S. 254, WACKER, R., in: SCHMIDT, L., EStG, § 15 Rn. 690.

Verlust aus dem eigenen Betrieb wäre demzufolge nur noch i. H. v. T€ 800 ausgleichsfähig und i. H. v. T€ 400 verrechenbar.[660] Der "durchgerechnete" Verlust der Untergesellschaft i. H. v. T€ 200 ist wie beim Anschaffungskostenprinzip ausgleichsfähig.

3) **Anteile an den Wirtschaftsgütern:** Diese Methode entspricht im Ergebnis der Spiegelbildmethode[661], so dass diese beiden Methoden im Folgenden synonym verwendet werden können.

4) **Keine Bilanzierung der Beteiligung:** Wird die Untergesellschaftsbeteiligung in der Steuerbilanz der Obergesellschaft nicht angesetzt, beläuft sich deren steuerliches Kapital nur noch auf T€ 400. Entsprechend wäre bei einem Verlust aus dem eigenen Betrieb von T€ 1200 dieser nur noch zu T€ 400 ausgleichsfähig und zu T€ 800 nur verrechenbar.[662] Auch hier ist der "durchgerechnete" Verlust der Untergesellschaft i. H. v. T€ 200 ausgleichsfähig.

Es zeigt sich deutlich, dass die unterschiedlichen Vorschläge zur Beteiligungsbilanzierung großen Einfluss auf das Verlustausgleichs- bzw. Verlustverrechnungspotenzial gemäß § 15a EStG besitzen. Erleidet die Untergesellschaft Verluste, ist bei Anwendung des Anschaffungskostenprinzips (Übernahme des Handelsbilanzansatzes) das steuerbilanzielle Vermögen – und somit das Verlustausgleichspotenzial – der Obergesellschaft im Vergleich zum Ansatz nach der Spiegelbildmethode immer höher, wenn handelsrechtlich keine außerplanmäßige Abschreibung vorgenommen wird.[663] Ist hingegen die Beteiligung in der Steuerbilanz nicht angesetzt worden, ergibt sich gegenüber den anderen Methoden bei der Obergesellschaft regelmäßig ein niedrigeres steuerliches Kapital und somit Verlustausgleichspotenzial i. S. v. § 15a EStG.

1.3.1.1.2.2. Würdigung der Beteiligungsbilanzierung

Aufgrund der Erkenntnisse des vorherigen Kapitels ist zu fragen, welcher der Methoden bei der Verlustverrechnung gemäß § 15a EStG Vorrang einzuräumen ist. Wie bereits festgestellt wurde, handelt es sich gemäß BFH-Rechtsprechung

---

[660] Vgl. LEY, U., Besteuerungsfragen, KÖSDI 1996, S. 10931 f.

[661] Vgl. Kapitel C.3.3.3.2.

[662] Im Ergebnis auch WACKER, R., in: SCHMIDT, L., EStG, § 15a Rn. 61 mit Verweis auf WACKER, R., in: SCHMIDT, L., EStG, § 15 Rn. 690.

[663] Vgl. LEY, U., Besteuerungsfragen, KÖSDI 1996, S. 10925. Gleiches gilt auch für eine von der Obergesellschaft bei der Untergesellschaft geführten positiven Ergänzungsbilanz. Die Spiegelbildmethode führt gegenüber dem Handelsbilanzansatz zu einem geringeren Vermögensausweis bei der Obergesellschaft, da die Fortschreibung der Ergänzungsbilanz zu einer Verringerung des Ergänzungskapitals und damit des steuerlichen Kapitalkontos führt, während der handelsrechtliche Bilanzansatz weiterhin von den historischen Anschaffungskosten ausgeht, vgl. ebd., S. 10925.

bei der Beteiligung an einer Personengesellschaft steuerlich gesehen nicht um ein Wirtschaftsgut.[664] Die daraus vielfach abgeleitete Forderung, auf einen Ansatz der Beteiligung ganz zu verzichten[665], kann aber gerade bei der Verlustverrechnung nach § 15a EStG zu untragbaren Ergebnissen führen. Hält nämlich eine Holding (Obergesellschaft) in der Rechtsform einer Personengesellschaft ausschließlich Beteiligungen an anderen Personengesellschaften (Untergesellschaften), würde ihr steuerliches Kapital Null betragen, wenn sämtliche Personengesellschaftsbeteiligungen nicht angesetzt werden. Ausgleichsfähige Verluste der Untergesellschaften würden auf Ebene der Holdinggesellschaft mangels Kapital i. S. v. § 15a EStG stets zu lediglich verrechenbaren Verlusten umqualifiziert werden. Ein Verlustausgleich würde nie erfolgen.[666] Es ist unmittelbar ersichtlich, dass dieses Ergebnis nicht dem Sinn und Zweck des § 15a EStG entspricht.[667]

Da aber sowohl Spiegelbildmethode als auch das Anschaffungskostenprinzip, entgegen der Rechtsprechung des BFH, von der Wirtschaftsguteigenschaft der Beteiligung ausgehen, bliebe als zulässige Möglichkeit in der Steuerbilanz der Obergesellschaft die Summe aller Anteile an den einzelnen Wirtschaftsgütern der Untergesellschaft zu erfassen.[668] Diese bilanzielle Behandlung wirkt aber letztlich wie die in der Literatur akzeptierte und auch überwiegend bevorzugte[669] Spiegelbildmethode, lediglich mit dem Unterschied, dass der Ergebnisanteil nicht bei der Beteiligung, sondern bei den Anteilen an den Wirtschaftsgütern berücksichtigt wird.[670] Nicht zuletzt aufgrund der Tatsache, dass in vielen Fällen wohl auch ein Ausweis der anteiligen Wirtschaftsgüter der Untergesellschaft aus praktischen Gründen schwierig ist, könnten m. E. aus Vereinfachungsgründen alle anteiligen Wirtschaftsgüter aus der Untergesellschaft bei der Obergesellschaft zusammengefasst als eine Position "Beteiligung an Personengesellschaft" abgebildet werden, wobei der Wert dem Spiegelbild der Kapitalkonten ent-

---

[664] Vgl. m. w. N. Kapitel C.3.2.

[665] Vgl. z. B. SOMMER, J., Bilanzierung, S. 204 f.

[666] Vgl. NICKEL, J. R./BODDEN, G., Verlustausgleich, FR 2003, S. 395, LEY, U., Besteuerungsfragen, KÖSDI 1996, S. 10932, VON BECKERATH, H.-J., in: KIRCHHOF, P./SÖHN, H./ MELLINGHOFF, R., EStG, § 15a Rn. B 255.

[667] Auch wenn keine Holding vorliegt, führt eine Nichtbilanzierung der Beteiligung zu zweifelhaften Ergebnissen. Würde die Beteiligung an der Untergesellschaft aus dem steuerbilanziellen Vermögen der Obergesellschaft herausgenommen, vermindert sich deren Kapital und somit das Verlustverrechnungspotenzial, obgleich sich an der Haftungssituation des Obergesellschafters nichts geändert hat, vgl. LEY, U., Besteuerungsfragen, KÖSDI 1996, S. 10932.

[668] Vgl. NICKEL, J. R./BODDEN, G., Verlustausgleich, FR 2003, S. 395.

[669] Vgl. zu den Befürwortern der Spiegelbildmethode die in Fn. 211 angegebenen Quellen.

[670] Vgl. DIETEL, M., Bilanzierung, DStR 2002, S. 2143.

spricht.[671] Die Bilanzposition "Beteiligung an Personengesellschaft" stellt dabei kein Wirtschaftsgut dar, sondern lediglich einen steuerbilanziellen Merkposten.[672]

Für diese Vorgehensweise spricht auch, dass bei Nichtansatz oder bei einer den handelsrechtlichen Grundsätzen entsprechenden Bewertung der Beteiligung die Verlustverrechnung gemäß § 15a EStG über eine Sachverhaltsgestaltung umgangen werden könnte. Eine Kommanditgesellschaft könnte z. B. ihr Vermögen zu Buchwerten gemäß § 24 UmwStG gegen Gewährung von 100% der Anteile in eine OHG einbringen (Entstehung einer doppelstöckigen Personengesellschaft).[673] Da die OHG nicht unter § 15a EStG fällt, wären die Verluste aus dem Betrieb, der nun in der OHG verankert ist, zunächst voll ausgleichsfähig. Eine Beschränkung der Abzugsfähigkeit kann sich somit erst auf Ebene der Obergesellschafts-KG ergeben, sofern die Kapitalkonten der beschränkt haftenden Obergesellschafter negativ werden. Würde nun aber die Beteiligung an der OHG nicht oder gemäß dem Anschaffungskostenprinzip in der Steuerbilanz der Obergesellschaft angesetzt werden und die Verlustanteile aus der Untergesellschaft würden ausschließlich außerbilanziell erfasst werden, könnten negative Kapitalkonten in solch einem Fall für die Obergesellschafter nicht entstehen. Die Rechtsfolgen des § 15a EStG könnten so über die Ausgliederung des Betriebs vermieden werden. Bei einer spiegelbildlichen Abbildung der Geschäftsvorfälle der Untergesellschaft in der Bilanz der Obergesellschaft kann hingegen das für die Obergesellschafter zutreffende Ergebnis erzielt werden.[674]

Somit ist m. E. auf Ebene der Obergesellschaft die Beteiligung an der Untergesellschaft gemäß der Spiegelbildmethode (bzw. der anteiligen Wirtschaftsgüter), unter Berücksichtigung von Ergänzungskapital und Sonderbetriebsvermögen der Untergesellschaft, welches sich im Gesamthandseigentum der

---

671 So auch MAYER, L., Behandlung, DB 2003, S. 2035. A. A. LEY, U., Besteuerungsfragen, KÖSDI 1996, S. 10926 und 10932-10934, die ursprünglich für das Anschaffungskostenprinzip plädierte, wobei der handelsrechtliche Ansatz der Beteiligung nur in den Fällen gewählt werden sollte, wo es auf den zutreffenden Ausweis des Steuerbilanzvermögens der Obergesellschaft nicht ankommt. Dies ist aber bei der Verlustverrechnung nach § 15a EStG der Fall. Mittlerweile befürwortet sie ebenfalls die Spiegelbildmethode bzw. den Ausweis der anteiligen Wirtschaftsgüter, vgl. LEY, U., Anwendung, DStR 2004, S. 1500.

672 Vgl. z. B. ZIMMERMANN, R. u. a., Steuerrecht, Abschn. G. Rn. 40, WACKER, R., in: SCHMIDT, L., EStG, § 15 Rn. 690.

673 Als zweiter Gesellschafter der OHG wird eine neu zu gründende GmbH, deren alleiniger Gesellschafter die (Ober-)Kommanditgesellschaft ist, eingesetzt. Die Haftungsrisiken für die Obergesellschafter sind somit über die GmbH bzw. die Kommanditgesellschaft begrenzt.

674 Vgl. m. w. N. MAYER, L., Behandlung, DB 2003, S. 2036 f.

Obergesellschaft befindet[675], zu bilanzieren und soll daher auch in der weiteren Analyse zur Verlustverrechnung gemäß § 15a EStG unterstellt sein.

1.3.1.2. Kapitalkonto der Obergesellschaft bei der Untergesellschaft

Erleidet eine Untergesellschaft einen Verlust auf der ersten Stufe der Gewinnermittlung, ist dieser gemäß § 15a Abs. 1 Satz 1 EStG – vorbehaltlich einer weitergehenden Außenhaftung – ausgleichsfähig, soweit kein negatives Kapitalkonto entsteht oder sich erhöht. In Analogie zum vorherigen Kapitel richtet sich demnach bei der Beteiligung der Obergesellschaft an der Untergesellschaft die Ermittlung des Verlustausgleichs- bzw. Verlustverrechnungsvolumens vorrangig nach dem Stand des – nach steuerrechtlichen Regeln ermittelten[676] – Kapitalkontos der Obergesellschaft bei der Untergesellschaft gemäß § 15a EStG.[677]

Das Kapitalkonto der Obergesellschaft bei der Untergesellschaft setzt sich aus dem steuerbilanziellen (Eigen-)Kapital auf der Gesamthandsebene der Untergesellschaft zzgl. einem etwaig vorhandenen Ergänzungskapital der Obergesellschaft als Mitunternehmerin bei der Untergesellschaft zusammen.[678] Soweit der Ansicht gefolgt wird, dass auch ein Obergesellschafter eine Ergänzungsbilanz bei der Untergesellschaft führen kann – z. B. aufgrund eines Anteilserwerbs an der Obergesellschaft –, müsste dieses Ergänzungskapital ebenfalls zum Kapital i. S. d. § 15a EStG bei der Untergesellschaft gerechnet werden. Allerdings würde dann lediglich eine anteilige Berücksichtigung des Ergänzungskapitals gemäß der dem mittelbar beteiligten Obergesellschafter entsprechenden durchgerechneten Beteiligungsquote an dem nur verrechenbaren Verlustanteil erfolgen. Nur über solch aufwendige Berechnungen wäre zu gewährleisten, dass

---

675 Die Berücksichtigung des Sonderbetriebsvermögens der Obergesellschaft bei der Untergesellschaft als Teil der Bilanzposition "Beteiligung an Personengesellschaft" könnte zweifelhaft sein, da Sonderbetriebsvermögen gemäß Rechtsprechung und herrschender Auffassung in der Literatur kein Bestandteil des Kapitalkontos i. S. d. § 15a EStG ist. Ein Einbezug ist aber zwingend. Es muss an dieser Stelle zwischen der Bewertung eines Mitunternehmeranteils für bilanzielle Zwecke einerseits und der Ermittlung des steuerlichen Kapitalkontos gemäß § 15a EStG andererseits unterschieden werden. Das Sonderbetriebsvermögen ist gemäß § 15 Abs. 1 Nr. 2 EStG Bestandteil des Mitunternehmeranteils und somit bei der Bilanzierung der Untergesellschaftsbeteiligung einzubeziehen. Da es aber nicht zur Haftungsmasse des Kommanditisten gehört, bleibt es beim steuerlichen Kapitalkonto i. S. d. § 15a EStG unberücksichtigt, vgl. LEY, U., Besteuerungsfragen, KÖSDI 1996, S. 10926 und 10932, VON BECKERATH, H.-J., in: KIRCHHOF, P./SÖHN, H./MELLINGHOFF, R., EStG, § 15a Rn. B 256.

676 Vgl. BFH vom 14.05.1991, VIII R 31/88, BStBl. II 1992, S. 170.

677 Vgl. z. B. NICKEL, J. R./BODDEN, G., Verlustausgleich, FR 2003, S. 393.

678 Vgl. BFH vom 30.03.1993, VIII R 63/91, BStBl. II 1993, S. 708 f.

dem Obergesellschafter ein, gemäß seiner individuellen Haftungssituation, entsprechender Verlustanteil an der Untergesellschaft zugerechnet wird.[679]

Bezüglich des Sonderbetriebsvermögens der Obergesellschaft bei der Untergesellschaft kommt hier die Besonderheit zum Tragen, dass sich das Sonderbetriebsvermögen im Gesamthandsvermögen der Obergesellschaft befindet. Es gehört also, anders als bei der natürlichen Person als Gesellschafter bei der Obergesellschaft, zum Gesellschaftsvermögen und somit zur Haftungsmasse dazu. Daher sind Verluste aus dem Bereich des Sonderbetriebsvermögens in das Gesamthandsergebnis der Obergesellschaft einzubeziehen, so dass sie dann dort den Ausgleichsbeschränkungen des § 15a EStG unterliegen.[680]

1.3.2. Berechnung von Verlustausgleichs- und Verlustverrechnungspotenzial gemäß § 15a EStG bei doppelstöckigen Personengesellschaften

1.3.2.1. Überblick und Ausgangssituation

Die Komplexität des Themas der Beurteilung der Berechnung des Verlustausgleichs gemäß § 15a EStG bei doppelstöckigen Personengesellschaften liegt vor allem darin begründet, dass im Gegensatz zu einstöckigen Personengesellschaften eine Vielzahl unterschiedlicher Szenarien analysiert werden müssen. Es kommt zunächst darauf an, ob es sich sowohl bei der Obergesellschaft als auch bei der Untergesellschaft jeweils um eine Kommanditgesellschaft bzw. einer ihr gleichgestellten Gesellschaft (§ 15a Abs. 5 EStG) handelt, oder ob ggf. eine der Gesellschaften bzw. einzelne Gesellschafter unbeschränkt haften (beispielsweise über eine OHG). Zudem ist von Bedeutung, welche Gesellschaft (Obergesellschaft und/oder Untergesellschaft) steuerliche Verluste erleidet und inwiefern sich diese auf die Entwicklung der Kapitalkonten auswirken. Die Abbildung 12 fasst die verschiedenen Fälle systematisch zusammen.

[679] Vgl. NICKEL, J. R./BODDEN, G., Verlustausgleich, FR 2003, S. 393. So auch SEIBOLD, F., Anwendung, DStR 1998, S. 439.

[680] Vgl. R 15a Abs. 2 Satz 2 EStR. So auch BECKERATH, H.-J., in: KIRCHHOF, P./SÖHN, H./ MELLINGHOFF, R., EStG, § 15a Rn. B 256.

		Haftung der Obergesellschaft bei der Untergesellschaft	
		unbeschränkt	beschränkt
Haftung der Gesellschafter der Obergesellschaft	unbeschränkt	- / - kein Fall des § 15a EStG	- / § 15a EStG siehe Kapitel D.1.4.2.3.1.
	beschränkt	§ 15a EStG / - "normaler" § 15a EStG Fall der einstöckigen Personengesellschaft Siehe grundlegend Kapitel D.1.2.	§ 15a EStG / § 15a EStG siehe Fallunterscheidungen in Kapitel D.1.4.2.3.2.

Abbildung 12: Systematische Darstellung verschiedener Szenarien in Fällen des § 15a EStG bei doppelstöckigen Personengesellschaften

Bezüglich der Kapitalkonten der Obergesellschafter bei der Obergesellschaft ist darüber hinaus insbesondere der Einfluss der Beteiligungsbilanzierung des Untergesellschaftsanteils bei der Obergesellschaft zu berücksichtigen, wobei in den Beispielrechnungen die Spiegelbildmethode unterstellt wird.

Um die zur Ermittlung des Verlustausgleichs gemäß § 15a EStG bei doppelstöckigen Personengesellschaften angestellten Überlegungen bei den einzelnen Fallunterscheidungen zu verdeutlichen, sollen in den nächsten Kapiteln Berechnungen mit Hilfe von folgendem grundlegenden Beispiel durchgeführt werden:

Beispiel: A und B sind zu je 50 v. H. Gesellschafter der gewerblich tätigen AB-OHG, die ihrerseits alleiniger Kommanditist der X-GmbH & Co. KG ist. Komplementär der Untergesellschaft ist die X-GmbH ohne Kapitalanteil. Die Steuerbilanzen der Gesellschaften haben zum 01.01.01 folgendes Aussehen:

AB-OHG

Grundstück	300	Kapital A	400
Beteiligung X-KG	400	Kapital B	400
Sonstige Aktiva	300	Verbindlichkeiten	200
	1000		1000

X-GmbH & Co. KG

Anlagevermögen	400	Eigenkapital	400
Umlaufvermögen	300	Verbindlichkeiten	300
	700		700

Die Gewinn- und Verlustrechnung der AB-OHG für das Wirtschaftsjahr 01, in der ein Verlustanteil aus der X-GmbH & Co. KG von T€ 500 enthalten ist, sieht wie folgt aus:

AB-OHG (G+V)

Aufwendungen	400	Erlöse	1000
Beteiligungsverlust	500		
Gewinn	100		
	1000		1000

1.3.2.2. Verlustausgleich gemäß § 15a EStG auf Ebene der Untergesellschaft

Die Errechnung des Verlustausgleichs- und Verlustverrechnungspotenzials gemäß § 15a EStG verhält sich auf Ebene der Untergesellschaft wie bei einer einstöckigen Personengesellschaft.

Ist die Untergesellschaft – wie hier unterstellt – eine Kommanditgesellschaft, greift § 15a EStG ein, soweit der einem beschränkt haftenden Gesellschafter zuzurechnende Anteil am Verlust der Gesellschaft für ihn zu einem negativen Kapitalkonto führt bzw. sich dieses erhöht. Erzielt die im Ausgangsbeispiel erwähnte X-GmbH & Co. KG einen Verlust von T€ 500, entsteht für die beteiligte AB-OHG ein negatives Kapitalkonto von T€ 100. Insoweit entsteht bei den Gesellschaftern der Untergesellschaft ein nach § 15a Abs. 1 EStG nur verrechenbarer Verlust. Dies gilt auch dann, wenn sich bei der Obergesellschaft insgesamt noch ein positives Kapitalkonto vorfindet und/oder ein oder alle Obergesellschafter für die Verbindlichkeiten der Obergesellschaft unbeschränkt haften.[681] Der verrechenbare Verlust für die Obergesellschaft ist nach § 15 Abs. 4 EStG bei der Untergesellschaft gesondert festzustellen. Als Feststellungsbeteiligter muss die AB-OHG als Mitunternehmerin der X-GmbH & Co. KG aufgeführt werden und zwar ungeachtet dessen, dass die Obergesellschaft nicht selbst der Einkommensbesteuerung unterliegt und die Ausgleichsbeschränkung erst bei den Gesellschaftern der Obergesellschaft zur Wirkung kommt.[682] Somit ist im Rahmen der einheitlichen und gesonderten Gewinnfeststellung gemäß §§ 179, 180 AO der X-GmbH & Co. KG der Verlustanteil für die Ober-

[681] Vgl. SCHNITTER, G., Beteiligung, EStB 2003, S. 194.

[682] Vgl. SÖHN, H., Feststellungen, StuW 1999, S. 332 f., GRÜTZNER, D., in: LANGE, J., Steuerrecht, Rn. 1430, HELMREICH, H., Verluste, S. 295, BFH vom 26.01.1995, IV R 23/93, BStBl. II 1995, S. 467.

gesellschaft mit T€ 500 festzustellen, wobei T€ 100 nur mit späteren Gewinnen verrechenbar sind.[683]

Insoweit ergeben sich im Ausgangsfall noch keine Probleme. Ist das Ergebnis der Untergesellschaft der Obergesellschaft zugerechnet worden, treten dort nun aber besondere Fragen auf, worauf nachstehend eingegangen wird.

1.3.2.3. Verlustausgleich gemäß § 15a EStG auf Ebene der Obergesellschaft

1.3.2.3.1. Die Obergesellschaft als Personengesellschaft mit unbeschränkt haftenden Gesellschaftern

1.3.2.3.1.1. Berücksichtigung verrechenbarer Verluste bei der Obergesellschaft

Ist für die der Obergesellschaft zugerechneten Verlustanteile die Ausgleichsbeschränkung nach § 15a EStG eingetreten, ist die weitere steuerliche Beurteilung der nur verrechenbaren Verluste strittig. Damit das Ausgleichs- bzw. Abzugsverbot zum Tragen kommt, ist zu untersuchen, inwiefern die verrechenbaren Verluste bei der Obergesellschaft zu berücksichtigen sind, damit eine dem § 15a EStG entsprechende Verlustverrechnung auf Ebene von Obergesellschaft mit Folgewirkung für die Obergesellschafter gelingt.[684] Diesbezüglich haben sich in der Literatur drei Lösungsmöglichkeiten entwickelt:

1) Der Beteiligungsverlust aus der Untergesellschaft könnte der Obergesellschaft, abweichend vom Handelsrecht, nur in Höhe der ausgleichsfähigen Verluste zugerechnet werden, auf die dann § 15a EStG anzuwenden wäre.[685]

2) Der Beteiligungsverlust aus der Untergesellschaft könnte der Obergesellschaft in voller Höhe zugerechnet werden. Anschließend wäre § 15a EStG dann auf das Gesamtergebnis der Obergesellschaft anzuwenden.[686]

3) Soweit der Auffassung gefolgt wird, dass eine im Betriebsvermögen gehaltene Beteiligung an einer Personengesellschaft für die Steuerbilanz des Gesellschafters keine Bedeutung hat, könnte der Beteiligungsverlust aus der

---

[683] A. A. SEIBOLD, F., Anwendung, DStR 1998, S. 440 f., für den die Abzugsbeschränkung auf Ebene der Untergesellschaft keine Anwendung findet. Dies würde letztlich aber zu einem dem Sinn und Zweck des § 15a EStG widersprechenden Ergebnis führen.

[684] Vgl. GRÜTZNER, D., in: LANGE, J., Steuerrecht, Rn. 1430.

[685] Vgl. SUNDERMEIER, B., Personengesellschaft, DStR 1994, S. 1478 f., HENNIG, T., Kommanditgesellschaften, DB 1985, S. 888 und BOLK, W., Beschränkung, BuW 1997, S. 694.

[686] Vgl. ZIMMERMANN, R. u. a., Steuerrecht, Abschn. G. Rn. 40, LEY, U., Anwendung, DStR 2004, S. 1500, HELMREICH, H., Verluste, S. 299 f. und 307, GAIL, W. u. a., Entwicklungen, DB 1998, Beilage 19 S. 21, BENECKE, A. Y., Umwandlung, S. 136 f.

Untergesellschaft der Obergesellschaft zwar handelsbilanziell voll zugerechnet werden, während er auf die Kapitalkonten in deren Steuerbilanz keine Auswirkung hat.[687]

Die genannten Möglichkeiten haben folgende Auswirkungen auf die Kapitalkonten in der Steuerbilanz in der Obergesellschaft: Bei einem Verlust der Untergesellschaft von T€ 500, würde nach Vorschlag 1) nur der ausgleichsfähige Teil i. H. v. T€ 400 den Beteiligungsbuchwert in der Steuerbilanz der Obergesellschaft mindern, so dass dieser auf T€ 0 und die Kapitalkonten von A und B auf jeweils T€ 200 absinken. Die Möglichkeit 2) rechnet der Obergesellschaft den vollen Verlust von T€ 500 zu, so dass die Kapitalkonten von A und B um T€ 250 auf jeweils T€ 150 absinken.[688] Der dritte Vorschlag geht von einer Nichtbilanzierung der Beteiligung an der Untergesellschaft bei der Obergesellschaft aus, so dass das Kapital von A und B bereits vor dem Verlust der Untergesellschaft nur jeweils T€ 200 betrug. Aufgrund der Nichtbilanzierung kann dann ein Verlust aus der Untergesellschaft auch nicht die Kapitalkonten von A und B weiter mindern, so dass sie i. H. v. T€ 200 in der Steuerbilanz der Obergesellschaft bestehen bleiben.[689]

1.3.2.3.1.2. Würdigung der Möglichkeiten zur Berücksichtigung verrechenbarer Verluste bei der Obergesellschaft

Es kann festgestellt werden, dass die Möglichkeiten 1) und 3) immer zu gleich hohen Kapitalständen – bei unterschiedlich hohen Bilanzsummen – in der Steuerbilanz der Obergesellschaft gelangen und regelmäßig höher sind als die der Möglichkeit 2), da dort der volle Verlust die Kapitalkonten mindert. Es ist nun zu fragen, welcher Vorgehensweise der Vorrang einzuräumen ist.

Als Argument für die erste Auffassung wird genannt, dass verrechenbare Verluste nach § 15a Abs. 2 EStG erst die Gewinne späterer Jahre mindern und somit nicht unmittelbar einkommensteuerpflichtige Verluste seien. Sie führen

---

[687] Vgl. WACKER, R., in: SCHMIDT, L., EStG, § 15a Rn. 61. Früher vertrat SCHMIDT, L., in: SCHMIDT, L., EStG 1985, § 15a Rn. 18, noch die Meinung, dass der Beteiligungsverlust aus der Untergesellschaft nicht der Obergesellschaft, sondern den an ihr beteiligten Gesellschaftern direkt zuzurechnen gewesen wäre, so dass § 15a EStG nur auf das eigene Ergebnis der Obergesellschaft Anwendung gefunden hätte. Dieser Vorschlag ist aber seit der Entscheidung des Großen Senats des Bundesfinanzhofs, BFH vom 25.02.1991, GrS 7/89, BStBl. II 1991, S. 691-703, überholt. Das Ergebnis aus der Untergesellschaft ist ausschließlich ihren zivilrechtlichen Gesellschaftern zuzurechnen und nicht den über die Obergesellschaft mittelbar beteiligten Gesellschaftern, vgl. auch Kapitel C.1.1.

[688] In diesem Fall würde der Beteiligungsbuchwert negativ werden, vgl. zur bilanziellen Darstellung dieser Situation Kapitel E.1.3.2.3.1.3.

[689] Im Ergebnis auch LEY, U., Besteuerungsfragen, KÖSDI 1996, S. 10933.

auch nicht zu vortrags- bzw. rücktragsfähigen negativen Einkünften gemäß § 10d EStG. Zum Entstehen ihrer Einkommensteuerpflicht sei es vielmehr notwendig, dass sich Gewinne aus derselben Beteiligung ergeben. Somit seien nur die ausgleichsfähigen Verluste einkommensteuerpflichtige Einkünfte i. S. d. § 180 Abs. 1 Nr. 2a AO und nur diese Verluste können verbindlich für den Gesellschafter festgestellt werden.[690] Diese Auffassung ist jedoch abzulehnen, da nicht § 15a EStG, sondern § 15 EStG die Frage der Zurechnung der Einkünfte regelt.[691] Erst nach der vorrangigen (vollen) Zurechnung des Verlustes i. S. d. § 15 EStG greift § 15a EStG ein und trifft eine Aussage über die Qualität des zugerechneten Verlustes. Dies ergibt sich auch schon aus der hintereinander geschalteten Stellung der Vorschriften im Gesetz.[692] Zudem wäre eine Nichtberücksichtigung der verrechenbaren Verluste im Beteiligungsbuchwert auch nicht mit der Spiegelbildmethode vereinbar, die stets die gesamten Veränderungen des Kapitals bei der Untergesellschaft in der Steuerbilanz der Obergesellschaft nachvollzieht.[693] Aus diesem Grund ist auch der dritte Vorschlag abzulehnen, der von einer Nichtbilanzierung der Beteiligung an der Untergesellschaft ausgeht. Diese Vorgehensweise kann, wie bereits gezeigt wurde, zu ungewollten Ergebnissen führen.[694]

Im Ergebnis kann nur der zweite Vorschlag, die vollständige Zurechnung des Beteiligungsverlustes aus der Untergesellschaft, angewandt werden. In dem Fall wird eine dem § 15 EStG entsprechende Zuordnung der Einkünfte erreicht, und die Beteiligung an der Untergesellschaft wird in der Steuerbilanz der Obergesellschaft richtigerweise nach der Spiegelbildmethode bilanziert.[695] Der bei der Untergesellschaft festgestellte verrechenbare Verlust bleibt aufgrund der Bindungswirkung ihres Feststellungsbescheids auch im Rahmen der Gewinnfeststellung für die Obergesellschaft erhalten. Somit kann ein Verlust, der nur als verrechenbar festgestellt wurde, durch die Zwischenschaltung einer

---

690 Vgl. HENNIG, T., Kommanditgesellschaften, DB 1985, S. 888, SUNDERMEIER, B., Personengesellschaft, DStR 1994, S. 1478 f. Dass Handelsbilanz und Steuerbilanz bei dieser Methode voneinander abweichen, wird dabei in Kauf genommen. Längerfristig würden durch Gewinne die Kapitalkonten wieder übereinstimmen.

691 Vgl. BFH vom 08.09.1992, IX R 335/87, BStBl. II 1993, S. 282.

692 Vgl. BENECKE, A. Y., Umwandlung, S. 138, HELMREICH, H., Verluste, S. 299 f., WACKER, R., in: SCHMIDT, L., EStG, § 15a Rn. 50. Siehe auch H 15a (Allgemeines) EStR.

693 Vgl. VON BECKERATH, H.-J., in: KIRCHHOF, P./SÖHN, H./MELLINGHOFF, R., EStG, § 15a Rn. B 255, OFD Bremen vom 19.10.1995 – S 2241a – St 201, BB 1996, S. 900.

694 Vgl. Kapitel E.1.3.1.1.2.2.

695 Vgl. z. B. ZIMMERMANN, R. u. a., Steuerrecht, Abschn. G. Rn. 40, BENECKE, A. Y., Umwandlung, S. 136 f., HELMREICH, H., Verluste, S. 299 f., LEY, U., Anwendung, DStR 2004, S. 1500 f., GAIL, W. u. a., Entwicklungen, DB 1998, Beilage 19 S. 21, VON BECKERATH, H.-J., in: KIRCHHOF, P./SÖHN, H./MELLINGHOFF, R., EStG, § 15a Rn. B 254 f.

Personengesellschaft nicht in einem ausgleichsfähigen Verlust umqualifiziert werden.[696]

1.3.2.3.1.3. Bilanzielle Darstellung eines negativen Buchwertes der Beteiligung an der Untergesellschaft

Die volle Zurechnung des Verlustes aus der Untergesellschaft von T€ 500 übersteigt den Buchwert der Beteiligung der Obergesellschaft an der Untergesellschaft in deren Steuerbilanz von T€ 400. Fraglich ist, wie dort der Wert der Beteiligung bilanztechnisch dargestellt werden soll. Wird die Beteiligung spiegelbildlich dargestellt, ergibt sich ein negativer Ausweis.[697] Allerdings darf ein Personengesellschaftsanteil nur dann mit negativem steuerlichen Kapital angesetzt werden, wenn der Gesellschafter zum Nachschuss verpflichtet ist. Grundsätzlich besteht aber keine Ausgleichspflicht, die der Gesellschafter passivieren könnte. Denn bei voll erbrachter Einlage eines Kommanditisten ist dieser gemäß § 167 Abs. 3 HGB nicht verpflichtet, sein negatives Kapitalkonto auszugleichen. Er muss lediglich künftige Gewinne stehen lassen.[698] Aus diesem Grund wird m. E. zu Recht vorgeschlagen, für die den Beteiligungsbuchwert übersteigende Verbindlichkeit, die Spiegelbildmethode anzupassen, indem der Negativbetrag beispielsweise als „besonderer steuerlicher Ausgleichsposten" ausgewiesen wird. Sobald ein Ausgleich der Schuld erfolgt, ist dieser Posten dann entsprechend aufzulösen und die Beteiligung an der Untergesellschaft wieder spiegelbildlich auszuweisen.[699]

1.3.2.3.1.4. Verlustausgleichs- und Verlustverrechnungspotenzial gemäß § 15a EStG bei einer Obergesellschaft ohne eigenen Verlust

Die vorstehend angestellten Überlegungen wirken sich wie folgt auf das Ausgangsbeispiel aus: Durch die vollständige Zurechnung des Beteiligungsverlustes aus der Untergesellschaft i. H. v. T€ 500 ergibt sich bei der Obergesellschaft zum 31.12.01, unter Berücksichtigung des eigenen Ergebnisses aus 01 i. H. v. T€ 100 – welches den Verlust aus der Beteiligung enthält – nachstehende Steuerbilanz:

---

[696] Vgl. OFD Bremen vom 19.10.1995 – S 2241a – St 201, BB 1996, S. 900. So auch GRÜTZNER, D., Beschränkungen, StuB 2004, S. 580, ZIMMERMANN, R. u. a., Steuerrecht, Abschn. G. Rn. 40.

[697] Vgl. ZIMMERMANN, R. u. a., Steuerrecht, Abschn. G. Rn. 40, HELMREICH, H., Verluste, S. 298 f.

[698] Vgl. HUBER, U., Personengesellschaft, ZGR 1988, S. 41 f.

[699] Vgl. MAYER, L., Behandlung, DB 2003, S. 2036, GROH, M., Bilanzen, StuW 1995, S. 386.

AB-OHG

Grundstück	300	Kapital A	450
Ausgleichsposten	./. 100	Kapital B	450
Sonstige Aktiva	900	Verbindlichkeiten	200
	1100		1100

Da der Verlust aus der Beteiligung an der Untergesellschaft größer war als der Beteiligungsbuchwert, hat dies zu einem besonderen steuerlichen Ausgleichsposten von T€ ./. 100 in der Steuerbilanz der Obergesellschaft geführt.[700] Der Verlust hat die Kapitalkonten von A und B um je T€ 250 auf je T€ 150 zunächst absinken lassen, anschließend wirkte sich der Gewinn der Obergesellschaft aus eigener gewerblicher Tätigkeit von T€ 600 auf je T€ 450 kapitalerhöhend aus.[701]

Aus der unmittelbaren Beteiligung an der OHG erzielen A und B jeweils ½ von T€ 100 = T€ 50 Einkünfte aus Gewerbebetrieb i. S. d. § 15 EStG. Der Gewinn der OHG ist aber um den Verlust aus der Beteiligung an der Untergesellschaft um T€ 500 gemindert worden, wovon wiederum T€ 100 nur verrechenbar waren. Dieser nur verrechenbare Verlust, der zu jeweils T€ 50 auf A und B entfällt, wird auf Ebene der Obergesellschaft nicht in einen ausgleichsfähigen Verlust verwandelt, sondern bleibt für die Obergesellschafter nur verrechenbar, obwohl die Obergesellschaft insgesamt einen Gewinn erzielt, die Kapitalkonten von A und B weiterhin positiv sind und die Obergesellschafter zudem unbeschränkt für die Verbindlichkeiten der OHG haften.[702] Die steuerpflichtigen Einkünfte von A und B in 01 betragen somit jeweils T€ 100 (T€ 50 aus der Obergesellschaft + T€ 50 nur verrechenbarer Verlust aus der Untergesellschaft). Im Rahmen der einheitlichen und gesonderten Gewinnfeststellung der OHG werden für A und B zudem gemäß § 15a Abs. 4 EStG verrechenbare Verluste von jeweils T€ 50 festgestellt.[703]

1.3.2.3.1.5. Verlustausgleichs- und Verlustverrechnungspotenzial gemäß § 15a EStG bei einer Obergesellschaft mit eigenem Verlust

Auch in dem Fall, wo die AB-OHG selbst Verluste erzielt, greift § 15a EStG auch dann nicht ein, wenn die Kapitalkonten ihrer Gesellschafter negativ

---

[700] Vgl. vorheriges Kapitel E.1.3.2.3.1.3.

[701] Die Minderung der Kapitalkonten der Gesellschafter der OHG führt zu keinen weiteren steuerlichen Konsequenzen. Insbesondere ist hier kein besonderer Merkposten für Zwecke des § 15a EStG zu bilden, wie es in Fällen von beschränkt haftenden Gesellschaftern bei der Obergesellschaft oft nötig ist, vgl. HELMREICH, H., Verluste, S. 302 mit Verweis auf OFD Bremen vom 19.10.1995 – S 2241a – St 201, BB 1996, S. 900.

[702] Vgl. ZIMMERMANN, R. u. a., Steuerrecht, Abschn. G. Rn. 40.

[703] Vgl. HELMREICH, H., Verluste, S. 305.

werden, weil die Gesellschafter einer OHG unbeschränkt haften. Wird das Ausgangsbeispiel dahingehend geändert, dass die Erlöse der Obergesellschaft in 01 nur noch T€ 300 betragen und sich somit insgesamt ein Verlust von T€ 600 ergibt, muss zur Ermittlung des Verlustausgleichs- und Verlustverrechnungspotenzials gemäß § 15a für A und B der Verlust der Obergesellschaft wiederum aufgeteilt werden.[704]

Der Verlust der Obergesellschaft von T€ 600 setzt sich zusammen aus dem Verlust aus der eigenen aktiven gewerblichen Tätigkeit von T€ 100 und dem Beteiligungsverlust von T€ 500. Der Verlust aus der eigenen gewerblichen Tätigkeit entfällt dabei zu je T€ 50 auf A und B und ist in voller Höhe bei der Einkommensteuerveranlagung zu berücksichtigen. Der Verlust aus der Beteiligung an der Untergesellschaft, der zu T€ 400 ausgleichsfähig und zu T€ 100 nur verrechenbar ist, wird A und B ebenfalls hälftig zugerechnet. Somit ergibt sich aus der einheitlichen und gesonderten Feststellung der OHG für ihre Gesellschafter jeweils ein zuzurechnender Verlust von T€ 300, von dem T€ 250 (T€ 50 aus der eigenen Tätigkeit der OHG + T€ 200 aus der Beteiligung an der Untergesellschaft) ausgleichsfähig und T€ 50 (aus der Beteiligung aus der Untergesellschaft) nur verrechenbar sind.

1.3.2.3.1.6. Behandlung von Gewinnen aus späteren Jahren

Die den Gesellschaftern der Obergesellschaft zugerechneten verrechenbaren Verluste aus der Beteiligung der Obergesellschaft an der Untergesellschaft mindern Gewinnanteile, die in späteren Perioden erzielt werden. Es ist dabei fraglich, ob diese Gewinnanteile aus der Untergesellschaft stammen müssen, oder ob auch eine Saldierung mit Gewinnen aus der Obergesellschaft vorgenommen werden kann. Da ein Verlust aus der Untergesellschaft als einzelner Geschäftsvorfall in die Gewinnermittlung der Obergesellschaft eingeht, könnte die Meinung vertreten werden, dass der auf die Obergesellschafter entfallende Anteil am Gesamtgewinn um die verrechenbaren Verluste zu mindern ist. Dabei würde allerdings der besonderen steuerlichen Konstruktion der doppelstöckigen Personengesellschaft nicht Rechnung getragen werden.[705] Gemäß § 15a Abs. 2 EStG sind verrechenbare Verluste mit späteren Gewinnanteilen aus derselben Beteiligung zu saldieren, bei der die verrechenbaren Verluste entstanden sind.[706] Sind die verrechenbaren Verluste auf Ebene der Untergesellschaft entstanden, können sie demnach nur Gewinnanteile kürzen, die aus der Untergesellschaft

---

704 Vgl. ZIMMERMANN, R. u. a., Steuerrecht, Abschn. G. Rn. 40, VON BECKERATH, H.-J., in: KIRCHHOF, P./SÖHN, H./MELLINGHOFF, R., EStG, § 15a Rn. B 253.

705 Vgl. HELMREICH, H., Verluste, S. 302 f.

706 Vgl. auch das Urteil des BFH vom 16.05.2002, IV R 58/00, BStBl. II 2002, S. 750.

stammen.[707] Es muss also zwischen den Ergebnissen aus Ober- und Untergesellschaft unterschieden werden, damit eine Übereinstimmung der Verlustfeststellung bei der Untergesellschaft mit einer Gewinnminderung bei den Obergesellschaftern erreicht werden kann.

In Weiterentwicklung des Beispiels wird nun der Obergesellschaft in 02 ein Gewinn aus der Beteiligung an der Untergesellschaft von T€ 300 zugerechnet, während die Obergesellschaft aus eigener gewerblicher Tätigkeit einen Verlust von T€ 400 (vor Buchung des Beteiligungsergebnisses) erzielt. Zur Ermittlung der Höhe des Verlustausgleichs- und Verlustverrechnungspotenzials für A und B dürfen das Beteiligungsergebnis und der Verlust aus dem Betrieb der Obergesellschaft nicht zu einem einheitlichen Ergebnis zusammengefasst werden. Stattdessen ist in einem ersten Schritt der Gewinnanteil aus der Untergesellschaft mit aus der Beteiligung an ihr herrührenden verrechenbaren Verlusten zu saldieren. In diesem Fall können A und B, denen mittelbar ein Gewinnanteil aus der Untergesellschaft von jeweils T€ 150 zuzurechnen ist, ihre aus der Untergesellschaft stammenden verrechenbaren Verluste von je T€ 50 zur Saldierung einsetzen, obwohl die Obergesellschaft insgesamt einen Verlust erzielt. Für A und B ergibt sich daraus ein steuerpflichtiger Gewinn von jeweils T€ 100, der dann in einem weiteren Schritt mit den voll ausgleichsfähigen Verlusten aus dem Betrieb der Obergesellschaft von je T€ 200 saldiert wird. Demnach erzielen A und B in 02 Einkünfte aus Gewerbebetrieb gemäß § 15 EStG i. H. v. jeweils T€ ./. 100. Ihre verrechenbaren Verluste sind zudem aufgebraucht.[708]

1.3.2.3.2. Die Obergesellschaft als Personengesellschaft mit beschränkt haftenden Gesellschaftern

1.3.2.3.2.1. Kumulierende Wirkung von verrechenbaren Verlusten

Es ist bereits gezeigt worden, dass ein Verlust aus der Beteiligung an der Untergesellschaft bei der Obergesellschaft in voller Höhe und nicht nur der ausgleichsfähige Teil der Verluste zugerechnet wird.[709] Eine besondere Situation entsteht nun, wenn auch die Obergesellschaft eine Gesellschaft mit beschränkt haftenden Gesellschaftern, z. B. eine Kommanditgesellschaft, ist. Dann könnten neben den verrechenbaren Verlusten, die aus der Untergesellschaft herrühren, weitere verrechenbare Verluste auf Ebene der Obergesellschaft entstehen. Durch die ungekürzte Zurechnung des Untergesellschaftsverlustes vermindert sich das

---

[707] Vgl. auch WACKER, R., in: SCHMIDT, L., EStG, § 15a Rn. 235, VON BECKERATH, H.-J., in: KIRCHHOF, P./SÖHN, H./MELLINGHOFF, R., EStG, § 15a Rn. B 254.

[708] So auch HELMREICH, H., Verluste, S. 304.

[709] Vgl. Kapitel E.1.3.2.3.1.2.

positive bzw. erhöht sich das negative Kapitalkonto der Obergesellschafter, obwohl ein Teil des zugerechneten Verlustes unter Umständen nur verrechenbar ist und steuerlich noch nicht geltend gemacht werden kann.[710] Es besteht demnach die Gefahr, dass der nur verrechenbare Verlust aus der Untergesellschaft bei der Obergesellschaft in ungerechtfertigter Weise doppelt berücksichtigt und somit das Verlustausgleichspotenzial der Obergesellschafter zusätzlich eingeschränkt wird, mithin die Rechtsfolgen des § 15a EStG in unzulässiger Weise kumulieren.[711] Nach der Grundwertung des § 15a EStG bedeuten verrechenbare Verluste keine gegenwärtigen wirtschaftlichen Verluste und sollen erst zu einem Kapitalverzehr führen, wenn künftige Gewinne anfallen. Daher muss ein verrechenbarer Verlust aus der Beteiligung an der Untergesellschaft bei der Ermittlung der § 15a EStG-Beträge auf Ebene der Obergesellschaft unberücksichtigt bleiben.[712]

Wie dieses Ergebnis ermittlungstechnisch erreicht werden soll, wird in der Literatur wiederum uneinheitlich beantwortet. Auch hier wird beispielsweise vorgeschlagen, die im Betriebsvermögen der Obergesellschaft gehaltene Untergesellschaftsbeteiligung nicht in deren Steuerbilanz zu bilanzieren, so dass der auf die Obergesellschaft entfallende Verlustanteil – einschließlich der nur verrechenbaren Verlustanteile – nicht die Kapitalkonten der Gesellschafter der Obergesellschaft mindert.[713] Auch die Bilanzierung der Beteiligung an der Untergesellschaft zu Anschaffungskosten würde eine Minderung der Kapitalkonten der Obergesellschafter um verrechenbare Verluste verhindern, da die Wertuntergrenze der Beteiligung Null ist und somit nur ausgleichsfähige Verlustanteile in die Kapitalkonten der Obergesellschafter eingehen.[714] Diese beiden Vorgehensweisen widersprechen m. E. allerdings der Wertung der steuerbilanziellen Behandlung der Beteiligung der Obergesellschaft an der Untergesellschaft.[715] Auch die Möglichkeit, in der Steuerbilanz der Obergesellschaft ein gegenüber der Handelsbilanz um die verrechenbaren Verluste abweichendes Kapitalkonto zu führen[716], ist abzulehnen, da § 15a EStG eben

---

[710] Vgl. z. B. BENECKE, A. Y., Umwandlung, S. 134 f.

[711] Vgl. GRÜTZNER, D., in: LANGE, J. u. a., Steuerrecht, Rn. 755, BENECKE, A. Y., Umwandlung, S. 135, HENNIG, T., Kommanditgesellschaften, DB 1985, S. 888, HELMREICH, H., Verluste, S. 306, SUNDERMEIER, B., Personengesellschaft, DStR 1994, S. 1479.

[712] Vgl. VON BECKERATH, H.-J., in: KIRCHHOF, P./SÖHN, H./MELLINGHOFF, R., EStG, § 15a Rn. B 255, NICKEL, J. R./BODDEN, G., Verlustausgleich, FR 2003, S. 395.

[713] Vgl. WACKER, R., in: SCHMIDT, L., EStG, § 15 Rn. 690 und § 15a Rn. 61.

[714] Vgl. LEY, U., Besteuerungsfragen, KÖSDI 1996, S. 10933 f.

[715] Vgl. Kapitel E.1.3.1.1.2.2.

[716] Vgl. BOLK, W., Beschränkung, BuW 1997, S. 694, SUNDERMEIER, B., Personengesellschaft, DStR 1994, S. 1478 f., HENNIG, T., Kommanditgesellschaften, DB 1985, S. 888.

nicht als Verlustzurechnungsnorm zu verstehen ist.[717] Als m. E. einzig zulässige Lösung zur Vermeidung einer Doppelberücksichtigung nur verrechenbarer Verluste bietet sich in solchen Fällen die Bildung eines außerbilanziellen Merkpostens an.[718] Die verrechenbaren Verluste werden dabei außerhalb der Bilanz aus den Kapitalkonten der Obergesellschafter herausgerechnet, so dass das Ausgleichspotenzial für künftige Verluste der Obergesellschaft separat fortentwickelt werden kann. Der Merkposten dient lediglich als Berechnungsgröße und besitzt keine verfahrenstechnische Selbständigkeit.[719] Der Vorteil dieses Vorschlags liegt darin, dass man sich auf die Lösung des Problems der kumulativen Wirkung der verrechenbaren Verluste beschränkt. Die Kapitalkonten in der Steuerbilanz werden dadurch nicht berührt. Auch die Bilanzierung der Beteiligung an der Untergesellschaft nach der Spiegelbildmethode wird nicht in Frage gestellt.[720]

Um die Bildung, Fortschreibung und Wirkung eines solchen außerbilanziellen Merkpostens zu verdeutlichen, sollen im Folgenden mögliche Fallvarianten unter Veränderung des Ergebnisses bei der Obergesellschaft durchgespielt werden.

1.3.2.3.2.2. Verlustausgleichs- und Verlustverrechnungspotenzial gemäß § 15a EStG bei einer Obergesellschaft ohne eigenen Verlust

Das Ausgangsbeispiel wird nun dahingehend variiert, dass die Obergesellschaft eine Kommanditgesellschaft (AB-KG) ist, wobei A Kommanditist und B der Komplementär mit jeweils 50 v. H. Beteiligung am Ergebnis sind. Leitet nun die Untergesellschaft den Verlustanteil von T€ 500, der zu T€ 400 ausgleichsfähig und zu T€ 100 nur verrechenbar ist, an die Obergesellschaft weiter, ergibt sich in dem Fall, wo die Obergesellschaft aus der eigenen gewerblichen Tätigkeit einen Gewinn von T€ 600 (nach Buchung des Beteiligungsergebnisses verbleibt ein Gewinn von T€ 100) erzielt, folgendes Verlustausgleichs- und Verlustverrechnungspotenzial für die Gesellschafter der Obergesellschaft:

---

[717] Vgl. Kapitel E.1.3.2.3.1.2.

[718] Diese Vorgehensweise wird auch von der Finanzverwaltung favorisiert, vgl. OFD Bremen vom 19.10.1995 – S 2241a – St 201, BB 1996, S. 900, OFD Nürnberg vom 13.11.1997 – S 2241a – 31/St 31, BB 1998, S. 44 und OFD Chemnitz vom 05.02.1998 – S 2241a – 8/1 – St 31, DB 1998, S. 903 f.

[719] Vgl. NICKEL, J. R./BODDEN, G., Verlustausgleich, FR 2003, S. 395.

[720] Vgl. VON BECKERATH, H.-J., in: KIRCHHOF, P./SÖHN, H./MELLINGHOFF, R., EStG, § 15a Rn. B 255. Mittlerweile auch LEY, U., Anwendung, DStR 2004, S. 1501, die in einem früheren Artikel LEY, U., Besteuerungsfragen, KÖSDI 1996, S. 10933, in dem sie noch für das Anschaffungskostenprinzip plädierte, den außerbilanziellen Merkposten lediglich als "Kunstgriff" zur Erlangung des dem Sinn und Zweck des § 15a EStG entsprechenden Ergebnisses bezeichnete.

Kapital des Kommanditisten A zum 01.01.01 bei der Obergesellschaft	T€ 400
./. Verlustanteil aus der Untergesellschaft (½ von T€ 500)	250
+ Gewinnanteil aus der Obergesellschaft (½ von T€ 600)	300
Kapital von A zum 31.12.01	T€ 450
+ verrechenbarer Verlust aus der Untergesellschaft (½ von T€ 100)	50
Ausgleichspotenzial des Kommanditisten A (positiver Merkposten)	T€ 500

Abbildung 13: Ermittlung des Ausgleichspotenzials nach § 15a EStG für die Gesellschafter der Obergesellschaft, Fall 1

Sobald ein verrechenbarer Verlust aus der Untergesellschaft der Obergesellschaft zugerechnet wird, bei der die Gesellschafter beschränkt haften, ist das Ausgleichspotenzial nach § 15a EStG auf Ebene der Obergesellschaft in einem außerbilanziellen Merkposten zu ermitteln. Auch wenn, wie in diesem Beispiel, die Obergesellschaft insgesamt einen Gewinn erzielt und somit in diesem Wirtschaftsjahr keine Doppelberücksichtigung der nur verrechenbaren Verluste aus der Untergesellschaft droht, so könnte dieser Fall in den folgenden Wirtschaftsjahren aufgrund von Verlusten bei der Obergesellschaft eintreten. Wenn dann nicht für jedes Wirtschaftsjahr die Höhe des Ausgleichspotenzials in einem Merkposten neu ermittelt wurde, würde später die kumulierende Wirkung doch noch einsetzen.[721]

Bei der Feststellung der Besteuerungsgrundlagen ergibt sich für A in 01 aufgrund des Gewinns der Obergesellschaft gegenüber dem entsprechenden Fall, wo die Gesellschafter der Obergesellschaft unbeschränkt haften, keine Änderung.[722] Kommanditist A bezieht in 01 gewerbliche Einkünfte i. H. v. T€ 100 (T€ 300 aus der Obergesellschaft ./. T€ 250 auch der Untergesellschaft + T€ 50 verrechenbare Verluste aus der Untergesellschaft). Für Komplementär B ergeben sich ebenfalls keine Änderungen, so dass auch er T€ 100 zu versteuern hat.

1.3.2.3.2.3. Verlustausgleichs- und Verlustverrechnungspotenzial gemäß § 15a EStG bei einer Obergesellschaft mit eigenem Verlust

1.3.2.3.2.3.1. Positives Kapitalkonto der Obergesellschafter

Erwirtschaftet nun die Obergesellschaft aus ihrer eigenen Tätigkeit auch einen Verlust, ist zu unterscheiden, ob die Kapitalkonten der Obergesellschafter danach einen positiven oder negativen Saldo aufweisen. Erzielt die Obergesell-

[721] So auch HELMREICH, H., Verluste, S. 306-308, LEY, U., Anwendung, DStR 2004, S. 1501.

[722] Vgl. Kapitel E.1.3.2.3.1.4. Siehe auch das Beispiel bei GRÜTZNER, D., Beschränkungen, StuB 2004, S. 579 f.

schaft in 01 einen Verlust von insgesamt T€ 600, der sich aus einem Beteiligungsverlust von T€ 500 (T€ 400 ausgleichsfähig; T€ 100 verrechenbar) und einem Verlust aus eigener gewerblicher Tätigkeit von T€ 100 zusammensetzt, ergeben sich folgende § 15a EStG-Beträge bei der AB-KG:

Kapital des Kommanditisten A zum 01.01.01 bei der Obergesellschaft	T€ 400
./. Verlustanteil aus der Untergesellschaft (½ von T€ 500)	250
./. Verlustanteil aus der Obergesellschaft (½ von T€ 100)	50
Kapital von A zum 31.12.01	T€ 100
+ verrechenbarer Verlust aus der Untergesellschaft (½ von T€ 100)	50
Ausgleichspotenzial des Kommanditisten A (positiver Merkposten)	T€ 150

Abbildung 14: Ermittlung des Ausgleichspotenzials nach § 15a EStG für die Gesellschafter der Obergesellschaft, Fall 2

Bleibt das Kapitalkonto des Kommanditisten der Obergesellschaft trotz Verlust aus Ober- und Untergesellschaft positiv, greift § 15a EStG auf Ebene der Obergesellschaft nicht ein und der gesamte Verlust aus der Tätigkeit der Obergesellschaft ist wiederum als ausgleichsfähig zu qualifizieren.[723] Darüber hinaus ist zur Verhinderung einer Doppelberücksichtigung der verrechenbaren Verlustanteile aus der Untergesellschaft in Folgejahren ein außerbilanzieller Merkposten zu bilden (T€ 150). Im Wirtschaftsjahr 01 ergeben sich im Ergebnis sowohl für den Kommanditisten A als auch für den Komplementär B – der ohnehin nicht unter die Abzugsbeschränkung des § 15a EStG fällt – dasselbe steuerliche Ergebnis: Die ausgleichsfähigen gewerblichen Einkünfte betragen jeweils T€ 250 (T€ 200 aus der Untergesellschaft + T€ 50 aus der Obergesellschaft). Zudem werden je T€ 50 als nur verrechenbarer Verlust aus der Untergesellschaftsbeteiligung gemäß § 15a Abs. 4 EStG gesondert festgestellt.[724]

1.3.2.3.2.3.2. Negatives Kapitalkonto der Obergesellschafter und positiver Merkposten

Ein anderes Ergebnis könnte sich ergeben, wenn das Kapitalkonto des beschränkt haftenden Obergesellschafters negativ wird. Beträgt der Verlust der Obergesellschaft in 01 insgesamt T€ 850, der sich aus einem Beteiligungsverlust von T€ 500 (T€ 400 ausgleichsfähig; T€ 100 verrechenbar) und einem Verlust aus eigener gewerblicher Tätigkeit von T€ 350 zusammensetzt, sind die § 15a EStG-Beträge bei der AB-KG wie folgt zu ermitteln:

---

[723] Vgl. ZIMMERMANN, R. u. a., Steuerrecht, Abschn. G. Rn. 41.

[724] Im Ergebnis auch HELMREICH, H., Verluste, S. 307 f.

Kapital des Kommanditisten A zum 01.01.01 bei der Obergesellschaft	T€ 400
./. Verlustanteil aus der Untergesellschaft (½ von T€ 500)	250
./. Verlustanteil aus der Obergesellschaft (½ von T€ 350)	175
Kapital von A zum 31.12.01	T€ ./. 25
+ verrechenbarer Verlust aus der Untergesellschaft (½ von T€ 100)	50
Ausgleichspotenzial des Kommanditisten A (positiver Merkposten)	T€ 25

Abbildung 15: Ermittlung des Ausgleichspotenzials nach § 15a EStG für die Gesellschafter der Obergesellschaft, Fall 3

Durch die Verluste aus Ober- und Untergesellschaft ist das Kapitalkonto des Kommanditisten A negativ geworden, so dass sich bezüglich des Verlustes aus der Tätigkeit der Obergesellschaft die Frage stellt, welche Teile ausgleichsfähig bzw. nur verrechenbar sind. Da der Verlustanteil aus der Untergesellschaft ungekürzt in die Kapitalkonten der Obergesellschafter eingeflossen ist, ist der verrechenbare Verlust aus dem Untergesellschaftsergebnisanteil dem Kapitalkonto des Kommanditisten A außerbilanziell wieder hinzuzurechen (½ von T€ 100).[725] Es zeigt sich in diesem Fall, dass das Kapitalkonto des A ohne den noch nicht ausgleichsfähigen Verlustanteil aus der Untergesellschaft positiv gewesen wäre (T€ 25).[726] Somit ist konsequenterweise der Verlustanteil des A aus dem Betrieb der Obergesellschaft voll ausgleichsfähig. Der außerbilanzielle Merkposten von T€ 25 zeigt an, dass für die folgenden Jahre dem A in dieser Höhe noch ein Ausgleichspotenzial bei der Obergesellschaft zur Verfügung steht.[727]

---

725 Vgl. LEY, U., Anwendung, DStR 2004, S. 1501.

726 So wie ein auf Untergesellschaftsebene festgestellter verrechenbarer Verlust nicht bei der Obergesellschaft in einen ausgleichsfähigen Verlust umqualifiziert werden kann, können auch nicht umgekehrt der Obergesellschaft zugerechnete ausgleichsfähige Verluste bei dieser in verrechenbare Verluste umgewandelt werden, weil bei den beschränkt haftenden Gesellschaftern ein negatives Kapitalkonto entsteht oder sich erhöht. Es muss für Zwecke des § 15a EStG eine Trennung der Ergebnisse von Ober- und Untergesellschaft erfolgen. Über die Anwendung des § 15a EStG wird bezüglich der Verlustanteile aus der Untergesellschaft immer auf Ebene der Untergesellschaft und nicht erst bei der Obergesellschaft entschieden, vgl. m. w. N. HELMREICH, H., Verluste, S. 310 f.

727 Im Ergebnis auch NICKEL, J. R./BODDEN, G., Verlustausgleich, FR 2003, S. 395 f., LEY, U., Anwendung, DStR 2004, S. 1501, LEY, U., Anwendbarkeit, KÖSDI 2005, S. 14487, HELMREICH, H., Verluste, S. 308 f. und die Finanzverwaltung OFD Bremen vom 19.10.1995 – S 2241a – St 201, BB 1996, S. 900, OFD Nürnberg vom 13.11.1997 – S 2241a – 31/St 31, BB 1998, S. 44, OFD Chemnitz vom 05.02.1998 – S 2241a – 8/1 – St 31, DB 1998, S. 903 f.

Insgesamt ergeben sich für A ausgleichsfähige gewerbliche Einkünfte i. H. v. T€ 375 (T€ 200 aus der Untergesellschaft + T€ 175 aus der Obergesellschaft). Zudem wird ein nur verrechenbarer Verlust von T€ 50 aus der Untergesellschaftsbeteiligung gemäß § 15a Abs. 4 EStG gesondert festgestellt. Für Komplementär B sind dieselben Besteuerungsgrundlagen festzustellen.[728]

Die vorangegangenen drei Fälle haben gezeigt, dass ein positiver Merkposten – trotz unter Umständen negativen Kapitalkontos – regelmäßig bedeutet, dass in dem Wirtschaftsjahr der gesamte Verlust aus der eigenen betrieblichen Tätigkeit der Obergesellschaft sowie der als ausgleichsfähig qualifizierte Verlust aus der Beteiligung an der Untergesellschaft ausgleichsfähig sind.[729]

1.3.2.3.2.3.3. Negatives Kapitalkonto der Obergesellschafter und negativer Merkposten

Schließlich kann auch die Situation eintreten, dass das Kapitalkonto des Kommanditisten nicht nur aufgrund der verrechenbaren Verluste aus der Untergesellschaftsbeteiligung negativ wird, also der außerbilanzielle Merkposten durch entsprechend hohe Verluste der Obergesellschaft negativ wird. Fällt bei der Obergesellschaft in 01 ein Verlust von insgesamt T€ 1.000 an, der sich wiederum aus dem Beteiligungsverlust von T€ 500 (T€ 400 ausgleichsfähig; T€ 100 verrechenbar) und einem Verlust aus eigener gewerblicher Tätigkeit von nun T€ 500 zusammensetzt, ergeben sich bei der AB-KG folgende § 15a EStG-Beträge:

---

[728] Wäre der aus der Untergesellschaftsbeteiligung dem Kommanditisten A zugerechnete anteilige Verlust so hoch (z. B. T€ 500), dass sich trotz eines auf A entfallenden Gewinnanteils aus dem eigenen Gewerbebetrieb der Obergesellschaft (z. B. T€ 50) insgesamt ein Verlust bei der Obergesellschaft (T€ 450) ergibt und das Kapitalkonto des Kommanditisten dadurch negativ würde (T€ ./. 50), entstünde dennoch ein positiver Merkposten bei der Obergesellschaft (T€ 250). Das negative Kapitalkonto hat sich in dem Fall ausschließlich aufgrund nur verrechenbarer Verluste aus der Untergesellschaft ergeben. Dadurch darf das Ausgleichspotenzial auf Ebene der Obergesellschaft für mögliche zukünftige Verluste natürlich nicht eingeschränkt werden.

[729] Vgl. z. B. NICKEL, J. R./BODDEN, G., Verlustausgleich, FR 2003, S. 395.

Kapital des Kommanditisten A zum 01.01.01 bei der Obergesellschaft	T€	400
./. Verlustanteil aus der Untergesellschaft (½ von T€ 500)		250
./. Verlustanteil aus der Obergesellschaft (½ von T€ 500)		250
Kapital von A zum 31.12.01	T€ ./.	100
+ verrechenbarer Verlust aus der Untergesellschaft (½ von T€ 100)		50
Ausgleichspotenzial des Kommanditisten A (negativer Merkposten)	T€ ./.	50

Abbildung 16: Ermittlung des Ausgleichspotenzials nach § 15a EStG für die Gesellschafter der Obergesellschaft, Fall 4a

Der negative Merkposten zeigt an, dass das Kapitalkonto des Kommanditisten A auch schon ohne die Zurechnung des nur verrechenbaren Verlustes aus der Untergesellschaft negativ gewesen wäre (T€ ./. 50).[730] Folgerichtig greift für diesen Betrag nun auch auf Ebene der Obergesellschaft die Abzugsbeschränkung des § 15a EStG ein. Vom Verlustanteil aus dem Betrieb der AB-KG sind demnach nur T€ 200 voll ausgleichsfähig, während T€ 50 nach § 15a Abs. 4 EStG als verrechenbar mit künftigen Gewinne gesondert festgestellt werden.[731] Insgesamt sind für A folgende Besteuerungsgrundlagen in 01 festzustellen:

Kommanditist A zuzurechnender Verlustanteil (½ von T€ 1.000)		T€ 500
Davon anteilig auf A entfallend in 01 ausgleichsfähig:		
- Verlust Untergesellschaft	T€ 200	
- Verlust Obergesellschaft	200	T€ 400
Davon anteilig auf A entfallend nur verrechenbar:		
- Verlust Untergesellschaft	T€ 50	
- Verlust Obergesellschaft	50	T€ 100

Abbildung 17: Ermittlung des Ausgleichspotenzials nach § 15a EStG für die Gesellschafter der Obergesellschaft, Fall 4b

Da B Komplementär der AB-KG ist, fallen seine Verlustanteile aus der Eigentätigkeit der Obergesellschaft nicht unter die Abzugsbeschränkung des § 15a EStG, so dass diese Beträge für ihn weiterhin voll ausgleichsfähig sind und ihm verrechenbare Verluste nur aus der Untergesellschaft zugerechnet werden können. Im Ergebnis sind für ihn Verluste i. H. v. T€ 500 zuzurechnen, wovon T€ 450 (T€ 200 aus der Untergesellschaft + T€ 250 aus der Obergesellschaft)

---

730 Vgl. NICKEL, J. R./BODDEN, G., Verlustausgleich, FR 2003, S. 395.

731 Im Ergebnis auch ZIMMERMANN, R. u. a., Steuerrecht, Abschn. G. Rn. 41, BOLK, W., Beschränkung, BuW 1997, S. 694, NICKEL, J. R./BODDEN, G., Verlustausgleich, FR 2003, S. 395 f., HELMREICH, H., Verluste, S. 309 f.

voll ausgleichsfähig sind und T€ 50 als verrechenbarer Verlust aus der Untergesellschaftsbeteiligung gemäß § 15a Abs. 4 EStG gesondert festgestellt werden.[732]

1.3.2.3.2.4. Übersicht zur Ausgleichsfähigkeit von Verlusten i. S. d. § 15a EStG bei beschränkt haftenden Obergesellschaftern

Wie gezeigt, kann auf Ebene der Obergesellschaft die Gefahr bestehen, dass dort die Rechtsfolgen des § 15a EStG in unzulässiger Weise kumulieren, wenn aus der Untergesellschaftsbeteiligung Verluste zugerechnet worden sind, die bereits nur teilweise ausgleichsfähig waren. In Abbildung 18 soll noch mal zusammenfassend dargestellt werden, wie diesem Problem in den verschiedenen denkbaren Situationen zu begegnen ist.

	Ergebnis der Obergesellschaft (einschließlich Beteiligungsergebnis)	Kapitalkonto des Obergesellschafters	Merkposten
Fall 1	Gewinn	Kapital bleibt positiv	positiv
Fall 2	Verlust	Kapital bleibt positiv	positiv
Fall 3	Verlust	Kapital wird negativ	positiv
Fall 4	Verlust	Kapital wird negativ	negativ

Treten die Fälle 1)-3) ein, gilt die Regel: Der gesamte Verlust der Obergesellschaft sowie der als ausgleichsfähig ermittelte Verlust aus der Beteiligung an der Untergesellschaft sind ausgleichsfähig.

Tritt Fall 4) ein, gilt die Regel: Der Verlust der Obergesellschaft ist in Höhe des negativen Merkpostens lediglich verrechenbar.

Abbildung 18: Übersicht zur Ausgleichsfähigkeit von Verlusten i. S. d. § 15a EStG bei beschränkt haftenden Obergesellschaftern

[732] Fallen in späteren Jahren Gewinne an, ist wiederum entscheidend, aus welchem Betrieb diese stammen. Die verrechenbaren Verluste aus der Untergesellschaft können nur mit Gewinnen aus der Untergesellschaft saldiert werden. Gleiches gilt für die Obergesellschaft. Es kann bei beschränkt haftenden Obergesellschaftern also keine Saldierung eines verrechenbaren Verlusts aus der Obergesellschaft mit Gewinnen aus der Untergesellschaft erfolgen. Die Saldierung mit verrechenbaren Verlusten ist in zwei Schritten, zunächst bei der Untergesellschaft, anschließend bei der Obergesellschaft, durchzuführen, vgl. auch Kapitel E.1.3.2.3.1.6. Bei beschränkt haftenden Obergesellschaftern ist zudem darauf zu achten, dass der außerbilanzielle Merkposten jährlich fortentwickelt wird, vgl. insgesamt HELMREICH, H., Verluste, S. 302-304.

1.3.2.3.2.5. Verlustausgleichs- und Verlustverrechnungspotenzial gemäß § 15a EStG bei einer Obergesellschaft mit eigenem Verlust einschließlich eines Gewinns aus der Beteiligung an der Untergesellschaft

Bisher wurde unterstellt, dass das Ergebnis der Obergesellschaft immer durch einen Verlustanteil aus der Untergesellschaft verringert wurde. Es kann aber auch die Situation eintreten, dass die Untergesellschaft einen Gewinnanteil an die Obergesellschaft weiterleitet und deren Ergebnis durch einen Verlust aus der eigenen gewerblichen Tätigkeit dennoch insgesamt negativ wird. Das zur Berechnung des Verlustausgleichs- und Verlustverrechnungspotenzials gemäß § 15a EStG auch in diesen Fällen zwischen den Ergebnissen von Obergesellschaft und Untergesellschaft zu unterscheiden ist, zeigt folgende Variation des Ausgangsbeispiels aus Kapitel E.1.3.2.1.: Die X-GmbH & Co. KG leitet nun einen Gewinnanteil von T€ 200 an die Obergesellschaft weiter, die aus ihrer eigenen gewerblichen Tätigkeit einen Verlust von T€ 500 (einschließlich Beteiligungsergebnis T€ 300) verzeichnet. Die Bilanz und Gewinn- und Verlustrechnung zum 31.12.01 der Obergesellschaft stellen sich wie folgt dar:

AB-KG (Bilanz)

Grundstück	300	Kapital A	250
Beteiligung X-KG	600	Kapital B	250
Sonstige Aktiva	300	Verbindlichkeiten	700
	1200		1200

AB-KG (G+V)

Aufwendungen	1000	Erlöse	500
		Beteiligungsgewinn	200
		Verlust	300
	1000		1000

Der Verlustanteil des Komplementärs B von T€ 150 (½ von T€ 300) ist ohne weitere Berechnung in vollem Umfang ausgleichsfähig, da für ihn als unbeschränkt haftenden Gesellschafter § 15a EStG nicht eingreift. Für Kommanditist A ist hingegen zu prüfen, ob sein Kapital ggf. nur durch die Beteiligung an der Untergesellschaft positiv geblieben ist.[733] In diesem Beispiel zeigt sich, dass das Kapital des A von T€ 250 nur durch den anteiligen Beteiligungsbuchwert von T€ 300 (½ von T€ 600) einen positiven Stand aufweist. Ohne die Beteiligung an der Untergesellschaft würde das Kapital des A T€ ./. 50 betragen.[734] Somit kann

---

733 Vgl. ZIMMERMANN, R. u. a., Steuerrecht, Abschn. G. Rn. 42.

734 Auch hier zeigt sich wieder die Bedeutung der Frage nach der Bilanzierungsweise der Beteiligung an der Untergesellschaft. Die hier unterstellte Bilanzierung nach der Spiegelbildmethode erfasst den Gewinn aus der Untergesellschaftsbeteiligung von T€ 200

A von seinem anteiligen Verlust aus dem Betrieb der Obergesellschaft von T€ 250 (½ von T€ 500) auch nur T€ 200 voll in 01 ausgleichen, da durch den restlichen Verlust (T€ 50) ein negatives Kapitalkonto entstanden ist. Insgesamt ist für A also lediglich ein ausgleichsfähiger Verlust i. H. v. T€ 100 (T€ 100 Gewinn aus der Untergesellschaft ./. T€ 200 aus der Obergesellschaft) festzustellen, während T€ 50 nur mit späteren Gewinnen aus dem Betrieb der Obergesellschaft verrechenbar sind.[735]

1.4. Auswirkungen von Veräußerungsvorgängen auf verrechenbare Verluste i. S. v. § 15a EStG

1.4.1. Veräußerungsvorgang auf Ebene der Untergesellschaft

Wird der Betrieb der Untergesellschaft durch die Obergesellschaft veräußert, bzw. wird ein Mitunternehmeranteil an der Untergesellschaft veräußert, sind die bis dahin noch nicht verrechneten Verluste mit einem entstehenden Veräußerungsgewinn auszugleichen. Dies ist sachgerecht, da die Verluste spätestens im Zeitpunkt des Ausscheidens auch wirtschaftlich getragen werden und somit eine steuerliche Nichtberücksichtigung der Verluste vermieden wird.[736] Auf einen dann noch verbleibenden Veräußerungsgewinn sind dann die Tarifbegünstigungen der §§ 16, 34 EStG zu gewähren. Insofern gelten in diesen Fällen die Rechtsgrundsätze, die allgemein für Veräußerungen von Betrieben bzw. Mitunternehmeranteilen gelten.

Beispiel: Ausgangsfall wie in Kapitel E.1.3.2.1.; Der Obergesellschaft sind bei der Untergesellschaft zum 31.12.01 T€ 400 ausgleichsfähige und T€ 100 nur verrechenbare Verluste i. S. v. § 15a EStG entstanden. Das Kapitalkonto der Ober- bei der Untergesellschaft ist entsprechend von T€ 400 auf T€ ./. 100 gesunken. Zum 01.01.02 veräußert die Obergesellschaft ihre Beteiligung an der Untergesellschaft an D für T€ 50.

---

unmittelbar im Jahr der Entstehung, so dass der Beteiligungsbuchwert auf T€ 600 ansteigt. Würde hingegen dem Anschaffungskostenprinzip gefolgt werden, wäre der Gewinnanteil als Forderung eingebucht worden und die Beteiligung würde zum Stichtag 31.12.01 weiterhin mit T€ 400 bilanziert worden. Das dem Sinn und Zweck des § 15a EStG entsprechende Ergebnis wird m. E. mit der Spiegelbildmethode erzielt und kann von den Anwendern des Anschaffungskostenprinzips nur erreicht werden, indem zur Berechnung der § 15a EStG-Beträge der Beteiligungsbuchwert und die Forderungen aus Gewinnanteilen separat zusammengerechnet werden.

[735] Vgl. ZIMMERMANN, R. u. a., Steuerrecht, Abschn. G. Rn. 42. Im Ergebnis auch GRÜTZNER, D., Beschränkungen, StuB 2004, S. 579 f. Der nur verrechenbare Verlust aus der Obergesellschaft ist nach § 15a Abs. 4 EStG gesondert festzustellen. Darüber hinaus ist aber kein außerbilanzieller Merkposten zu bilden, da das Obergesellschaftsergebnis nicht durch verrechenbare Verluste aus der Untergesellschaft belastet wurde.

[736] Vgl. SUNDERMEIER, B., Personengesellschaft, DStR 1994, S. 1479.

Lösung: Durch die Veräußerung entsteht ein Veräußerungsgewinn i. H. v. T€ 150 (Veräußerungspreis T€ 50 abzgl. Kapitalkonto der Obergesellschaft von T€ ./. 100). Von diesem Gewinn sind in einem zweiten Schritt die noch nicht verrechenbaren Verluste der Obergesellschaft von T€ 100 abzuziehen, so dass im Ergebnis ein tarifbegünstigter Gewinn von T€ 50 entsteht. Der Erwerber D übernimmt das negative Kapitalkonto i. H. v. T€ ./. 100 in der Gesellschaftsbilanz. Zudem ist für ihn eine positive Ergänzungsbilanz mit einem Kapital von T€ 150 zu erstellen, so dass letztlich der Kaufpreis des D abgebildet wird.[737]

Erzielt eine Obergesellschaft aus der Veräußerung eines Untergesellschaftsanteils einen tarifbegünstigten Gewinn, welcher Teil des laufenden Ergebnisses der Obergesellschaft ist und erwirtschaftet die Obergesellschaft ihrerseits aus ihrer laufenden Geschäftstätigkeit einen Verlust, der nicht nach § 15a EStG sofort ausgleichsfähig ist, ist zunächst der begünstigte Veräußerungsgewinn mit dem nur verrechenbaren laufenden Verlust zu saldieren, mit der Folge, dass der verrechenbare Verlust mit dem Veräußerungsgewinn der Obergesellschaft und nicht mit den übrigen Einkünften des Gesellschafters der Obergesellschaft zu verrechnen ist.[738]

1.4.2. Veräußerungsvorgang auf Ebene der Obergesellschaft

Veräußert ein Gesellschafter der Obergesellschaft seinen Mitunternehmeranteil an der Gesellschaft, sind bzgl. der Verlustverrechnung nach § 15a EStG grundsätzlich dieselben Regelungen anzuwenden, wie bei der Veräußerung des Untergesellschaftsanteils durch die Obergesellschaft. Es besteht darüber hinaus allerdings die Besonderheit, dass das Vermögen des zu veräußernden Obergesellschaftsanteils wirtschaftlich und steuerrechtlich gesehen auch die anteiligen Wirtschaftsgüter der Untergesellschaft umfasst[739] und aus dieser Gesellschaft ebenfalls ein verrechenbarer Verlust bestehen kann, der über die Obergesellschaft auf deren Gesellschafter wirkt.
Beispiel: Ausgangsfall wie in Kapitel E.1.3.2.3.2.3.3.; Der Anteil des Gesellschafters der Obergesellschaft A an den nur verrechenbaren Verlusten i. S. v. § 15a EStG aus der Ober- bzw. Untergesellschaft beträgt zum 31.12.01 jeweils T€ 50. Zudem beträgt sein Kapitalkonto bei der Obergesellschaft T€ ./. 100. Die Hälfte davon bezieht sich auf das negative Kapital der Obergesellschaft bei der

---

737 Vgl. ZIMMERMANN, R. u. a., Steuerrecht, Abschn. E. Rn. 35, WACKER, R., in: SCHMIDT, L., EStG, § 15 Rn. 462. Wird kein Kaufpreis gezahlt, entsteht dem Veräußerer durch die noch zu verrechnenden Verluste ein Veräußerungsgewinn von € 0. Der Erwerber übernimmt das negative Kapitalkonto und bildet in gleicher Höhe eine positive Ergänzungsbilanz, vgl. BFH vom 19.02.1998, IV R 59/96, BStBl. II 1999, S. 267.

738 Vgl. BFH vom 26.01.1995, IV R 23/93, BStBl. II 1995, S. 470 f.

739 Vgl. Kapitel D.1.2.2.

Untergesellschaft. Zum 01.01.02 veräußert der A seine Beteiligung an der Obergesellschaft an D für T€ 50. Der Kaufpreis entfällt vollständig auf die unmittelbare Beteiligung an der Obergesellschaft.

Lösung: Durch die Veräußerung entsteht ein Veräußerungsgewinn i. H. v. T€ 150 (Veräußerungspreis T€ 50 abzgl. Kapitalkonto des A bei der Obergesellschaft von T€ ./. 100). Nach herrschender Meinung kann dann der Veräußerungsgewinn, soweit er auf die mittelbare Veräußerung der Wirtschaftsgüter der Untergesellschaft entfällt, mit den aus der Untergesellschaft stammenden verrechenbaren Verlusten saldiert werden.[740] Soweit der Veräußerungsgewinn auf die Wirtschaftsgüter der Obergesellschaft entfällt, ist dieser entsprechend um die dort vorhandenen verrechenbaren Verluste zu kürzen. Der mittelbare, anteilige Veräußerungsgewinn des A beträgt T€ 50 (Veräußerungspreis T€ 0 abzgl. anteiliges steuerliches Kapitalkonto des A von T€ ./. 50), so dass sein verrechenbarer Verlust bezüglich der Untergesellschaft i. H. v. T€ 50 vollständig den mittelbaren Veräußerungsgewinn saldiert. Der Veräußerungsgewinn bezüglich des Obergesellschaftsanteils beträgt T€ 100 (Veräußerungspreis T€ 50 abzgl. Kapitalkonto des A soweit es auf die Wirtschaftsgüter der Obergesellschaft entfällt von T€ ./. 50). Auch hier können die noch verrechenbaren Verluste von T€ 50 zur Saldierung eingesetzt werden, so dass im Ergebnis für A ein tarifbegünstigter Gewinn von T€ 50 entsteht.[741]

Der Erwerber D übernimmt das negative Kapitalkonto des A i. H. v. T€ ./. 100 aus der Gesellschaftsbilanz der Obergesellschaft. Davon entfällt die Hälfte auf die mittelbare Beteiligung an der Untergesellschaft. Da der D keinen Kaufpreis für diese Beteiligung bezahlt hat, ist für ihn über die Obergesellschaft bei der Untergesellschaft eine positive Ergänzungsbilanz mit einem Kapital von T€ 50 zu bilden, was dem Wert des übernommenen negativen Kapitalkontos entspricht.[742] Zudem ist für ihn eine positive Ergänzungsbilanz bei der Obergesellschaft mit einem Ergänzungskapital von T€ 50 zu bilden (Differenz von Veräußerungspreis und negativem Kapitalkonto = T€ 100 abzgl. anteiliger verrechenbarer Verlust der Ober- bei der Untergesellschaft von T€ 50). Der anteilige verrechenbare Verlust der Ober- bei der Untergesellschaft ist zu mindern, da der neue Gesellschafter D in künftigen Wirtschaftsjahren über die

---

[740] Vgl. WACKER, R., in: SCHMIDT, L., EStG, § 15a Rn. 235, HELMREICH, H., Verluste, S. 304 f. Im Ergebnis auch LEY, U., Besteuerungsfragen, KÖSDI 1996, S. 10934, die allerdings von zwei selbständigen Veräußerungsvorgängen ausgeht und dementsprechend die jeweiligen Veräußerungsgewinne mit den verrechenbaren Verlusten saldiert. Die Auffassung von zwei Veräußerungsvorgängen wird hier allerdings abgelehnt.

[741] Im Ergebnis auch SUNDERMEIER, B., Personengesellschaft, DStR 1994, S. 1479 und LEY, U., Besteuerungsfragen, KÖSDI 1996, S. 10934.

[742] Vgl. WACKER, R., in: SCHMIDT, L., EStG, § 15 Rn. 462.

Obergesellschaft von den verrechenbaren Verlusten der Untergesellschaft profitiert, wenn diese Gewinne erzielt.[743]

1.5. Gestaltungsmöglichkeiten zur optimalen Nutzung des Verlustausgleichsvolumens i. S. d. § 15a EStG

Nachdem vorstehend die Grundsätze der Ermittlung der § 15a EStG-Beträge bei doppelstöckigen Personengesellschaften erläutert wurden, ist darüber hinaus zu fragen, welche Möglichkeiten vor Ablauf eines Wirtschaftsjahres bestehen, damit eine optimale Ausnutzung des Verlustausgleichsvolumens für die beteiligten Gesellschafter gelingen kann. Sowohl auf Ebene der Untergesellschaft als auch auf derjenigen der Obergesellschaft kann die Entstehung lediglich verrechenbarer Verluste durch gezielte Maßnahmen minimiert oder ganz beseitigt werden. Bei sämtlichen Gestaltungsinstrumenten muss allerdings beachtet werden, dass es keine generellen Lösungsmöglichkeiten gibt. Während beispielsweise bei Familienpersonengesellschaften eine flexiblere Handhabung möglich ist, sollte bei nicht persönlich verbundenen Gesellschaftern immer eine Gesamtbetrachtung angestellt werden, da das Erreichen eines unbeschränkten Verlustausgleichs fast immer mit einem Vermögensnachteil verbunden ist.[744] Ziel bei den Gestaltungen muss es sein, entweder ein zusätzliches Verlustausgleichsvolumen zu schaffen oder Verluste vom Gesamthandsvermögen ins Sonderbetriebsvermögen zu transferieren, da dort die Beschränkungen des § 15a EStG nicht gelten.[745]

Als gängige Maßnahme zur Erweiterung des Verlustausgleichsvolumens kommt die Erhöhung der Pflichteinlage (Geld- oder Sachwerte) in Betracht.[746] Wird diese fremdfinanziert, stellt die Verbindlichkeit Sonderbetriebsvermögens dar.[747] Dies ist daher besonders vorteilhaft, da die Darlehenszinsen als Sonderbetriebsaufwand ohne Beachtung der Restriktionen des § 15a EStG sofort abgezogen werden können. Unter diesem Gesichtspunkt bietet sich auch die Übertragung von Verbindlichkeiten ins Sonderbetriebsvermögen an. Es stellt sich dabei der

---

[743] Vgl. SUNDERMEIER, B., Personengesellschaft, DStR 1994, S. 1480, LEY, U., Besteuerungsfragen, KÖSDI 1996, S. 10934.

[744] Vgl. z. B. BITZ, H., in: LITTMANN, E./BITZ, H./PUST, H., EStG, § 15a Rn. 10a.

[745] Vgl. HELMREICH, H., Verluste, S. 62, PAA, K. U., Sonderbetriebsvermögen, INF 1996, S. 751.

[746] Auch der Verzicht auf eine Forderung gegen die Gesellschaft stellt eine Einlage dar, vgl. m. w. N. KORN, K./STRAHL, M., Steuerhinweise, KÖSDI 2002, S. 13504. Bezüglich einer späteren Einlagenminderung ist allerdings die Nachversteuerungsregel der § 15a Abs. 3 EStG zu beachten. Die bloße Erklärung der Übernahme eines Verlusts durch einen Kommanditisten stellt keine Einlage dar, die zu einer Erhöhung des Kapitalkontos nach § 15a EStG führt, vgl. BFH vom 07.10.2004, IV R 50/02, BFH/NV 2005, S. 533.

[747] Vgl. BFH vom 19.05.1987, VIII B 104/85, BStBl. II 1988, S. 5.

Doppeleffekt der Erhöhung des Kapitalkontos und der Verschonung der Zinsaufwendungen vor § 15a EStG ein. Allerdings ist zu beachten, dass der Kommanditist dann auch tatsächlich in Höhe der Zinsen belastet wird, was bei nicht persönlich verbundenen Gesellschaftern problematisch sein kann.[748] Weil umgekehrt erhaltene Tätigkeitsvergütungen als Sonderbetriebseinnahmen zu versteuern sind, auch wenn die Gesellschaft einen Verlust erzielt, der nur verrechenbar ist, könnte es im Einzelfall sinnvoll sein, auf diese Vergütungen zu verzichten. Der Nachteil dieser Maßnahme liegt allerdings auf der Hand. Der Gesellschafter müsste dann ohne dieses Entgelt auskommen.[749] Zudem könnte bei Anschaffung von Wirtschaftsgütern, für die hohe Sonderabschreibungen in Betracht kommen, die zu über das Kapitalkonto hinausgehenden Verlusten führen, überlegt werden, ob die Investition im Sonderbetriebsvermögen vorgenommen werden sollte. Dabei sind natürlich die persönlichen Risiken des Investors zu berücksichtigen.[750]

Auch die gesellschaftsvertragliche Veränderung der Verlustzurechnung zwischen den Gesellschaftern kann eine Optimierung des Verlustausgleichs bewirken. Es kann beispielsweise bestimmt werden, dass dem Kommanditisten nur noch Verluste bei einem positiven Kapitalkonto zugerechnet werden. Entsteht ein negatives Kapitalkonto, sind die Verluste auf den Komplementär oder auf andere Kommanditisten mit positiven Kapitalanteilen zu verteilen.[751] Der Nachteil dieser Regelung besteht allerdings darin, dass die Gesellschafter mit positivem Kapitalkonto die Verluste dann auch tatsächlich tragen müssen, so dass sich ihr Beteiligungswert verringert. Es sollten für solche Fälle entsprechende Ausgleichsmaßnahmen formuliert werden.[752]

Um das Beteiligungskapital zu erhöhen, könnte neben der Leistung einer weiteren Einlage auch in der Gesellschaft befindliches Fremdkapital in Eigenkapital umgewandelt werden. So kann ein Darlehenskonto (Verrechnungskonto) aufgrund einer gesellschaftsvertraglichen Vereinbarung in Beteiligungskapital

---

[748] Vgl. KORN, K., Anteil, KÖSDI 1994, S. 9916, DARAGAN, H./LEY, U./STRAHL M., Gestaltungsüberlegungen, DStR 2000, S. 1981. Die Übernahme einer Bürgschaft durch den Kommanditisten für Verbindlichkeiten der Gesellschaft stellt hingegen keine geeignete Maßnahme zur Verlustverlagerung ins Sonderbetriebsvermögen dar, vgl. m. w. N. HELMREICH, H., Verluste, S. 63.

[749] Vgl. VAN LISHAUT, I., Ausgliederung, FR 1994, S. 281.

[750] Vgl. PAA, K. U., Sonderbetriebsvermögen, INF 1996, S. 752 f., KORN, K., Anteil, KÖSDI 1994, S. 9916.

[751] Vgl. BFH vom 08.09.1992, IX R 335/87, BStBl. II 1993, S. 281.

[752] Vgl. HELMREICH, H., Verluste, S. 66. Zudem kann vom Kommanditisten auch eine Verlustübernameerklärung abgegeben werden, vgl. m. w. N. STEGEMANN, D., Ausgleich, GStB 2004, S. 371.

umgeändert werden.[753] Auch die Begrenzung des häufig mittels Gesellschaftsvertrag dem Kommanditisten gewährten Entnahmerechts sowie die Bildung von Rücklagen stellen geeignete Maßnahmen zur Verlustausgleichserweiterung dar.[754] Ohne entsprechende Vermögenszuführung lässt sich das Verlustausgleichspotenzial i. S. d. § 15a EStG zudem durch Erhöhung der im Handelsregister eingetragenen Haftsumme erreichen (überschießende Außenhaftung).[755] Schließlich bleibt dem Kommanditisten die Möglichkeit seine Stellung in die eines Komplementärs umzuwandeln, um so eine Vollhaftung für das laufende bzw. spätere Wirtschaftsjahre zu erreichen. Diese "Radikallösung" ist allerdings nur zu empfehlen, wenn die Haftungsbeschränkung für die Zukunft nicht mehr relevant erscheint.[756]

Ist – wie in der Ausgangssituation unterstellt – eine doppelstöckige Personengesellschaft an zwei Untergesellschaften (Schwesterpersonengesellschaften) beteiligt, so kann über die bisher genannten Verlustausgleichsoptimierungsvorschläge hinaus auch versucht werden, die Verluste zwischen den beiden Untergesellschaften so zu verteilen, dass möglichst geringe nur verrechenbare Verluste anfallen, also nicht eine Gesellschaft hohe (über das Kapital hinausgehende) Verluste erwirtschaftet, während die andere Gewinne erzielt. Ein solches Ergebnis kann beispielsweise über die Vereinbarung von Tätigkeitsvergütungen erreicht werden.[757]

---

[753] Vgl. DARAGAN, H./LEY, U./STRAHL M., Gestaltungsüberlegungen, DStR 2000, S. 1981.

[754] Vgl. m. w. N. HELMREICH, H., Verluste, S. 70.

[755] Vgl. z. B. KORN, K./STRAHL, M., Steuerhinweise, KÖSDI 2002, S. 13504. Es ist darauf zu achten, dass die Eintragung im Handelsregister noch während des betreffenden Jahres erfolgt, vgl. BFH vom 14.12.1995, IV R 106/94, BStBl. II 1996, S. 226.

[756] Vgl. z. B. BITZ, H., in: LITTMANN, E./BITZ, H./PUST, H., EStG, § 15a Rn. 10a, DARAGAN, H./LEY, U./STRAHL M., Gestaltungsüberlegungen, DStR 2000, S. 1981.

[757] Bei der Überlassung von Wirtschaftsgütern zwischen Schwesterpersonengesellschaften ist zu beachten, dass eine Bilanzierung – entgegen den Regeln bei einer doppelstöckigen Personengesellschaft – beim überlassenden Betrieb erfolgt, vgl. m. w. N. Kapitel C.2.2.2.2. Vgl. auch NEU, N., Betriebsaufspaltung, DStR 1996, S. 1759, ZIMMERMANN, R. u. a., Steuerrecht, Abschn. B, Rn. 110.

2. Begrenzter Schuldzinsenabzug gemäß § 4 Abs. 4a EStG

2.1. Grundlagen des § 4 Abs. 4a EStG

2.1.1. Regelungsinhalt des § 4 Abs. 4a EStG

Der § 4 Abs. 4a EStG in seiner aktuellen Form ist noch nicht allzu lange im Einkommensteuergesetz zu finden. Er wurde mit dem Steuerbereinigungsgesetz (StBereinG) 1999[758] neu gefasst und ersetzt damit die von weiten Teilen der Literatur als unpraktikabel empfundene Version des Steuerentlastungsgesetzes (StEntlG) 1999/2000/2002[759]. Die Neuregelung gilt für Wirtschaftsjahre, die nach dem 31.12.1998 enden. Durch das Steueränderungsgesetz (StÄndG) 2001[760] hat die Vorschrift anschließend zwar noch eine Vereinfachung erhalten, aber dies und die Stellungnahme der Finanzverwaltung mit Schreiben vom 17.11.2005[761] konnten nichts daran ändern, dass die Regelung des § 4 Abs. 4a EStG nach wie vor diverse Zweifelsfragen aufwirft und somit auch in der Praxis ein alltägliches Problem darstellt. Auch deshalb sind gegenwärtig neben zahlreichen Finanzgerichtsverfahren beim BFH alleine 13 Revisionsverfahren anhängig.[762]

Die Vorschrift des § 4 Abs. 4a EStG beschränkt die Abzugsfähigkeit betrieblicher Schuldzinsen. Es ist deshalb in einem ersten Schritt zu prüfen, ob die angefallenen Schuldzinsen betrieblich oder privat veranlasst sind. Anschließend ist in einem zweiten Schritt zu untersuchen, in welchem Umfang die betrieblich veranlassten Schuldzinsen im Hinblick auf die Vorschrift des § 4 Abs. 4a EStG als Betriebsausgabe abzugsfähig sind.[763] Nach § 4 Abs. 4a Satz 1 EStG sind Schuldzinsen trotz betrieblicher Veranlassung insoweit bei der Gewinnermittlung nicht abziehbar, als eine Überentnahme getätigt worden ist. Eine Überentnahme liegt nach § 4 Abs. 4a Satz 2 EStG dann vor, wenn im betreffenden Wirtschaftsjahr die Entnahmen den Gewinn zzgl. der Einlagen

---

758 StBereinG 1999 vom 22.11.1999, BGBl. I 1999, S. 2601.

759 StEntlG 1999/2000/2002 vom 24.03.1999, BGBl. I 1999, S. 402. MAUS, G., Beschränkung, BBK 2001, Fach 13, S. 4425 bezeichnet den § 4 Abs. 4a EStG a. F. sogar als weltfremd, HEINICKE, W., in: SCHMIDT, L., EStG, § 4 Rn. 522 bezeichnet den Werdegang des § 4 Abs. 4a EStG als Armutszeugnis des Gesetzgebers. Die Steuerberater haben gar in einer Nichtanwendungsresolution mit Beschluss der Bundessteuerberaterkammer vom 14.06.1999 einen Streik gegen diese Vorschrift ausgerufen.

760 StÄndG 2001 vom 20.12.2001, BGBl. I 1999, S. 3794.

761 BMF vom 17.11.2005, IV B 2 – S 2144 – 50/05, DB 2005, S. 2549-2553. Dieses Schreiben ersetzt das vorherige vom 22.05.2000, IV C 2 – S 2144 – 60/00, BStBl. I 2000, S. 588-591.

762 Vgl. BStBl. II 6/2006, Beilage 1/2006 vom 18.04.2006, S. 49-51.

763 Vgl. BMF vom 17.11.2005, IV B 2 – S 2144 – 50/05, DB 2005, S. 2549 Rn. 1. So auch BFH vom 21.09.2005, X R 46/04, DStR 2005, S. 2159.

– also das im Unternehmen im Wirtschaftsjahr aufgebaute Eigenkapital – übersteigen (sog. kapitalorientierte Betrachtungsweise[764]). Im umgekehrten Fall (Entnahmen < Einlagen + Gewinn) liegt entsprechend eine Unterentnahme vor (§ 4 Abs. 4a Satz 3 EStG). Ergibt sich eine Überentnahme, gelten zur Finanzierung der Überentnahme angefallene Schuldzinsen als privat veranlasst und dürfen nicht als Betriebsausgabe abgezogen werden. Die Höhe dieser Abzugsbeschränkung beträgt typisiert[765] 6 v. H. der Überentnahmen des laufenden Wirtschaftsjahres zzgl. des saldierten Betrags der Über- und Unterentnahmen der Vorjahre (permanente und jahresübergreifende Berechnung)[766], maximal aber die um einen Freibetrag von € 2.500 gekürzten, im Wirtschaftsjahr angefallenen Schuldzinsen. Zinsen für Darlehen zur Finanzierung von Anlagevermögen sind nicht in die Berechnung einzubeziehen, da sie generell zum Abzug gebracht werden können (§ 4 Abs. 4a Sätze 3-5 EStG).[767]

---

[764] Vgl. WEIßMANN, A., Personengesellschaften, S. 49, HEGEMANN, J./QUERBACH, T., Schuldzinsenabzug, S. 19, ELSER, T./NEININGER, M., Notwendigkeit, DB 2000, S. 995 f.

[765] Zur Kritik an der Verfassungsmäßigkeit der Typisierung der Schuldzinsen i. S. v. § 4 Abs. 4a Satz 3 EStG, vgl. SCHALLMOSER, U., Bedenken, FR 2001, S. 509-516.

[766] Bei der Berechnung der kumulierten Überentnahme des jeweiligen Wirtschaftsjahres liegt m. E. eine Lücke im Gesetzestext vor. So sind gemäß Wortlaut des § 4 Abs. 4a Satz 3 EStG lediglich die Über- und Unterentnahmen der Vorjahre und eine Überentnahme des aktuellen Jahres zu berücksichtigen. Eine Unterentnahme des aktuellen Jahres würde demnach erst im darauf folgenden Jahr in die Berechnung der kumulierten Überentnahme mit einfließen. Es ist kein sachlicher Grund ersichtlich, warum eine Überentnahme, aber nicht eine Unterentnahme im laufenden Wirtschaftsjahr Berücksichtigung findet. Eine sinngemäße Auslegung des Gesetzes müsste sowohl Über- als auch Unterentnahmen in die Berechnung einbeziehen, vgl. BMF vom 17.11.2005, IV B 2 – S 2144 – 50/05, DB 2005, S. 2549 Rn. 24, KORN, K., in: KORN, K. u. a., EStG, § 4 Rn. 844, FROTSCHER, G., in: FROTSCHER, G., EStG, § 4 Rn. 300h. A. A. HEGEMANN, J./QUERBACH, T., Schuldzinsen, DStR 2000, S. 410 f., FRANZ, R./SEITZ, W., Schuldzinsenabzug, Stbg 2000, S. 101. Zudem schreibt der Wortlaut des § 4 Abs. 4a Satz 3 EStG nicht eindeutig vor, ob Schuldzinsen vom Abzug ausgeschlossen werden dürfen, wenn im laufenden Wirtschaftsjahr keine Überentnahme besteht, während aus Vorjahren eine kumulierte Überentnahme vorhanden ist. Die Systematik der permanenten Überentnahmeberechnung spricht wohl für ein Fortwirken aus Vorjahren vorhandener kumulierter Überentnahmen, vgl. KORN, K., in: KORN, K. u. a., EStG, § 4 Rn. 844.1, BMF vom 17.11.2005, IV B 2 – S 2144 – 50/05, DB 2005, S. 2549 Rn. 24. A. A. SCHALLMOSER, U., in: HERRMANN, C./HEUER, G./RAUPACH, A., EStG/KStG, § 4 EStG Rn. 1051.

[767] Die Hinzurechnung von nichtabzugsfähigen Schuldzinsen zum Gewinn beeinflusst die Gewerbesteuerlast. Dies wiederum beeinflusst den Gewinn, der für die Überentnahmeberechnung grundlegend ist. Somit besteht ein wechselseitiger Zusammenhang zwischen § 4 Abs. 4a EStG und der Gewerbesteuer. Zudem kann es in bestimmten Fällen zu einer doppelten Hinzurechnung von Zinsen kommen, wenn Dauerschuldzinsen bei der Gewerbesteuer zur Hälfte dem Gewinn hinzuzurechnen sind und gleichzeitig ein Hinzurechnungsbetrag nach § 4 Abs. 4a EStG ermittelt wird, vgl. zum Verhältnis von § 4 Abs. 4a EStG zur Gewerbesteuer m. w. N. HORST, A., Hinzurechnung, SteuerStud 2004,

Da nach § 52 Abs. 11 Satz 1 EStG diese Überentnahmeberechnung erstmals für Wirtschaftsjahre anzuwenden ist, die nach dem 31.12.1998 enden, bestimmt § 52 Abs. 11 Satz 2 EStG, dass Über- und Unterentnahmen aus Wirtschaftsjahren vor 1999 unberücksichtigt bleiben. Vorbehaltlich einer Entscheidung des BFH[768] beginnt die Überentnahmeberechnung folglich am 01.01.1999 mit einem Anfangsbestand von € 0.[769] Die Vorschrift des § 4 Abs. 4a EStG ist auf die Gewinneinkunftsarten beschränkt, d. h. auf Einzelunternehmen und Mitunternehmerschaften, die Einkünfte aus Gewerbebetrieb, Land- und Forstwirtschaft bzw. selbständiger Arbeit (§ 2 Abs. 1 Satz 1 Nr. 1 bis 3 i. V. m. Abs. 2 Nr. 1 EStG) erzielen und ihren Gewinn nach den §§ 5, 4 Abs. 1 bzw. 4 Abs. 3 EStG ermitteln.[770] Kapitalgesellschaften werden hingegen nicht von § 4 Abs. 4a EStG erfasst, da sie keine Privatsphäre besitzen und Gesellschafter insofern keine Entnahmen tätigen können.[771]

Beispiel: Einzelunternehmer U besitzt am 01.01.05 folgende Steuerbilanz in T€:

S. 555-558, HEGEMANN, J./QUERBACH, T., Auswirkungen, NWB 2003, Fach 5, S. 1533-1538, BMF vom 17.11.2005, IV B 2 – S 2144 – 50/05, DB 2005, S. 2549 Rn. 21.

768 Vgl. BFH vom 21.09.2005, X R 47/03, BB 2005, S. 2791, wonach bei der Ermittlung der nicht abziehbaren Schuldzinsen gemäß § 4 Abs. 4a EStG i. d. F. des StBereinG 1999 für die Veranlagungszeiträume 1999 und 2000 auch Unterentnahmen aus Wirtschaftsjahren, die vor dem 01.01.1999 geendet haben, zu berücksichtigen sind. Für die Finanzverwaltung bleiben allerdings nach einem neueren Schreiben Über- und Unterentnahmen aus Wirtschaftsjahren, die vor dem Jahr 1999 geendet haben, unberücksichtigt, vgl. BMF vom 17.11.2005, IV B 2 – S 2144 – 50/05, DB 2005, S. 2553 Rn. 36.

769 Die Berechnung mit einem Anfangsbestand von € 0 ist für Betriebe, die vor dem 01.01.1999 überwiegend Verluste hatten, vorteilhaft, während für Gewinnbetriebe entsprechend ein Nachteil entsteht. Es wird daher m. E. zu Recht gefordert, bei der Überentnahmeberechnung die Eigenkapitalentwicklung des jeweiligen Unternehmens vor In-Kraft-Treten des Gesetzes zu berücksichtigen, vgl. FROTSCHER, G., in: FROTSCHER, G., EStG, § 4 Rn. 300h, MAUS, G., Beschränkung, BBK 2001, Fach 13, S. 4431, BORDEWIN, A., in: BORDEWIN, A./BRANDT, J., EStG, Vor §§ 4-5 Rn. 161.

770 Vgl. z. B. SCHALLMOSER, U., in: HERRMANN, C./HEUER, G./RAUPACH, A., EStG/KStG, § 4 EStG Rn. 1040-1042, KANZLER, H.-J., Begrenzung, INF 2000, S. 514.

771 Vgl. SCHALLMOSER, U., in: HERRMANN, C./HEUER, G./RAUPACH, A., EStG/KStG, § 4 EStG Rn. 1042, WENDT, M., Mehrkontenmodelle, FR 2000, S. 432. Fraglich ist hingegen, ob eine Kapitalgesellschaft als Gesellschafter einer Mitunternehmerschaft in den Anwendungsbereich des § 4 Abs. 4a EStG gelangt. Mangels Privatsphäre der Kapitalgesellschaft könnte dies zu verneinen sein, vgl. BORDEWIN, A., in: BORDEWIN, A./BRANDT, J., EStG, Vor §§ 4-5 Rn. 149, STEGEMANN, D., Begrenzung, StB 2001, S. 377, LEY, U., Schuldzinsen, NWB 2000, Fach 3, S. 11192. A. A. KORN, K., in: KORN, K. u. a., EStG, § 4 Rn. 867, der eine Ungleichbehandlung gegenüber natürlichen Personen als Gesellschafter befürchtet.

Eröffnungsbilanz des U in 05

Anlagevermögen	1.000	Eigenkapital	500
Sonstige Aktiva	1.500	Sonstige Passiva	2.000
	2.500		2.500

Im Wirtschaftsjahr 05 werden Einlagen i. H. v. T€ 400 und Entnahmen i. H. v. T€ 350 getätigt. Der Gewinn in 05 beträgt T€ 100. Bis zum Jahr 05 ist darüber hinaus eine kumulierte Überentnahme i. H. v. T€ 300[772] aufgelaufen. Die Schuldzinsen in 05 betragen T€ 40 (davon T€ 22 für Investitionsdarlehen).

Es ist in 05 eine Unterentnahme i. H. v. T€ 150 (Gewinn T€ 100 + Saldo Einlagen/Entnahmen T€ 50) angefallen. Das bedeutet, dass grundsätzlich alle in 05 angefallenen Schuldzinsen abzugsfähig wären. Da aber eine kumulierte Überentnahme aus Vorjahren besteht, ergibt sich für 05 eine kumulierte Überentnahme i. H. v. T€ 150 (T€ 150 ./. T€ 300).[773] Die nichtabziehbaren Schuldzinsen i. S. d. § 4 Abs. 4a EStG betragen somit 6 v. H. der kumulierten Überentnahme von T€ 150 = T€ 9 bzw. maximal die angefallenen Schuldzinsen T€ 40 ./. Zinsen Investitionsdarlehen T€ 22 ./. Freibetrag T€ 2,05 = T€ 15,95. Dem Einzelunternehmer U entstehen somit T€ 9 nichtabzugsfähige Schuldzinsen, die dem Betriebsergebnis in 05 außerhalb der Gewinnermittlung hinzuzurechnen sind, so dass der steuerrechtliche Gewinn letztlich T€ 109 beträgt.[774]

2.1.2. Gesellschafts- oder gesellschafterbezogene Berechnung der Überentnahmen bei Personengesellschaften?

Neben der Anwendung der Vorschrift des § 4 Abs. 4a EStG auf Einzelunternehmen kommt auch die Anwendung auf Mitunternehmerschaften zweifellos in Betracht. Bei Mitunternehmerschaften ergeben sich die Berechnungsgrößen für die Überentnahmeermittlung nach unstrittiger Meinung nicht nur aus dem

---

772 Vom Gesetz wird keine gesonderte Feststellung der in die Folgejahre zu übertragenden Über- und Unterentnahmen gefordert. Gemäß Schreiben vom BMF vom 17.11.2005, IV B 2 – S 2144 – 50/05, DB 2005, S. 2549 Rn. 12, genügt ein "formloses Festhalten" dieser Werte. Dies könnte m. E. für die Praxis Schwierigkeiten bringen, da in Zweifelsfällen möglicherweise viele längst abgeschlossene Jahre neu aufgerollt werden müssten. Eine gesonderte Feststellung wäre daher zweckmäßig.

773 Die Unterentnahme des laufenden Jahres 05 ist m. E. entgegen der wörtlichen Auslegung des § 4 Abs. 4a Satz 3 EStG bereits in 05 und nicht erst in 06 in die kumulierte Überentnahmeberechnung einzubeziehen, vgl. Fn. 766.

774 Würde die Unterentnahme gemäß Wortlaut des § 4 Abs. 4a Satz 3 EStG erst in 06 berücksichtigt, würde in 05 weiterhin eine kumulierte Überentnahme vom T€ 300 bestehen, die zu nicht abzugsfähigen Schuldzinsen i. H. v. T€ 300 x 6 v. H. = T€ 18, höchstens jedoch T€ 15,95 (siehe Höchstbetragsberechnung) führen würde.

Gewinn, den Entnahmen und Einlagen gemäß Steuerbilanz der Gesellschaft (Gesamthandsvermögen), sondern auch aus dem Gewinn, den Entnahmen und Einlagen aus den Ergänzungs- und Sonderbilanzen der einzelnen Gesellschafter, also dem Gesamtgewinn.[775] Kontrovers wird hingegen in der Literatur diskutiert, ob § 4 Abs. 4a EStG gesellschafts- oder gesellschafterbezogen bei Mitunternehmerschaften anzuwenden ist.

Nach Auffassung der Finanzverwaltung[776] und eines Teils der Literatur[777] ist die Überentnahmeberechnung gesellschaftsbezogen durchzuführen. Für die Sichtweise spricht, dass die Mitunternehmerschaft Gewinnermittlungssubjekt ist und § 4 Abs. 4a EStG zu den Gewinnermittlungsvorschriften gehört.[778] Bei einer gesellschaftsbezogenen Berechnung fließen alle Einlagen, Entnahmen, Schuldzinsen sowie das steuerliche Gesamtergebnis zusammengefasst in die Überentnahmeberechnung ein. Damit werden Über- und Unterentnahmen der einzelnen Mitunternehmer saldiert, und ein Hinzurechnungsbetrag entsteht nur, soweit sich insgesamt eine Überentnahme ergibt.[779] Dieser Hinzurechnungsbetrag ist unter einer nur gesellschaftsbezogenen Gewährung des Freibetrages von € 2.050 nach dem Gewinnverteilungsschlüssel bzw. nach einer abweichenden vertraglichen Vereinbarung den einzelnen Mitunternehmern hinzuzurechnen.[780]

Die überwiegende Meinung in der Literatur spricht sich allerdings für die gesellschafterbezogene Anwendung aus.[781] Nach dieser Vorgehensweise sind Überentnahmen bezogen auf den einzelnen Gesellschafter zu ermitteln. Die

---

[775] Vgl. u. a. BMF vom 17.11.2005, IV B 2 – S 2144 – 50/05, DB 2005, S. 2549 Rn. 30, WACKER, R., in: SCHMIDT, L., EStG, § 15 Rn. 430, HEGEMANN, J./QUERBACH, T., Schuldzinsen, DStR 2000, S. 414, WENDT, M., Mehrkontenmodelle, FR 2000, S. 431.

[776] Vgl. BMF vom 17.11.2005, IV B 2 – S 2144 – 50/05, DB 2005, S. 2549 Rn. 30.

[777] Vgl. u. a. WACKER, R., in: SCHMIDT, L., EStG, § 15 Rn. 430, SCHALLMOSER, U., in: HERRMANN, C./HEUER, G./RAUPACH, A., EStG/KStG, § 4 EStG Rn. 1041, NEUFANG, B., Schuldzinsenabzug, BB 2000, S. 1711, KORN, K./STRAHL, M., Neukonzeption, KÖSDI 2000, S. 12283. So auch FG Münster vom 27.09.2002, 11 K 5882/01 F, Rev. (Az. BFH: VIII R 90/02), DStRE 2003, S. 263.

[778] Vgl. KORN, K./STRAHL, M., Neukonzeption, KÖSDI 2000, S. 12283.

[779] Vgl. SCHALLMOSER, U., in: HERRMANN, C./HEUER, G./RAUPACH, A., EStG/KStG, § 4 EStG Rn. 1041, WIECZOREK, M., Neuregelung, Stbg 2000, S. 305.

[780] Vgl. BMF vom 17.11.2005, IV B 2 – S 2144 – 50/05, DB 2005, S. 2549 Rn. 30, KORN, K., in: KORN, K. u. a., EStG, § 4 Rn. 857, SCHALLMOSER, U., in: HERRMANN, C./HEUER, G./ RAUPACH, A., EStG/KStG, § 4 EStG Rn. 1041.

[781] Vgl. FROTSCHER, G., in: FROTSCHER, G., EStG, § 4 Rn. 300g, WACKER, R., in: BLÜMICH, W., EStG/KStG/GewStG, § 4 EStG Rn. 168d, WÄLTERMANN, C., Anwendung, FR 2004, S. 560, WENDT, M., Mehrkontenmodelle, FR 2000, S. 431, PAUS, B., Praxisfragen, FR 2000, S. 967, FRANZ, R./SEITZ, W., Schuldzinsenabzug, Stbg 2000, S. 103, SCHULZE ZUR WIESCHE, D., Überentnahme, DB 2000, S. 2191, LEY, U., Ermittlung, DStR 2001, S. 1007 f., GROH, M., Schuldzinsenabzug, DStR 2001, S. 108.

Tatbestandsmerkmale ergeben sich folglich aus dem anteiligen Gewinn zzgl. Sonder- und Ergänzungsbilanzergebnissen, den Einlagen und Entnahmen des betreffenden Mitunternehmers sowie anteiligen Schuldzinsen aus der Gesamthand und Schuldzinsen, die dem Mitunternehmer alleinig zuzurechnen sind.[782] Diese Sichtweise trägt dem Umstand Rechnung, dass Einlagen und Entnahmen nur durch den jeweiligen Mitunternehmer und nicht durch die Mitunternehmerschaft, die keine private Sphäre besitzt, getätigt werden.[783] Der eigentliche Vorteil der gesellschafterbezogenen Betrachtungsweise lässt sich aber am Besten durch folgendes Beispiel zeigen:

Die AB-OHG mit den Gesellschaftern A (75%-Anteil) und B (25%-Anteil) erzielt einen Steuerbilanzgewinn i. H. v. T€ 200. A entnimmt der Gesellschaft im betrachteten Wirtschaftsjahr T€ 250, B T€ 30. Nach der gesellschaftsbezogenen Sichtweise ergibt sich insgesamt eine Überentnahme i. H. v. T€ 80 (Gewinn T€ 200 ./. Entnahmen T€ 280). Nach der gesellschafterbezogenen Sichtweise ergibt sich für A eine Überentnahme i. H. v. T€ 100 (anteiliger Gewinn T€ 150 ./. Entnahmen T€ 250) und für B eine Unterentnahme i. H. v. T€ 20 (anteiliger Gewinn T€ 50 ./. Entnahmen T€ 30).

Es ist unmittelbar ersichtlich, dass bei der gesellschaftsbezogenen Lösung durch die Überentnahme ein nicht abzugsfähiger Schuldzinsenanteil entsteht, der durch den Gesellschafter B anteilig mitgetragen wird, obwohl er für sich betrachtet eine Unterentnahme (siehe gesellschafterbezogene Lösung) erzielt hat. Es entsteht eine fremdbestimmte Steuerwirkung. Ein solcher – in der Praxis wohl häufig – auftretender Konflikt könnte nur geheilt werden, indem die Gesellschafter untereinander Regelungen vereinbaren, die zu einer verursachungsgerechten Verteilung des Hinzurechnungsbetrags führen, z. B. eine Verteilung im Verhältnis der Entnahmen.[784] Allerdings wird die Situation noch

---

[782] Vgl. FROTSCHER, G., in: FROTSCHER, G., EStG, § 4 Rn. 300g, PAUS, B., Praxisfragen, FR 2000, S. 967.

[783] Vgl. GROH, M., Anmerkungen, DStR 2001, S. 108, WENDT, M., Mehrkontenmodelle, FR 2000, S. 431, KORN, K., Konsequenzen, KÖSDI 2000, S. 12557, WEIßMANN, A., Personengesellschaften, S. 139-142.

[784] Vgl. PAUS, B., Praxisfragen, FR 2000, S. 967, ROEMER, M., Sonderregelungen, INF 2001, S. 559, NEUFANG, B., Neuregelung, Stbg 2000, S. 106. Dabei würde die Finanzverwaltung eine rückwirkende Vereinbarung für die ersten beiden Wirtschaftsjahre, in denen § 4 Abs. 4a EStG anzuwenden ist, nicht beanstanden, vgl. BMF vom 17.11.2005, IV B 2 – S 2144 – 50/05, DB 2005, S. 2549 Rn. 30. Eine Berechnung zur verursachungsgerechten Verteilung des Hinzurechnungsbetrags könnte insbesondere in den Fällen schwierig werden, in denen Überentnahmen einzelner Gesellschafter durch Unterentnahmen anderer Gesellschafter zunächst kompensiert werden, in späteren Jahren aber insgesamt eine Überentnahme dadurch entsteht, dass ein Gesellschafter, der bislang für sich betrachtet immer eine Unterentnahme erzielt hat, eine Entnahme tätigt, während die übrigen Gesell-

komplizierter, wenn eine doppelstöckige Personengesellschaft vorliegt. Würde es zwischen Obergesellschaftern und Untergesellschaftern zu überentnahmebedingten fremdbestimmten Steuerwirkungen kommen, könnten diese nicht ohne weiteres ausgeglichen werden, da zwischen Obergesellschaftern und Untergesellschaftern keine zivilrechtliche Verbindung besteht.[785] Die gesellschafterbezogene Betrachtungsweise vermeidet diese Nachteile, da die Gesellschafter individuell durch Entnahmen aus "ihren" Ergänzungs- und Sonderbilanzen Einfluss auf die Konsequenzen des § 4 Abs. 4a EStG nehmen können. Es entfällt auch die Saldierung der Überentnahmen der einzelnen Mitunternehmer.[786] Fraglich ist bei der gesellschafterbezogenen Berechnung allerdings, ob der Freibetrag nach § 4 Abs. 4a Satz 4 EStG i. H. v. € 2.050 nur einmal gesellschaftsbezogen[787] oder – wie es m. E. sein müsste – jedem Mitunternehmer einzeln in voller Höhe zu gewähren ist.[788]

Die Frage, ob eine gesellschafter- oder gesellschaftsbezogen Betrachtungsweise bei der Überentnahmeermittlung anzuwenden ist, ist noch nicht abschließend durch den Gesetzgeber geklärt.[789] M. E. ist grundsätzlich die gesellschafterbezogene Anwendung vorzuziehen, da sie eine verursachungsgerechte Aufteilung des Hinzurechnungsbetrags erreicht und somit Verzerrungen in den Steuer-

---

schafter, die zuvor für sich betrachtet Überentnahmen getätigt hatten, in dem Jahr keine Einlagen bzw. Entnahmen erzielt haben. Es müsste also eine permanente jahresübergreifende Berechnung des Verhältnisses von Einlagen/Entnahmen unter Berücksichtigung von Ergänzungs- und Sonderbilanzen durchgeführt und dokumentiert werden, so auch KORN, K., in: KORN, K. u. a., EStG, § 4 Rn. 856.

785 Zu den Möglichkeiten, wie Ansprüche aus fremdbestimmten Steuerwirkungen gegenüber mittelbar beteiligten Gesellschaften durchgesetzt werden könnten, vgl. Kapitel C.1.4.

786 Vgl. LEY, U., Schuldzinsen, NWB 2000, Fach 3, S. 11181, GROH, M., Schuldzinsenabzug, DStR 2001, S. 108.

787 Das FG Münster gewährt in seinem Urteil vom 27.09.2002, 11 K 5882/01 F – Rev. (BFH, VIII R 90/02), EFG 2003, S. 74, den Freibetrag nur einmal und damit jedem Mitunternehmer anteilig, da er betriebsbezogen zu verstehen ist. Nach WÄLTERMANN, C., Anwendung, FR 2004, S. 560 Fn. 55, würde man mit einer quotalen Aufteilung des Freibetrags praktische Probleme auslösen, z. B. in dem Fall, wo nicht alle Beteiligten örtlich an einem Finanzamt veranlagt sind oder bei einer sich ändernden Gewinnfeststellung.

788 So auch KORN, K., in: KORN, K. u. a., EStG, § 4 Rn. 857, FROTSCHER, G., in: FROTSCHER, G., EStG, § 4 Rn. 300j, WACKER, R., in: BLÜMICH, W., EStG/KStG/GewStG, § 4 EStG Rn. 168d, WENDT, M., Mehrkontenmodelle, FR 2000, S. 431, SCHULZE ZUR WIESCHE, D., Überentnahme, DB 2000, S. 2191. A. A. PRINZ, U., Neufassung, FR 2000, 135, der sich zwar auch für die gesellschaftsbezogene Berechnung ausspricht, aber die Meinung vertritt, den Freibetrag nur einmal betriebsbezogen anzuwenden.

789 Auch die aktuelle Rechtsprechung lässt diese Frage offen, vgl. BFH vom 23.12.2005, VIII R 96/03, BFH/NV 2006, S. 789 f., BFH vom 23.12.2005, VIII R 10/04, BFH/NV 2006, S. 790 f. Aus diesem Grund sind die von der Gewinnhinzurechnung betroffenen Gesellschafter zu einem etwaigen finanzgerichtlichen Verfahren auch beizuladen.

belastungen vermeidet. Der Gesetzgeber könnte auch alternativ den Mitunternehmern die Wahl der Ermittlungsmethode überlassen.[790] Folgt man allerdings der Auffassung der Finanzverwaltung und wendet den § 4 Abs. 4a EStG gesellschaftsbezogen an, könnte eine verursachungsgerechte Aufteilung des Hinzurechnungsbetrags durch eine Kombination mit der gesellschafterbezogenen Berechnung erreicht werden. Nach einer gesellschaftsbezogenen Ermittlung des nicht abziehbaren Schuldzinsenbetrags, könnte dieser auf die Mitunternehmer im Verhältnis ihrer – jahresübergreifend ermittelten – Über- bzw. Unterentnahmen verteilt werden. Es müsste also parallel noch eine gesellschafterbezogene Überentnahmeermittlung durchgeführt werden.[791] Bezogen auf das obige Beispiel würde dem Gesellschafter A ein Hinzurechnungsbetrag voll zugerechnet werden, da die gesellschaftsbezogene Überentnahme i. H. v. T€ 80 ausschließlich durch ihn entstanden ist.

Im Folgenden sollen beide Ermittlungsmethoden berücksichtigt werden.

2.1.3. Anwendbarkeit auf doppelstöckige Personengesellschaften

Über das Problem der gesellschafts- bzw. gesellschafterbezogenen Anwendung des § 4 Abs. 4a EStG bei Mitunternehmerschaften hinaus ist es in diesem Zusammenhang fraglich, inwiefern § 4 Abs. 4a EStG bei doppelstöckigen Personengesellschaften Anwendung findet. Hier liegt es zunächst nahe, die Überentnahmeberechnung betriebsbezogen, also sowohl auf Ebene der Unter- als auch der Obergesellschaft durchzuführen. M. E. ist diese Vorgehensweise allerdings problematisch, da die Obergesellschaft grundsätzlich nur über Betriebsvermögen verfügt und somit keine außerbetriebliche Sphäre besitzt. Daher können Entnahmen der Obergesellschaft bei der Untergesellschaft im Sinne einer Überführung von Mitteln in das Privatvermögen nicht vorliegen. Somit können auch keine privat veranlassten Schuldzinsen entstehen, die einer Abzugsbeschränkung unterliegen könnten. Die Konsequenz wäre demnach, dass etwaige auf Ebene der Untergesellschaft für die Obergesellschaft ermittelten nicht abziehbaren Schuldzinsen auf Ebene der Obergesellschaft zu abziehbaren Schuldzinsen würden.[792]

Es kann aber auch eine andere Sichtweise vertreten werden. Die Überführung von Wirtschaftsgütern eines Betriebs in einen anderen Betrieb stellt nach BFH-

---

[790] Vgl. KORN, K., Konsequenzen, KÖSDI 2000, S. 12557.

[791] Vgl. WIECZOREK, M., Neuregelung, Stbg 2000, S. 306, HÖCK, E., Schuldzinsen, StW 2001, S. 193.

[792] Vgl. LEY, U., Ermittlung, DStR 2001, S. 1015.

Rechtsprechung keine Entnahme dar.[793] Folglich können auch keine Minderungen des Betriebsvermögens der Untergesellschaft durch die Obergesellschaft erfolgen, z. B. durch Minderung eines Gesellschafterdarlehens bei der Untergesellschaft per Überweisung auf ein Bankkonto der Obergesellschaft, da in diesen Fällen auch lediglich Wirtschaftsgüter von Betrieb zu Betrieb übertragen werden. Es könnten letztlich also nie Entnahmen (und somit auch keine Überentnahmen) durch die Obergesellschaft entstehen. Die Konsequenz daraus wäre, dass die Vorschrift des § 4 Abs. 4a EStG nur insoweit angewendet werden könnte, als dass an der Untergesellschaft neben der Obergesellschaft natürliche Personen beteiligt sind bzw. natürlichen Personen als Sondermitunternehmer i. S. d. § 15 Abs. 1 Satz 1 Nr. 2 Satz 2 EStG ein anteiliges Ergebnis zuzurechnen ist.[794] Diese Lösungsmöglichkeit hätte m. E. allerdings zur Folge, dass der Schuldzinsenabzug nach § 4 Abs. 4a EStG ausgehebelt werden könnte. Eine einstöckige Personengesellschaft könnte durch Zwischenschaltung einer weiteren Personengesellschaft eine doppelstöckige Personengesellschaft begründen. Das gesamte Fremdkapital und somit auch die gesamten Schuldzinsen würden sich dabei in der Untergesellschaft befinden. Wäre § 4 Abs. 4a EStG nicht auf die Obergesellschaft anwendbar, könnte der Obergesellschaft – trotz möglicher Überentnahme – kein nicht abziehbarer Schuldzinsenanteil zugerechnet werden. Überentnahmen auf Ebene der Obergesellschaft hätten ebenfalls keine Konsequenzen, da mangels angefallener Schuldzinsen die Höchstbetragsberechnung gemäß § 4 Abs. 4a Satz 4 EStG zu keinen dem Gewinn hinzurechenbaren Beträgen führen würde.

Es könnte darüber hinaus auch argumentiert werden, dass der § 4 Abs. 4a EStG nicht dazu dient, betriebliche und außerbetriebliche Schuldzinsen abzugrenzen[795], sondern lediglich – aus fiskalischen Gründen – eine weitere nicht abziehbare Ausgabe schafft.[796] Der Wortlaut der Vorschrift lässt diese Frage offen.

---

[793] Gemäß dem von der Rechtsprechung vertretenen weit gefassten Betriebsbegriff liegt eine Entnahme nur vor, wenn ein Wirtschaftsgut in den privaten Bereich übergeht bzw. auf eine andere Weise nicht mehr sichergestellt ist, dass die in dem Wirtschaftsgut vorhandenen stillen Reserven erfasst werden, vgl. BFH vom 25.07.2000, VIII R 46/99, DStR 2000, S. 1906.

[794] Vgl. LEY, U., Ermittlung, DStR 2001, S. 1015.

[795] Für diese Auffassung, dass durch § 4 Abs. 4a EStG betriebliche und private Schuldzinsen abgegrenzt werden sollen, sprechen sich DUSKE, M., Veranlassungsprinzip, DStR 2000, S. 906 f., EGGESIECKER, F./ELLERBECK, E., Grundproblem, BB 2000, S. 802, 804, WIECZOREK, M., Neuregelung, Stbg 2000, S. 301, WENDT, M., Mehrkontenmodelle, FR 2000, S. 417, NEUFANG, B., Schuldzinsenabzug, BB 2000, S. 1702 aus.

[796] Vgl. SCHALLMOSER, U., in: HERRMANN, C./HEUER, G./RAUPACH, A., EStG/KStG, § 4 EStG Rn. 1036, KORN, K., in: KORN, K. u. a., EStG, § 4 Rn. 833, 864.2, HEINICKE, W., in: SCHMIDT, L., EStG, § 4 Rn. 522, KOHLHAAS, K.-F., Schuldzinsenabzug, DStR 2000, S. 901, HORLEMANN, H.-G., Mehrkontenmodell, FR 2001, S. 339.

Soweit der Auffassung gefolgt wird, dass § 4 Abs. 4a EStG nicht auf betriebliche bzw. private Sphären abstellt, könnte folglich in die Überentnahmeberechnung der Untergesellschaft die Obergesellschaft ohne weiteres einbezogen werden, da es dann nicht mehr auf die fehlende Privatsphäre der Obergesellschaft ankäme. Hintergrund der Vorschrift des § 4 Abs. 4a EStG ist aber gerade die unterschiedliche Abzugsfähigkeit von betrieblich und privat veranlassten Schuldzinsen.[797] Die Einführung des § 4 Abs. 4a EStG zielt darauf ab, einer unangemessenen Verschiebung von privat veranlassten Schuldzinsen in den betrieblichen (abzugsfähigen) Bereich entgegenzuwirken.[798] Daher ist hier m. E. nicht lediglich eine nicht abzugsfähige Betriebsausgabe entwickelt worden, sondern auf die Abgrenzung der Finanzierung betrieblicher Tätigkeiten von der Finanzierung von Entnahmen abzustellen.[799]

M. E. liegt bezüglich der Anwendung des § 4 Abs. 4a EStG auf doppelstöckige Personengesellschaften eine Lücke im Gesetz vor. Aufgrund der Tatsache, dass die Obergesellschaft bei der Untergesellschaft keine Entnahmen i. S. d. BFH-Rechtsprechung[800] tätigen kann, können letztlich für die Obergesellschaft auch keine privat veranlassten nicht abzugsfähigen Schuldzinsen ermittelt werden. Da ein solches Ergebnis zu Umgehungen des § 4 Abs. 4a EStG einladen dürfte, erscheint es angebracht, die Obergesellschaft in die Überentnahmeberechnung bei der Untergesellschaft mit einzubeziehen. Daher soll dieses Vorgehen im Folgenden – insbesondere bei den in Kapitel E.2.3. aufgeführten Beispielsrechnungen – unterstellt sein. Zunächst sollen aber die für die Überentnahmeberechnung relevanten Einflussfaktoren näher betrachtet werden.

2.2. Einflussfaktoren der Überentnahmeermittlung

2.2.1. Einlagen und Entnahmen

2.2.1.1. Überblick

Um eine zutreffende Überentnahmeermittlung bei Mitunternehmerschaften durchführen zu können, ist es notwendig, die der Berechnung zu Grunde liegenden Determinanten (Entnahmen, Einlagen, Gewinne, Schuldzinsen) aus Gesamthands-, Sonder- und Ergänzungsbilanzen zu identifizieren. Problematisch ist dabei, dass diese Beträge nicht ohne weiteres aus den Bilanzen

---

[797] Vgl. STEUERÄNDERUNGSGESETZ 1973 vom 26.06.1973, BGBl. I 1973, S. 676.

[798] Vgl. Kapitel E.2.1.

[799] Hätte es sich lediglich um die Schaffung einer nicht abzugsfähigen Betriebsausgabe gehandelt, wäre die Vorschrift zum begrenzten Schuldzinsenabzug m. E. auch nicht im Bereich des § 4 Abs. 4 EStG anzusiedeln gewesen, sondern hätte unter § 4 Abs. 5 EStG fallen müssen, so auch DUSKE, M., Veranlassungsprinzip, DStR 2000, S. 906.

[800] Vgl. BFH vom 25.07.2000, VIII R 46/99, DStR 2000, S. 1906.

abgelesen werden können. Um z. B. die Höhe der Entnahmen und Einlagen feststellen zu können, müssen sowohl die Gesamthands- als auch die Sonder- und Ergänzungsbilanzen danach untersucht werden, welche Gutschriften und Belastungen als Einlage bzw. Entnahme zu werten sind.[801]

Die Begriffe Entnahme und Einlage sind entsprechend den allgemeinen Grundsätzen des § 4 Abs. 1 EStG auszulegen. Die Bewertung ist grundsätzlich nach § 6 Abs. 1 Nr. 4 und 5 EStG, also mit dem Teilwert, vorzunehmen. Ausnahmsweise dürfen Entnahmen statt mit dem Teilwert mit dem Buchwert angesetzt werden, wenn gleichzeitig der Gewinn, der auf der Entnahme der stillen Reserven beruht, außer Ansatz bleibt.[802] Als Entnahmen i. S. v. § 4 Abs. 4a EStG gelten neben Gewinnausschüttungen alle Geld-, Sach- oder Aufwandsentnahmen, die ein Gesellschafter aus dem Gesamthands- oder Sonderbetriebsvermögen tätigt.[803] Entsprechend gelten als Einlagen alle offenen oder verdeckten Geld- oder Sachzuwendungen aus einem Betriebs- oder Privatvermögen in das Gesamthands- oder Sonderbetriebsvermögen.[804] Wird ein Wirtschaftsgut aus einem Betriebsvermögen in ein anderes Betriebsvermögen eines Gesellschafters überführt, ist es als Entnahme beim abgebenden Betriebsvermögen und als Einlage beim aufnehmenden Betriebsvermögen zu behandeln.[805] Die Überführungen von Wirtschaftsgütern aus dem Privat- in das Betriebsvermögen anlässlich einer Betriebseröffnung erhöhen das Eigenkapital und sind als Einlage zu betrachten. Entsprechend stellen die Wirtschaftsgutüberführungen aus dem Betriebs- in das Privatvermögen bei einer Betriebsaufgabe und der Erlös aus einer Betriebsveräußerung, soweit er ins Privatvermögen fließt, eine Entnahme dar.[806]

---

801 Vgl. LEY, U., Schuldzinsen, NWB 2000, Fach 3, S. 11182, KORN, K., Konsequenzen, KÖSDI 2000, S. 12557, WÄLTERMANN, C., Anwendung, FR 2004, S. 559.

802 Vgl. BMF vom 17.11.2005, IV B 2 – S 2144 – 50/05, DB 2005, S. 2549 Rn. 8.

803 Keine Entnahmen sind hingegen Darlehensgewährungen an Gesellschafter oder Wirtschaftsgutveräußerungen aus dem Gesamthandsvermögen zu fremdüblichen Konditionen an Gesellschafter, vgl. WACKER, R., in: SCHMIDT, L., EStG, § 15 Rn. 430.

804 Vgl. z. B. BORDEWIN, A., in: BORDEWIN, A./BRANDT, J., EStG, Vor §§ 4-5 Rn. 170, 173, WACKER, R., in: SCHMIDT, L., EStG, § 15 Rn. 430.

805 Vgl. BMF vom 17.11.2005, IV B 2 – S 2144 – 50/05, DB 2005, S. 2549 Rn. 10.

806 Vgl. SCHALLMOSER, U., in: HERRMANN, C./HEUER, G./RAUPACH, A., EStG/KStG, § 4 EStG Rn. 1060, SCHULZE ZUR WIESCHE, D., Überentnahme, DB 2000, S. 2190, BMF vom 22.05.2000, IV C 2 – S 2144 – 60/00, BStBl. I 2000, S. 591 Rn. 9. Da jedoch Einlagen von Wirtschaftsgütern vor dem 01.01.1999 nicht in die Überentnahmeermittlung einfließen (§ 52 Abs. 11 Satz 1 und 2 EStG), werden zur Vermeidung von Überentnahmen bei einer Betriebsaufgabe bzw. -veräußerung die Buchwerte der Wirtschaftsgüter nicht als Entnahme angesetzt. Lediglich ein den Buchwert übersteigender Aufgabe- bzw. Veräußerungsgewinn ist als Entnahme anzusetzen (§ 52 Abs. 11 Satz 3 EStG), vgl. HEINICKE, W., in: SCHMIDT, L., EStG, § 4 Rn. 525.

2.2.1.2. Ergänzungsbilanzen

2.2.1.2.1. Überblick

Das Kapital der Ergänzungsbilanzen, welches z. B. auf dem Erwerb eines Mitunternehmeranteils beruht, ist im Jahr der Bildung in der Überentnahmeberechnung gemäß § 4 Abs. 4a EStG zu berücksichtigen. Soweit positives Ergänzungskapital vorliegt, stellt dieses eine Einlage dar, negatives Ergänzungskapital ist entsprechend als Entnahme zu betrachten.[807] Die Fortführung der Ergänzungsbilanzen in Form von Abschreibungen bei einer positiven Ergänzungsbilanz bzw. zusätzlichen Erträgen bei einer negativen Ergänzungsbilanz wirkt sich in den Folgejahren über den Gewinn in der Überentnahmeberechnung aus. So erzielen Abschreibungen in Ergänzungsbilanzen die Wirkung von Entnahmen und gleichen das ursprünglich eingelegte Ergänzungskapital im Zeitablauf aus. Umgekehrt wird ein als Entnahme in der Überentnahmeberechnung berücksichtigtes negatives Ergänzungskapital durch die ertragswirksame Auflösung, die sich positiv auf das Entnahmepotenzial auswirkt, kompensiert.[808]

Dieser Ausgleich der Einlagen und Entnahmen im Zeitablauf wird allerdings durch die Regelungen des § 52 Abs. 11 Satz 1 und 2 EStG, wonach die Überentnahmeberechnung am 01.01.1999 mit einem Anfangsbestand von € 0 beginnt, durchbrochen.[809] Ist vor dem 01.01.1999 eine Ergänzungsbilanz gebildet worden, bleibt die Einlage aus einer positiven Ergänzungsbilanz bzw. die Entnahme aus einer negativen Ergänzungsbilanz im Ergebnis bei der Überentnahmeberechnung unberücksichtigt. Lediglich die aufwands- bzw. ertragswirksamen Auflösungen der Ergänzungsbilanzen in den Wirtschaftsjahren, die nach dem 31.12.1998 enden, fließen über den Gewinn in die Berechnung ein und erhöhen – zum Vorteil des Steuerpflichtigen – bzw. vermindern – zum Nachteil des Steuerpflichtigen – entsprechend das Entnahme-

---

[807] Vgl. KORN, K., in: KORN, K. u. a., EStG, § 4 Rn. 861, WENDT, M., Mehrkontenmodelle, FR 2000, S. 431. Wird der Anteilserwerb fremdfinanziert, entsteht korrespondierend zur Einlage von positivem Ergänzungskapital eine Entnahme für das aufgenommene Fremdkapital, vgl. HEGEMANN, J./QUERBACH, T., Schuldzinsenabzug, S. 77. Siehe grundlegend zu den Ergänzungsbilanzen bei doppelstöckigen Personengesellschaften Kapitel D.3.

[808] Vgl. LEY, U., Schuldzinsen, NWB 2000, Fach 3, S. 11184 f., FRIEDEMANN, P., Schuldzinsenabzug, S. 192 f.

[809] Zwar hat sich der BFH in einem Urteil vom 21.09.2005, X R 47/03, BB 2005, S. 2791, für die Berücksichtigung von Unterentnahmen aus Wirtschaftsjahren, die vor dem 01.01.1999 geendet haben, für die Veranlagungszeiträume 1999 und 2000 ausgesprochen. Das BMF hat allerdings mit einem Schreiben darauf reagiert und lässt Über- und Unterentnahmen aus Wirtschaftsjahren, die vor dem Jahr 1999 geendet haben, unberücksichtigt, vgl. BMF vom 17.11.2005, IV B 2 – S 2144 – 50/05, DB 2005, S. 2553 Rn. 36.

potenzial. Es zeigt sich, dass diese Regelung dem Zweck des § 4 Abs. 4a EStG – durch Überentnahmen verursachte Schuldzinsen vom Betriebsausgabenabzug auszuschließen – widerspricht.[810]

Diese allgemeinen Grundsätze zur Behandlung von Ergänzungsbilanzen und ihren Ergebnissen im Rahmen des § 4 Abs. 4a EStG sind auch bei der Anwendung der Vorschrift auf doppelstöckige Personengesellschaften zu berücksichtigen. In diesen Fällen ergeben sich allerdings darüber hinausgehende spezifische Fragestellungen, die im Folgenden betrachtet werden sollen.

2.2.1.2.2. Erwerb eines Mitunternehmeranteils an der Untergesellschaft

Wird ein Mitunternehmeranteil an einer Untergesellschaft erworben, ergeben sich bezüglich der Behandlung von Ergänzungsbilanzen und deren Ergebnisse im Rahmen der Überentnahmeberechnung des § 4 Abs. 4a EStG über das im vorstehenden Kapitel Gesagte keine weiteren Besonderheiten, soweit der Anteil durch eine natürliche Person bzw. durch eine Kapitalgesellschaft zu einem vom Buchwert abweichenden Kaufpreis erworben wird.

Wird hingegen ein Mitunternehmeranteil an einer Untergesellschaft durch eine andere Mitunternehmerschaft (Obergesellschaft) erworben, sind die Auswirkungen auf die Überentnahmeberechnung davon abhängig, wie die Bilanzierung der Beteiligung der Obergesellschaft an der Untergesellschaft erfolgt ist. Zunächst ist beim Erwerb eines Untergesellschaftsanteils durch die Obergesellschaft auf Ebene der Untergesellschaft für die Obergesellschaft eine positive bzw. negative Ergänzungsbilanz zu erstellen, was in dem Wirtschaftsjahr entsprechend zu einer die Überentnahmeberechnung beeinflussenden Einlage bzw. Entnahme führt und in den Folgejahren über aufwands- bzw. ertragswirksame Auflösungen kompensiert wird. Auf Ebene der Obergesellschaft wird die erworbene Beteiligung an der Untergesellschaft, bestehend aus dem Kapitalkonto der Obergesellschaft in der Gesamthandsbilanz der Untergesellschaft zzgl. dem Ergänzungskapital der Obergesellschaft, spiegelbildlich in der Gesamthandsbilanz ausgewiesen.[811] Hier zeigt sich die Vorteilhaftigkeit der Beteiligungsbilanzierung nach der Spiegelbildmethode (bzw. analog die Bilanzierung der anteiligen Wirtschaftsgüter in Form eines Merkpostens) gegenüber der von Teilen der Literatur bevorzugten Nichterfassung des Beteiligungswertes[812] in der Gesamthandsbilanz der Obergesellschaft. Ein Verzicht auf den Ausweis der Beteiligung an der Untergesellschaft in der Gesamthandsbilanz der Ober-

---

810 Vgl. LEY, U., Schuldzinsen, NWB 2000, Fach 3, S. 11185, STEGEMANN, D., Begrenzung, StB 2001, S. 373.

811 Vgl. ausführlich Kapitel C.3.3.2.1. und C.3.4.

812 Vgl. Kapitel C.3.3.3.1.

gesellschaft hätte zur Folge, dass das Kapital der Obergesellschaft um den Beteiligungswert gemindert würde, was letztlich eine Entnahme in der Überentnahmeberechnung zur Folge hätte. Eine solche Entnahme wäre sinnwidrig, da sie einen über den durch die Bildung und Auflösung der Ergänzungsbilanz der Obergesellschaft bei der Untergesellschaft hinausgehenden negativen Effekt auf das Entnahmepotenzial der Obergesellschafter bewirkt. Isoliert betrachtet würde somit durch die Bildung und Auflösung einer Ergänzungsbilanz der Obergesellschaft bei der Untergesellschaft eine Überentnahme entstehen, was nicht der dem § 4 Abs. 4a EStG zu Grunde liegenden kapitalorientierten Betrachtungsweise entspräche. Eine dem Sinn und Zweck des § 4 Abs. 4a EStG entsprechende Überentnahmeberechnung kann letztlich nur erstellt werden, wenn eine Beteiligung an der Untergesellschaft auf Ebene der Obergesellschaft nach der Spiegelbildmethode ausgewiesen wird.

2.2.1.2.3. Erwerb eines Mitunternehmeranteils an der Obergesellschaft

Wird ein Mitunternehmeranteil an einer Obergesellschaft durch eine natürliche Person erworben, werden wirtschaftlich und steuerlich betrachtet neben der unmittelbaren Beteiligung an der Obergesellschaft auch anteilige Wirtschaftsgüter an der Untergesellschaft miterworben.[813] Für den Fall, dass der Kaufpreis den Buchwert des vom Veräußerer übernommenen steuerbilanziellen Kapitalkontos übersteigt, sind Ergänzungsbilanzen auf Ebene von Obergesellschaft und Untergesellschaft zu bilden, in denen die Mehrwerte der Wirtschaftsgüter von Ober- und Untergesellschaft abgebildet sind. In diesen Fällen führt die Bildung und Fortschreibung von Ergänzungsbilanzen zu entsprechenden Konsequenzen bei der Überentnahmeberechnung nach § 4 Abs. 4a EStG. Wie bereits in Kapitel D.3. beschrieben, ist die zutreffende Bildung und Fortschreibung von Ergänzungsbilanzen beim Erwerb eines Obergesellschaftsanteils in der Literatur umstritten. M. E. ist der Auffassung zu folgen, dass für den erwerbenden Obergesellschafter eine Ergänzungsbilanz bei der Obergesellschaft zu bilden ist, soweit stille Reserven auf Wirtschaftsgüter des Gesamthandsvermögens der Obergesellschaft entfallen und darüber hinaus über die Obergesellschaft eine Ergänzungsbilanz bei der Untergesellschaft zu bilden ist, soweit stille Reserven anteilige Wirtschaftsgüter des Gesamthandsvermögens der Untergesellschaft betreffen.[814] Inwiefern diese Auffassung auch zu sachgerechten Ergebnissen bei der Überentnahmeberechnung nach § 4 Abs. 4a EStG führt, soll anhand des bereits in Kapitel D.3.2.3. und D.3.2.4. dargestellten Beispiels erläutert werden. Danach waren folgende Gesamthands- und Ergänzungsbilanzen nach einem Anteilserwerb des C an der Obergesellschaft auf Ober- und Untergesellschaftsebene entstanden (Beträge in T€):

---

[813] Vgl. z. B. SCHMIDT, L., in: FS MOXTER, A., Gewinnermittlung, S. 1121.
[814] Vgl. Kapitel D.3.2.4.

OG-GmbH & Co. KG			
Anteil an UG	1350	Kapital A	900
Sonstige Aktiva	600	Kapital B	1050
	1950		1950

EGB des C bei OG-GmbH & Co. KG			
Sonstige Aktiva	450	Mehrkapital	450
	450		450

UG-GmbH & Co. KG			
Aktiva	1200	Kapital der OG	1200
	1200		1200

EGB der OG bei UG-GmbH & Co. KG			
Aktiva	150	Mehrwert	150
	150		150

Der Anteilserwerb des C hatte dazu geführt, dass in der Obergesellschaft stille Reserven i. H. v. T€ 600 aufgedeckt wurden, wovon T€ 150 auf die Beteiligung an der Untergesellschaft und T€ 450 auf die sonstigen Aktiva der Obergesellschaft entfielen. M. E. sind die auf die sonstigen Aktiva entfallenden stillen Reserven in eine Ergänzungsbilanz des C bei der Obergesellschaft einzustellen, während die auf die Beteiligung entfallenden Mehrwerte dem Beteiligungswert zuzuschlagen sind. Darüber hinaus ist auf Ebene der Untergesellschaft eine Ergänzungsbilanz mit den bei der Untergesellschaft aufgedeckten stillen Reserven zu führen.[815] Bei diesem Lösungsansatz lässt sich sehr einfach ablesen, bei welcher Gesellschaft die aufgedeckten stillen Reserven als Einlage in der Überentnahmeberechnung nach § 4 Abs. 4a EStG berücksichtigt werden müssen. Bei der Untergesellschaft ist für C eine Einlage i. H. v. T€ 150, bei der Obergesellschaft eine i. H. v. T€ 450 zu erfassen. Auch die Fortschreibung der Ergänzungsbilanzen in den Folgejahren führt zu sachgerechten Ergebnissen, da die Mehrabschreibungen das Mehrkapital im Zeitablauf in zutreffender Höhe kompensieren.

Würde hingegen der Auffassung gefolgt, die auf die Beteiligung der Obergesellschaft an der Untergesellschaft entfallenden Mehrwerte seien nicht dem Beteiligungsansatz zuzuschlagen, sondern ebenfalls in der Ergänzungsbilanz des C bei der Obergesellschaft auszuweisen, würden sich folgende Ergänzungsbilanzen ergeben:[816]

OG-GmbH & Co. KG			
Anteil an UG	1200	Kapital A	900
Sonstige Aktiva	600	Kapital B	900
	1800		1800

EGB des C bei OG-GmbH & Co. KG			
Sonstige Aktiva	450	Mehrkapital	600
Mehrwert an UG	150		
	600		600

[815] Vgl. zu dieser Argumentation Kapitel D.3.2.4.
[816] Vgl. zu dieser Argumentation Kapitel D.3.2.3.

UG-GmbH & Co. KG			
Aktiva	1200	Kapital der OG	1200
	1200		1200

EBG der OG bei UG-GmbH & Co. KG			
Aktiva	150	Mehrwert	150
	150		150

Es zeigt sich bei dieser Lösungsmöglichkeit, dass in den Ergänzungsbilanzen Mehrwerte von insgesamt T€ 750 abgebildet werden. Würden bei der Überentnahmeberechnung gemäß § 4 Abs. 4a EStG nun Einlagen i. H. v. T€ 600 bei der Obergesellschaft und T€ 150 bei der Untergesellschaft berücksichtigt werden, wäre dies nicht sachgerecht, da insgesamt nur stille Reserven i. H. v. T€ 600 aufgedeckt wurden. Das liegt daran, dass die auf die Wirtschaftsgüter der Untergesellschaft entfallenden Mehrwerte in beiden Ergänzungsbilanzen erscheinen. Um bei der Überentnahmeberechnung sachgerechte Ergebnisse zu erhalten, müssten die Mehrwerte an der Untergesellschaft auf Ebene der Obergesellschaft eigens für diese Berechnung herausgerechnet werden. Nur so fließen auch in den Folgejahren die richtigen Abschreibungsbeträge aus den Ergänzungsbilanzen über den Gewinn in die Überentnahmeberechnung ein.

Es zeigt sich also, dass die zutreffende Höhe der Einlagen und Entnahmen für die Überentnahmeberechnung nach § 4 Abs. 4a EStG beim Erwerb eines Mitunternehmeranteils an der Obergesellschaft auf mehrere Weisen errechnet werden kann, die hier als erstes dargestellte Lösung ermöglicht es allerdings, die für die Berechnung relevanten Werte unmittelbar aus den Ergänzungsbilanzen zu ersehen. Dennoch entsteht bei beiden Lösungsansätzen das Problem, dass bei einer gesellschaftsbezogenen Berechnung der Überentnahmen – wie es von der Finanzverwaltung verlangt wird[817] – die vom neu eingetretenen Obergesellschafter verursachten Einlagen und Entnahmen anteilig von etwaig vorhandenen anderen Ober- und Untergesellschaftern mitgetragen werden, was sich je nach Sachverhalt positiv oder negativ auswirken kann (fremdbestimmte Steuerwirkungen[818]). Nur durch eine gesellschafterbezogene Berechnung der Überentnahmen kann gewährleistet werden, dass von neuen Obergesellschaftern verursachte Einlagen und Entnahmen auch ihm zugerechnet werden können.[819]

---

[817] Vgl. BMF vom 17.11.2005, IV B 2 – S 2144 – 50/05, DB 2005, S. 2549 Rn. 30.

[818] Vgl. zu den fremdbestimmten Steuerwirkungen auch Kapitel C.1.4.

[819] Dabei ist aber darauf zu achten, dass die Abschreibungsbeträge, die aus dem auf den Obergesellschafter entfallenden Mehrkapital bei der Untergesellschaft resultieren, in das steuerliche Gesamthandsergebnis der Obergesellschaft einfließen und somit grundsätzlich gemäß dem handelsrechtlichen Gewinnverteilungsschlüssel verteilt werden. Hier müsste bei einer gesellschafterbezogenen Berechnung der Überentnahmen abweichend vom handelsrechtlichen Gewinnverteilungsschlüssel der auf den Obergesellschafter entfallende Abschreibungsbetrag vorab ihm zugerechnet werden; so auch für Zwecke des § 15a EStG Ley, U., Anwendung, DStR 2004, S. 1504.

2.2.1.3. Sonderbilanzen

2.2.1.3.1. Sonderbilanzen eines Obergesellschafters bei der Obergesellschaft

Neben Einlagen und Entnahmen im Bereich der Gesamthandsbilanz und der Ergänzungsbilanzen können bei der Überentnahmeberechnung auch Einlagen und Entnahmen aus Sonderbetriebsvermögen zu berücksichtigen sein. Besitzt ein Obergesellschafter bei der Obergesellschaft Sonderbetriebsvermögen I oder II (z. B. zur Nutzung überlassene Grundstücke oder GmbH-Anteile), ist dieses im Zeitpunkt der Begründung als Einlage i. S. v. § 4 Abs. 4a EStG zu behandeln, soweit der Mitunternehmer Eigenmittel eingesetzt hat. Entsprechend stellen Abgänge von Sonderbetriebsvermögen, die dem Betriebsvermögen entzogen werden, Entnahmen dar.[820] Die aus den Abgängen resultierenden Gewinne fließen in den überentnahmerelevanten Gesamtgewinn ein. Die Entstehung von negativem Sonderbetriebsvermögen (z. B. Darlehen zur Finanzierung von Sonderbetriebsvermögen) ist hingegen als Entnahme zu betrachten. Sofern es sich um eine Vollfinanzierung handelt, saldiert sie die korrespondierende Einlage des eingebrachten Sonderbetriebsvermögens, so dass das Entnahmepotenzial im Ergebnis unverändert bleibt.[821] Die Tilgung des Darlehens, d. h. des negativen Sonderbetriebsvermögens, stellt, soweit die Tilgungsbeiträge aus Privatmitteln erfolgen, eine Einlage dar. Erfolgt die Tilgung hingegen aus Gesellschaftsmitteln, liegt keine Einlage vor, da es sich lediglich um eine Überführung von Geldmitteln innerhalb des Gesellschaftsvermögens (zwischen Gesamthands- und Sonderbetriebsvermögen) handelt.[822] Ein Darlehen, das ein Obergesellschafter für den Erwerb seiner Beteiligung an der Obergesellschaft aufgenommen hat, ist auf die Sonderbetriebsvermögen II des Obergesellschafters bei der Ober- und der Untergesellschaft aufzuteilen, da der Obergesellschafter über den Obergesellschaftsanteil auch mittelbar einen Anteil an der Untergesellschaft erworben hat.[823] Wäre das Darlehen dagegen nur als Sonderbetriebsvermögen II des Obergesellschafters bei der Obergesellschaft zu erfassen, würde die daraus resultierende Entnahme in der Überentnahmeberechnung auf Ebene der Obergesellschaft nur zum Teil durch die gegenläufige Einlage, die aus der Bildung einer positiven Ergänzungsbilanz des Obergesellschafters bei der Obergesellschaft resultiert, ausgeglichen. Der vollständige

---

[820] Vgl. HEGEMANN, J./QUERBACH, T., Schuldzinsenabzug, S. 74, LEY, U., Ermittlung, DStR 2001, S. 1010 f., BORDEWIN, A., in: BORDEWIN, A./BRANDT, J., EStG, Vor §§ 4-5 Rn. 188, WEIßMANN, A., Personengesellschaften, S. 147 f.

[821] Vgl. KORN, K., in: KORN, K. u. a., EStG, § 4 Rn. 862. A. A. LEY, U., Ermittlung, DStR 2001, S. 1011, die im Falle der Überlassung eines fremdfinanzierten Wirtschaftsguts an die Mitunternehmerschaft weder eine Einlage noch eine Entnahme annimmt, was im Ergebnis den gleichen Effekt hat.

[822] Vgl. SÖFFING, G., Entnahme, DStZ 2000, S. 204.

[823] Vgl. LEY, U., Besteuerungsfragen, KÖSDI 1996, S. 10931. Siehe auch Kapitel C.2.1.

Ausgleich würde fehlen, da bei einem Erwerb eines Anteils an der Obergesellschaft für den Obergesellschafter – über die Obergesellschaft – auch eine Ergänzungsbilanz bei der Untergesellschaft zu erstellen ist, soweit die erworbenen Mehrwerte Wirtschaftsgütern der Untergesellschaft zuzuordnen sind.[824] Diese Einlage in das Betriebsvermögen der Untergesellschaft ist aber in der Überentnahmeberechnung auf Ebene der Untergesellschaft zu berücksichtigen.

Sonderkonten der Obergesellschafter (z. B. Darlehens-, Privat- oder Verrechnungskonten) gehören ebenfalls zum Sonderbetriebsvermögen (obwohl in der Praxis dafür oft keine Sonderbilanzen aufgestellt werden), so dass Veränderungen auf diesen Konten grundsätzlich auch Einlagen und Entnahmen darstellen. Sonderbetriebseinnahmen (z. B. Geschäftsführervergütungen), die keine Gesamtgewinnauswirkung zur Folge haben, da dem Gewinn im Sonderbetriebsvermögen ein Aufwand bei der Gesellschaft gegenübersteht, stellen eine Entnahme dar, soweit die Beträge auf das private Bankkonto des Gesellschafters überwiesen werden. Erfolgt lediglich eine Gutschrift auf dem Gesellschaftersonderkonto, entsteht keine Entnahme, da kein Abfluss von Geldmitteln in den privaten Bereich vorliegt.[825] Sonderbetriebsausgaben hingegen mindern den Gesamtgewinn der Gesellschaft und damit den entnahmefähigen Betrag. Trotz der eingetretenen Vermögensminderung handelt es sich dabei nicht um eine Entnahme, soweit die Sonderbetriebsausgabe zu Lasten des Gesellschaftersonderkontos für den Gesellschafter gezahlt wird, da die Vermögensminderung durch einen betrieblichen Aufwand verursacht ist. Wird die Ausgabe zu Lasten eines privaten Bankkontos des Gesellschafters gezahlt, liegt eine Einlage vor, da der Mitunternehmerschaft Vermögen von außen zugeführt wird.[826]

---

[824] Vgl. Kapitel D.3.2.4. und E.2.2.1.2.3.

[825] Vgl. LEY, U., Schuldzinsen, NWB 2000, Fach 3, S. 11182 f., KORN, K., in: KORN, K. u. a., EStG, § 4 Rn. 859, 862, BORDEWIN, A., in: BORDEWIN, A./BRANDT, J., EStG, Vor §§ 4-5 Rn. 191 f., BMF vom 17.11.2005, IV B 2 – S 2144 – 50/05, DB 2005, S. 2549 Rn. 32d.

[826] Vgl. LEY, U., Schuldzinsen, NWB 2000, Fach 3, S. 11183, BORDEWIN, A., in: BORDEWIN, A./BRANDT, J., EStG, Vor §§ 4-5 Rn. 194, KORN, K., in: KORN, K. u. a., EStG, § 4 Rn. 860. Die Gewinngutschrift für einen Obergesellschafter auf seinem Gesellschaftersonderkonto führt zu einer Erhöhung seines Sonderkapitals und damit zu einer Einlage in das Sonderbetriebsvermögen. Diese Gewinngutschrift kann aber bei der Überentnahmeberechnung nach § 4 Abs. 4a EStG nicht als Einlage erfasst werden, da es sonst zu einer ungerechtfertigten Doppelerfassung käme. Der Gewinnbetrag würde das Überentnahmepotenzial zum einen als Einlage und zum anderen als Gewinn erhöhen, vgl. LEY, U., Ermittlung, DStR 2001, S. 1011.

2.2.1.3.2. Sonderbilanzen eines Obergesellschafters bei der Untergesellschaft

Neben der unmittelbaren Beteiligung des Obergesellschafters an der Obergesellschaft kann ein Obergesellschafter mittelbar an der Untergesellschaft hinsichtlich etwaigem Sonderbetriebsvermögen beteiligt sein, § 15 Abs. 1 Satz 1 Nr. 2 Satz 2 EStG. Auch die aus diesem Sonderbetriebsvermögen resultierenden Gutschriften und Belastungen sind daraufhin zu analysieren, ob Einlagen oder Entnahmen i. S. d. § 4 Abs. 4a EStG vorliegen.

Dabei gelten für die Überlassung von Sonderbetriebsvermögen eines Obergesellschafters an eine Untergesellschaft und die damit in Zusammenhang stehenden Sonderbetriebsergebnisse grundsätzlich die gleichen Regeln wie bei der Überlassung von Sonderbetriebsvermögen an eine Obergesellschaft.[827] Dennoch ergibt sich für die Überentnahmeberechnung aufgrund der Sondermitunternehmerstellung des Obergesellschafters bei der Untergesellschaft eine Besonderheit. Das ergibt sich daraus, dass die Geschäftsvorfälle aus der Sonderbilanz des Obergesellschafters bei der Untergesellschaft bei dieser in die Überentnahmeberechnung einfließen, dem Obergesellschafter bei der Untergesellschaft aber mangels zivilrechtlicher Beteiligung kein Gewinnanteil zuzurechnen ist. Sein Sonderbetriebsergebnis ist Teil des steuerlichen Gesamtgewinns der Untergesellschaft und ist dem Obergesellschafter unmittelbar zuzurechnen.[828] Wird der § 4 Abs. 4a EStG nun gesellschaftsbezogen bei der Untergesellschaft angewandt und wird der sich dabei ergebende Hinzurechnungsbetrag entsprechend des Gewinnverteilungsschlüssels verteilt, kann auf den Sondermitunternehmer der Untergesellschaft konsequenterweise kein Gewinnhinzurechnungsbetrag entfallen. Dies ist insbesondere dann problematisch, wenn der Sondermitunternehmer im betreffenden Wirtschaftsjahr für sich betrachtet eine Überentnahme verursacht hat. Ein daraus entstandener Gewinnhinzurechnungsbetrag belastet letztlich die Untergesellschafter unmittelbar und die Obergesellschafter mittelbar über die Beteiligung der Obergesellschaft an der Untergesellschaft.[829] Anders herum würde sich eine Unterentnahme des Sondermitunternehmers positiv auf das Entnahmepotenzial der an der Untergesellschaft beteiligten Gesellschafter auswirken. Es zeigt sich, dass fremdbestimmte Steuerwirkungen bei einer gesellschaftsbezogenen Ermittlung der Überentnahmen nur schwer zu vermeiden sind. Dieses Problem könnte stattdessen durch eine gesellschafterbezogene Anwendung des § 4 Abs. 4a EStG, bei der für den

---

[827] Vgl. vorheriges Kapitel E.2.2.1.3.1.

[828] Vgl. Kapitel C.1.1. und C.1.3.

[829] Durch die Gewinnhinzurechnung auf Ebene der Untergesellschaft erhöht sich neben der Einkommensteuer (bzw. Körperschaftsteuer) der Untergesellschafter auch die Gewerbesteuer der Untergesellschaft. Mittelbar verändern sich dadurch auch die Steuerzahlungen der Obergesellschafter, vgl. Kapitel C.1.4.

Sondermitunternehmer eine eigenständige Überentnahmeberechnung durchzuführen ist, die ihm ggf. einen separaten Gewinnhinzurechnungsbetrag zuteilt, gelöst werden.

2.2.1.3.3. Sonderbilanzen der Obergesellschaft bei der Untergesellschaft

Besitzt eine Obergesellschaft bei der Untergesellschaft Sonderbetriebsvermögen, ist für die Ermittlung der für § 4 Abs. 4a EStG bedeutsamen Entnahmen und Einlagen aus dieser Sonderbilanz zunächst allerdings die bereits in Kapitel E.2.1.3. beschriebene Problematik der Anwendbarkeit des § 4 Abs. 4a EStG auf eine doppelstöckige Personengesellschaft zu hinterfragen, da eine Obergesellschaft ja nicht über eine private Sphäre verfügt und somit dort keine privat veranlassten Schuldzinsen dem Gewinn hinzugerechnet werden können. Soweit der Auffassung gefolgt wird, dass § 4 Abs. 4a EStG bei einer Untergesellschaft nur insoweit angewandt werden kann, als dass an der Untergesellschaft natürliche Personen beteiligt sind bzw. natürlichen Personen als Sondermitunternehmer i. S. d. § 15 Abs. 1 Satz 1 Nr. 2 Satz 2 EStG ein anteiliges Ergebnis zuzurechnen ist, würde die Obergesellschaft in die Überentnahmeberechnung bei der Untergesellschaft nicht mit einzubeziehen sein.[830] Diese Sichtweise hätte m. E. aber zur Folge, dass die negativen Konsequenzen des § 4 Abs. 4a EStG über Sachverhaltsgestaltungen ausgehebelt werden könnten[831], so dass m. E. eine Einbeziehung der Obergesellschaft in die Überentnahmeberechnung auf Ebene der Untergesellschaft geboten sein dürfte. In diesem Fall müssten Einlagen und Entnahmen i. S. v. § 4 Abs. 4a EStG grundsätzlich analog zu den Regeln ermittelt werden, die für natürliche Personen als Gesellschafter eine Mitunternehmerschaft gelten.[832] Ein Beispiel soll dies verdeutlichen:

Beispiel: Die X-KG ist an der Y-KG mitunternehmerisch beteiligt. Die X-KG überlässt der Y-KG ein Wirtschaftsgut zur Nutzung mit einem Buchwert von T€ 500, welches mit T€ 200 fremdfinanziert ist. Die X-KG erhält für die Überlassung eine Entschädigung von T€ 50 und trägt gleichzeitig die durch das Wirtschaftsgut anfallenden Aufwendungen von T€ 30.

Lösung: Die Überlassung des Wirtschaftsguts führt in der Überentnahmeberechnung auf Ebene der Y-KG zu einer Einlage von T€ 500 bzw. zu einer Entnahme von T€ 200. Fraglich ist aber die Behandlung der Überlassung auf Ebene der Obergesellschaft. Laut KORN[833] ist dort entsprechend eine Entnahme von T€ 500 bzw. eine Einlage von T€ 200 zu berücksichtigen. Dies ist m. E.

---

[830] Vgl. LEY, U., Ermittlung, DStR 2001, S. 1015 f.
[831] Vgl. Kapitel E.2.1.3.
[832] Vgl. KORN, K., in: KORN, K. u. a., EStG, § 4 Rn. 864.1. Vgl. auch Kapitel E.2.2.1.3.1.
[833] Vgl. KORN, K., in: KORN, K. u. a., EStG, § 4 Rn. 864.1.

nicht sachgerecht. Durch Bilanzierung der Beteiligung an der Y-KG bei der X-KG nach der Spiegelbildmethode kommt es bei der X-KG durch die Überlassung des Wirtschaftsguts nicht zu einer Kapitalveränderung. Der Abgang eines aktiven/passiven Wirtschaftsguts erhöht/verringert korrespondierend den Beteiligungsbuchwert.[834] Eine Einlage bzw. Entnahme bei der Obergesellschaft i. S. v. § 4 Abs. 4a EStG wäre nur dann möglich, wenn die Beteiligung an der Untergesellschaft nicht bilanziert werden würde. Diese Auffassung wird in dieser Arbeit allerdings abgelehnt.[835] Zudem würde bei Überlassung eines Wirtschaftsguts einer Obergesellschaft an eine Untergesellschaft eine Entnahme auf Ebene der Obergesellschaft isoliert betrachtet dazu führen, dass das Entnahmepotenzial der Obergesellschafter eingeschränkt und unter Umständen durch die Überentnahmeberechnung des § 4 Abs. 4a EStG Zinsen als privat veranlasst eingestuft würden, obwohl mit der Überlassung des Wirtschaftsguts keine privaten Zwecke verfolgt wurden. M. E. hat demnach die Überlassung des fremdfinanzierten Wirtschaftsguts der X-KG an die Y-KG bei der X-KG weder eine Einlage noch eine Entnahme zur Folge.

Die aus der Überlassung resultierende Sonderbetriebseinnahme von T€ 50 stellt wiederum eine Entnahme bei der Y-KG und eine Einlage bei der X-KG dar, wenn der Betrag auf das betriebliche Bankkonto der X-KG überwiesen wird. Erfolgt lediglich eine Gutschrift auf dem Gesellschaftersonderkonto der X-KG bei der Y-KG, entsteht weder eine Entnahme noch eine Einlage, da kein Abfluss von Geldmitteln in die Sphäre der X-KG vorliegt. Anders herum bedeuten die Aufwendungen von T€ 30 eine Entnahme bei der X-KG und eine Einlage bei der Y-KG, sofern die Beträge zu Lasten eines Bankkontos der X-KG gezahlt werden, da der X-KG Vermögen entzogen und der Y-KG Vermögen zugeführt wird. Eine Bezahlung der Aufwendungen durch die Y-KG bei gleichzeitiger Belastung des Gesellschaftersonderkontos der X-KG hat wiederum keine Entnahmen/Einlagen zur Folge.[836]

2.2.2. Gewinn

2.2.2.1. Überblick

Der Gewinnbegriff des § 4 Abs. 4a EStG ist ebenso wie die Begriffe Einlage und Entnahme i. S. d. § 4 Abs. 1 EStG auszulegen.[837] Allerdings legt der § 4 Abs. 4a Satz 2 EStG einen engeren Gewinnbegriff, nämlich den Gewinn des

---

[834] Vgl. Kapitel C.3.3.2.1.

[835] Vgl. Kapitel C.3.4.

[836] So auch KORN, K., in: KORN, K. u. a., EStG, § 4 Rn. 864.1.

[837] Vgl. BMF vom 17.11.2005, IV B 2 – S 2144 – 50/05, DB 2005, S. 2549 Rn. 8, FG Münster vom 06.08.2004, 11 K 4399/03 E, G, Rev. (Az. BFH: X R 44/04), DStRE 2005, S. 241.

Wirtschaftsjahres ohne Zurechnung von Entnahmen und Kürzung von Einlagen, zu Grunde. Davon abgesehen ist der zu Grunde zu legende steuerrechtliche Gewinn nach den allgemeinen Grundsätzen zu ermitteln.[838] Demnach und nach Auffassung der Verwaltung umfasst der steuerrechtliche Gewinn auch außerbilanzielle Hinzurechnungen, wie z. B. nicht abzugsfähige Betriebsausgaben, die das Entnahmepotenzial entsprechend erhöhen.[839] Abweichend davon sind gemäß § 4 Abs. 4a Satz 3 EStG bei der Überentnahmeberechnung die – aus § 4 Abs. 4a EStG resultierenden – nicht abziehbaren Schuldzinsen dem Gewinn nicht hinzuzurechnen.[840] Der überentnahmerelevante Gewinn umfasst darüber hinaus auch Veräußerungs- und Aufgabegewinne. Wird ein Anteil an einer Obergesellschaft veräußert, erscheint es sachgerecht, den entstandenen Veräußerungsgewinn im Verhältnis der aufgedeckten stillen Reserven in die Überentnahmeberechnungen von Ober- und Untergesellschaft einzubeziehen. Ein Entnahmegewinn, d. h. der Gewinn, der auf der Entnahme stiller Reserven beruht, bleibt dagegen unberücksichtigt, wenn die zugehörige Entnahme entsprechend einer Vereinfachungsregelung der Finanzverwaltung statt mit dem Teilwert gemäß § 6 Abs. 1 Nr. 4 EStG nur mit dem Buchwert angesetzt wird.[841]

Bei der Anwendung des § 4 Abs. 4a EStG ist es umstritten, ob der im § 4 Abs. 4a EStG verwandte Gewinnbegriff entsprechend des § 4 Abs. 1 EStG lediglich positive Gewinne oder auch negative Gewinne – also Verluste – umfasst. Mangels besonderer Bestimmungen im § 4 Abs. 4a EStG ist der Gewinnbegriff entsprechend des § 4 Abs. 1 EStG auszulegen, so dass auch Verluste bei der Überentnahmeberechnung grundsätzlich uneingeschränkt zu

---

838 Vgl. BORDEWIN, A., in: BORDEWIN, A./BRANDT, J., EStG, Vor §§ 4-5 Rn. 164, HEINICKE, W., in: SCHMIDT, L., EStG, § 4 Rn. 524, WACKER, R., in: BLÜMICH, W., EStG/KStG/GewStG, § 4 EStG Rn. 168g.

839 Vgl. BMF vom 17.11.2005, IV B 2 – S 2144 – 50/05, DB 2005, S. 2549 Rn. 8, FROTSCHER, G., in: FROTSCHER, G., EStG, § 4 Rn. 300e. Die Erhöhung des Entnahmepotenzials durch nicht abzugsfähige Betriebsausgaben erscheint sinnwidrig, da durch nicht abzugsfähige Betriebsausgaben kein Buchkapital geschaffen wird, vgl. PAUS, B., Praxisfragen, FR 2000, S. 963. Daher ist SCHALLMOSER, U., in: HERRMANN, C./HEUER, G./RAUPACH, A., EStG/KStG, § 4 EStG Rn. 1058, gegen die Hinzurechnung von nicht abzugsfähigen Betriebsausgaben zum überentnahmerelevanten Gewinn.

840 Vgl. FROTSCHER, G., in: FROTSCHER, G., EStG, § 4 Rn. 300e, WACKER, R., in: BLÜMICH, W., EStG/KStG/GewStG, § 4 EStG Rn. 168i, CHRISTOFFEL, H. G., Änderungen, INF 2002, S. 34. Hintergrund dieser Regelung könnte die Vermeidung erheblicher rechnerischer Schwierigkeiten sein. Diese Schwierigkeiten beruhen darauf, dass die Höhe der nicht abzugsfähigen Schuldzinsen durch ihre eigene Hinzurechnung beeinflusst wird, vgl. FROTSCHER, G., in: FROTSCHER, G., EStG, § 4 Rn. 300e, KOHLHAAS, K.-F., Schuldzinsenabzug, DStR 2000, S. 903, HUNDSDOERFER, J./HENNING, M., Begrenzung, BB 2000, S. 543-545.

841 Vgl. BMF vom 17.11.2005, IV B 2 – S 2144 – 50/05, DB 2005, S. 2549 Rn. 8 f.

berücksichtigen sind.[842] Dabei ist jedoch zu beachten, dass der Einbezug von Verlusten eine Überentnahme zur Konsequenz haben kann, ohne dass der Steuerpflichtige eine Entnahme getätigt hat. Folglich könnten nicht nur Entnahmen sondern auch Verluste Überentnahmen zur Konsequenz haben und zur Hinzurechnung nicht abziehbarer Schuldzinsen führen.[843] Dies widerspricht dem Sinn und Zweck des § 4 Abs. 4a EStG, wonach lediglich der auf Entnahmen beruhende Schuldzinsenabzug verhindert werden soll. Aus diesem Grund spricht sich die Finanzverwaltung für einen eingeschränkten Einbezug von Verlusten in die Überentnahmeberechnung aus. Danach kann im Jahr des Verlustes die Überentnahme nur maximal den Betrag der Entnahme (nach Verrechnung mit Einlagen) betragen. So wird sichergestellt, dass Verluste in die Überentnahmeberechnung einfließen, für sich genommen aber keine Überentnahme hervorrufen können.[844]

2.2.2.2. Besonderheiten bei doppelstöckigen Personengesellschaften

Bei einer doppelstöckigen Personengesellschaft sind die Gewinne für die Überentnahmeberechnung betriebsbezogen, also für Ober- und Untergesellschaft getrennt, zu berechnen. Im Gesamthandsgewinn der Obergesellschaft sind dabei auch die auf die Obergesellschaft entfallenden Gewinnanteile aus der Untergesellschaft enthalten.[845] Dabei ist darauf zu achten, dass auf Ebene der Untergesellschaft bei der Überentnahmeberechnung nach § 4 Abs. 4a EStG ggf. für die Obergesellschaft ein nicht abzugsfähiger Schuldzinsenanteil festgestellt worden ist. Nach der hier vertretenen Auffassung können allerdings bei einer Obergesellschaft mangels Privatsphäre keine außerbetrieblichen Schuldzinsen

---

842 Vgl. KORN, K., in: KORN, K. u. a., EStG, § 4 Rn. 843, HEINICKE, W., in: SCHMIDT, L., EStG, § 4 Rn. 524, FROTSCHER, G., in: FROTSCHER, G., EStG, § 4 Rn. 300e.

843 Vgl. NEUFANG, B., Umsetzung, BB 2006, S. 857, EGGESIECKER, F./ELLERBECK, E., Verluste, BB 2000, S. 594-596.

844 Vgl. m. w. N. BMF vom 17.11.2005, IV B 2 – S 2144 – 50/05, DB 2005, S. 2549 Rn. 11-15. So auch ELSER, T./NEININGER, M., Notwendigkeit, DB 2000, S. 996-1000, BORDEWIN, A., in: BORDEWIN, A./BRANDT, J., EStG, Vor §§ 4-5 Rn. 168 f., KANZLER, H.-J., Begrenzung, INF 2000, S. 516, LEY, U., Ermittlung, NWB 2000, Fach 3, S. 11172-11174, PAUS, B., Praxisfragen, FR 2000, S. 964, WACKER, R., in: BLÜMICH, W., EStG/KStG/GewStG, § 4 EStG Rn. 168g, FROTSCHER, G., in: FROTSCHER, G., EStG, § 4 Rn. 300e. Für einen uneingeschränkten Verlusteinbezug EGGESIECKER, F./ELLERBECK, E., Verluste, BB 2000, S. 596, JAKOB, W., Entnahme, DStR 2000, S. 102, SCHALLMOSER, U., in: HERRMANN, C./HEUER, G./RAUPACH, A., EStG/KStG, § 4 EStG Rn. 1057. Gegen den Verlusteinbezug FRANZ, R./SEITZ, W., Schuldzinsenabzug, Stbg 2000, S. 100, HEGEMANN, J./QUERBACH, T., Schuldzinsen, DStR 2000, S. 411, MAUS, G., Sonderprobleme, BBK 2001, Fach 13, S. 4439, WENDT, M., Mehrkontenmodelle, FR 2000, S. 425, NEUFANG, B., Neuregelung, Stbg 2000, S. 106.

845 Vgl. Kapitel C.1.1. und C.1.2.

angefallen sein. Somit sind m. E. die auf Ebene der Untergesellschaft für die Obergesellschaft festgestellten nicht abzugsfähigen Schuldzinsen bei der Gewinnermittlung auf Ebene der Obergesellschaft abzugsfähig.[846]

Darüber hinaus ist bei der Überentnahmeberechnung auf Ebene der Obergesellschaft festzustellen, dass sowohl das anteilige Gesamthands- als auch das Sonderbilanzergebnis der Obergesellschaft bei der Untergesellschaft bereits bei der Überentnahmeberechnung auf Ebene der Untergesellschaft das dortige Entnahmepotenzial erhöht – bei Verlusten vermindert – hat. Dieselben Ergebnisanteile könnten somit doppelt (bei einer mehrstöckigen Personengesellschaft mehrfach) in Überentnahmeberechnungen berücksichtigt werden, wie nachfolgendes Beispiel verdeutlicht:

Beispiel: Eine einstöckige Personengesellschaft erzielt in 01 einen Gewinn von T€ 500, was gleichzeitig das Entnahmepotenzial darstellt. Würde allerdings die Hälfte des Geschäftsbetriebs auf eine 100%ige Untergesellschaft ausgegliedert werden, würde ein Gewinn von je T€ 250 bei Ober- und Untergesellschaft entstehen, aber bei der Überentnahmeberechnung plötzlich das Entnahmepotenzial auf T€ 750 steigen. Die Untergesellschaft besäße ein Entnahmepotenzial von T€ 250, die Obergesellschaft von T€ 500, da sie neben ihrem eigenen Gewinn noch den Gewinnanteil aus der Untergesellschaft bezieht.

Dieses Ergebnis ist nicht sachgerecht. Um zu vermeiden, dass Gewinnanteile aus einer Gesamthands-, Sonder- oder Ergänzungsbilanz mehrfach in Überentnahmeberechnungen berücksichtigt werden und somit Einfluss auf die Höhe des Entnahmepotenzials nehmen, hat die Finanzverwaltung diesen Fall explizit geregelt. Demnach bleiben einheitlich und gesondert festgestellte Gewinn-/Verlustanteile aus im Betriebsvermögen gehaltenen Beteiligungen an Mitunternehmerschaften unberücksichtigt.[847] Bezogen auf das Beispiel würde demnach bei der Überentnahmeberechnung der Obergesellschaft der Gewinnanteil aus der Untergesellschaft gekürzt werden, so dass beide Gesellschaften ein Entnahmepotenzial von T€ 250 besitzen.

2.2.3. Schuldzinsen

Neben Einlagen, Entnahmen und Gewinnen sind auch Schuldzinsen wesentlicher Bestandteil der Überentnahmeberechnung. Der § 4 Abs. 4 EStG legt für den Abzug von Betriebsausgaben einen wirtschaftlich weiten Schuldzinsen-

---

[846] Vgl. Kapitel E.2.1.3.

[847] Vgl. BMF vom 17.11.2005, IV B 2 – S 2144 – 50/05, DB 2005, S. 2549 Rn. 8. Erst Auszahlungen aus Gewinnanteilen zwischen Ober- und Untergesellschaft sind als Entnahmen bzw. Einlagen zu behandeln, vgl. ebd., S. 2549 Rn. 8.

begriff zu Grunde, der neben wiederkehrenden Zinszahlungen z. B. auch ein Damnum, Bearbeitungs- und Verwaltungsgebühren, Bereitstellungszinsen und Vorfälligkeitsentschädigungen einschließt.[848] Entgegen der engen Auslegung des Schuldzinsenbegriffs aus dem BMF-Schreiben vom 22.05.2000[849] wird die weite Auslegung nun auch von der Finanzverwaltung vertreten, die auch Nachzahlungs-, Aussetzungs- und Stundungszinsen i. S. d. AO als Zinsen nach § 4 Abs. 4a EStG ansieht.[850] Bei Mitunternehmerschaften sind auch die Schuldzinsen des Sonderbetriebsvermögens in die Ermittlung der nicht abziehbaren Schuldzinsen grundsätzlich mit einzubeziehen, da die Überentnahmeberechnung an das Ergebnis der zweiten Stufe der Gewinnermittlung anknüpft. Die Einbeziehung ist allerdings umstritten, da die auf Schulden des Sonderbetriebsvermögens beruhenden Zinsen ausschließlich durch den Betrieb oder die Beteiligung an der Personengesellschaft begründet sind. Mangels privater Veranlassung erscheint somit eine Aufteilung in abziehbare und nicht abziehbare Schuldzinsen nicht notwendig.[851] Da der Gesetzgeber den Schuldzinsenbegriff für Zwecke des § 4 Abs. 4a EStG nicht definiert, ist es also zweifelhaft, ob Schuldzinsen des Sonderbetriebsvermögens für die Überentnahmeberechnung relevant sind.[852]

Zinsen für Darlehen zur Finanzierung von Anlagevermögen[853] sind nicht in die Überentnahmeberechnung einzubeziehen. Sie können generell zum Abzug gebracht werden (§ 4 Abs. 4a Sätze 3-5 EStG).[854] Dies gilt allerdings nur für die

---

[848] Vgl. HEINICKE, W., in: SCHMIDT, L., EStG, § 4 Rn. 523, KANZLER, H.-J., Begrenzung, INF 2000, S. 515, SCHALLMOSER, U., in: HERRMANN, C./HEUER, G./RAUPACH, A., EStG/KStG, § 4 EStG Rn. 1048.

[849] Vgl. BMF vom 22.05.2000, IV C 2 – S 2144 – 60/00, BStBl. I 2000, S. 590 Rn. 22.

[850] Vgl. BMF vom 17.11.2005, IV B 2 – S 2144 – 50/05, DB 2005, S. 2549 Rn. 22.

[851] Vgl. LEY, U., Schuldzinsen, NWB 2000, Fach 3, S. 11180 f. A. A. FRIEDEMANN, P., Schuldzinsenabzug, S. 105.

[852] Wie in Kapitel E.2.1.2. bereits angedeutet, ist es zudem fraglich, ob die Überentnahmeberechnung gesellschafts- oder gesellschafterbezogen durchzuführen ist. Wird der gesellschaftsbezogenen Betrachtungsweise gefolgt, ist bei Ermittlung des Hinzurechnungshöchstbetrags i. S. v. § 4 Abs. 4a Satz 4, 5 EStG auf die gesamten relevanten Schuldzinsen abzustellen und der Freibetrag von € 2.050 nur einmal für die Gesellschaft zu gewähren, vgl. BMF vom 17.11.2005, IV B 2 – S 2144 – 50/05, DB 2005, S. 2549 Rn. 25. Bei einer gesellschafterbezogenen Berechnung sind die Schuldzinsen anteilig auf die Gesellschafter zu verteilen, wobei die Gesamthandszinsen gemäß Gewinnverteilungsschlüssel und die Zinsen aus Sonder- und Ergänzungsbilanzen direkt zugerechnet werden. Der Freibetrag von € 2.050 ist dann m. E. jedem Gesellschafter zu gewähren, so auch FROTSCHER, G., in: FROTSCHER, G., EStG, § 4 Rn. 300j, KORN, K., in: KORN, K. u. a., EStG, § 4 Rn. 857.

[853] Vgl. zur Problematik der Abgrenzung von Anlage- und Umlaufvermögen GLANEGGER, P., in: SCHMIDT, L., EStG, § 6 Rn. 21-24.

[854] Der Sinn und Zweck dieser Regelung liegt darin, dass bei betrieblichen Investitionsdarlehen die ausschließliche Betriebsbezogenheit des Kredits eindeutig ist und ohne diese

Anschaffung und Herstellung von Wirtschaftsgütern des Anlagevermögens und nicht für deren Erhaltung. Die Einlage oder Entnahme dieser Wirtschaftsgüter wird ebenso wie eine zugehörige Verbindlichkeit in der Überentnahmeberechnung berücksichtigt.[855] Die Finanzverwaltung setzt für die Anerkennung von Investitionsdarlehen die Aufnahme eines gesonderten Darlehens voraus. Die spätere Umwandlung eines Kontokorrentkredits für die Anschaffung eines Wirtschaftsguts des Anlagevermögens in ein Darlehen ist nur in Ausnahmefällen zulässig.[856]

2.3. Zusammenfassendes Beispiel zum Schuldzinsenabzug gemäß § 4 Abs. 4a EStG bei doppelstöckigen Personengesellschaften

2.3.1. Ausgangssituation

Das nachfolgend aufgeführte Beispiel soll die bisherige Diskussion zur Überentnahmeberechnung nach § 4 Abs. 4a EStG bei einer doppelstöckigen Personengesellschaft vertiefen und einer praktischen Lösung zuführen. Es soll unter anderem gezeigt werden, welche Konsequenzen sich aus dem Einbezug einer Personengesellschaft als Gesellschafter einer anderen Personengesellschaft in die Überentnahmeberechnung ergeben und welche Unterschiede sich aus einer gesellschafter- bzw. gesellschaftsbezogen Berechnung – auch gerade im Hinblick auf das Entstehen von fremdbestimmten Steuerwirkungen – ergeben.

Betrachtet wird eine nach dem 31.12.2000 gegründete doppelstöckige Personengesellschaft im Wirtschaftsjahr 01, bei der die X-OHG die Obergesellschaft und die Y-GmbH & Co. KG die Untergesellschaft ist. An der X-OHG sind je zur Hälfte die Gesellschafter A und B beteiligt. Die Anteile der Y-GmbH & Co. KG werden hälftig von der X-OHG und Y gehalten. Komplementär der Y-GmbH & Co. KG (im Folgenden kurz: Y-KG) – ohne Beteiligung – ist die Z-GmbH. In 01 sind folgende Sachverhalte für die Überentnahmeberechnung zu berücksichtigen:

- A erhält für seine Geschäftsführertätigkeit bei der X-OHG eine Vergütung von T€ 120 und tätigt zudem T€ 300 Privatentnahmen. Darüber hinaus überlässt er der Y-KG zum 01.05.01 ein Grundstück mit einem Teilwert von T€ 100 zur Nutzung, aus dem er Mieterträge i. H. v. T€ 80 erzielt bzw.

Regelung die Gefahr besteht, dass ausschließlich betrieblich veranlasste Schuldzinsen nicht voll als Betriebsausgabe abgezogen werden können, vgl. WENDT, M., Mehrkontenmodelle, FR 2000, S. 429.

855 Vgl. LEY, U., Ermittlung, DStR 2001, S. 1007, BORDEWIN, A., in: BORDEWIN, A./BRANDT, J., EStG, Vor §§ 4-5 Rn. 187.

856 Vgl. m. w. N. BMF vom 17.11.2005, IV B 2 – S 2144 – 50/05, DB 2005, S. 2549 Rn. 26-28.

Aufwendungen i. H. v. T€ 30 entstehen. A ist damit Sondermitunternehmer i. S. v. § 15 Abs. 1 Satz 1 Nr. 2 Satz 2 EStG.

- Gesellschafter B veräußert seine Beteiligung zum 30.06.01 für T€ 800 an C. Das Kapitalkonto des B bei der X-OHG beträgt T€ 200, so dass ihm ein Veräußerungsgewinn von T€ 600 entsteht, der zu T€ 450 auf die in der Obergesellschaft und mittelbar zu T€ 150 auf die in der Untergesellschaft enthaltenen stillen Reserven entfällt. In dem Zusammenhang kündigt B auch einen mit der X-OHG geschlossenen Mietvertrag über ein Grundstück zum 30.06.01, welches einen Buchwert = Teilwert von T€ 200 besitzt und aus dem in den ersten 6 Monaten noch Erträge von T€ 60 bei Aufwendungen von T€ 30 erzielt wurden.
- Neugesellschafter C bildet bei der X-OHG eine Ergänzungsbilanz mit einem Mehrkapital von T€ 450 und zudem über die X-OHG bei der Y-KG eine Ergänzungsbilanz mit einem Mehrkapital von T€ 150 (Abschreibung über 15 Jahre). Zur Finanzierung des Anteilserwerbs, nimmt C ein Darlehen i. H. v. T€ 400 auf, wovon T€ 300 auf die X-OHG und T€ 100 auf die Y-KG entfallen. Die in 01 zu zahlenden Zinsen betragen T€ 20, wobei T€ 15 auf die X-OHG und T€ 5 auf die Y-KG entfallen. Zudem tätigt C eine Privatentnahme bei der X-OHG von T€ 200.
- Bis zum 30.06.01 hat die X-OHG der Y-KG eine Maschine (Buchwert = Teilwert T€ 120) überlassen. Bis zu dem Zeitpunkt waren Erträge i. H. v. T€ 50 und Aufwendungen i. H. v. T€ 30 angefallen.
- Y erhält für seine Geschäftsführertätigkeit bei der Y-KG eine Vergütung von T€ 100. Zudem hat er T€ 400 Privatentnahmen getätigt.
- Die X-OHG und die Y-KG erzielen in 01 Gewinne von T€ 200 bzw. T€ 300, wobei nicht abzugsfähige Betriebsausgaben bereits gewinnerhöhend berücksichtigt sind. Bei der X-OHG besteht aus Vorjahren eine kumulierte Unterentnahme i. H. v. T€ 200 (Überentnahme A = T€ 200; Unterentnahme B = T€ 400), bei der Y-KG eine kumulierte Überentnahme i. H. v. T€ 270 (Überentnahme Y = T€ 200, X-OHG = T€ 100, A = T€ 20; Unterentnahme B = T€ 50). Bei der X-OHG und der Y-KG sind Zinsen i. H. v. T€ 120 bzw. T€ 100 angefallen, von denen sich T€ 50 bzw. T€ 60 auf Investitionsdarlehen beziehen. Sämtliche aus Leistungsbeziehungen resultierenden – bei den Gesellschaften gebuchten – Erträge und Aufwendungen fließen über private Bankkonten der Gesellschafter bzw. ein betriebliches Bankkonto der X-OHG und werden nicht lediglich auf Gesellschafterdarlehenskonten verrechnet.

2.3.2. Gesellschafterbezogene Überentnahmeermittlung

2.3.2.1. Darstellung der Berechnung

Bei einer gesellschafterbezogenen Berechnung der Überentnahmen i. S. v. § 4 Abs. 4a EStG ergeben sich bezogen auf den Ausgangsfall auf Ebene der Y-KG für das Wirtschaftsjahr 01 abziehbare Zinsbeträge gemäß Abbildung 19.

	Y	X-OHG	A	B	C
	T€	T€	T€	T€	T€
1. Entnahmen					
a) Private Entnahme des Y	400	0	0	0	0
b) Tätigkeitsvergütung des Y	100	0	0	0	0
c) Kündigung Mietvertrag für Maschine der X-OHG	0	120	0	0	0
d) Mietertrag für Maschine der X-OHG	0	50	0	0	0
e) Mietertrag für Grundstück des A	0	0	80	0	0
f) Anteiliger auf Wirtschaftsgüter der Y-KG entfallender Veräußerungsgewinn des B	0	0	0	150	0
g) Anteilige Darlehensaufnahme des C	0	0	0	0	100
Gesamte Entnahmen	**500**	**170**	**80**	**150**	**100**
2. Einlagen					
a) Aufwendungen für Maschine der X-OHG	0	30	0	0	0
b) Überlassung von Grundstück des A	0	0	100	0	0
c) Aufwendungen für Grundstück des A	0	0	30	0	0
d) Bildung Ergänzungsbilanz für C	0	0	0	0	150
e) Zinsaufwand des C	0	0	0	0	5
Gesamte Einlagen	**0**	**30**	**130**	**0**	**155**
3. Gewinn					
a) Gewinn der Y-KG in 01 = T€ 300	150	150	0	0	0
b) Tätigkeitsvergütung des Y	100	0	0	0	0
c) Mietertrag für Maschine der X-OHG	0	50	0	0	0
d) Aufwand für Maschine der X-OHG	0	-30	0	0	0
e) Mietertrag für Grundstück des A	0	0	80	0	0
f) Aufwendungen für Grundstück des A	0	0	-30	0	0
g) Anteiliger auf Wirtschaftsgüter der Y-KG entfallender Veräußerungsgewinn des B	0	0	0	150	0
h) Abschreibung Ergänzungskapital des C	0	0	0	0	-5
i) Zinsaufwand des C	0	0	0	0	-5
Gesamtgewinn	**250**	**170**	**50**	**150**	**-10**
4. (+)Über-/(-)Unterentnahme in 01	**250**	**-30**	**-100**	**0**	**-45**
5. (+)Über-/(-)Unterentnahme aus Vorjahren	**200**	**100**	**20**	**-50**	**0**
6. Kumulierte (+)Über-/(-)Unterentnahme					
a) Zu verzinsende Überentnahme (+)	450	70	0	0	0
b) Vortragsfähige Unterentnahme (-)	0	0	-80	-50	-45
7. Hinzurechnungsbetrag					
6 v. H. der kumulierten Überentnahme aus 6.	**27**	**4,2**			
8. Hinzurechnungshöchstbetrag					
Relevate Zinsen nach § 4 Abs. 4a EStG = T€ 100	50	50			
- Zinsen für Investitionsdarlehen = T€ 60	-30	-30			
- Freibetrag € 2.050 (gesellschafterbezogen)	-2,05	-2,05			
= Hinzurechnungshöchstbetrag	**17,95**	**17,95**			
9. Nicht abziehbare Zinsen nach § 4 Abs. 4a EStG					
Ansatz des niedrigeren Betrags aus 7. und 8.	**17,95**	**4,2**			

Abbildung 19: Gesellschafterbezogene Anwendung des § 4 Abs. 4a EStG bei der Y-KG

Aufbauend auf diese Berechnung ergibt sich für die X-OHG die in Abbildung 20 dargestellte gesellschafterbezogene Überentnahmeberechnung im Wirtschaftsjahr 01.

	A	B	C
	T€	T€	T€
1. Entnahmen			
a) Private Entnahmen von A und C	300	0	200
b) Tätigkeitsvergütung des A	120	0	0
c) Aufwand aus Überlassung von Maschine der X-OHG an Y-KG	15	15	0
d) Kündigung Mietvertrag für Grundstück des B	0	200	0
e) Mietertrag für Grundstück des B	0	60	0
f) Veräußerung des Mitunternehmeranteils des B an C	0	200	0
g) Anteiliger auf Wirtschaftsgüter der Y-KG entfallender Veräußerungsgewinn des B	0	450	0
h) Anteilige Darlehensaufnahme des C	0	0	300
Gesamte Entnahmen	**435**	**925**	**500**
2. Einlagen			
a) Mietertrag aus Überlassung von Maschine der X-OHG an Y-KG	25	25	0
b) Aufwendungen für Grundstück des B	0	30	0
c) Erwerb des Mitunternehmeranteils von B durch C	0	0	200
d) Bildung Ergänzungsbilanz für C	0	0	450
e) Zinsaufwand des C	0	0	15
Gesamte Einlagen	**25**	**55**	**665**
3. Gewinn			
a) Gewinn der X-OHG in 01 = T€ 200	100	50	50
b) Gewinnanteile aus Y-KG			
Anteil Gesamthandsgewinn = T€ 150	75	37,5	37,5
Sonderbilanzgewinn = T€ 20	10	10	0
./. Kürzung zur Vermeidung von Doppelerfassung	-85	-47,5	-37,5
c) Tätigkeitsvergütung des A	120	0	0
d) Mietertrag für Grundstück des B	0	60	0
e) Aufwendungen für Grundstück des B	0	-30	0
f) Anteiliger auf Wirtschaftsgüter der X-OHG entfallender Veräußerungsgewinn des B	0	450	0
g) Abschreibung Ergänzungskapital des C	0	0	-15
h) Zinsaufwand des C	0	0	-15
Gesamtgewinn	**220**	**530**	**20**
4. (+)Über-/(-)Unterentnahme in 01	**190**	**340**	**-185**
5. (+)Über-/(-)Unterentnahme aus Vorjahren	**200**	**-400**	**0**
6. Kumulierte (+)Über-/(-)Unterentnahme			
a) Zu verzinsende Überentnahme (+)	390	0	0
b) Vortragsfähige Unterentnahme (-)	0	-60	-185
7. Hinzurechnungsbetrag			
6 v. H. der kumulierten Überentnahme aus 6.	**23,4**		
8. Hinzurechnungshöchstbetrag			
Relevate Zinsen nach § 4 Abs. 4a EStG = T€ 120	60		
- Zinsen für Investitionsdarlehen = T€ 50	-25		
- Freibetrag € 2.050 (gesellschafterbezogen)	-2,05		
= Hinzurechnungshöchstbetrag	**32,95**		
9. Nicht abziehbare Zinsen nach § 4 Abs. 4a EStG			
Ansatz des niedrigeren Betrags aus 7. und 8.	**23,4**		

Abbildung 20: Gesellschafterbezogene Anwendung des § 4 Abs. 4a EStG bei der X-OHG

2.3.2.2. Erläuterung und Würdigung

Die gesellschafterbezogene Überentnahmeberechnung nach § 4 Abs. 4a EStG hat auf Ebene der Y-KG dazu geführt, dass den zivilrechtlichen Gesellschaftern Y und der X-OHG ein nicht abzugsfähiger Zinsanteil von T€ 17,95 bzw. T€ 4,2 entstanden ist.[857] Diese Beträge sind dem Betriebsergebnis in 01 außerhalb der Gewinnermittlung hinzuzurechnen, so dass der steuerrechtliche Gewinn der Y-KG letztlich T€ 322,15 beträgt.[858] Den nur mittelbar an der Y-KG beteiligten Gesellschaftern A und C sind aus ihren Leistungsbeziehungen bzw. durch den mittelbaren Anteilserwerb des C vortragsfähige Unterentnahmen entstanden, so dass bei ihnen ein Zinsabzugsverbot in 01 ausscheidet. Für B endet hingegen durch die Veräußerung seines Anteils an der X-OHG in 01 die Anwendung des § 4 Abs. 4a EStG mit einer kumulierten Unterentnahme von T€ 50.[859] Mangels zivilrechtlicher Beteiligung hätte den Gesellschaftern A, B und C allerdings sowieso kein Zinsanteil aus der Gesamthand der Y-KG zugerechnet werden können, so dass der Hinzurechnungshöchstbetrag bei ihnen grundsätzlich Null gewesen wäre (Ausnahme: Sonderbilanzzinsen des C).

Aufbauend auf den Ergebnissen der Überentnahmeberechnung bei der Y-KG ist nun bei der X-OHG ebenfalls eine solche Berechnung durchzuführen. Grundsätzlich führen die Sachverhalte aus Gesamthands-, Sonder- und Ergänzungsbilanzen bei der Überentnahmeberechnung der X-OHG zu den gleichen Konsequenzen, wie bei der Y-KG. Es sind darüber hinaus aber ein paar Besonderheiten zu beachten, die darauf beruhen, dass Gesellschafter der Untergesellschaft eine weitere Personengesellschaft ist. Zunächst ist der auf Ebene der Y-KG für die X-OHG festgestellte nicht abziehbare Zinsanteil i. H. v. T€ 4,2 m. E. auf Ebene der X-OHG als Betriebsausgabe abziehbar. Mangels außerbetrieblicher Sphäre der Obergesellschaft können ihr keine privat

---

[857] Bei der Berechnung ist zum einen unterstellt worden, dass Unterentnahmen des laufenden Wirtschaftsjahres sofort mit Überentnahmen der Vorjahre saldiert werden dürfen, vgl. Fn. 766. Zum anderen wird der Freibetrag bei der Höchstbetragsberechnung jedem Gesellschafter gewährt, vgl. Kapitel E.2.1.2.

[858] Zum Einfluss dieser Hinzurechnung auf die Gewerbesteuer siehe Fn. 767.

[859] Ein beim Veräußerer noch vorhandenes Unter- bzw. Überentnahmepotenzial geht dabei nicht auf den Erwerber über, WEIßMANN, A., Personengesellschaften, S. 178, KORN, K., Betriebsveräußerungen, KÖSDI 2001, S. 12706. Reicht ein bei der Veräußerung erzielter Erlös nicht zur Tilgung aller Betriebsschulden aus, entstehen dem Veräußerer sog. nachlaufende Schuldzinsen, die nach der Rechtsprechung des BFH vom 13.02.1996, VIII R 18/92, BStBl. II 1996, S. 291-295, als nachträgliche Betriebsausgaben abzugsfähig sind. Für solche Zinsen müsste mangels entsprechender Beschränkung im § 4 Abs. 4a EStG die Überentnahmeberechnung auch nach Veräußerung oder Aufgabe eines Betriebes weiterhin durchzuführen sein, vgl. PAUS, B., Praxisfragen, FR 2000, S. 961, KORN, K., Betriebsveräußerungen, KÖSDI 2001, S. 12704.

veranlassten Schuldzinsen entstehen, die einer Abzugsbeschränkung unterliegen könnten.[860]

Die Kündigung des Mietvertrags für die Maschine der X-OHG an die Y-KG hat bei der Y-KG eine Entnahme (T€ 120) zur Folge. Bei der X-OHG führt dies m. E. aber nicht zu einer korrespondierenden Einlage, da – gemäß Spiegelbildmethode – der Erhöhung des Anlagevermögens eine gleich hohe Abnahme des Beteiligungsbuchwertes gegenübersteht.[861] Die bis zur Kündigung aus der Überlassung resultierenden Sonderbilanzerträge von T€ 50 bzw. -aufwendungen von T€ 30 stellen korrespondierend zur Behandlung bei der Y-KG Einlagen bzw. Entnahmen bei der X-OHG dar, da die Beträge über ein betriebliches Bankkonto der X-OHG gelaufen sind und sich deren Vermögen durch die Erträge erhöht bzw. durch die Aufwendungen vermindert hat.[862] Da das Sonderbilanzergebnis i. H. v. T€ 20, aber auch der Gewinnanteil der X-OHG bei der Y-KG i. H. v. T€ 150, bereits das Entnahmepotenzial der X-OHG bei der Überentnahmeberechnung auf Ebene der Y-KG erhöht hat, dürfte es m. E. auf Ebene der X-OHG nicht nochmals zu einer Erhöhung des Entnahmepotenzials durch diese Gewinne kommen. Zur Vermeidung einer doppelten Berücksichtigung sind diese Beträge demnach auf Ebene der X-OHG zu kürzen.[863]

Die Veräußerung des Mitunternehmeranteils des B an der X-OHG an C hat zur Folge, dass B eine Entnahme in Höhe seines Kapitalkontos von T€ 200 tätigt und außerdem einen anteiligen auf die Wirtschaftsgüter der X-OHG entfallenden Veräußerungsgewinn i. H. v. T€ 450 entnimmt. Neugesellschafter C tätigt hingegen durch den Erwerb des Kapitalkontos von B eine entsprechende Einlage von T€ 200 und bildet zudem eine Ergänzungsbilanz mit den auf die Wirtschaftsgüter der X-OHG entfallenden Mehrwerten i. H. v. T€ 450.[864] Das Mehrkapital wird über 15 Jahre (in 01 nur sechs Monate) = T€ 15 gewinnmindernd abgeschrieben. Die Finanzierung des Anteilserwerbs von C führt darüber hinaus zu einer Entnahme in Höhe des auf die X-OHG entfallenden Darlehensbetrag von T€ 300, während der darauf entfallende Zinsaufwand

---

860 Vgl. Kapitel E.2.1.3. Zudem würde es widersprüchlich erscheinen, wenn ein von der Untergesellschaft der Obergesellschaft zugerechneter nicht abziehbarer Zinsanteil bei der Überentnahmeberechnung der Obergesellschaft nicht abziehbar wäre und dies gleichzeitig den Gewinn und somit das Entnahmepotenzial bei der Obergesellschaft erhöhen würde, vgl. WÄLTERMANN, C., Anwendung, FR 2004, S. 558.

861 A. A. KORN, K., in: KORN, K. u. a., EStG, § 4 Rn. 864.1. Vgl. auch Kapitel E.2.2.1.3.3.

862 Die Erträge von T€ 50 bzw. Aufwendungen von T€ 30 entfallen je zur Hälfte auf A und B, da C bis zum Zeitpunkt der Kündigung des Mietvertrags noch kein Gesellschafter war.

863 Vgl. Kapitel E.2.2.2.2.

864 Vgl. KORN, K., Betriebsveräußerungen, KÖSDI 2001, S. 12705, WEIßMANN, A., Personengesellschaften, S. 181.

(T€ 15) wiederum von C eingelegt wird, da er aus dessen Privatmitteln geleistet wurde.

Die gesellschafterbezogene Überentnahmeberechnung führt im Ergebnis dazu, dass nur dem Gesellschafter A eine zu verzinsende kumulierte Überentnahme entsteht. Gesellschafter C kann seine kumulierte Unterentnahme ins nächste Wirtschaftsjahr vortragen, während für B durch Veräußerung seines Anteils die Anwendbarkeit des § 4 Abs. 4a EStG endet. Für A ergibt sich ein Hinzurechnungsbetrag von T€ 23,4. Bei der Ermittlung des Hinzurechnungshöchstbetrages ist zu berücksichtigen, dass die der Berechnung zu Grunde liegenden relevanten Zinsen nicht um die von der Y-KG für die X-OHG festgestellten nicht abziehbaren Zinsen (T€ 4,2) gemindert werden dürfen, da dieser Betrag ja auf Ebene der X-OHG als abziehbar gilt. Da der Hinzurechnungshöchstbetrag den Hinzurechnungsbetrag übersteigt, bleibt es für A bei nicht abziehbaren Zinsen i. H. v. T€ 23,4, so dass sich letztlich für die X-OHG ein korrigierter steuerlicher Gewinn von T€ 223,4 ergibt.

Die Berechnung der Überentnahmen sowohl auf Ebene der Y-KG als auch der X-OHG hat gezeigt, dass die Hinzurechnungsbeträge nach § 4 Abs. 4a EStG verursachungsgerecht – im Verhältnis der individuell getätigten Überentnahmen – auf die jeweiligen Parteien verteilt wurden. Nachfolgend soll nun gezeigt werden, wie sich die Ergebnisse verändern, wenn die Überentnahmeberechnung entsprechend der Verwaltungsauffassung[865] gesellschaftsbezogen durchgeführt wird.

2.3.3. Gesellschaftsbezogene Überentnahmeermittlung

2.3.3.1. Darstellung der Berechnung

Eine gesellschaftsbezogene Berechnung der Überentnahmen i. S. v. § 4 Abs. 4a EStG führt auf Ebene der Y-KG für das Wirtschaftsjahr 01 zu den in Abbildung 21 dargestellten nicht abziehbaren Schuldzinsenbeträgen.

---

[865] Vgl. BMF vom 17.11.2005, IV B 2 – S 2144 – 50/05, DB 2005, S. 2549 Rn. 30.

	Y	X-OHG	A	B	C	Summe
	T€	T€	T€	T€	T€	T€
1. Entnahmen						
a) Private Entnahme des Y	400	0	0	0	0	400
b) Tätigkeitsvergütung des Y	100	0	0	0	0	100
c) Kündigung Mietvertrag für Maschine der X-OHG	0	120	0	0	0	120
d) Mietertrag für Maschine der X-OHG	0	50	0	0	0	50
e) Mietertrag für Grundstück des A	0	0	80	0	0	80
f) Anteiliger auf Wirtschaftsgüter der Y-KG entfallender Veräußerungsgewinn des B	0	0	0	150	0	150
g) Anteilige Darlehensaufnahme des C	0	0	0	0	100	100
Gesamte Entnahmen	**500**	**170**	**80**	**150**	**100**	**1000**
2. Einlagen						
a) Aufwendungen für Maschine der X-OHG	0	30	0	0	0	30
b) Überlassung von Grundstück des A	0	0	100	0	0	100
c) Aufwendungen für Grundstück des A	0	0	30	0	0	30
d) Bildung Ergänzungsbilanz für C	0	0	0	0	150	150
e) Zinsaufwand des C	0	0	0	0	5	5
Gesamte Einlagen	**0**	**30**	**130**	**0**	**155**	**315**
3. Gewinn						
a) Gewinn der Y-KG in 01 = T€ 300	150	150	0	0	0	300
b) Tätigkeitsvergütung des Y	100	0	0	0	0	100
c) Mietertrag für Maschine der X-OHG	0	50	0	0	0	50
d) Aufwand für Maschine der X-OHG	0	-30	0	0	0	-30
e) Mietertrag für Grundstück des A	0	0	80	0	0	80
f) Aufwendungen für Grundstück des A	0	0	-30	0	0	-30
g) Anteiliger auf Wirtschaftsgüter der Y-KG entfallender Veräußerungsgewinn des B	0	0	0	150	0	150
h) Abschreibung Ergänzungskapital des C	0	0	0	0	-5	-5
i) Zinsaufwand des C	0	0	0	0	-5	-5
Gesamtgewinn	**250**	**170**	**50**	**150**	**-10**	**610**
4. (+)Über-/(-)Unterentnahme in 01						**75**
5. (+)Über-/(-)Unterentnahme aus Vorjahren						**270**
6. Kumulierte (+)Über-/(-)Unterentnahme						
a) Zu verzinsende Überentnahme (+)						345
b) Vortragsfähige Unterentnahme (-)						0
7. Hinzurechnungsbetrag						
6 v. H. der kumulierten Überentnahme aus 6.						**20,7**
8. Hinzurechnungshöchstbetrag						
Relevate Zinsen nach § 4 Abs. 4a EStG						105
- Zinsen für Investitionsdarlehen						-65
- Freibetrag € 2.050 (gesellschaftsbezogen)						-2,05
= Hinzurechnungshöchstbetrag						**37,95**
9. Nicht abziehbare Zinsen nach § 4 Abs. 4a EStG						
Ansatz des niedrigeren Betrags aus 7. und 8.						**20,7**
10. Verteilung der nicht abziehbaren Zinsen						
Verteilung gemäß Gewinnverteilungsschlüssel	**10,35**	**10,35**	**0**	**0**	**0**	**20,7**

Abbildung 21: Gesellschaftsbezogene Anwendung des § 4 Abs. 4a EStG bei der Y-KG

Aufbauend auf diese Berechnung ergibt sich für die X-OHG eine gesellschaftsbezogene Überentnahmeberechnung im Wirtschaftsjahr 01 gemäß Abbildung 22.

	A	B	C	Summe
	T€	T€	T€	T€
1. Entnahmen				
a) Private Entnahmen von A und C	300	0	200	500
b) Tätigkeitsvergütung des A	120	0	0	120
c) Aufwand aus Überlassung von Maschine der X-OHG an Y-KG	15	15	0	30
d) Kündigung Mietvertrag für Grundstück des B	0	200	0	200
e) Mieterträg für Grundstück des B	0	60	0	60
f) Veräußerung des Mitunternehmeranteils des B an C	0	200	0	200
g) Anteiliger auf Wirtschaftsgüter der Y-KG entfallender Veräußerungsgewinn des B	0	450	0	450
h) Anteilige Darlehensaufnahme des C	0	0	300	300
Gesamte Entnahmen	**435**	**925**	**500**	**1860**
2. Einlagen				
a) Mieterträg aus Überlassung von Maschine der X-OHG an Y-KG	25	25	0	50
b) Aufwendungen für Grundstück des B	0	30	0	30
c) Erwerb des Mitunternehmeranteils von B durch C	0	0	200	200
d) Bildung Ergänzungsbilanz für C	0	0	450	450
e) Zinsaufwand des C	0	0	15	15
Gesamte Einlagen	**25**	**55**	**665**	**745**
3. Gewinn				
a) Gewinn der X-OHG in 01 = T€ 200	100	50	50	200
b) Gewinnanteile aus Y-KG				
Anteil Gesamthandsgewinn = T€ 150	75	37,5	37,5	150
Sonderbilanzgewinn = T€ 20	10	10	0	20
./. Kürzung zur Vermeidung von Doppelerfassung	-85	-47,5	-37,5	-170
c) Tätigkeitsvergütung des A	120	0	0	120
d) Mieterträg für Grundstück des B	0	60	0	60
e) Aufwendungen für Grundstück des B	0	-30	0	-30
f) Anteiliger auf Wirtschaftsgüter der X-OHG				0
entfallender Veräußerungsgewinn des B	0	450	0	450
g) Abschreibung Ergänzungskapital des C	0	0	-15	-15
h) Zinsaufwand des C	0	0	-15	-15
Gesamtgewinn	**220**	**530**	**20**	**770**
4. (+)Über-/(-)Unterentnahme in 01				**345**
5. (+)Über-/(-)Unterentnahme aus Vorjahren				**-200**
6. Kumulierte (+)Über-/(-)Unterentnahme				
a) Zu verzinsende Überentnahme (+)				145
b) Vortragsfähige Unterentnahme (-)				0
7. Hinzurechnungsbetrag				
6 v. H. der kumulierten Überentnahme aus 6.				**8,7**
8. Hinzurechnungshöchstbetrag				
Relevate Zinsen nach § 4 Abs. 4a EStG				135
- Zinsen für Investitionsdarlehen				-65
- Freibetrag € 2.050 (gesellschaftsbezogen)				-2,05
= Hinzurechnungshöchstbetrag				**67,95**
9. Nicht abziehbare Zinsen nach § 4 Abs. 4a EStG				
Ansatz des niedrigeren Betrags aus 7. und 8.				**8,7**
10. Verteilung der nicht abziehbaren Zinsen				
Verteilung gemäß Gewinnverteilungsschlüssel	**4,35**	**2,175**	**2,175**	**8,7**

Abbildung 22: Gesellschaftsbezogene Anwendung des § 4 Abs. 4a EStG bei der X-OHG

2.3.3.2. Erläuterung und Würdigung

Bei der gesellschaftsbezogenen Überentnahmeberechnung auf Ebene der Y-KG ergeben sich aus den einzelnen Geschäftsvorfällen des Wirtschaftsjahres 01 die gleichen Konsequenzen hinsichtlich der Einlagen, Entnahmen und Gewinnauswirkung wie bei der gesellschafterbezogenen Berechnung. Anders ist lediglich, dass hier sämtliche individuellen Sachverhalte zusammengefasst werden, so dass ein saldiertes Ergebnis für die Gesellschaft insgesamt entsteht. Danach ergibt sich für 01 eine Überentnahme i. H. v. T€ 75 bzw. aufgrund von Überentnahmen aus Vorjahren (T€ 270) eine kumulierte zu verzinsende Überentnahme i. H. v. T€ 345. Aus dem Vergleich von Hinzurechnungsbetrag und Hinzurechnungshöchstbetrag[866] ergeben sich für die Gesellschaft nicht abzugsfähige Zinsen i. H. v. T€ 20,7, so dass deren steuerrechtlicher Gewinn letztlich T€ 320,7 beträgt. Der Hinzurechnungsbetrag ist den Mitunternehmern grundsätzlich nach dem Gewinnverteilungsschlüssel zuzurechnen, so dass Y und der X-OHG jeweils nicht abzugsfähige Zinsen i. H. v. T€ 10,35 entstehen. Die Gesellschafter können allerdings davon auch eine abweichende Verteilung vereinbaren.[867] Dies könnte geboten sein, da A, B und C mangels zivilrechtlicher Mitunternehmerstellung bei der Y-KG sonst niemals einen nicht abziehbaren Zinsanteil zugerechnet bekommen könnten. Außerdem könnte eine Verteilung nach dem Gewinnverteilungsschlüssel fremdbestimmte Steuerwirkungen zur Folge haben, wenn ein nicht abziehbarer Zinsbetrag auf einen Mitunternehmer entfällt, der für sich genommen eine kumulierte Unterentnahme erzielt hat. In diesem Beispiel ist die kumulierte Überentnahme fast ausschließlich durch Y entstanden[868], der Hinzurechnungsbetrag entfällt aber nur zu 50 v. H. auf ihn. Die X-OHG wird somit durch eine Überentnahme belastet, die Y verursacht hat. Eine gerechte Lösung wäre demnach, den Hinzurechnungsbetrag verursachungsgemäß auf die einzelnen Parteien zu verteilen. Dies kann durch eine Kombination der gesellschafts- mit der gesellschafterbezogenen Berechnung erreicht werden. Neben der Ermittlung der nicht abziehbaren Schuldzinsen für die Mitunternehmerschaft müsste zusätzlich auch eine permanente, jahresübergreifende Ermittlung der prozentualen Anteile aller Gesellschafter an den Überentnahmen erfolgen und dementsprechend der Hinzurechnungsbetrag verteilt werden.[869] Bezogen auf das Beispiel hat Y für sich genommen eine kumulierte Überentnahme von T€ 450 und die X-OHG von T€ 70

[866] In die Berechnung des Hinzurechnungshöchstbetrags fließen bei der gesellschaftsbezogenen Betrachtungsweise auch die Schuldzinsen des C aus seiner Finanzierung des Beteiligungskaufs i. H. v. T€ 5 mit ein. Bei der gesellschafterbezogenen Berechnung wurden die Zinsen aufgrund der Unterentnahme des C nicht berücksichtigt, siehe auch LEY, U., Schuldzinsen, NWB 2000, Fach 3, S. 11181. Dieser Betrag wirkt sich im Ergebnis allerdings nicht aus, da es sich um Zinsen aus einem Investitionsdarlehen handelt und somit abziehbar ist.

[867] Vgl. BMF vom 17.11.2005, IV B 2 – S 2144 – 50/05, DB 2005, S. 2549 Rn. 30.

[868] Vgl. Abbildung 23, Punkt 6).

[869] Vgl. WIECZOREK, M., Neuregelung, Stbg 2000, S. 306, HÖCK, E., Schuldzinsen, StW 2001, S. 193, KORN, K., in: KORN, K. u. a., EStG, § 4 Rn. 858.1.

erzielt.[870] Demnach wäre also eine Aufteilung des Hinzurechnungsbetrags von T€ 20,7 im Verhältnis 87% zu 13% eine verursachungsgerechte Lösung, so dass Y im Ergebnis nicht abziehbare Schuldzinsen i. H. v. T€ 17,9 und der X-OHG T€ 2,8 entstünden. In diesem Zusammenhang ist allerdings zu beachten, dass gemäß der Konstruktion der doppelstöckigen Personengesellschaft zwischen der Y-KG und A, B und C keine gesellschaftsvertraglichen Beziehungen bestehen. Würde bei den nur mittelbar an der Y-KG beteiligten Gesellschaftern eine kumulierte Überentnahme entstehen, könnten Vereinbarungen zur verursachungsgerechten Verteilung des Hinzurechnungsbetrags nur sehr schwer vorgenommen werden.[871]

Die Überentnahmeberechnung der X-OHG ist grundsätzlich wie bei der gesellschafterbezogenen Berechnung aufzubauen. Der Unterschied liegt auch hier nur in der Saldierung der individuellen Sachverhalte zu einem gesellschaftsbezogenen Ergebnis. Es ergibt sich für 01 eine Überentnahme i. H. v. T€ 345 bzw. aufgrund von Unterentnahmen aus Vorjahren (T€ 200) eine kumulierte zu verzinsende Überentnahme i. H. v. T€ 145. Daraus resultiert im Ergebnis ein Hinzurechnungsbetrag i. H. v. T€ 8,7[872], so dass der steuerrechtliche Gewinn der X-OHG schließlich T€ 208,7 beträgt. Die ermittelten nicht abziehbaren Schuldzinsen sind nun entweder nach dem Gewinnverteilungsschlüssel (A = T€ 4,35, B = T€ 2,175, C = T€ 2,175) oder, um fremdbestimmte Steuerwirkungen zu vermeiden, abweichend davon individuell vereinbart auf die Gesellschafter zu verteilen. Verursachungsgerecht müsste dann der gesamte Hinzurechnungsbetrag dem A zugeteilt werden, da dieser – gesellschafterbezogen betrachtet – als einziger eine kumulierte Überentnahme erzielt hat.

2.3.4. Vergleich der gesellschafter- und gesellschaftsbezogenen Überentnahmeberechnung

Vergleicht man nun die Ergebnisse der gesellschafterbezogenen und der gesellschaftsbezogenen Überentnahmeberechnung, erscheint die gesellschafterbezogene Berechnung zunächst sachgerechter, da mit ihr – insbesondere bei doppel-

---

[870] Vgl. Abbildung 23, Punkt 6).

[871] Die Untergesellschaft könnte in ihrem Gesellschaftsvertrag über eine Klausel gegenüber der Obergesellschaft und diese wiederum in ihrem Gesellschaftsvertrag über eine Klausel gegenüber ihren Gesellschaftern einen Ausgleichsanspruch für solche Fälle formulieren, vgl. Kapitel C.1.4. Zu einem konkreten gesellschaftsvertraglichen Formulierungsvorschlag, vgl. ROEMER, M., Sonderregelungen, INF 2001, S. 559.

[872] In die Berechnung des Hinzurechnungshöchstbetrags fließen auch auf Ebene der X-OHG die Schuldzinsen des C aus seiner Finanzierung des Beteiligungskaufs i. H. v. T€ 15 mit ein, die allerdings im Ergebnis keine Berücksichtigung finden, da es sich um Zinsen aus Investitionsdarlehen handelt und somit abziehbar sind.

stöckigen Personengesellschaften – verursachungsgerecht die nicht abziehbaren Schuldzinsen i. S. v. § 4 Abs. 4a EStG errechnet werden können, während dies mit der gesellschaftsbezogenen Berechnung aufgrund der fehlenden Gesellschafterstellung der Obergesellschafter bei der Untergesellschaft nur schwer erreichbar ist. Es kann allerdings auch festgestellt werden, dass bei der gesellschaftsbezogenen Berechnung in diesem Beispiel der dem Gewinn hinzuzurechnende Zinsbetrag sowohl auf Ebene der Unter- als auch der Obergesellschaft geringer ausfällt.[873] Das liegt daran, dass die Überentnahmen einzelner Gesellschafter durch Unterentnahmen anderer Gesellschafter kompensiert werden und sich somit saldiert eine geringere zu verzinsende Überentnahme ergibt. In anderen Fällen könnte sich dadurch sogar eine kumulierte Unterentnahme ergeben. Zwar kann dagegen eingewandt werden, dass bei dieser Methode unter Umständen einzelne Gesellschafter, die bei einer gesellschaftsbezogenen kumulierten Überentnahme für sich genommen eine kumulierte Unterentnahme erzielt haben, ungerechtfertigt mit nicht abziehbaren Zinsbeträgen belastet werden. Dieser Mangel könnte aber wiederum durch eine Kombination der gesellschafts- mit der gesellschafterbezogenen Überentnahmeberechnung behoben werden. Vorausgesetzt, es gelingt zwischen den einzelnen Ober- und Untergesellschaftern eine individuelle Vereinbarung zur verursachungsgerechten Verteilung der nicht abziehbaren Schuldzinsen zu schließen, könnte demnach ein insgesamt niedrigerer Hinzurechnungsbetrag verursachungsgerecht auf die Gesellschafter verteilt werden. Durch die Anwendung der gesellschaftsbezogenen Methode bei gleichzeitigem Ausgleich möglicher Nachteile aus einer nicht verursachungsgerechten Verteilung des Hinzurechnungsbetrages kann somit für die Gesellschafter ein insgesamt günstigeres Ergebnis erzielt werden. Darüber hinaus steht die gesellschaftsbezogene Berechnung in Einklang mit der Verwaltungsauffassung.[874]

2.4. Gestaltungsmöglichkeiten zur Vermeidung von nicht abziehbaren Schuldzinsen nach § 4 Abs. 4a EStG

Wenn sich gegen Ende eines Wirtschaftsjahres die Höhe der Gewinne und der vorgenommen Entnahmen abzeichnet, ist es sinnvoll zu prüfen, ob und ggf. in welcher Höhe ein überentnahmebedingtes Schuldzinsenabzugsverbot eintreten könnte. In einem zweiten Schritt wäre dann zu überlegen, welche Abwehrmaßnahmen gegen eine Gewinnhinzurechnung vorgenommen werden könnten. Dabei ist allerdings bei doppelstöckigen Personengesellschaften darauf zu

---

[873] Bei der gesellschafterbezogenen Überentnahmeberechnung ergeben sich bei der Y-KG T€ 22,15 und bei der X-OHG T€ 23,4 = T€ 45,55 nicht abzugsfähige Schuldzinsen, während bei der gesellschaftsbezogenen Überentnahmeberechnung nur Hinzurechnungsbeträge i. H. v T€ 20,7 und T€ 8,7 = T€ 29,4 entstehen.

[874] Vgl. BMF vom 17.11.2005, IV B 2 – S 2144 – 50/05, DB 2005, S. 2549 Rn. 30.

achten, dass eine gezielte Einflussnahme auf die Überentnahmeberechnung auf Ebene der Untergesellschaft sich auch auf die Überentnahmeberechnung auf Ebene der Obergesellschaft auswirken kann.

Die Mitunternehmer könnten z. B. direkt auf die Höhe der Überentnahmen Einfluss nehmen, indem sie Entnahmestopps kurz vor dem Bilanzstichtag vereinbaren oder aus ihrem Privatvermögen entsprechend hohe Einlagen (Bar- oder Sacheinlagen) in das Gesamthands- oder Sonderbetriebsvermögen tätigen.[875] Bei einer doppelstöckigen Personengesellschaft kann zudem die Obergesellschaft der Untergesellschaft Wirtschaftsgüter zur Nutzung überlassen, um so über die Begründung von Sonderbetriebsvermögen bei der Untergesellschaft dort das Entnahmepotenzial zu erhöhen, während sich das Entnahmepotenzial bei der Obergesellschaft aufgrund der spiegelbildlichen Bilanzierung des überlassenen Wirtschaftsguts nicht verändert.[876] Bei der Überlassung von Wirtschaftsgütern zwischen Schwesterpersonengesellschaften ist hingegen zu beachten, dass dadurch kein Sonderbetriebsvermögen begründet wird.[877] Daher entstehen weder durch eine Überlassung des Wirtschaftsguts noch durch die damit verbundenen Aufwendungen und Erträge entsprechende Entnahmen und Einlagen.

Stehen im Einflussbereich eines Mitunternehmers mehrere Betriebe oder mitunternehmerische Beteiligungen, könnte es zudem sinnvoll sein, gegenseitige Wirtschaftsgutübertragungen oder auch Geldtransfers (ggf. über Verrechnungskonten) vorzunehmen. Bei der Übertragung von Wirtschaftsgütern aus einem Betriebsvermögen in ein anderes Betriebsvermögen entsteht bei dem abgebenden Betriebsvermögen eine Entnahme und dem aufnehmenden Betriebsvermögen eine Einlage, auch wenn dieser Vorgang nach § 6 Abs. 5 EStG zu Buchwerten erfolgt.[878] Unterhält ein Gesellschafter einer Mitunternehmerschaft neben dieser Beteiligung z. B. noch ein Einzelunternehmen und besteht bei der Mitunternehmerschaft einer Überentnahme, während das Einzelunternehmen eine Unterentnahme erzielt hat, kann ein Geldtransfer vom Einzelunternehmen (dort Entnahme) zur Mitunternehmerschaft (dort Einlage) Überentnahmen insgesamt verhindern.[879] Da auch die Höhe des Gewinns eine entscheidende Rolle in der Überentnahmeberechnung spielt, könnten Mitunternehmer über Ertragsverlagerungen zwischen zwei Unternehmen Einfluss auf die Höhe der

---

[875] Vgl. KORN, K./STRAHL, M., Hinweise, KÖSDI 2004, S. 14412.
[876] Vgl. Kapitel E.2.2.1.3.3.
[877] Vgl. Kapitel C.2.2.2.2.
[878] Vgl. BMF vom 17.11.2005, IV B 2 – S 2144 – 50/05, DB 2005, S. 2549 Rn. 10.
[879] Vgl. KORN, K., in: KORN, K. u. a., EStG, § 4 Rn. 842.1.

Überentnahme nehmen. Diese Überlegung dürfte allerdings oft nur in Verbindung mit anderen Gründen in die Steuerplanung passen.[880]

Alternativ können die Mitunternehmer durch Veränderung der Finanzierungsstruktur auf die Höhe des Hinzurechnungshöchstbetrags einwirken. Da Investitionskredite den Hinzurechnungshöchstbetrag mindern, ist es erstrebenswert, bei anstehenden Fremdfinanzierungen vorrangig Investitionen in das Anlagevermögen fremd zu finanzieren, während Anschaffungen im Bereich des Umlaufvermögens aus privaten Mitteln getätigt werden sollten.[881] Eine Verminderung des Hinzurechnungshöchstbetrags ist allerdings nur insoweit sinnvoll, als dass dieser unter den Hinzurechnungsbetrag, d. h. unter den Betrag von 6 v. H. der kumulierten Überentnahme des Wirtschaftsjahres, sinkt. Schließlich ist der kleinere Betrag aus Hinzurechnungs- und Hinzurechnungshöchstbetrag dem Gewinn hinzuzurechnen, § 4 Abs. 4a Satz 4 EStG.[882]

Darüber hinaus kann eine doppelstöckige Personengesellschaft der Anwendung des § 4 Abs. 4a EStG insgesamt entgehen, indem gezielte Umwandlungsmaßnahmen vorgenommen werden, z. B. durch Formwechsel in eine Kapitalgesellschaft oder eine Verschmelzung auf eine bzw. Einbringung in eine Kapitalgesellschaft. Ein solcher Schritt dürfte allerdings allein aus Gründen der Vermeidung einer Hinzurechnung von nichtabziehbaren Schuldzinsen nicht lohnend sein, sondern nur im Zusammenhang mit anderen steuerlichen Überlegungen interessant erscheinen.[883]

---

[880] Vgl. KORN, K./STRAHL, M., Hinweise, KÖSDI 2004, S. 14412.

[881] Wird der entgeltliche Erwerb eines Betriebs, Teilbetriebs oder Mitunternehmeranteils fremdfinanziert, liegen Anschaffungskosten für das Anlagevermögen nur insoweit vor, als die Fremdmittel auf das erworbene Anlagevermögen entfallen. Im Fall der Mischfinanzierung durch Eigen- und Fremdkapital sollte – in Absprache mit dem Veräußerer – eine gezielte Bezahlung des Anlagevermögens mit Fremdmitteln möglich sein, vgl. DARAGAN, H./LEY, U./STRAHL M., Gestaltungsüberlegungen, DStR 2000, S. 1984, KORN, K., in: KORN, K. u. a., EStG, § 4 Rn. 853.1.

[882] Vgl. DARAGAN, H./LEY, U./STRAHL M., Gestaltungsüberlegungen, DStR 2000, S. 1984, KORN, K., in: KORN, K. u. a., EStG, § 4 Rn. 853.1.

[883] Vgl. m. w. N. STEGEMANN, D., Beendigung, INF 2002, S. 622-624.

F. Zusammenfassung

Doppel- bzw. mehrstöckige Personengesellschaften finden sich insbesondere im mittelständischen Bereich. Trotz der Neukonzeption des § 15 Abs. 1 Satz 1 Nr. 2 EStG ist diese Gesellschaftsform mit Vorteilen verbunden, die in den Eigenschaften der Personengesellschaft begründet liegen. Ein Grund für die Attraktivität einer mehrstöckigen Personengesellschaftsstruktur ist darin zu sehen, dass sie für steuerplanerische Zwecke verschiedene Optionen bietet.

Allerdings fällt dabei auf, dass die ertragsteuerliche Behandlung von doppelstöckigen Personengesellschaften in verschiedenen Bereichen offene Fragen aufwirft, die sich insbesondere daraus ergeben, dass an einer Personengesellschaft eine weitere Personengesellschaft beteiligt ist, aber das Steuersubjekt die natürliche oder juristische Person ist, die hinter dieser Gesellschaft steht. Da neben der laufenden Besteuerung insbesondere die Veräußerung eines Betriebs, Teilbetriebs oder Mitunternehmeranteils steuerliche Probleme aufwirft, war Ziel der Arbeit, diese Themen im Gesamtzusammenhang zu beleuchten.

Diesbezüglich wurden zunächst in den Kapitel B und C die Grundlagen für die spätere Untersuchung gelegt. Dabei zeigte sich, dass bei Fragen der Gewinnermittlung auf den einzelnen Ebenen der doppelstöckigen Personengesellschaft sich das Problem der fremdbestimmten Steuerwirkungen ergibt. Ein Ausgleich dieser unsachgerechten Besteuerung ist dabei gerade in Fällen der doppelstöckigen Personengesellschaft problematisch, da die Gesellschafter der Obergesellschaft diesbezüglich getroffene Regelungen bei der Untergesellschaft mangels zivilrechtlicher Beteiligung an der Untergesellschaft nicht gegen sich wirken lassen müssen. Ein Ausgleich könnte somit nur geschafft werden, wenn vertragliche Klauseln über Unter- und Obergesellschaft geschaffen werden, die entsprechende Ansprüche formulieren. Die Aufdeckung bzw. Quantifizierung solcher fremdbestimmten Steuerwirkungen dürfte allerdings gerade bei mehrstöckigen Personengesellschaftsstrukturen nahezu unmöglich sein.

Überlässt die Obergesellschaft der Untergesellschaft Wirtschaftsgüter, stellt sich in diesem Zusammenhang die Frage nach der Bilanzierungskonkurrenz. Zwar hat der BFH für diese Fälle entschieden, dass die Überlassung von Wirtschaftsgütern regelmäßig zu Sonderbetriebsvermögen bei der Untergesellschaft führt. Allerdings ist diese Auffassung umstritten, zumal bei der Überlassung von Wirtschaftsgütern zwischen Schwesterpersonengesellschaften der Bilanzierung beim Eigenbetrieb Vorrang eingeräumt wird. Da die Bilanzierung beim eigenen Gewerbebetrieb für die laufende Besteuerung bzw. im Falle eines Veräußerungsvorgangs vorteilhaft sein kann, steht mit dem sog. Ausgliederungsmodell eine Gestaltungsmöglichkeit zur Vermeidung von Sonderbetriebsvermögen zur Verfügung.

Des Weiteren wurde grundlegend die Bilanzierung der Beteiligung der Ober- an der Untergesellschaft betrachtet, da ein zutreffender Betriebsvermögensausweis für die Besteuerung einer doppelstöckigen Personengesellschaft materielle Bedeutung besitzt. Diesbezüglich wurden im Laufe der Jahre in der Literatur vier Bilanzierungsmöglichkeiten entwickelt. Die Untersuchung der Wirkungsweisen dieser verschiedenen Auffassungen hat gezeigt, dass die Bilanzierung der Untergesellschaftsbeteiligung lediglich nach der sog. Spiegelbildmethode (oder analog in Höhe der anteiligen Wirtschaftsgüter) zu für die Besteuerung der doppelstöckigen Personengesellschaft zutreffenden Ergebnissen führt. Diese Methode war daher für die spätere Untersuchung unterstellt worden.

Das anschließende Kapitel D befasste sich mit den ertragsteuerlichen Konsequenzen verschiedener Veräußerungsszenarien bei doppelstöckigen Personengesellschaften. Sofern ein Veräußerungsvorgang auf Ebene der Untergesellschaft stattfindet, ergeben sich auf Seiten des Veräußerers grundsätzlich die gleichen steuerlichen Konsequenzen wie bei einstöckigen Personengesellschaften. Die ggf. zu gewährenden personenbezogenen Tarifbegünstigungen der §§ 16, 34 EStG können dabei allerdings unter ausnahmsweiser Durchbrechung des Durchgriffsverbots den Gesellschaftern der Obergesellschaft zugeleitet werden. Bei einem Veräußerungsvorgang auf Ebene der Obergesellschaft ist zu beachten, dass der Mitunternehmeranteil eines Gesellschafters der Obergesellschaft neben dem Obergesellschaftsanteil wirtschaftlich und steuerlich gesehen auch den anteiligen Anteil an der Untergesellschaft zzgl. etwaigem Sonderbetriebsvermögen der Ober- bei der Untergesellschaft umfasst. Die mittelbare Beteiligung an der Untergesellschaft kann nicht separat veräußert werden. Es liegt demnach nur ein tarifbegünstigter Veräußerungsvorgang vor. Davon zu trennen ist der Sondermitunternehmeranteil des Gesellschafters der Obergesellschaft, bestehend aus dem der Untergesellschaft überlassenen Sonderbetriebsvermögen. Dieser kann gesondert und m. E. tarifbegünstigt veräußert werden. Ist ein Gesellschafter sowohl an der Ober- als auch an der Untergesellschaft zivilrechtlich beteiligt, liegen zwei selbständig veräußerbare Mitunternehmeranteile vor, die nach den für einstöckige Personengesellschaften geltenden Regelungen zu behandeln sind. Eine Sondermitunternehmerstellung i. S. v. § 15 Abs. 1 Satz 1 Nr. 2 Satz 2 EStG wird durch die unmittelbare Beteiligung an der Untergesellschaft verdrängt.

Im Zusammenhang mit den Veräußerungsvorgängen ist zu beachten, dass steuerliche (Behalte-)Fristen, die aus im Vorfeld einer Veräußerung durchgeführten Buchwertübertragungen von Wirtschaftsgütern oder Mitunternehmerteilanteilen entstanden sind (§§ 6 Abs. 3, 5 EStG), eingehalten werden. Die Verletzung dieser Fristen führt dazu, dass rückwirkend auf den Zeitpunkt der Übertragung der Teilwert für diesen Vorgang anzusetzen ist. Die Fristen haben gemeinsam, dass die schädliche Handlung eines Gesellschafters steuerrechtliche Konsequenzen für einen anderen Gesellschafter nach sich zieht, also fremdbestimmte Steuerwirkungen auftreten. Ein Ausgleich dieser Steuerwirkungen ist bei doppelstöckigen Personengesellschaften – wie bereits erwähnt – nur schwer zu erreichen.

Die grundsätzliche Gewerbesteuerfreiheit für Veräußerungsvorgänge gilt nicht in Fällen des § 7 Satz 2 Nr. 2 GewStG, der auf Veräußerungen von Anteilen an einer Untergesellschaft durch die Obergesellschaft Anwendung findet, da mit der Obergesellschaft eine nichtnatürliche Person unmittelbar an der Untergesellschaft beteiligt ist. Veräußert ein Gesellschafter der Obergesellschaft seinen Anteil an dieser, ist m. E. der Auffassung zu folgen, dass nur ein Veräußerungsvorgang – und nicht zwei selbständige Veräußerungsvorgänge – anzunehmen ist. Das hat zur Konsequenz, dass auch auf den Veräußerungsgewinn, soweit dieser auf den Untergesellschaftsanteil entfällt, keine Gewerbesteuer entfällt. Die Obergesellschaft besitzt somit für gewerbesteuerliche Zwecke eine Abschirmwirkung gegenüber der Untergesellschaft. Werden Mitunternehmerteilanteile veräußert, lässt sich m. E. entgegen der herrschenden Auffassung keine Gewerbesteuerpflicht aus dem Gesetz ableiten.

Die entstandene Gewerbesteuer kann anschließend nach § 35 EStG angerechnet werden. In diesem Zusammenhang kommt es allerdings häufig zu sog. Anrechnungsüberhängen, so dass ein Abbau der Gewerbesteuer nicht (vollständig) gelingt. Diese Problematik verschärft sich grundsätzlich dann, wenn bei doppelstöckigen Personengesellschaften in die Berechnung des anteiligen Gewerbesteuer-Messbetrags auf verschiedenen Gesellschaftsebenen Sonder- und Ergänzungsbilanzergebnisse einfließen. Insbesondere bei Veräußerungsvorgängen ist die Gefahr groß, dass Anrechnungsvolumen und Ermäßigungshöchstbetrag personell auseinander fallen, was erhebliche Anrechnungsüberhänge zur Folge haben kann.

Bestehen Gewerbesteuerverlustvorträge i. S. v. § 10a GewStG auf Ebene der Obergesellschaft, gehen diese im Falle einer Veräußerung verloren, soweit sie auf den Veräußerer entfallen. Das ergibt sich aus dem Erfordernis von Unternehmens- und Unternehmeridentität. Bestehen Verlustvorträge auf Ebene der Untergesellschaft, werden diese durch einen Wechsel im Gesellschafterbestand der Obergesellschaft allerdings nicht berührt. Ist ein Gesellschafter sowohl bei der Ober- als auch bei der Untergesellschaft unmittelbar beteiligt und veräußert der Gesellschafter seinen unmittelbaren Anteil an der Untergesellschaft, verliert er ebenfalls seinen Verlustvortrag, obwohl er immer noch über die Obergesellschaft mittelbar zum Gesellschafterbestand der doppelstöckigen Personengesellschaft gehört, da die Obergesellschaft gegenüber den hinter ihr stehenden Gesellschaftern eine Abschirmwirkung entfaltet. Der Untergang eines gewerbesteuerlichen Verlustvortrags im Veräußerungsfall kann m. E. durch ein schrittweises Ausscheiden aus der Personengesellschaft verhindert werden, da Umschichtungen von Personengesellschaftsanteilen unter den Gesellschaftern nicht zu Kürzungen beim Verlustabzug führen.

Für den Erwerber von Anteilen an einer doppelstöckigen Personengesellschaft stellt sich die Frage nach der richtigen Erstellung einer ggf. zu bildenden Ergänzungsbilanz, da dies materielle Bedeutung für die laufende Besteuerung hat. Insbesondere im Zusammenhang mit dem Erwerb eines Mitunternehmeranteils an der Obergesellschaft sind in der Literatur verschiedene Auffassungen vertreten worden, wie die mittelbar an der Untergesellschaft miterworbenen stillen Reserven ergänzungsbilanziell abzubilden sind. Bei näherer Betrachtung dieser Vorschläge zeigt sich, dass in diesen Fällen lediglich die Bildung einer Ergänzungsbilanz für den Obergesellschafter über die Obergesellschaft bei der Untergesellschaft zu sachgerechten Ergebnissen im Hinblick auf die laufende Besteuerung der doppelstöckigen Personengesellschaft führt. Ein ähnliches Ergebnis kann zwar auch durch die Bildung einer Ergänzungsbilanz für die Obergesellschaft bei der Untergesellschaft erreicht werden, allerdings ist dann die technische Umsetzung schwieriger.

Im Kapitel E wurden schließlich einzelne Problembereiche der laufenden Besteuerung der doppelstöckigen Personengesellschaft unter Berücksichtigung von Veräußerungsvorgängen diskutiert. Bezüglich der Verlustverrechnung nach § 15a EStG ist allein schon die Anwendung der Vorschrift auf doppelstöckige Personengesellschaften strittig. Gleichwohl schreibt der BFH in einem Urteil die Anwendung vor. Das Verlustausgleichspotenzial eines Gesellschafters der Obergesellschaft hängt dabei entscheiden davon ab, wie die Obergesellschaft ihre Beteiligung an der Untergesellschaft bilanziert hat. Auch hier hat sich wiederum gezeigt, dass nur mit Hilfe der Spiegelbildmethode eine zutreffende Verlustverrechnung i. S. v. § 15a EStG gelingt. Eine Bilanzierung der Beteiligung nach handelsrechtlichen Grundsätzen bzw. ein Nichtansatz der Beteiligung kann zu Sachverhaltsgestaltungen anregen, die die Rechtsfolgen des § 15a EStG umgehen. Die Kompliziertheit der Verlustverrechnung selbst bei einer doppelstöckigen Personengesellschaft hängt davon ab, wie die einzelnen Gesellschafter haften bzw. welche Gesellschaft steuerliche Verluste erleidet. Insbesondere der Fall, in dem sowohl die Unter- als auch die Obergesellschaft Verluste erwirtschaften und sämtliche Gesellschafter einer beschränkten Haftung unterliegen, besteht die Gefahr, dass lediglich verrechenbare Verluste aus der Untergesellschaft auf Ebene der Obergesellschaft in ungerechtfertigter Weise doppelt berücksichtigt werden und somit das Verlustausgleichspotenzial der Obergesellschafter zusätzlich eingeschränkt wird, so dass die Rechtsfolgen des § 15a EStG kumulieren. Diesem Problem kann durch die Bildung eines außerbilanziellen Merkpostens begegnet werden, der anzeigt, welcher Teil des Verlusts der Obergesellschaft – neben dem ausgleichsfähigen Verlustanteil aus der Untergesellschaft – ausgleichsfähig bzw. nur verrechenbar ist. Wird schließlich ein Anteil an einer doppelstöckigen Personengesellschaft veräußert, ist es sachgerecht, die zu diesem Zeitpunkt noch nicht verrechneten Verluste mit dem Veräußerungsergebnis zu saldieren, da dann die Verluste auch wirtschaftlich getragen werden. Bei der Veräußerung eines Mitunternehmeranteils an der Obergesellschaft ist zu beachten, dass dadurch auch die anteilige mittelbare Beteiligung veräußert wird, aus der noch verrechenbare Verluste resultieren können. Der Veräußerungsgewinn ist dann, soweit er auf die Wirtschaftsgüter der Untergesellschaft entfällt, mit den dort verrechenbaren Verlusten zu saldieren. Gleiches gilt entsprechend für die Obergesellschaft.

Schließlich wurde untersucht, wie die Berechnung des begrenzten Schuldzinsenabzugs i. S. v. § 4 Abs. 4a EStG bei doppelstöckigen Personengesellschaften durchzuführen ist, da auch diesbezüglich zahlreiche ungeklärte Fragen existieren. Ähnlich wie bei der Vorschrift des § 15a EStG ist auch hier strittig, ob die Vorschrift des § 4 Abs. 4a EStG überhaupt auf doppelstöckige Personengesellschaften angewandt werden kann, da die Obergesellschaft über keine außerbetriebliche Sphäre verfügt und somit keine privat veranlassten Schuldzinsen entstehen können. Würde aber die Obergesellschaft nicht in die Überentnahmeberechnung bei der Untergesellschaft einbezogen werden, könnte der § 4 Abs. 4a EStG über entsprechende Gestaltungen umgangen werden. Daher wird es in der Praxis wohl unzweifelhaft auf eine Anwendung des § 4 Abs. 4a EStG auf die Obergesellschaft hinauslaufen. Neben der recht aufwendigen und vor allem komplizierten Ermittlung der verschiedenen Einflussfaktoren der Überentnahmeberechnung (Einlagen, Entnahmen, Gewinne und Schuldzinsen aus Gesamthands-, Ergänzungs- und Sonderbilanzen) ist noch nicht endgültig die Frage entschieden, ob die Überentnahmeberechnung gesellschafts- oder gesellschafterbezogen durchzuführen ist. Die von der Finanzverwaltung geforderte gesellschaftsbezogene Berechnung führt dabei regelmäßig dazu, dass ein nicht abziehbarer Schuldzinsenanteil berechnet und auf die Gesellschafter verteilt wird, dieser Anteil aber nicht von allen Gesellschaftern im gleichen Maße verursacht wurde. Es entstehen somit fremdbestimmte Steuerwirkungen, die beispielsweise bei hohen individuellen Veräußerungsgewinnen erheblich sein können. Daher erscheint es sachgerechter, eine gesellschafterbezogene Überentnahmeberechnung durchzuführen, da so die individuellen Verhältnisse der Gesellschafter berücksichtigt werden und die Zurechnung eines nicht abziehbaren Schuldzinsenanteils verursachungsgerecht erfolgt. Dennoch ist festzustellen, dass bei der gesellschaftsbezogenen Berechnungsweise auf den Ebenen von Unter- und Obergesellschaft ein insgesamt niedrigerer hinzuzurechnender Schuldzinsenbetrag entstehen kann, wenn die Überentnahmen einzelner Gesellschafter durch Unterentnahmen anderer Gesellschafter kompensiert werden. Um dann den gesellschaftsbezogenen Hinzurechnungsbetrag wiederum entsprechend den individuellen Verhältnissen zu verteilen, sollte parallel eine gesellschafterbezogene Berechnung durchgeführt werden. Auf diese Weise kann ein insgesamt niedrigerer Hinzurechnungsbetrag verursachungsgerecht zugerechnet werden, was für die Gesellschafter steueroptimal wäre.

Insgesamt bleibt festzuhalten, dass die Untersuchung zu verschiedenen Problembereichen der laufenden Besteuerung von doppelstöckigen Personengesellschaften unter Berücksichtigung von Veräußerungsvorgängen gezeigt hat, dass nicht nur viele theoretische – häufig offene – Fragen existieren, sondern, dass die jeweiligen Steuerberechnungen auch zahlreiche praktische Probleme mit sich bringen. Dies dürfte insbesondere dann der Fall sein, wenn die Gesellschaftsstruktur mehrstöckig wird und durchgestockt mehrere Kleinstbeteiligungen vorliegen. Obwohl Rechtsprechung und Finanzverwaltung darauf teilweise reagiert haben, ist eine Anwendung der steuerlichen Vorschriften auf die doppelstöckige Personengesellschaft dadurch nicht einfacher geworden. Da die Gesellschaftsstruktur der doppelstöckigen Personengesellschaft dennoch zahlreiche Vorteile bietet, wird sie auch in Zukunft aus Unternehmersicht eine interessante Alternative darstellen.

Literaturverzeichnis

ALTHANS, JÖRG (Änderung): Sonderbetriebsvermögen in Zusammenhang mit einer Änderung der Beteiligungsverhältnisse, in: BB 1993, S. 1060-1064.

AUTENRIETH, KARLHEINZ (Verlustverrechnung): Gewerbliche Prägung bei doppelstöckiger GmbH & Co KG und Verlustverrechnung, in: DStZ 1987, S. 121-124.

AUTENRIETH, KARLHEINZ (Auswirkungen): Gewerbesteuerliche Auswirkungen von Ergänzungs- und Sonderbilanzen, in: DStZ 1988, S. 120-125.

BADER, AXEL (Holdinggesellschaften): Steuergestaltung mit Holdinggesellschaften, Herne/Berlin 1998.

BECHLER, CHRISTOPH/SCHRÖDER, KARL-WILHELM (Gewerbesteuer): Gewerbesteuer bei Veräußerung von Mitunternehmeranteilen – § 7 Satz 2 GewStG i. d. F. des UntStFG, in: DB 2002, S. 2238-2242.

BECHLER, CHRISTOPH/SCHRÖDER, KARL-WILHELM (Veräußerung): Gewerbesteuerliche Belastungen bei der Veräußerung von Mitunternehmeranteilen durch Kapitalgesellschaften – Replik zu Brinkmann/Schmidtmann, DStR 2003, S. 93, in: DStR 2003, S. 869-871.

BEHRENS, STEFAN/QUATMANN, ANSGAR (Einbringung): Einbringung von Mitunternehmeranteilen an doppelstöckigen Personengesellschaften nach § 20 UmwStG – Muss Sonderbetriebsvermögen der Obergesellschafter bei der Untergesellschaft mit eingebracht werden?, in: DStR 2002, S. 481-486.

BEHRENS, STEFAN/SCHMITT, RAINER (Mitunternehmerschaften): § 7 Satz 2 GewStG n. F. – Neue Gewerbesteuer-Tatbestände für Mitunternehmerschaften und KGaA, in: BB 2002, S. 860-866.

BENECKE, ANJA YVONNE (Umwandlung): Umwandlung von mehrstöckigen Personengesellschaften in GmbHs, Aachen 2002.

BENZ, SEBASTIAN (Steueränderungen): Steueränderungen zum 1.1.2002 im Unternehmensbereich, in: DB 2002, Beilage 1.

BERGSTEINER, STEPHAN (Umstrukturierung): Umstrukturierung von Personenunternehmen mit Einzelwirtschaftsgütern, Düsseldorf 2002.

BERZ, STEFAN/MÜLLER, GERD-JÜRGEN (Sonderbetriebsvermögen): Sonderbetriebsvermögen und mitunternehmerische Betriebsaufspaltung, in: DStR 1996, S. 1919-1923.

Best, Michael (Erwerb): "Durchstockung" bei Erwerb von Anteilen an doppelstöckigen Personengesellschaften – Festbeitrag zum 70. Geburtstag von Georg Döllerer, in: DStZ 1991, S. 418-420.

Beußer, Thomas (Veräußerung): Veräußerung von Mitunternehmeranteilen als künftiger Gegenstand der Gewerbesteuer, in: FR 2001, S. 880-885.

Biergans, Enno (Verluste): Verluste bei beschränkter Haftung, in: DStR 1981, S. 3-18.

Biergans, Enno (Beteiligungen): Sondervergütungen nach § 15 Abs. 1 Nr. 2 EStG bei mittelbaren Leistungsbeziehungen oder mittelbaren Beteiligungen, in: DStR 1988, S. 655-663.

Binger, Jürgen (Gewerbebetrieb): Steueränderungsgesetz 1992: Änderungen des EStG im Bereich der Einkünfte aus Gewerbebetrieb, des Familienlastenausgleichs und der außergewöhnlichen Belastungen, in: DB 1992, S. 855-857.

Binz, Mark K. (GmbH & Co.): Die GmbH & Co. – Gesamtdarstellung in handels- und steuerrechtlicher Sicht unter Berücksichtigung arbeits- und mitbestimmungsrechtlicher Fragen sowie des Umwandlungsrechts, 8. Auflage, München 1992.

Blaas, Ulrich (Spiegelbildtheorie): Darstellung und Kritik der Spiegelbildtheorie bei der Bilanzierung von Beteiligungen an Personengesellschaften im Bilanzsteuerrecht, Köln 1989.

Blümich, Walter (EStG/KStG/GewStG): Einkommensteuergesetz, Körperschaftsteuergesetz, Gewerbesteuergesetz – Kommentar, hrsg. von **Ebling, Klaus**, München, Stand: März 2006 (Loseblatt).

Bock, Guido Ulrich (Besteuerungskonsequenzen): Besteuerungskonsequenzen aus einer Weiterentwicklung des einkommensteuerlichen Mitunternehmerbegriffs, Aachen 1998.

Bodden, Guido (Einkünftequalifikation): Einkünftequalifikation bei Mitunternehmern, Aachen 2001.

Bodden, Guido (Tatbestandsverwirklichung): Tatbestandsverwirklichung nach § 15 Abs. 1 Satz 1 Nr. 2 EStG – Ein Beitrag zur Rechtssubjektivität der Personengesellschaft im Einkommensteuerrecht, in: DStZ 2002, S. 391-404.

Bodden, Guido (Einkünftequalifikation): Einkünftequalifikation bei Mitunternehmern – 4 Thesen zur Neuorientierung bei der Besteuerung von Personengesellschaften, in: FR 2002, S. 559-568.

Bogenschütz, Eugen/Hierl, Marcus (Unternehmensverkauf): Steueroptimierter Unternehmensverkauf: Veräußerung von Einzelunternehmen und Personengesellschaften (Teil I), in: DStR 2003, S. 1097-1105.

Bohnhardt, Michael (Einkommensteuer): Die Ermäßigung der Einkommensteuer nach § 35 EStG bei Mitunternehmerschaften und das Zusammenspiel mit § 7 S. 2 Nr. 2 GewStG, Stuttgart u. a. 2005.

Bolk, Wolfgang (Gewinnermittlung): Problemkreise bei der Gewinnermittlung und Gewinnverteilung von Personengesellschaften (I), in: BuW 1995, S. 227-231.

Bolk, Wolfgang (Beschränkung): Beschränkung des Verlustausgleichs nach § 15a EStG (II), in: BuW 1997, S. 691-696.

Bonertz, Rainer (Schuldner): Wer ist Schuldner der Gewerbsteuer nach § 7 Satz 2 GewStG n. F. bei gewerbesteuerpflichtigen Mitunternehmeranteilsveräußerungen?, in: DStR 2002, S. 795-797.

Bordewin, Arno (Betriebsvermögen): Das Betriebsvermögen der Mitunternehmer von Personengesellschaften, in: BB 1976, S. 967-973.

Bordewin, Arno (Änderung): Gesetz zur Änderung des Einkommensteuergesetzes, des Körperschaftsteuergesetzes und anderer Gesetze, in: BB 1980, S. 1033-1043.

Bordewin, Arno (Mitunternehmerschaft): Die mehrstöckige Mitunternehmerschaft – Neuregelung durch das Steueränderungsgesetz 1992, in: NWB 1992, Fach 3, S. 8319-8324.

Bordewin, Arno (Verlustverrechnung): Verlustverrechnung bei doppelstöckiger KG – BFH-Urteil vom 26.1.1995 – IV R 23/93, in: NWB 1995, Fach 3, S. 9463-9464.

Bordewin, Arno (Personengesellschaften): Abzug des Gewerbeverlustes bei Personengesellschaften – Alte und neue Erkenntnisse nach dem Beschluss des Großen Senats des BFH vom 3.5.1993, GrS 3/92, in: DStR 1995, S. 313-318.

Bordewin, Arno (Sonderbetriebseinnahmen): Sonderbetriebseinnahmen und Sonderbetriebsausgaben bei Personengesellschaften, in: NWB 1996, Fach 3, S. 9855-9868.

Bordewin, Arno (Verlustabzug): Gewerbesteuerlicher Verlustabzug bei Umwandlung einer einstöckigen in eine doppelstöckige Kommanditgesellschaft – Anmerkungen zum BFH-Urteil vom 26.6.1996, VIII R 41/95, in: DStR 1996, S. 1594-1596.

Bordewin, Arno (Beteiligung): Bilanzierungskonkurrenz bei Beteiligung an einer Personengesellschaft – Änderung der Rechtsprechung, in: DStZ 1997, S. 98-101.

Bordewin, Arno/Brandt, Jürgen (EStG): Kommentar zum Einkommensteuergesetz – EStG, Heidelberg, Stand: April 2006 (Loseblatt).

Bordewin, Arno/Mitschke, Wolfgang (Vergütungen): Vergütungen bei mittelbarer Beteiligung an einer Personengesellschaft – Erwiderungen zu dem Beitrag von **Binger**, DB 1992, S. 855, in: DB 1992, S. 1266-1267.

Bordewin, Arno/Söffing, Günter/Brandenberg, Hermann B. (Verlustverrechnung): Verlustverrechnung bei negativem Kapitalkonto – Bedeutung des § 15a EStG, 2. Auflage, Herne/Berlin 1986.

Brandenberg, Hermann Bernwart (Überlassung): Grundfälle zur Überlassung von Wirtschaftsgütern zwischen Schwesterpersonengesellschaften – Gelungene Lösung der Bilanzierungskonkurrenz?, in: FR 1997, S. 87-90.

Brandenberg, Hermann Bernwart (Übertragung): Übertragung von Mitunternehmeranteilen oder Teilen von Mitunternehmeranteilen, in: NWB 2001, Fach 3, S. 11813-11821.

Brandenberg, Hermann Bernwart (Personengesellschaftsbesteuerung): Personengesellschaftsbesteuerung nach dem Unternehmensteuerfortentwicklungsgesetz (Teil I – III), in: DStZ 2002, S. 511-518, S. 551-559 und S. 594-598.

Brandenberg, Hermann Bernwart (Entwicklungen): Aktuelle steuerrechtliche Entwicklungen bei der Personengesellschaft, in: Stbg 2004, S. 65-74.

Brandenberg, Hermann Bernwart (Mindestbesteuerung): Aktuelle Entwicklungen zu § 15a EStG: Mindestbesteuerung, Wechsel im Gesellschafterstatus, vorgezogene Einlagen, in: DB 2004, S. 1632-1637.

Braun, Rainer (Sonderbetriebsvermögen): Gewerbesteuer – vertragliche Probleme beim Sonderbetriebsvermögen, in: GStB 1999, S. 125-127.

Brinkmann, Lars (Übertragung): (Behalte-)Fristen bei der teilentgeltlichen Übertragung betrieblicher Einheiten im Wege der vorweggenommenen Erbfolge (Teil 1 + Teil 2), in: StBp 2005, S. 200-205 und S. 224-229.

Brinkmann, Lars/Schmidtmann, Dirk (Belastungen): Gewerbesteuerliche Belastungen bei der Veräußerung von Mitunternehmeranteilen durch Kapitalgesellschaften, in: DStR 2003, S. 93-96.

Brinkmann, Lars/Schmidtmann, Dirk (Duplik): Duplik zu Bechler/ Schröder, DStR 2003, S. 869, in: DStR 2003, S. 871.

Büchele, Ernst (Einlage): Die verdeckte Einlage im Brennpunkt von Bilanz- und Gesellschaftsrecht, in: DB 1999, S. 2336-2340.

Bürkle, Thomas/Knebel, Andreas (Bilanzierung): Bilanzierung von Beteiligungen an Personengesellschaften, in: DStR 1998, S. 1067-1072.

Bürkle, Thomas/Knebel, Andreas (Beteiligungen): Bilanzierung von Beteiligungen an Personengesellschaften – Stellungnahme zu **Reiß**, DStR 1998, 1887 –, in: DStR 1998, S. 1890-1892.

Carlé, Thomas (Steuerfallen) Steuerfallen bei der Unternehmens- und Anteilsveräußerung, in: KÖSDI 2006, S. 15096-15107.

Cattelaens, Heiner (Steuerermäßigung): Steuersenkungsgesetz: Die Steuerermäßigung für gewerbliche Einkünfte bei der Einkommensteuer nach § 35 EStG, in: WPg 2000, S. 1180-1189.

Christoffel, Hans Günter (Änderungen): Erster Überblick über die Änderungen des Einkommensteuergesetzes durch das Steueränderungsgesetz 2001, in: INF 2002, S. 33-39.

Cremer, Udo (Gesellschafterwechsel): Gesellschafterwechsel bei Personengesellschaften (Teil A + Teil B), in: BBK 2002, Fach 14, S. 1337-1350 und S. 1351-1360.

Cremer, Udo (Personengesellschaften): Sonder- und Ergänzungsbilanzen bei Personengesellschaften, in: SteuerStud 2002, S. 671-677.

Crezelius, Georg (Drittverhalten): Besteuerung aus Drittverhalten? Überlegungen zu sog. Behaltefristen, in: FR 2002, S. 805-811.

Daragan, Hanspeter/Ley, Ursula/Strahl Martin (Gestaltungsüberlegungen): Steuerliche Gestaltungsüberlegungen zum Jahresende, in: DStR 2000, S. 1973-1988.

Dietel, Marco (Bilanzierung): Bilanzierung von Anteilen an Personengesellschaften in Handels- und Steuerbilanz, in: DStR 2002, S. 2140-2144.

Döllerer, Georg (Steuerbilanz): Die Steuerbilanz der Personengesellschaft als konsolidierte Bilanz einer wirtschaftlichen Einheit, in: DStZ 1974, S. 211-220.

Döllerer, Georg (Beteiligung): Die Beteiligung einer Kapitalgesellschaft an einer Personenhandelsgesellschaft nach Handelsrecht und Steuerrecht, in: WPg 1977, S. 81-91.

Döllerer, Georg (Steuerrecht): Die Beteiligung einer Kapitalgesellschaft an einer Personengesellschaft nach Handelsrecht und Steuerrecht, in: DStZ 1977, S. 139-145.

Döllerer, Georg (Steuerbilanz): Steuerbilanz der Gesellschaft und Gesamtbilanz der Mitunternehmerschaft bei Anwendung des § 15a EStG, in: DStR 1981, S. 19-22.

Duske, Martin (Veranlassungsprinzip): Der Schuldzinsenabzug gemäß § 4 Abs. 4a EStG – eine klare Abkehr vom Veranlassungsprinzip? – Zugleich eine kritische Würdigung der Beiträge von Hegemann/Querbach, DStR 2000, 408 und Kohlhaas, DStR 2000, 901, in: DStR 2000, S. 906-907.

Ebenroth, Thomas/Willburger, Andreas (Folgen): Mehrstöckige Personengesellschaften – Die Einführung von § 15 Abs. 1 S. 1 Nr. 2 S. 2 EStG und ihre Folgen im Personengesellschaftsrecht, in: BB 1992, S. 1043-1048.

Eggesiecker, Fritz/Ellerbeck, Eike (Verluste): Verluste als Überentnahmen? – Auslegungsproblem beim neuen § 4 Abs. 4a EStG, in: BB 2000, S. 594-596.

Erkens, Michael (Unternehmensbeteiligungen): Die mittelbaren Unternehmensbeteiligungen bei der Unternehmensübertragung und Unternehmensumwandlung – Eine Untersuchung zur stillen Gesellschaft und zur Unterbeteiligung, Frankfurt am Main u. a. 2000.

Falkenbach, Joachim (Überlassung): Bilanzierungskonkurrenz bei Überlassung von Wirtschaftsgütern zwischen Schwesterpersonengesellschaften, in: BuW 1998, S. 206-209.

Felix, Günther (Leistung): "Sondermitunternehmer": Unmittelbare Leistung bei mittelbarer Beteiligung, § 15 Abs. 1 Nr. 2 Satz 2 EStG, in: KÖSDI 1994, S. 9767-9771.

Felix, Günther (Untergesellschaft): Veräußerung des gesamten Sonderbetriebsvermögens des Sondermitunternehmers bei der Untergesellschaft und Tarifermäßigung nach § 34 EStG, in: BB 1994, S. 690-691.

Förster, Guido (Kauf): Kauf und Verkauf von Unternehmen nach dem UntStFG, in: DB 2002, S. 1394-1401.

Förster, Guido/Brinkmann, Lars (Nachfolge): Teilentgeltliche Nachfolge in betrieblichen Einheiten, in: BB 2003, S. 657-665.

Förster, Ursula (Problembereiche): Problembereiche der Anrechnung der Gewerbesteuer auf die Einkommensteuer gem. § 35 EStG 2001, in: FR 2000, S. 866-870.

Förster, Ursula (Ertragsteuerrecht): Übertragung von Mitunternehmeranteilen im Ertragsteuerrecht, in: FR 2002, S. 649-657.

Franz, Roland/Seitz, Werner (Schuldzinsenabzug): Der Schuldzinsenabzug nach dem Steuerbereinigungsgesetz 1999, in: Stbg 2000, S. 97-104.

FRIEDEMANN, PIA (Schuldzinsenabzug): Der Schuldzinsenabzug bei Personengesellschaften, insbesondere nach Maßgabe von § 4 Abs. 4a EStG, Frankfurt am Main 2005.

FROMM, RÜDIGER (Veräußerung): "Wert des Betriebsvermögens" bei Veräußerung oder Vererbung der Obergesellschaft einer doppelstöckigen Personengesellschaft, in: GmbHR 2005, S. 425-427.

FROTSCHER, GERRIT (EStG): EStG – Kommentar zum Einkommensteuergesetz, Freiburg im Breisgau, Stand: Januar 2006 (Loseblatt).

FROTSCHER, GERRIT/MAAS, ERNST (KStG/UmwStG): KStG/UmwStG – Kommentar zum Körperschaftsteuergesetz/Umwandlungssteuergesetz, Freiburg im Breisgau, Stand: März 2006 (Loseblatt).

FRYSTATZKI, CHRISTIAN (Gesellschaftsvertrag): Sonderbetriebsergebnis und Gewerbesteuer – Wie lässt sich der Gesellschaftsvertrag (steuerlich) richtig gestalten?, in: EStB 2001, S. 197-199.

FÜGER, ROLF/RIEGER, NORBERT (Veräußerung): Veräußerung von Mitunternehmeranteilen und Gewerbesteuer, in: DStR 2002, S. 933-939.

FÜGER, ROLF/RIEGER, NORBERT (Verbot): Gewerbesteuer bei Teilanteilsveräußerung und das Verbot der pauschalierten Gewerbesteueranrechnung in § 18 Abs. 4 Satz 3 UmwStG, in: DStR 2002, S. 1021-1025.

FUNK, THOMAS E. (Unternehmensakquisitionen): Unternehmensakquisitionen und -restrukturierungen nach dem Gesetz zur Fortentwicklung des Unternehmenssteuerrechts, in: BB 2002, S. 1231-1245.

GAIL, WINFRIED u. a. (Entwicklungen): Aktuelle Entwicklungen des Unternehmenssteuerrechts – Steuerliche Überlegungen zum Jahresende 1998, in: DB 1998, Beilage 19.

GLANEGGER, PETER/GÜROFF, GEORG (Gewerbesteuergesetz): Gewerbesteuergesetz, 6. Auflage, München 2006.

GOSCH, DIETMAR (Blickpunkt): Rechtsprechung im besonderen Blickpunkt der Außenprüfung, in: StBp 1996, S. 303-307.

GRAF KERSSENBROCK, OTTO-FERDINAND (Bilanzierungskonkurrenz): Bilanzierungskonkurrenz: Sonderbetriebsvermögen infolge formwechselnder Umwandlung?, in: BB 2000, S. 763-770.

GRANTZ, JÜRGEN (Verlustausgleichsbeschränkung) Die Verlustausgleichsbeschränkung nach § 15a EStG – weitere Praxishinweise, in: GStB 2006, S. 202-209.

GROH, MANFRED (Sondervergütungen): Sondervergütungen in der doppelstöckigen Personengesellschaft, in: DB 1991, S. 879-884.

Groh, Manfred (Bilanzen): Die Bilanzen der Mitunternehmerschaft, in: StuW 1995, S. 383-389.

Groh, Manfred (Leistungen): Sondervergütungen und Sonderbetriebsvermögen bei Leistungen zwischen Schwesterpersonengesellschaften, in: DStZ 1996, S. 673-676.

Groh, Manfred (Veräußerer): Der erwerbende Veräußerer – Zur Teilbegünstigung des Veräußerungsgewinns nach § 16 Abs. 2 und 3 EStG, in: DB 1996, S. 2356-2359.

Groh, Manfred (Schuldzinsenabzug): Der missverstandene Schuldzinsenabzug – Anmerkungen zum BMF-Schreiben vom 22.5.2000, DStR, 924, in: DStR 2001, S. 105-109.

Groh, Manfred (Teilwerteinbringung): Teilwerteinbringung von betrieblichen Einzelwirtschaftsgütern in Personengesellschaften, in: DB 2003, S. 1403-1409.

Grützner, Dieter (Beschränkungen): Beschränkungen des Verlustabzugs und -ausgleichs nach § 15a EStG – Ausgewählte Einzelfragen, in: StuB 2004, S. 577-581.

Grützner, Dieter (Betriebsvermögen): Das Betriebsvermögen von Personengesellschaften (Teil A), in: BBK 2004, Fach 14, S. 1451-1460.

Grützner, Dieter (Personengesellschaften): Das Betriebsvermögen von Personengesellschaften (Teil B), in: BBK 2004, Fach 14, S. 1461-1474.

Grützner, Dieter (Entwicklungen): Aktuelle Entwicklungen zur Beschränkungen des Schuldzinsenabzugs gemäß § 4 Abs. 4a EStG – Anmerkung zum BMF-Schreiben vom 17.11.2005 sowie zu den Urteilen des BFH vom 21.9.2005 – X R 47/03 und X R 46/04, in: StuB 2006, S. 49-56.

Gschwendtner, Hubertus (Ergänzungsbilanz): Ergänzungsbilanz und Sonderbilanz II in der Rechtsprechung des Bundesfinanzhofes, in: DStR 1993, S. 817-825.

Gschwendtner, Hubertus (Anmerkung): Anmerkung zum BFH-Urteil vom 6.7.1999, VIII R 46/94, in: DStR 1999, S. 1438-1439.

Günkel, Manfred/Levedag, Christian (Gewerbesteuer): Die Gewerbesteuer bei der Veräußerung von Mitunternehmeranteilen durch Kapitalgesellschaften, in: FR 2004, S. 261-268.

Häger, Michael/Forst, Paul (Übertragung): Unentgeltliche Übertragung eines anteiligen Mitunternehmeranteils – Was geschieht mit dem Sonderbetriebsvermögen bei doppelstöckigen Gesellschaften?, in: EStB 2001, S. 355-358.

Hahn, Hartmut (Prämissen): Offene und verdeckte zivilrechtliche Prämissen im Beschluss des BFH vom 25. Februar 1991 zur sog. doppelstöckigen GmbH & Co. KG, in: DStZ 1992, S. 161-169.

Hebeler, Christian (Beteiligung): Verlustanteile aus der Beteiligung an Personengesellschaften in den Bilanzen einer Kapitalgesellschaft, in: BB 1998, S. 206-210.

Hegemann, Jürgen/Querbach, Torsten (Schuldzinsen): Nicht abzugsfähige, betrieblich veranlasste Schuldzinsen – § 4 Abs. 4a EStG i. d. F. StBereinG 1999, in: DStR 2000, S. 408-416.

Hegemann, Jürgen/Querbach, Torsten (Auswirkungen): Auswirkungen des betrieblichen Schuldzinsenabzugsverbot auf die Gewerbesteuer (§ 4 Abs. 4a EStG), in: NWB 2003, Fach 5, S. 1533-1538.

Hegemann, Jürgen/Querbach, Torsten (Schuldzinsenabzug): Der betriebliche Schuldzinsenabzug (§ 4 Abs. 4a EStG), Herne/Berlin 2003.

Heißenberg, Lutz (Verluste): Verluste bei beschränkter Haftung – Neues zu § 15a EStG, in: KÖSDI 2001, S. 12948-12955.

Helmreich, Heinz (Verluste): Verluste bei beschränkter Haftung und § 15a EStG, Stuttgart 1998.

Henning, Thomas (Kommanditgesellschaften): Die Anwendung des § 15a EStG auf doppelstöckige Kommanditgesellschaften, in: DB 1985, S. 886-889.

Herrmann, Carl/Heuer, Gerhard/Raupach, Arndt (EStG/KStG): Einkommensteuer- und Körperschaftsteuergesetz – Kommentar, Köln, Stand: April 2006 (Loseblatt).

Herzig, Norbert (Beendigung): Die Beendigung eines unternehmerischen Engagements als Problem der Steuerplanung, Köln 1981.

Herzig, Norbert (Gestaltung) Gestaltung steuerorientierter Umstrukturierungen im Konzern, in: DB 2000, S. 2236-2245.

Herzig, Norbert/Briesemeister, Simone (Normen): Zusammenwirken verrechnungsbeschränkender Normen – Qualifikations- und Reihenfolgekonflikte bei der Verlustverrechnung, in: DB 1999, S. 1470-1476.

Herzig, Norbert/Förster, Guido/Förster, Ursula (Gesellschafterbestand): Gewerbesteuerlicher Verlustvortrag bei Wechseln im Gesellschafterbestand und Umstrukturierung von Personengesellschaften, in: DStR 1996, S. 1025-1033.

Herzig, Norbert/Lochmann, Uwe (Entwurf): Die Steuerermäßigung für gewerbliche Einkünfte bei der Einkommensteuer nach dem Entwurf zum Steuersenkungsgesetz, in: DB 2000, S. 1192-1202.

Herzig, Norbert/Lochmann, Uwe (Einkommensteuer): Steuersenkungsgesetz: Die Steuerermäßigung für gewerbliche Einkünfte bei der Einkommensteuer in der endgültigen Regelung, in: DB 2000, S. 1728-1735.

Hey, Johanna (Reform): Von der Verlegenheitslösung des § 35 EStG zur Reform der Gewerbesteuer? Wie die Mängel der pauschalen Gewerbesteueranrechnung den Gesetzgeber zum Handeln zwingen, in: FR 2001, S. 870-880.

HFA des IDW (Stellungnahme 1/1991): Zur Bilanzierung von Anteilen an Personenhandelsgesellschaften im Jahresabschluss der Kapitalgesellschaft – Stellungnahme 1/1991, in: WPg 1991, S. 334-335.

Hoch, Reinhold (Neuregelung): Zur Neuregelung des Schuldzinsenabzuges nach § 4 Abs. 4a EStG oder Odyssee des Gesetzgebers bei dem Vorhaben, im Anschluss an die Beschlüsse des Großen Senats des Bundesfinanzhofes, den Schuldzinsenabzug neu zu regeln, in: DStZ 2000, S. 358-365.

Höck, Edith (Schuldzinsen): Das Abzugsverbot für betriebliche Schuldzinsen gem. § 4 Abs. 4a EStG – Was ist in der Praxis zu beachten, in: StW 2001, S. 189-194.

Hoffmann, Wolf-Dieter (Bilanzierung): Die Bilanzierung von Beteiligungen an Personenhandelsgesellschaften, in: BB 1988, Beilage 2.

Hoffmann, Wolf-Dieter (Steuerbilanz): Die Beteiligung an Personenhandelsgesellschaften in der Steuerbilanz, in: BB 1991, S. 448-452.

Hoffmann, Wolf-Dieter (Transfer): Der Transfer von Einzel-Wirtschaftsgütern gemäß § 6 Abs. 5 EStG nach Verabschiedung des UntStFG, in: GmbHR 2002, S. 125-134.

Horlemann, Heinz-Gerd (Mehrkontenmodell): Das umgekehrte Mehrkontenmodell zur Vermeidung von § 4 Abs. 4a EStG?, in: FR 2001, S. 336-341.

Horst, Alexander (Hinzurechnung): § 4 Abs. 4a EStG und § 8 Nr. 1 GewStG – "doppelte" Hinzurechnung?, in: SteuerStud 2004, S. 555-558.

Huber, Ulrich (Personengesellschaft): Gesellschafterkonten in der Personengesellschaft, in: ZGR 1988, S. 1-103.

Hundsdoerfer, Jochen/Henning, Michael (Begrenzung): Konzept und Praktikabilität einer eigenkapitalbezogenen Begrenzung des Schuldzinsenabzugs – zum neuen § 4 Abs. 4a EStG, in: BB 2000, S. 542-545.

ISING, MATTHIAS (Ergänzungsbilanzen): Ergänzungsbilanzen anlässlich eines entgeltlichen Gesellschafterwechsels, Frankfurt am Main u. a. 2001.

JACOBS, DIETRICH (Besteuerung): Die laufende Besteuerung der typischen strukturellen Doppelgesellschaft – Eine Bewertung aus Sicht des deutschen Mittelstands, in: Fokus Mittelstand – Einzelaspekte der Mittelstandsforschung, hrsg. von **FISCHER, CHRISTINE** u. a., Frankfurt am Main 2003, S. 159-177.

JACOBS, OTTO H. u. a. (Rechtsformwahl): Steueroptimale Rechtsformwahl: Personengesellschaften besser als Kapitalgesellschaften, in: StuW 2003, S. 308-325.

JAKOB, WOLFGANG (Kommanditisten): Das Verlustausgleichspotential eines Kommanditisten gemäß § 15a Abs. 1 EStG, in: BB 1988, S. 1429-1440.

JAKOB, WOLFGANG (Entnahme): Schuldzinsenabzug bei kreditfinanzierter Entnahme – § 4 Abs. 4a EStG i. d. F. des Steuerbereinigungsgesetzes 1999, in: DStR 2000, S. 101-103.

KANTWILL, WERNER (Verluste): Verluste bei beschränkt haftenden Gesellschaftern (§ 15a EStG), in: SteuerStud 2004, S. 439-451.

KANZLER, HANS-JOACHIM (Begrenzung): Einige Notizen zu landwirtschaftsbezogenen Fragen der Begrenzung des Schuldzinsenabzugs nach § 4 Abs. 4a EStG, in: INF 2000, S. 513-517.

KANZLER, HANS-JOACHIM (Grundfragen): Grundfragen der Besteuerung betrieblicher Veräußerungsgewinne, in: FR 2003, S. 1-11.

KEMPERMANN, MICHAEL (Grenzen): Grenzen des Sonderbetriebsvermögens, in: Unternehmen Steuern: Festschrift für Hans Flick zum 70. Geburtstag, hrsg. von **KLEIN, FRANZ** u. a., Köln 1997, S. 445-456.

KEMPERMANN, MICHAEL (Probleme): Mitunternehmerschaft, Mitunternehmer und Mitunternehmeranteil – steuerrechtliche Probleme der Personengesellschaft aus der Sicht des BFH, in: GmbHR 2002, S. 200-204.

KEMPERMANN, MICHAEL (Einlagen): Neue Rechtsprechung zu § 15a EStG: Einlagen bei negativem Kapitalkonto und Wechsel der Gesellschafterstellung, in: DStR 2004, S. 1515-1517.

KIRCHHOF, PAUL (EStG): EStG KompaktKommentar – Einkommensteuergesetz, 6. Auflage, Heidelberg 2006.

KIRCHHOF, PAUL/SÖHN, HARTMUT/MELLINGHOFF, RUDOLF [Hrsg.] (EStG): Einkommensteuer – Kommentar, Heidelberg, Stand: April 2006 (Loseblatt).

Knobbe-Keuk, Brigitte (Gewinnverteilung): Die gesellschaftsvertragliche Gewinnverteilung und die Gewerbesteuerbelastung bei Personengesellschaften, in: StuW 1985, S. 382-389.

Knobbe-Keuk, Brigitte (Unternehmenssteuerrecht): Bilanz- und Unternehmenssteuerrecht, 9. Auflage, Köln 1993.

Koch, Eckart (Entnahmen): Gewinnerhöhende Entnahmen nach § 15a Abs. 3 EStG, in: DStR 1984, S. 543-547.

Koch, Karl/Scholtz, Rolf-Detlev [Hrsg.] (Abgabenordnung): Abgabenordnung – AO, 5. Auflage, Köln u. a. 1996.

Kohlhaas, Karl-Friedrich (Schuldzinsenabzug): Schuldzinsenabzug – Beratungsempfehlungen zur Anwendung des neuen § 4 Abs. 4a EStG, in: DStR 2000, S. 901-906.

Kollruss, Thomas (Anrechnung): Anrechnung der Gewerbesteuer auf die Einkommensteuer bei Personenunternehmen gem. § 35 EStG 2001, in: Stbg 2000, S. 559-570.

Korezkij, Leonid (Anrechnung): Anrechnung der Gewerbesteuer nach § 35 EStG – Überblick, Probleme, Zweifelsfragen und Korrekturvorschläge (Teil 1 + Teil 2), in: BB 2001, S. 333-344 und S. 389-394.

Korezkij, Leonid (Umfang): Umfang des Begriffs „gewerbliche Einkünfte“ in § 35 Abs. 1 EStG – Zur Nichtanwendbarkeit des § 32c Abs. 2 EStG a. F., in: DStR 2001, S. 1642-1644.

Korezkij, Leonid (Steuerermäßigung): Steuerermäßigung bei Einkünften aus Gewerbebetrieb: Die Brennpunkte des Anwendungsschreibens zu § 35 EStG, in: BB 2002, 2099-2103.

Korezkij, Leonid (Mehrfachbelastungen): Das System steuerlicher Mehrfachbelastungen und deren Berücksichtigung im Steuerrecht, in: StuW 2003, S. 125-139.

Korezkij, Leonid (Gewerbesteueranrechnung): StVergAbG: Änderungen der Gewerbesteueranrechnung nach § 35 EStG und deren Auswirkungen, in: BB 2003, S. 1537-1540.

Korezkij, Leonid (Einkünfte): Steuerermäßigung für gewerbliche Einkünfte nach § 35 EStG, Stuttgart u. a. 2003.

Korezkij, Leonid (Gewerbebetrieb): Die Steuerermäßigung für Einkünfte aus Gewerbebetrieb nach § 35 EStG ab VZ 2004, in: StB 2004, S. 171-175.

Korezkij, Leonid (Ermäßigungshöchstbetrag): Neues zum Ermäßigungshöchstbetrag nach § 35 Abs. 1 EStG?, in: BB 2005, S. 26-29.

KORN, KLAUS (Anteil): "Kapitalkonto" und Anteil "am Verlust der Kommanditgesellschaft" nach § 15a EStG – Beratungshinweise zur veränderten Rechtslage, in: KÖSDI 1994, S. 9907-9919.

KORN, KLAUS (Ausweichgestaltungen) Die neuen Gewinnrealisierungsgebote des § 6 Abs. 5 und 6 EStG und Ausweichgestaltungen, in: KÖSDI 1999, S. 12118-12127.

KORN, KLAUS (Konsequenzen): Einschränkungen des betrieblichen Schuldzinsenabzugs nach § 4 Abs. 4a EStG – Konsequenzen für die Praxis, in: KÖSDI 2000, S. 12548-12562.

KORN, KLAUS (Betriebsveräußerungen): Auswirkungen von Betriebsveräußerungen, -aufgaben und Umwandlungen auf das Schuldzinsenabzugsverbot nach § 4 Abs. 4a EStG, in: KÖSDI 2001, S. 12704-12706.

KORN, KLAUS (Buchwertfortführung): Buchwertfortführung für die Übertragung einzelner Wirtschaftsgüter bei Mitunternehmerschaften, in: KÖSDI 2001, S. 13272-13284.

KORN, KLAUS u. a. (EStG): Einkommensteuergesetz – Kommentar, Bonn, Stand: April 2006 (Loseblatt).

KORN, KLAUS/FUHRMANN, CLAAS (Steuerfalle): „Steuerfalle“ Behalte-, Besteuerungs- und Nachversteuerungsfristen, in: KÖSDI 2001, S. 12845-12859.

KORN, KLAUS/STRAHL, MARTIN (Neukonzeption): Rückwirkende Neukonzeption des Schuldzinsenabzugsverbots nach § 4 Abs. 4a EStG, in: KÖSDI 2000, S. 12281-12283.

KORN, KLAUS/STRAHL, MARTIN (Steuersenkungsgesetz): Gesetzesänderungen durch das Steuersenkungsgesetz: Überblick, Wirkungen, Handlungsbedarf, in: KÖSDI 2000, S. 12582-12608.

KORN, KLAUS/STRAHL, MARTIN (Steuerhinweise): Steuerhinweise zum Jahresende 2002, in: KÖSDI 2002, S. 13497-13510.

KORN, KLAUS/STRAHL, MARTIN (Hinweise): Hinweise zum Jahreswechsel 2004/2005, in: KÖSDI 2004, S. 14401-14423.

KRÜGER, ROLAND (Probleme): Gewerbesteuerrechtliche Probleme beim Unternehmenskauf und -verkauf, in: GStB 2002, S. 377-387.

KUßMAUL, HEINZ/TERNIG, HELMUT (Steuerbelastung): Vergleich der laufenden Steuerbelastung von GmbH und KG aus der Sicht mittelständischer Unternehmer auf Basis der jüngsten steuerlichen Gesetzgebung, in: DB 2004, S. 1161-1165.

LADEMANN, FRITZ (EStG): Kommentar zum Einkommensteuergesetz, Stuttgart u. a., Stand: Oktober 2005 (Loseblatt).

Lang, Joachim (Jahre): Heinrich Wilhelm Kruse sechzig Jahre, in: StuW 1991, S. 205-209.

Lange, Joachim (Steuerrecht): Personengesellschaften im Steuerrecht, 6. Auflage, Herne/Berlin 2005.

Leberfinger, Stefan (Mitunternehmerschaft): Die doppelstöckige Mitunternehmerschaft nach dem Steueränderungsgesetz 1992, in: DStR 1992, S. 386-388.

Lenski, Edgar/Steinberg, Wilhelm (Gewerbesteuergesetz): Kommentar zum Gewerbesteuergesetz, begründet von **Lenski, Edgar/Steinberg, Wilhelm**, fortgeführt von **Sarrazin, Viktor/Stäuber, Hans-Wilkin**, Köln, Stand: November 2005 (Loseblatt).

Ley, Ursula (Schwerpunkte): Schwerpunkte und Streitfragen aus dem Bilanzsteuerrecht (Teil 2), in: KÖSDI 1992, S. 9152-9161.

Ley, Ursula (Besteuerungsfragen): Besteuerungsfragen bei "doppelstöckigen" Personengesellschaften, in: KÖSDI 1996, S. 10923-10935.

Ley, Ursula (Besteuerung): Besteuerung von Veräußerungen bei doppelstöckigen Personengesellschaften, in: KÖSDI 1997, S. 11079-11084.

Ley, Ursula (Sonderbetriebsvermögen): Sonderbetriebsvermögen bei Vermietung an Schwesterpersonengesellschaften, in: NWB 1998, Fach 3, S. 10553-10560.

Ley, Ursula (Schuldzinsen): Die nicht abziehbaren Schuldzinsen nach § 4 Abs. 4a EStG, in: NWB 2000, Fach 3, S. 11167-11192.

Ley, Ursula (Ermittlung): Die Ermittlung von Über- und Unterentnahmen i. S. des § 4 Abs. 4a EStG bei Mitunternehmerschaften – Ansatz einer vereinfachten Ermittlung der Überentnahme, in: DStR 2001, S. 1005-1016.

Ley, Ursula (Erwerb): Ergänzungsbilanzen beim Erwerb von Personengesellschaftsanteilen bei Einbringungen nach § 24 UmwStG und bei Übertragungen nach § 6 Abs. 5 Satz 3 EStG, in: KÖSDI 2001, S. 12982-12996.

Ley, Ursula (Behandlung): Zur steuerlichen Behandlung der Gesellschafterkapitalkonten sowie der Forderungen und Verbindlichkeiten zwischen einer gewerblichen Personengesellschaft und ihren Gesellschaftern, in: KÖSDI 2002, S. 13459-13471.

Ley, Ursula (Ertragsteuerecht): Gesellschafterkonten bei Doppelstock- und Schwestermitunternehmerschaften im Ertragsteuerrecht, in: KÖSDI 2003, S. 13573-13577.

Ley, Ursula (Beratungspraxis): Sonderbetriebsvermögen in der Beratungspraxis, in: KÖSDI 2003, S. 13907-13918.

LEY, URSULA (Fragen): Ausgewählte Fragen und Probleme in Fällen der Übertragung von Sonderbetriebsvermögen sowie von Mitunternehmer(teil)anteilen, in: KÖSDI 2004, S. 14024-14034.

LEY, URSULA (Anwendung): Die Anwendung von § 15a EStG auf doppelstöckige Personengesellschaften, in: DStR 2004, S. 1498-1504.

LEY, URSULA (Probleme): Ausgewählte Fragen und Probleme im Zusammenhang mit Gesellschafterkonten und Ergänzungsbilanzen, in: Steuerberater-Jahrbuch 2003/2004, hrsg. von HERZIG, NORBERT u. a., Köln 2004, S. 135-172.

LEY, URSULA (Entwicklungen): Neuere Entwicklungen und Praxiserkenntnisse zu § 15a EStG, in: KÖSDI 2004, S. 14374-14387.

LEY, URSULA (Anwendbarkeit): Anwendbarkeit von § 15a EStG auf doppelstöckige Personengesellschaften, in: KÖSDI 2005, S. 14486-14491.

LEY, URSULA (Fortführung): Fortführung von Ergänzungsbilanzen bei doppelstöckigen Mitunternehmerschaften – Replik auf Lars Mayer, KÖSDI 2005, S. 14609, in: KÖSDI 2005, S. 14614-14615.

LEY, URSULA (Schuldzinsenabzug): Der BFH zum betrieblichen Schuldzinsenabzug (§ 4 Abs. 4a EStG) – Folgerungen für die Praxis, in: DStR 2006, S. 301-305.

LEY, URSULA u. a. (Handlungsbedarf): Steuerlicher Handlungsbedarf zum Jahreswechsel 2002/2003 (Teil I + Teil II), in: DStR 2002, S. 2057-2065 und S. 2101-2108.

LINDWURM, CHRISTOF (Gewinnverteilung): Gewinnverteilung und Gewinnfeststellung bei der Kumulation von stillen Gesellschaften – Ein Vergleich mit mehrgliedrigen stillen Gesellschaften unter Berücksichtigung von bewertungs- und gewerbesteuerrechtlichen Konsequenzen, in: DStR 2000, S. 53-60.

VAN LISHAUT, INGO (Ausgliederung): § 15a EStG nach der Ausgliederung des Sonderbetriebsvermögens, in: FR 1994, S. 273-284.

LIST, HEINRICH (Wandel): Personengesellschaften im Wandel zivil- und steuerrechtlicher Beurteilung – Auswirkungen der zivilrechtlich anerkannten Rechtssubjektivität von Personengesellschaften auf das Verständnis von § 15 Abs. 1 Nr. 2 EStG, in: BB 2004, S. 1473-1477.

LITTMANN, EBERHARD/BITZ, HORST/PUST, HARTMUT [Hrsg.] (EStG): Das Einkommensteuerrecht – Kommentar zum Einkommensteuerrecht, Stuttgart, Stand: Februar 2006 (Loseblatt).

LUTTER, MARCUS (Holding): Holding-Handbuch: Recht – Management – Steuern, 3. Auflage, Köln 1998.

Madauß, Norbert (Fragen): Aktuelle Fragen aus der Praxis der Außenprüfung, in: StBp 1998, S. 331.

Märkle, Rudi (Ertragsteuerrecht): Doppelstöckige Personengesellschaften im Ertragsteuerrecht nach dem Beschluss des Großen Senats GrS 7/89, in: Steuerberater-Jahrbuch 1991/92, hrsg. von **Herzig, Norbert** u. a., Köln 1992, S. 247-284.

Märkle, Rudi (Fluch): Der Fluch des Sonderbetriebsvermögens – wie entgeht man ihm?, in: DStZ 1997, S. 233-248.

Märkle, Rudi (Übertragung): Die Übertragung eines Bruchteils eines Gesellschaftsanteils bei vorhandenem Sonderbetriebsvermögen, in: DStR 2001, S. 685-692.

Mathiak, Walter (Bilanzsteuerrecht): Zum Bilanzsteuerecht, in: StuW 1985, S. 273-279.

Maus, Günter (Beschränkung): Beschränkung des Schuldzinsenabzugs nach § 4 Abs. 4a EStG, in: BBK 2001, Fach 13, S. 4425-4438.

Maus, Günter (Sonderprobleme): Sonderprobleme bei der Beschränkung des Schuldzinsenabzugs nach § 4 Abs. 4a EStG, in: BBK 2001, Fach 13, S. 4439-4444.

Mayer, Lars (Behandlung): Steuerbilanzielle Behandlung von Mehrwerten bei Erwerb einer Beteiligung an einer doppelstöckigen Personengesellschaft – Anwendung der Spiegelbildmethode in der Steuerbilanz, in: DB 2003, S. 2034-2040.

Mayer, Lars (Fortführung): Fortführung von Ergänzungsbilanzen nach Erwerb von Anteilen an der Obergesellschaft einer doppelstöckigen Mitunternehmerschaft, in: KÖSDI 2005, S. 14609-14613.

Meichelbeck, Hugo/Vollath, Stefan (Anteilseigner): Veräußerung einbringungsgeborener Anteile durch natürliche Personen und Personengesellschaften mit natürlichen Personen als Anteilseigner, in: DStR 2001, S. 2189-2193.

Meinhövel, Harald (Fassung): § 35 EStG in der Fassung des Steuersenkungsgesetzes, in: StuB 2000, S. 974-977.

Mellwig, Winfried (Beteiligungen): Beteiligungen an Personengesellschaften in der Handelsbilanz, in: BB 1990, S. 1162-1172.

Meyer-Scharenberg, Dirk E. (Rechtsformalternative): Die doppelstöckige Personengesellschaft als Rechtsformalternative, in: DStR 1991, S. 919-922.

Müller, Gerd-Jürgen/Funk, Thomas E./Müller, Helmut (Abfärbung): Die neue BFH-Rechtsprechung zur Abfärbung – Halten einer gewerblichen Personengesellschaftsbeteiligung durch eine vermögensverwaltende Personengesellschaft – Nichtanwendungserlass, in: BB 2005, S. 2271-2278.

Müller, Ursula (Leistungsbeziehungen): Leistungsbeziehungen zwischen Personengesellschaften, in: SteuerStud 1998, S. 247-250.

Müller, Welf/Hoffmann, Wolf-Dieter [Hrsg.] (Handbuch): Beck'sches Handbuch der Personengesellschaften: Gesellschaftsrecht – Steuerrecht, 2. Auflage, München 2002.

Müller-Dott, Johannes Peter (Konzern): Personengesellschaft als steuerliches Gestaltungsinstrument im Konzern, in: Steuerberater-Jahrbuch 1995/96, hrsg. von **Herzig, Norbert** u. a., Köln 1996, S. 257-272.

Neu, Norbert (Finanzvermögen): Die bilanzsteuerliche Behandlung des Finanzvermögens, Wiesbaden 1994.

Neu, Norbert (Betriebsaufspaltung): Änderung der Rechtsprechung zur mitunternehmerischen Betriebsaufspaltung – Urteilsanalyse und Beratungskonsequenzen zum BFH-Urteil VIII R 13/95 vom 23.4.1996, in: DStR 1996, S. 1757-1760.

Neu, Norbert (Schwesterpersonengesellschaften): Nutzungsüberlassungen zwischen Schwesterpersonengesellschaften, in: DStR 1998, S. 1250-1253.

Neu, Norbert (Gewerbesteueranrechnung): Unternehmenssteuerreform 2001: Die pauschalierte Gewerbesteueranrechnung nach § 35 EStG, in: DStR 2000, S. 1933-1939.

Neu, Norbert (Personengesellschaftsbesteuerung): Aktuelles Beratungs-Know-how Personengesellschaftsbesteuerung, in: DStR 2002, S. 1078-1082.

Neu, Norbert/Lühn, Andreas (Unternehmensgruppen): Rechtsformwahl in kleineren Unternehmensgruppen – Prüfungskriterien für eine steueroptimale Konzerngestaltung, in: GmbH-StB 2003, S. 46-51.

Neufang, Bernd (Fragen): Aktuelle Fragen aus der Praxis der Außenprüfung, in: StBp 1997, S. 161-164.

Neufang, Bernd (Neuregelung): Die Neuregelung des Schuldzinsenabzugs durch das Steuerbereinigungsgesetz 1999, in: Stbg 2000, S. 104-109.

Neufang, Bernd (Schuldzinsenabzug): Betrieblicher Schuldzinsenabzug im Lichte des § 4 Abs. 4a EStG, in: BB 2000, S. 1702-1712.

Neufang, Bernd (Umsetzung): Betrieblicher Schuldzinsenabzug: § 4 Abs. 4a EStG und seine praktische Umsetzung, in: BB 2006, S. 855-861.

Neufang, Bernd (Betrieblicher): Betrieblicher Schuldzinsenabzug, in: StBp 2006, S. 144-149.

Neyer, Wolfgang (Gewerbesteuer): Gewerbesteuer bei Teilveräußerung eines Mitunternehmeranteils, in: BB 2005, S. 577-581.

Nickel, Jörg R./Bodden, Guido (Verlustausgleich): Verlustausgleich und Verlustverrechnung nach § 15a EStG bei doppelstöckigen Kommanditgesellschaften, in: FR 2003, S. 391-396.

Nickel, Jörg R./Klein, Manfred (Nachfolge): Qualifizierte Nachfolge in Mitunternehmeranteile bei Vorhandensein von Sonderbetriebsvermögen, in: FR 2003, S. 954-958.

Niehus, Ulrich (Personengesellschaften): Zur (Nicht)Anwendbarkeit von § 15 Abs. 3 Nr. 1 EStG bei vermögensverwaltenden Personengesellschaften, in: FR 2002, S. 977-982.

Niehus, Ulrich (Ergänzungsbilanzen): Fortführung von Ergänzungsbilanzen, in: StuW 2002, S. 116-125.

Niehus, Ulrich/Wilke, Helmuth (Kommanditisten): Einlagen des Kommanditisten bei negativem Kapitalkonto sowie Haftungserweiterung aufgrund Wechsels der Rechtsstellung – Anmerkung zur jüngeren BFH-Rechtsprechung zu § 15a EStG, in: FR 2004, S. 677-685.

Niehus, Ulrich/Wilke, Helmuth (Besteuerung): Die Besteuerung der Personengesellschaften, 3. Auflage, Stuttgart 2005.

Niemeier, Gerhard u. a. (Einkommensteuer): Einkommensteuer, 21. Auflage, Achim 2005.

Nieskens, Hans (Bilanzierung): Die Bilanzierung und Bewertung von Beteiligungen an Personenhandelsgesellschaften im handelsrechtlichen Jahresabschluss, in: WPg 1988, S. 493-502.

Orth, Manfred (Gewerbeverlustvortrag): Gewerbeverlustvortrag nach einem Gesellschafterwechsel in Personengesellschaften – Zum Fehlbetragsbeschluss des Großen Senats vom 3.5.1993 GrS 3/92, in: DB 1994, S. 1313-1315.

Ottersbach, Jörg H. (Tätigkeitsvergütung): Tätigkeitsvergütung an einen atypisch still Unterbeteiligten des Hauptgesellschafters dem Gewinn der Hauptgesellschaft hinzuzurechnen, in: FR 1999, S. 201-204.

Ottersbach, Jörg H. (Gewerbesteuerklauseln): Gewerbesteuerklauseln unter Berücksichtigung des § 35 EStG, in: DStR 2002, S. 2023-2025.

PAA, KAI UWE (Sonderbetriebsvermögen): Sonderbetriebsvermögen als Instrument zur Vermeidung verrechenbarer Verluste nach § 15a EStG, in: INF 1996, S. 751-755.

PASCH, HELMUT (Nachbesserung): Der „neue" eingeschränkte Schuldzinsenabzug § 4 Abs. 4a EStG/StBereinG – Eine gelungene Nachbesserung auf der Grundlage eines Vorschlages des Deutschen Steuerberaterverbandes!?, in: DStZ 2000, S. 117-124.

PATT, JOACHIM (Beurteilung): Gewerbesteuerliche Beurteilung der Gewinne aus der Einbringung von Betriebsvermögen in Kapitalgesellschaften oder Personengesellschaften nach den §§ 20, 24 UmwStG und aus der Veräußerung der einbringungsgeborenen Anteile, in: DStZ 1998, S. 156-162.

PATT, JOACHIM/RASCHE, RALF (Frage): Zur Frage des Sonderbetriebsvermögens bei Vermietungen zwischen Schwester-Personengesellschaften – Faktisches Ende für das Sonderbetriebsvermögen durch das BFH-Urteil vom 16.6.1994, IV R 48/93?, in: DStR 1995, S. 401-405.

PATT, JOACHIM/RASCHE, RALF (Aufstockungsmodell): Aufstockungsmodell bei Wegfall der Bilanzierungskonkurrenz durch Betriebsveräußerung oder Betriebsaufgabe i. S. des § 16 EStG?, in: FR 1996, S. 805-812.

PAUS, BERNHARD (Praxisfragen): Praxisfragen des betrieblichen Schuldzinsenabzuges, in: FR 2000, S. 957-970.

PAUS, BERNHARD (Verluste): Verrechenbare Verluste nach Übernahme der unbeschränkten Haftung – Anmerkung zu dem BFH-Urteil vom 14.10.2003 VIII R 38/02, in: DStZ 2004, S. 448-450.

PAUS, BERNHARD (Übertragung): Die entgeltliche und unentgeltliche Übertragung von Mitunternehmeranteilen und Anteilen an Einzelunternehmen (Teil I – III), in: StBp 2004/2005, S. 357-362, S. 15-19 und S. 48-52.

PAUS, BERNHARD (Kapitalkonto): Verluste und negatives Kapitalkonto beim Kommanditisten – vorhandene Regelungslücken bieten Gestaltungsmöglichkeiten, in: NWB 2005, Fach 3, S. 13171-13192.

PFLÜGER, HANSJÖRG (Gewerbeverlust): Gewerbeverlust einer Personengesellschaft bei Ausscheiden eines Mitunternehmers, in: GStB 2006, S. 153-154.

PICKHARDT-POREMBA, NATALIE (Ausgleich): Einlagen zum Ausgleich eines negativen Kapitalkontos – Anmerkungen zum BFH-Urteil vom 14.10.2003 – VIII 32/01 –, in: StuB 2004, S. 366-368.

Priester, Hans-Joachim (Überlegungen): Unternehmenssteuer-Reform und Gesellschaftsvertrag – Kautelarpraktische Überlegungen, in: DStR 2001, S. 795-801.

Prinz, Ulrich (Neufassung): Konzeptionsändernde Neufassung des § 4 Abs. 4a EStG (Schuldzinsenabzug) durch das StBereinG 1999 mit Rückwirkung – Erste Einschätzung, in: FR 2000, 134-136.

Prinz, Ulrich/Thiel, Uwe (Anbindung): Zur Anbindung von Ergänzungsbilanzen bei mehrstufigen Personengesellschaften, in: FR 1992, S. 192-195.

Prinz, Ulrich/Thiel, Uwe (Replik): Zur Anwendung von § 15a Abs. 2 EStG – Replik zu Grögler, in: DStR 1994, S. 682-683.

Pyszka, Tillmann (Bilanzen): DStR-Fachliteratur-Auswertung: Bilanzen und Gewinnermittlung, in: DStR 1995, S. 1823-1826.

Pyszka, Tillmann (Verlustvortrag): Gewerbesteuerlicher Verlustvortrag bei „stufenweisem" Gesellschafterwechsel in Personengesellschaften, in: DStR 1997, S. 1073-1076.

Rabald, Bernd (Steuerwirkungen): Fremdbestimmte Steuerwirkungen und Personengesellschaftsverträge, Wiesbaden 1987.

Raupach, Arndt (Personengesellschaft): Die Personengesellschaft im Einkommensteuerrecht: Einheit der Gesellschaft oder Vielheit von Gesellschaftern, in: FR 1976, S. 233-239.

Raupach, Arndt (Gesellschafter): Gewinnanteil und Sondervergütungen der Gesellschafter von Personengesellschaften – Zur Entscheidung des Großen Senats vom 25.02.1991 GrS 7/89 über die Besteuerung der doppelstöckigen KG, in: StuW 1991, S. 278-283.

Regniet, Michael (Ergänzungsbilanzen): Ergänzungsbilanzen bei der Personengesellschaft – Sonderbilanzen der Gesellschafter und Wertkorrekturen der Gesellschaftsbilanz, Köln 1990.

Reiß, Wolfram (Behandlung): Ertragsteuerliche Behandlung von Gesamthandsbeteiligungen und Beteiligungserträgen, in: StuW 1986, S. 232-255.

Reiß, Wolfram (Personengesellschaften): Bilanzierung von Beteiligungen an Personengesellschaften – Replik zu **Bürkle/Knebel**, DStR 1998, 1067 ff. –, in: DStR 1998, S. 1887-1890.

Reiß, Wolfram (Grundprobleme): Grundprobleme der Besteuerung von Personengesellschaften (Teil 1 + Teil 2), in: Stbg 1999, S. 356-371 und 417-421.

Ritzer, Claus J./Stangl, Ingo (Neuerungen): Gesetzliche Neuerungen im Bereich der Gewerbesteuer, in: INF 2002, S. 131-139.

RITZER, CLAUS J./STANGL, INGO (Einkünfte): Anwendungsprobleme der Steuerermäßigung für gewerbliche Einkünfte von Einzelunternehmen und Personengesellschaften, in: INF 2002, S. 641-646.

RITZER, CLAUS J./STANGL, INGO (Aussagen): Das Anwendungsschreiben zu § 35 EStG – grundlegende Aussagen und Auswirkungen auf Einzelunternehmen, in: DStR 2002, S. 1068-1078.

RITZER, CLAUS J./STANGL, INGO (Besonderheiten): Das Anwendungsschreiben zu § 35 EStG – Besonderheiten bei Mitunternehmerschaften und Organschaften, in: DStR 2002, S. 1785-1794.

RITZER, CLAUS J./STANGL, INGO (Berechnung): Berechnung des Ermäßigungshöchstbetrags nach § 35 Abs. 1 EStG – Anmerkung zum Urteil des FG Düsseldorf vom 7.5.2004, DStRE 2004, 1215, in: DStR 2005, S. 11-13.

RITZROW, MANFRED (Übertragung): Übertragung eines Wirtschaftsguts aus dem Sonderbetriebsvermögen eines Mitunternehmers in das Gesamthandsvermögen derselben Mitunternehmerschaft, in: StBp 2004, S. 324-331.

RÖDDER, THOMAS (Gewerbesteueranrechnung): Pauschalierte Gewerbesteueranrechnung – eine komprimierte Bestandsaufnahme, in: DStR 2002, S. 939-943.

RÖDDER, THOMAS (Verschärfungen): Aktuelle gewerbesteuerliche Verschärfungen und Probleme der pauschalierten Gewerbesteueranrechnung, in: JbFSt 2002/2003 – Aktuelle steuerrechtliche Beiträge, Referate und Diskussionen der 53. Steuerrechtlichen Jahresarbeitstagung, Wiesbaden, vom 6. bis 8. Mai 2002, hrsg. von der ARBEITSGEMEINSCHAFT DER FACHANWÄLTE FÜR STEUERRECHT E. V., Herne/Berlin 2005, S. 92-118.

RÖDDER, THOMAS/HÖTZEL, OLIVER/MUELLER-THUNS, THOMAS (Unternehmenskauf): Unternehmenskauf – Unternehmensverkauf, Zivilrechtliche und steuerrechtliche Gestaltungspraxis, München 2003.

RÖDDER, THOMAS/SCHUMACHER, ANDREAS (Regierungsentwurf): Der Regierungsentwurf eines Gesetzes zur Fortentwicklung des Unternehmenssteuerrechts (Teil 1 + Teil 2), in: DStR 2001, S. 1634-1641 und S. 1685-1693.

RÖDDER, THOMAS/SCHUMACHER, ANDREAS (Änderungen): Unternehmenssteuerfortentwicklungsgesetz: Wesentliche Änderungen des verkündeten Gesetzes gegenüber dem Regierungsentwurf, in: DStR 2002, S. 105-113.

ROEMER, MANFRED (Sonderregelungen): Gesellschaftsvertragliche Sonderregelungen für die Gewinnverteilung bei Personengesellschaften, in: INF 2001, S. 556-559.

ROGALL, MATTHIAS (Personengesellschaften): Die Berücksichtigung von Personengesellschaften durch die Unternehmenssteuerreform: Eine systematische Analyse der pauschalen Gewerbesteueranrechnung und der Betriebsaufgabebesteuerung, in: DStR 2001, S. 586-593.

ROGALL, MATTHIAS (Funktionsweise): Die Funktionsweise des § 15a EStG – zur Notwendigkeit, Anzahl und Fortentwicklung von Korrektur- und Merkposten, in: BB 2004, S. 1819-1823.

ROSE, GERD (Sonderbetriebsvermögen): Bilanzrecht und Sonderbetriebsvermögen in Personengesellschaften, in: Festschrift zum 65. Geburtstag von Professor Dr. Dr. h. c. Dr. h. c. Adolf Moxter, hrsg. von **BALLWIESER, WOLFGANG** u. a., Düsseldorf 1994, S. 1089-1108.

ROSE, GERD (Klärung): Gelungene Klärung des Bilanzierungskonkurrenz-Problems bei Schwester-Personengesellschaften, in: FR 1995, S. 763-765.

ROSE, GERD (Steuerrecht): Parallel-Unternehmungen im Steuerrecht, in: DB 1996, S. 167-181.

ROSE, GERD (Vorzüge): Steuerlastmindernde Vorzüge von Parallel-Unternehmungen im Mittelstand, in: DB 2004, S. 999-1001.

ROSENBACH, GEORG (Verlustverwertung): Verlustverwertung durch Umstrukturierung, in: Steuerorientierte Umstrukturierung von Unternehmen, hrsg. von **HERZIG, NORBERT**, Stuttgart 1997.

ROSER, FRANK (Auslegung): Die Auslegung sog. „alternativer Missbrauchsbestimmungen“ – Inwieweit können derartige Vorschriften Steueransprüche begründen?, in: FR 2005, S. 178-184.

ROSER, FRANK (Gewinnermittlung): Die Gewinnermittlung bei mehrstöckigen Personengesellschaften – Welche Besonderheiten zu beachten sind!, in: EStB 2006, S. 149-151.

ROSER, FRANK/KETEL, MARIKA (Schuldzinsenabzug): Eingeschränkter Schuldzinsenabzug nach § 4 Abs. 4a EStG – Sonderfall des Ausscheidens eines Gesellschafters aus einer Personengesellschaft, in: EStB 2005, S. 76-78.

SARRAZIN, VIKTOR (Personengesellschaft): Die mehrstöckige Personengesellschaft – § 15 Abs. 1 S. 1 Nr. 2 EStG i. d. F. des Steueränderungsgesetzes 1992, in: Ertragsbesteuerung: Zurechnung, Ermittlung, Gestaltung – Festschrift für Ludwig Schmidt zum 65. Geburtstag, hrsg. von **RAUPACH, ARNDT/UELNER, ADALBERT**, München 1993, S. 393-401.

SAUER, OTTO M./SCHWARZ, HANSJÜRGEN (Folgen): Steuerliche Folgen der Betriebsveräußerung und Betriebsaufgabe – Veräußerung, unentgeltliche

Übertragung, Verlegung, Stillegung, Änderung der Rechtsform, 4. Auflage, Bielefeld 1997.

Schallmoser, Ulrich (Bedenken): Verfassungsrechtliche Bedenken gegen die Schuldzinsenabzugsregelung des § 4 Abs. 4a EStG, in: FR 2001, S. 509-516.

Schiffers, Joachim (Sonderbetriebsvermögen): Sonderbetriebsvermögen – Gestaltungsmöglichkeiten und Risiken für mittelständische Unternehmensgruppen, in: GmbH-StB 1997, S. 274-277.

Schiffers, Joachim (Anmerkung): Anmerkung zum BFH-Beschluss vom 31.8.1999, VIII B 74/99, in: GmbHR 1999, S. 1266-1267.

Schiffers, Joachim (Steuerermäßigung): Steuerermäßigung bei Einkünften aus Gewerbebetrieb nach § 35 EStG – Ausgewählte Auslegungsfragen und Wirkungen, in: Stbg 2001, S. 403-413.

Schiffers, Joachim (Umstrukturierung): Umstrukturierung mittelständischer Personengesellschaftsgruppen, in: GmbH-StB 2003, S. 353-359.

Schiffers, Joachim (Leistungen): Leistungen zwischen Personengesellschaft und Gesellschafter: Verpachtungs-, Veräußerungs-, Darlehens- u. a. praktisch wichtige Beziehungen, in: GmbH-StB 2004, S. 334-339.

Schild, Claus (Veräußerung): Veräußerung von doppelstöckigen Personengesellschaften, in: JbFSt 2002/2003 – Aktuelle steuerrechtliche Beiträge, Referate und Diskussionen der 53. Steuerrechtlichen Jahresarbeitstagung, Wiesbaden, vom 6. bis 8. Mai 2002, hrsg. von der **Arbeitsgemeinschaft der Fachanwälte für Steuerrecht e. V.**, Herne/Berlin 2005, S. 169-177.

Schmid, Reinhold (Obergesellschaft): Steuerbilanzielle Fragestellungen bei Sonderbetriebsvermögen im Verhältnis von Obergesellschaft zu Untergesellschaft bei doppelstöckigen Personengesellschaften, in: DStR 1997, S. 941-948.

Schmid, Reinhold (Personengesellschaft): Gewerbliche Personengesellschaft und Kapitalgesellschaft – ein Vergleich der laufenden Ertragbesteuerung, in: SteuerStud 2004, S. 160-165.

Schmidt, Axel (Leistungsbeziehungen): Leistungsbeziehungen bei doppelstöckigen Personengesellschaften – Zugleich eine Besprechung des Vorlagebeschlusses des IV. Senats des BFH vom 12.10.1989, in: DStR 1990, S. 164-170.

Schmidt, Ludwig (Anmerkung): Anmerkung zum BFH-Urteil vom 23.07.1975 – I R 165/73, in: FR 1976, S. 21.

SCHMIDT, LUDWIG (Personengesellschaft): Die doppelstöckige Personengesellschaft nach dem Beschluss des Großen Senats, in: DStR 1991, S. 505-506.

SCHMIDT, LUDWIG (Gewinnermittlung): Steuerrechtliche Gewinnermittlung und -zurechnung bei doppelstöckigen Personengesellschaften – Versuch einer Bestandsaufnahme für die Praxis –, in: Bilanzrecht und Kapitalmarkt: Festschrift zum 65. Geburtstag von Professor Dr. Dr. h. c. Dr. h. c. Adolf Moxter, hrsg. von **BALLWIESER, WOLFGANG** u. a., Düsseldorf 1994, S. 1109-1125.

SCHMIDT, LUDWIG [Hrsg.] (EStG 1985): Einkommensteuergesetz, 4. Auflage, München 1985.

SCHMIDT, LUDWIG [Hrsg.] (EStG 2001): Einkommensteuergesetz, 20. Auflage, München 2001.

SCHMIDT, LUDWIG [Hrsg.] (EStG): Einkommensteuergesetz, 25. Auflage, München 2006.

SCHMIDT, LUTZ/HAGEBÖKE, JENS (Obergesellschaft): Gewerbesteuer bei der Veräußerung eines Mitunternehmeranteils an einer Obergesellschaft einer doppelstöckigen Personengesellschaft nach § 7 Satz 2 Nr. 2 GewStG, in: DB 2003, S. 790-794.

SCHMITT, MICHAEL (Unternehmensbesteuerung): Unternehmensbesteuerung: Einkommensteuerliche Zweifelsfälle, in: Stbg 2003, S. 1-17.

SCHNITTER, GEORG (Beteiligung): Beteiligung einer Personengesellschaft an einer anderen – Die steuerlichen Folgen der Doppelgesellschaft, in: EStB 2003, S. 191-195.

SCHÖN, WOLFGANG (Personengesellschaften): Gewinnübertragungen bei Personengesellschaften nach § 6b EStG, Köln 1986.

SCHÖN, WOLFGANG (Gewinnübertragungen): Gewinnübertragungen nach § 6b EStG zwischen Kapital- und Personengesellschaft in Handels- und Steuerbilanz, in: FR 1994, S. 658-668.

SCHOOR, HANS WALTER (Gesellschafterwechsel): Gesellschafterwechsel bei einer Personengesellschaft – Folgen der Übertragung von Mitunternehmeranteilen – in: SteuerStud 2004, S. 519-526.

SCHOOR, HANS WALTER (Freibetrag): Freibetrag für Betriebsveräußerungs- und -aufgabegewinne, in: DStZ 2004, S. 627-635.

SCHOOR, HANS WALTER (Steuervergünstigungen): Steuervergünstigungen bei Betriebsveräußerungen oder -aufgaben ab 2004, in: BBK 2005, Fach 10, S. 739-742.

Schoor, Hans Walter (Berechnung) Berechnung von Betriebsveräußerungs- und Betriebsaufgabegewinnen (Teil 1), in: StBp 2006, S. 150-153.

Schulze zur Wiesche, Dieter (Holdinggesellschaften): Die Personengesellschaft als Holdinggesellschaft, in: DB 1988, S. 252-255.

Schulze zur Wiesche, Dieter (Steueränderungsgesetz): Die doppelstöckige Personengesellschaft nach dem Steueränderungsgesetz 1992, in: StBp 1992, S. 248-254.

Schulze zur Wiesche, Dieter (Rechtsprechung): Die Personengesellschaft in der neueren Rechtsprechung des BFH, in: FR 1996, S. 237-249.

Schulze zur Wiesche, Dieter (Behandlung): Die steuerliche Behandlung der Rechtsbeziehungen zwischen Schwestergesellschaften – Erlass vom 28.4.1998, in: StBp 1998, S. 314-320.

Schulze zur Wiesche, Dieter (Mitunternehmerschaft): Sonderbetriebsvermögen II einer Mitunternehmerschaft, in: FR 1999, S. 14-19.

Schulze zur Wiesche, Dieter (Übertragung): Übertragung von Bruchteilen eines Mitunternehmeranteils und Sonderbetriebsvermögen, in: FR 1999, S. 988-993.

Schulze zur Wiesche, Dieter (Überentnahme): Steuerliche Behandlung der durch Überentnahme bedingten Schuldzinsen unter besonderer Berücksichtigung der Personengesellschaft, in: DB 2000, S. 2189-2192.

Schulze zur Wiesche, Dieter (Gestaltungsmöglichkeiten): Gestaltungsmöglichkeiten bei Betriebsveräußerung bzw. Betriebsaufgabe, in: FR 2002, S. 667-670.

Schumacher, Andreas (Verlustvortrag): Gewerbesteuerlicher Verlustvortrag einer KG & atypisch Still, in: DStR 1998, S. 840-841.

Schwedhelm, Rolf/Olbing, Klaus/Binnewies, Burkhard (Gestaltungsüberlegungen): Gestaltungsüberlegungen zum Jahreswechsel 2000/2001 rund um die GmbH, in: GmbHR 2000, S. 1173-1187.

Schwer, Hans-Walther (Verrechnungskonten): Die steuerlichen Folgen von Verrechnungskonten im Rahmen des § 15a EStG, in: StBp 2003, S. 161-168.

Seer, Roman (Behandlung): Die ertragsteuerliche Behandlung der doppelstöckigen Personengesellschaft unter besonderer Berücksichtigung des Steueränderungsgesetzes 1992, in: StuW 1992, S. 35-47.

Seibold, Felix (Anwendung): Zur Anwendung des § 15a EStG bei doppelstöckigen Personengesellschaften, in: DStR 1998, S. 438-442.

SIEGEL, THEODOR (Plädoyer): Plädoyer für eine systemkonforme Reform der Gewerbesteueranrechnung nach § 35 EStG, in: BB 2001, S. 701-703.

SÖFFING, ANDREAS (Steuerwirkungen): Fremdbestimmte Steuerwirkungen bei doppelstöckigen Personengesellschaften, in: DStZ 1993, S. 587-591.

SÖFFING, GÜNTER (Beteiligung): Mittelbare Beteiligung bei Personengesellschaften: Beschluss des Großen Senats des BFH vom 25.2.1991 und § 15 Abs. 1 Satz 1 Nr. 2 Satz 2 EStG – eingefügt durch das Steueränderungsgesetz 1992, in: FR 1992, S. 185-192.

SÖFFING, GÜNTER (Gedanken): Gedanken zum Fehlbetragsbeschluss des Großen Senats – Anmerkungen zu dem BFH-Beschluss vom 3.5.1993 GrS 2/93 –, in: DB 1994, S. 747-752.

SÖFFING, GÜNTER (Verlustabzug): Verlustabzug nach § 10a GewStG bei mehrstöckigen Personengesellschaften, in: DB 1994, S. 1488-1489.

SÖFFING, GÜNTER (Personengesellschaften): Mittelbare Beteiligung bei Personengesellschaften, in: Steuerrecht, Verfassungsrecht, Finanzpolitik: Festschrift für Franz Klein, hrsg. von **KIRCHHOF, PAUL/OFFERHAUS, KLAUS/SCHÖBERLE, HORST**, Köln 1994, S. 737-750.

SÖFFING, GÜNTER (Bilanzierungskonkurrenz): Zur Bilanzierungskonkurrenz – Anmerkung zum BFH-Urteil vom 22.11.1994 VIII R 63/93 –, in: DB 1995, S. 1582-1583.

SÖFFING, GÜNTER (Entnahme): Zum Begriff der Entnahme im Sinne des § 4 Abs. 4a EStG i. d. F. des Steuerbereinigungsgesetzes 1999, in: DStZ 2000, S. 203-204.

SÖFFING, GÜNTER (Mängel): Die Mängel im Entwurf zu § 35 EStG, in: DB 2000, S. 688-692.

SÖFFING, GÜNTER (Rechtfertigung): Zur Rechtfertigung von Sonderbetriebsvermögen II, in: DStR 2003, S. 1105-1108.

SÖFFING, GÜNTER (Wortlaut): Der zu weitgehende Wortlaut des § 18 Abs. 4 UmwStG, in: FR 2005, S. 1007-1012.

SÖFFING, GÜNTER (Mitunternehmer): Besteuerung der Mitunternehmer, 5. Auflage, Herne/Berlin 2005.

SÖHN, HARTMUT (Feststellungen): Einheitliche und gesonderte Feststellungen bei "doppelstöckigen Personengesellschaften", in: StuW 1999, S. 328-334.

SOMMER, JOSEF (Bilanzierung): Bilanzierung von Anteilen an Personengesellschaften in Handels- und Steuerbilanz, Bergisch Gladbach/Köln 1996.

Stahl, Rudolf (Wiedereinführung): Eingeschränkte Wiedereinführung des „halben Steuersatzes" nach § 34 Abs. 3 EStG ab 2001, in: KÖSDI 2001, S. 12838-12845.

Stahl, Rudolf (Veräußerung): Veräußerung von Mitunternehmeranteilen, in: KÖSDI 2002, S. 13535-13544.

Stangl, Ingo (Einkünfte): § 35 EStG: Entstehung von Anrechnungsüberhängen und Gestaltungen durch zusätzliche Einkünfte, in: StB 2002, S. 168-176.

Staringer, Claus (Personengesellschaft): Die doppelstöckige Personengesellschaft, in: Die beschränkte Steuerpflicht im Einkommen- und Körperschaftsteuerrecht, hrsg. von **Gassner, Wolfgang** u. a., Wien 2004, S. 239-251.

Stegemann, Dieter (Begrenzung): Die Begrenzung des Schuldzinsenabzugs nach § 4 Abs. 4a EStG bei Mitunternehmerschaften, in: StB 2001, S. 370-379.

Stegemann, Dieter (Beendigung): Beendigung der Schuldzinsenabzugsbeschränkung nach § 4 Abs. 4a EStG durch Umwandlungsmaßnahmen, in: INF 2002, S. 622-624.

Stegemann, Dieter (Einzelfragen): Ausgewählte Einzelfragen zur doppel- bzw. mehrstöckigen Personengesellschaft, in: INF 2003, S. 266-271.

Stegemann, Dieter (Ausgleich): Sofortiger Ausgleich von "15a-Verlusten" bei Umwandlung auf den Allein-Kommanditisten?, in: GStB 2004, S. 367-377.

Stegemann, Dieter (Detailfragen): Ausgewählte Detailfragen zur Umwandlung doppelstöckiger Personengesellschaften, in: INF 2004, S. 785-791.

Stollenwerk, Arnd/Scherff, Susanne (Veräußerung): Gewerbesteuer-Risiko bei Veräußerung von GmbH & Co. KG-Anteilen – Beratungsbedarf bei Doppelstöckigkeit und atypischer Unterbeteiligung, in: GmbH-StB 2005, S. 45-50.

Strahl, Martin (Hinweise): Fortentwicklung der Unternehmenssteuerreform: Hinweise zu den Gesetzesänderungen, in: KÖSDI 2002, S. 13164-13177.

Stuhrmann, Gerd (Änderungen): Die wesentlichen ertragsteuerrechtlichen Änderungen des Steuerbereinigungsgesetzes 1999, in: NJW 2000, S. 616-620.

Stuhrmann, Gerd (Einkommensteuerminderung): Unternehmenssteuerreform: Einkommensteuerminderung durch Berücksichtigung der Gewerbesteuerbelastung als Basismodell, in: FR 2000, S. 550-553.

Sundermeier, Bernd (Personengesellschaft): Die mehrstöckige Personengesellschaft im Licht des § 15a EStG, in: DStR 1994, S. 1477-1480.

Thiel, Jochen u. a. (Umwandlungssteuer-Erlass): Der Umwandlungssteuer-Erlass 1998, in: GmbHR 1998, S. 397-443.

Tipke, Klaus/Kruse, Heinrich Wilhelm (AO/FGO): Kommentar zur Abgabenordnung und Finanzgerichtsordnung, Köln, Stand: November 2005 (Loseblatt).

Ulmer, Peter (Gesellschaft): Die höchstrichterlich "enträtselte" Gesellschaft bürgerlichen Rechts, in: ZIP 2001, S. 585-599.

Völker, Hans-Hermann (Steuerbilanz): Mittelbare Mitunternehmerschaft und Steuerbilanz, in: INF 1995, S. 487-489.

Wacker, Roland (Einlagen): "Vorgezogene Einlagen" und § 15a EStG – Erste Anmerkungen zum BFH-Urteil vom 14.10.2003 VIII R 32/01, in: DB 2004, S. 11-16.

Wältermann, Carsten (Anwendung): Zur Anwendung des § 4 Abs. 4a EStG bei der mehrstöckigen Mitunternehmerschaft – Ein pragmatischer Lösungsansatz, in: FR 2004, S. 553-560.

von Wallis, Hugo/Brandmüller, Gerhard/Schulze zur Wiesche, Dieter (Besteuerung): Besteuerung der Personen- und Kapitalgesellschaften, 5. Auflage, Heidelberg 2002.

Watrin, Christoph/Sievert, Elke/Nußmann, Patrick (Konsequenzen): Steuerliche Konsequenzen von Beteiligungsumwandlungen im Rahmen von § 15a EStG, in: BB 2004, S. 1529-1533.

Weißmann, Axel (Personengesellschaften): Beschränkungen des Betriebsausgabenabzugs von Schuldzinsen nach § 4 IV a EStG unter besonderer Berücksichtigung von Personengesellschaften, Erlangen-Nürnberg 2002.

Wendt, Michael (Mehrkontenmodelle): Mehrkontenmodelle – Zweiter Versuch einer gesetzlichen Regelung in § 4 Abs. 4a EStG, in: FR 2000, S. 417-433.

Wendt, Michael (Gewerbesteueranrechnung): StSenkG: Pauschale Gewerbesteueranrechnung bei Einzelunternehmen, Mitunternehmerschaft und Organschaft, in: FR 2000, S. 1173-1182.

Wendt, Michael (Übertragung): Übertragung von Wirtschaftsgütern zwischen Mitunternehmerschaft und Mitunternehmer – § 6 Abs. 5 EStG i. d. F. des UntStFG als zweiter Versuch zur "Wiedereinführung des Mitunternehmer-Erlasses", in: FR 2002, S. 53-66.

Wendt, Michael (Teilanteilsübertragung): Teilanteilsübertragung und Aufnahme eines Gesellschafters in ein Einzelunternehmen nach den Änderungen des EStG durch das UntStFG, in: FR 2002, S. 127-138.

Wendt, Michael (Schuldzinsenabzug): Betrieblicher Schuldzinsenabzug: Erste Änderungen des § 4 Abs. 4a EStG, in: EStB 2002, S. 276-279.

Weßling, Johannes (Gewerbeverlustvortrag): Gewerbeverlustvortrag gem. § 10a GewStG bei Umschichtung der Anteile unter den Gesellschaftern einer Personengesellschaft – Anmerkung zum Urteil des FG Bremen vom 27.10.1994, 194188 K 1, in: INF 1995, S. 489-490.

Weßling, Johannes (Gesellschafterwechsel): Stufenweiser Gesellschafterwechsel in Personengesellschaften und Verlustvortrag bei der Gewerbesteuer, in: INF 1997, S. 167-168.

Widmann, Siegfried/Mayer, Dieter [Hrsg.] (Umwandlungsrecht): Umwandlungsrecht: Umwandlungsgesetz – Umwandlungssteuergesetz, Kommentar, Bonn/Berlin, Stand: März 2006 (Loseblatt).

Wieczorek, Marko (Neuregelung): Neuregelung des Schuldzinsenabzugs: Darstellung des BMF-Schreibens vom 22. Mai 2000, in: Stbg 2000, S. 301-307.

Wienands, Hans-Gerd (Anrechnung): Beispiele zur Anrechnung der Gewerbesteuer auf die Einkommensteuer, in: GStB 2001, S. 69-76.

Wilke, Helmuth (Komplementär): Vom Komplementär zum Kommanditisten und umgekehrt – Zweifelsfragen im Zusammenhang mit § 15a EStG, in: INF 2004, S. 69-73.

Wingler, Eva (Verlustnutzung): Zur gewerbesteuerlichen Verlustnutzung bei Änderungen im Gesellschafterkreis von Personengesellschaften, in: BB 1998, S. 2087-2090.

Wischmann, Rolf (Beraterhinweis): Beraterhinweis zu BFH-Urteil vom 15.06.2004, VIII R 7/01, in: EStB 2004, S. 317.

Woltmann, Albrecht (Gewerbesteuerpflicht): Das Ende der Gewerbesteuerpflicht des Einzelunternehmens, in: DB 1987, S. 2008-2011.

Wrede, Friedrich (Steuerbilanz): Beteiligungen an Personenhandelsgesellschaften in der Handelsbilanz und der Steuerbilanz, in: FR 1990, S. 293-303.

Zenthöfer, Wolfgang/Schulze zur Wiesche, Dieter (Einkommensteuer): Einkommensteuer, 8. Auflage, Stuttgart 2004.

Zerhusen, Sabine (Verlustvortrag): Der Verlustvortag nach § 10a GewStG beim Ausscheiden eines Gesellschafters aus einer Personengesellschaft unter Berücksichtigung von Sonderbetriebsvermögen, in: INF 2005, S. 698-702.

Zimmermann, Reimar u. a. (Steuerrecht): Die Personengesellschaft im Steuerrecht, 8. Auflage, Achim 2003.

Rechtsprechungsverzeichnis

A. Reichsfinanzhof

RFH vom 26.08.1942, VI 236/42, in: RStBl. 1942, S. 1024.

B. Bundesgerichtshof

BGH vom 29.01.2001, II ZR 331/00, in: DStR 2001, S. 310-315.

C. Bundesfinanzhof

BFH vom 30.09.1964, I 231 – 232/62 U, in: BStBl. III 1965, S. 54-56.
BFH vom 23.02.1972, I R 159/68, in: BStBl. II 1972, S. 530-531.
BFH vom 26.11.1973, GrS 5/71, in: BStBl. II 1974, S. 132-137.
BFH vom 17.10.1974, IV R 223/72, in: BStBl. II 1975, S. 58-61.
BFH vom 23.07.1975, I R 165/73, in: BStBl. II 1976, S. 73-74.
BFH vom 29.09.1976, I R 171/75, in: BStBl. II 1977, S. 259-260.
BFH vom 13.07.1977, I R 217/75, in: BStBl. II 1978, S. 6-8.
BFH vom 27.10.1977, IV R 60/74, in: BStBl. II 1978, S. 100-102.
BFH vom 12.01.1978, IV R 26/73, in: BStBl. II 1978, S. 348-352.
BFH vom 06.07.1978, IV R 164/74, in: BStBl. II 1978, S. 647-648.
BFH vom 06.12.1978, I R 35/78, in: BStBl. II 1979, S. 262-263.
BFH vom 18.07.1979, I R 199/75, in: BStBl. II 1979, S. 750-754.
BFH vom 15.01.1981, IV R 76/77, in: BStBl. II 1981, S. 314-316.
BFH vom 22.01.1981, IV R 160/76, in: BStBl. II 1981, S. 427-430.
BFH vom 19.02.1981, IV R 41/78, in: BStBl. II 1981, S. 730-731.
BFH vom 19.01.1983, I R 57/79, in: BStBl. II 1983, S. 312-313.
BFH vom 18.05.1983, I R 5/82, in: BStBl. II 1983, S. 771-775.
BFH vom 25.06.1984, GrS 4/82, in: BStBl. II 1984, S. 751-770.
BFH vom 29.08.1984, I R 154/81, in: BStBl. II 1985, S. 160-162.
BFH vom 13.11.1984, VIII R 312/82, in: BStBl. II 1985, S. 334-336.
BFH vom 19.12.1984, I R 165/80, in: BStBl. II 1985, S. 403-405.
BFH vom 20.06.1985, IV R 36/83, in: BStBl. II 1985, S. 654-655.
BFH vom 06.11.1985, I R 242/81, in: BStBl. II 1986, S. 333-335.
BFH vom 12.11.1985, VIII R 286/81, in: BStBl. II 1986, S. 55-58.
BFH vom 09.07.1986, I R 218/82, in: BStBl. II 1987, S. 14-16.
BFH vom 19.05.1987, VIII B 104/85, in: BStBl. II 1988, S. 5-10.
BFH vom 06.10.1987, VIII R 137/84, in: BStBl. II 1988, S. 679-681.
BFH vom 26.10.1987, GrS 2/86, in: BStBl. II 1988, S. 348-357.
BFH vom 14.04.1988, IV R 271/84, in: BStBl. II 1988, S. 667-670

BFH vom 10.08.1989, III R 5/87, in: BStBl. II 1990, S. 38-41.
BFH vom 12.10.1989, IV R 5/86, in: BStBl. II 1990, S. 168-175.
BFH vom 14.12.1989, IV R 117/88, in: BStBl. II 1990, S. 436-440.
BFH vom 28.02.1990, I R 92/86, in: BStBl. II 1990, S. 699-701.
BFH vom 04.07.1990, GrS 2-3/88, in: BStBl. II 1990, S. 817-830.
BFH vom 05.07.1990, GrS 2/89, in: BStBl. II 1990, S. 837-847.
BFH vom 08.11.1990, IV R 127/86, in: BStBl. II 1991, S. 505-507.
BFH vom 11.12.1990, VIII R 14/87, in: BStBl. II 1991, S. 510-512.
BFH vom 25.02.1991, GrS 7/89, in: BStBl. II 1991, S. 691-703.
BFH vom 19.03.1991, VIII R 76/87, in: BStBl. II 1991, S. 635-636.
BFH vom 14.05.1991, VIII R 31/88, in: BStBl. II 1992, S. 167-172.
BFH vom 11.09.1991, IX R 35/90, in: BStBl. II 1992, S. 4-5.
BFH vom 29.10.1991, VIII R 148/85, in: BStBl. II 1992, S. 647-650.
BFH vom 04.12.1991, I R 148/90, in: BStBl. II 1992, S. 383-385.
BFH vom 18.12.1991, XI R 40/89, in: BStBl. II 1992, S. 486-488.
BFH vom 11.03.1992, XI R 38/89, in: BStBl. II 1992, S. 797-798.
BFH vom 26.08.1992, I R 24/91, in: BStBl. II 1992, S. 977-981.
BFH vom 08.09.1992, IX R 335/87, in: BStBl. II 1993, S. 281-284.
BFH vom 30.03.1993, VIII R 63/91, in: BStBl. II 1993, S. 706-709.
BFH vom 29.04.1993, IV R 107/92, in: BStBl. II 1993, S. 666-668.
BFH vom 03.05.1993, GrS 3/92, in: BStBl. II 1993, S. 616-628.
BFH vom 19.05.1993, I R 60/92, in: BStBl. II 1993, S. 714-716.
BFH vom 26.08.1993, IV R 133/90, in: BStBl. II 1995, S. 791-794.
BFH vom 09.09.1993, IV R 14/91, in: BStBl. II 1994, S. 250-252.
BFH vom 03.02.1994, III R 23/89, in: BStBl. II 1994, S. 709-711.
BFH vom 16.02.1994, XI R 50/88, in: BStBl. II 1994, S. 364-365.
BFH vom 01.03.1994, VIII R 35/92, in: BStBl. II 1995, S. 241-246.
BFH vom 16.06.1994, IV R 48/93, in: BStBl. II 1996, S. 82-85.
BFH vom 22.11.1994, VIII R 63/93, in: BStBl. II 1996, S. 93-96.
BFH vom 08.12.1994, IV R 7/92, in: BStBl. II 1996, S. 264-266.
BFH vom 26.01.1995, IV R 23/93, in: BStBl. II 1995, S. 467-471.
BFH vom 11.05.1995, IV R 44/93, in: DB 1995, S. 1690-1691.
BFH vom 06.07.1995, IV R 30/93, in: BStBl. II 1995, S. 831-833.
BFH vom 31.08.1995, VIII B 21/93, in: BStBl. II 1995, S. 890-893.
BFH vom 28.09.1995, IV R 57/94, in: BStBl. II 1996, S. 68-70.
BFH vom 14.11.1995, VIII R 8/94, in: BStBl. II 1996, S. 297-299.
BFH vom 14.12.1995, IV R 106/94, in: BStBl. II 1996, S. 226-232.
BFH vom 13.02.1996, VIII R 18/92, in: BStBl. II 1996, S. 291-295.
BFH vom 27.03.1996, I R 89/95, in: BStBl. II 1997, S. 224-226.
BFH vom 23.04.1996, VIII R 13/95, in: BB 1996, S. 2074-2077.
BFH vom 09.05.1996, IV R 64/93, in: BStBl. II 1996, S. 642-645.
BFH vom 12.06.1996, XI R 56, 57/95, in: BStBl. II 1996, S. 527-529.

BFH vom 26.06.1996, VIII R 41/95, in: BStBl. II 1997, S. 179-181.
BFH vom 24.10.1996, IV R 90/94, in: BStBl. II 1997, S. 241-243.
BFH vom 12.12.1996, IV R 77/93, in: BStBl. II 1998, S. 180-183.
BFH vom 02.10.1997, IV R 75/96, in: BStBl. II 1998, S. 137-139.
BFH vom 08.12.1997, GrS 1-2/95, in: BStBl. II 1998, S. 193-200.
BFH vom 19.02.1998, IV R 59/96, in: BStBl. II 1999, S. 266-269.
BFH vom 13.10.1998, VIII R 78/97, in: BStBl. II 1999, S. 163-167.
BFH vom 24.11.1998, VIII R 61/97, in: BStBl. II 1999, S. 483-486.
BFH vom 24.03.1999, I R 114/97, in: BStBl. II 2000, S. 399-403.
BFH vom 06.07.1999, VIII R 46/94, in: BStBl. II 1999, S. 720-722.
BFH vom 31.08.1999, VIII B 74/99, in: BStBl. II 1999, S. 794-796.
BFH vom 28.10.1999, VIII R 66-70/97, in: BStBl. II 2000, S. 183-185.
BFH vom 25.01.2000, VIII R 55/97, in: BStBl. II 2000, S. 458-459.
BFH vom 12.04.2000, XI R 35/99, in: BStBl. II 2001, S. 26-28.
BFH vom 25.07.2000, VIII R 46/99, in: DStR 2000, S. 1905-1908.
BFH vom 07.08.2000, GrS 2/99, in: BStBl. II 2000, S. 632-638.
BFH vom 24.08.2000, IV R 51/98, in: DB 2000, S. 2147-2149.
BFH vom 06.09.2000, IV R 69/99, in: BStBl. II 2001, S. 731-734.
BFH vom 21.09.2000, IV R 77/99, in: DB 2001, S. 72-74.
BFH vom 07.12.2000, III R 35/98, in: BStBl. II 2001, S. 316-321.
BFH vom 11.04.2001, VIII B 99/00, in: BFH/NV 2001, S. 1447.
BFH vom 09.08.2001, III R 30/00, in: BStBl. II 2001, S. 842-844.
BFH vom 05.02.2002, VIII B 73/01, in: BFH/NV 2002, S. 908.
BFH vom 06.02.2002, VIII B 82/01, in: BFH/NV 2002, S. 647-648.
BFH vom 06.03.2002, XI R 9/01, in: BStBl. II 2002, S. 737-738.
BFH vom 14.05.2002, VIII R 8/01, in: FR 2002, S. 877-882.
BFH vom 16.05.2002, IV R 58/00, in: BStBl. II 2002, S. 748-751.
BFH vom 09.07.2002, IX R 29/98, in: BFH/NV 2003, S. 21-23.
BFH vom 20.03.2003, IV R 42/00, in: INF 2003, S. 844-845.
BFH vom 20.03.2003, IV R 27/01, in: BStBl. II 2003, S. 878-881.
BFH vom 30.04.2003, I R 102/01, in: BStBl. II 2004, S. 804-806.
BFH vom 05.06.2003, IV R 18/02, in: StuB 2003, S. 994.
BFH vom 09.07.2003, I R 5/03, in: BFH/NV 2004, S. 1-2.
BFH vom 14.10.2003, VIII R 32/01, in: DStR 2004, S. 24-27.
BFH vom 14.10.2003, VIII R 81/02, in: DStR 2004, S. 29-31.
BFH vom 14.10.2003, VIII R 38/02, in: DStR 2004, S. 31-33.
BFH vom 04.11.2003, VIII R 38/01, in: HFR 2004, S. 1202-1204.
BFH vom 06.11.2003, IV ER – S – 3/03, in: DStR 2004, S. 2047-2049.
BFH vom 18.12.2003, IV B 201/03, in: BStBl. II 2004, S. 231-233.
BFH vom 12.02.2004, IV R 70/02, in: EStB 2004, S. 184.
BFH vom 15.06.2004, VIII R 7/01, in: BStBl. II 2004, S. 754-757.
BFH vom 01.07.2004, IV R 67/00, in: DB 2004, S. 2401-2402.

BFH vom 06.10.2004, IX R 53/01, in: DB 2004, S. 2560-2562.
BFH vom 07.10.2004, IV R 50/02, in: BFH/NV 2005, S. 533-534.
BFH vom 21.09.2005, X R 46/04, in: DStR 2005, S. 2159-2162.
BFH vom 21.09.2005, X R 47/03, in: BB 2005, S. 2791-2796.
BFH vom 23.12.2005, VIII R 96/03, in: BFH/NV 2006, S. 789-790.
BFH vom 23.12.2005, VIII R 10/04, in: BFH/NV 2006, S. 790-791.
BFH vom 17.01.2006, VIII R 96/04, in: BB 2006, S. 645-647.

D. Finanzgerichte

FG Baden-Württemberg vom 20.09.1985, IX 160/80, in: EFG 1986, S. 122-123.
FG Bremen vom 27.10.1994, 1 94 188 K 1, rkr., in: EFG 1995, S. 585-586.
FG Berlin vom 16.02.2000, 6 K 4411/97, in: EFG 2000, S. 640-641 und Beilage 12, S. 94.
FG Münster vom 27.09.2002, 11 K 5882/01 F, Rev. eingelegt (Az. BFH: VIII R 90/02), in: DStRE 2003, S. 263-264.
FG Baden-Württemberg vom 06.11.2002, 13 K 69/02, Rev. eingelegt (Az. BFH: III R 34/02), in: DStRE 2003, S. 262-263.
FG Düsseldorf vom 03.11.2003, 7 K 6498/99 F, Rev. eingelegt (Az. BFH: IV R 1/04), in: EFG 2004, S. 495-496.
FG Düsseldorf vom 11.02.2004, 7 K 5737/01 F, rkr., in: DStRE 2004, S. 938-940.
FG Düsseldorf vom 07.05.2004, 18 K 5084/03 E, Rev. eingelegt (Az. BFH: X R 25/04), in: EFG 2004, S. 1438-1439.
FG Düsseldorf vom 14.09.2004, 16 K 5972/03 F, Nichtzulassungsbeschwerde eingelegt (Az. BFH: IV B 156/04), in: EFG 2005, S. 62-63.
FG Münster vom 06.08.2004, 11 K 4399/03 E, G, Rev. eingelegt (Az. BFH: X R 44/04), in: DStRE 2005, S. 241-242.
FG Hamburg vom 30.08.2004, I 293/01, Rev. eingelegt (Az. BFH: IV R 54/04), in: EFG 2005, S. 214-217.
FG München vom 29.09.2004, 9 K 3768/03, Rev. eingelegt (Az. BFH: I R 108/04), in: EFG 2005, S. 213-214.
FG Baden-Württemberg vom 16.06.2005, 3 K 210/00, Rev. eingelegt (Az. BFH: VIII R 50/05), in: EFG 2005, S. 1794-1796.
FG Düsseldorf vom 15.09.2005, 11 K 7141/01 F, Rev. eingelegt (Az. BFH: IV R 59/05), in: EFG 2006, S. 757.

E. Oberlandesgerichte

OLG München vom 23.07.1986, 7 U 5095/85, in: FN-IDW 1990, S. 80m.

Quellenverzeichnis

A. Gesetze

ABGABENORDNUNG (AO) in der Fassung der Bekanntmachung vom 01.10.2002, BGBl. I 2002, S. 3866, berichtigt: BGBl. I 2003, S. 61, zuletzt geändert durch Gesetz vom 28.04.2006, BGBl. I 2006, S. 1095.

EINKOMMENSTEUERGESETZ (ESTG) in der Fassung der Bekanntmachung vom 19.10.2002, BGBl. I 2002, S. 4210, berichtigt: BGBl. 2003, S. 179, zuletzt geändert durch Gesetz vom 28.04.2006, BGBl. I 2006, S. 1095.

GEWERBESTEUERGESETZ (GEWSTG) in der Fassung der Bekanntmachung vom 15.10.2002, BGBl. I 2002, S. 4167, zuletzt geändert durch Gesetz vom 15.12.2004, BGBl. I 2004, S. 1653.

HANDELSGESETZBUCH [OHNE SEEHANDEL] (HGB) vom 10.05.1897, RGBl. 1897, S. 219, zuletzt geändert durch Gesetz vom 03.08.2005, BGBl. I 2005, S. 2267.

INVESTITIONSZULAGENGESETZ 2005 (INVZULG) in der Fassung der Bekanntmachung vom 30.09.2005, BGBl. I 2005, S. 2961.

KÖRPERSCHAFTSTEUERGESETZ (KSTG) in der Fassung der Bekanntmachung vom 15.10.2002, BGBl. I 2002, S. 4144, zuletzt geändert durch Gesetze vom 15.12.2004, BGBl. I 2004, S. 3416.

STEUERÄNDERUNGSGESETZ 1973 (STÄNDG 1973) vom 26.06.1973, BGBl. I 1973, S. 676.

STEUERÄNDERUNGSGESETZ 1992 (STÄNDG 1992) Gesetz zur Entlastung der Familien und zur Verbesserung der Rahmenbedingen für Investitionen und Arbeitsplätze (Steueränderungsgesetz 1992 – StÄndG 1992) vom 25.02.1992, BGBl. I 1992, S. 297.

STEUERÄNDERUNGSGESETZ 2001 (STÄNDG 2001) Gesetz zur Änderung steuerlicher Vorschriften (Steueränderungsgesetz 2001 – StÄndG 2001) vom 20.12.2001, BGBl. I 2001, S. 3794.

STEUERBEREINIGUNGSGESETZ 1999 (STBEREING 1999) Gesetz zur Bereinigung von steuerlichen Vorschriften (Steuerbereinigungsgesetz 1999 – StBereinG 1999) vom 22.12.1999, BGBl. I 1999, S. 2601.

STEUERENTLASTUNGSGESETZ 1999/2000/2002 (STENTLG 1999/2000/2002) vom 24.03.1999, BGBl. I 1999, S. 402.

Steuersenkungsergänzungsgesetz (StSenkErgG) Gesetz zur Ergänzung des Steuersenkungsgesetzes (Steuersenkungsergänzungsgesetz – StSenkErgG) vom 19.12.2000, BGBl. I 2000, S. 1812.

Steuersenkungsgesetz (StSenkG) Gesetz zur Senkung der Steuersätze und zur Reform der Unternehmensbesteuerung (Steuersenkungsgesetz – StSenkG) vom 23.10.2000, BGBl. I 2000, S. 1433.

Steuervergünstigungsabbaugesetz (StVergAbG) Gesetz zum Abbau von Steuervergünstigungen und Ausnahmeregelungen (Steuervergünstigungsabbaugesetz – StVergAbG) vom 16.05.2003, BGBl. I 2003, S. 660.

Umsatzsteuergesetz (UStG) in der Fassung der Bekanntmachung vom 21.02.2005, BGBl. I 2005, S. 386, zuletzt geändert durch Gesetz vom 28.04.2006, BGBl. I 2006, S. 1095.

Umwandlungssteuergesetz (UmwStG) in der Fassung der Bekanntmachung vom 15.10.2002, BGBl. I 2002, S. 4133, zuletzt geändert Gesetz vom 16.05.2003, BGBl. I 2003, S. 660, berichtigt: BGBl. I 2003, S. 738.

Unternehmenssteuerfortentwicklungsgesetz (UntStFG) Gesetz zur Fortentwicklung des Unternehmensteuerrechts (Unternehmenssteuerfortentwicklungsgesetz – UntStFG) vom 20.12.2001, BGBl. I 2001, S. 3858.

B. Durchführungsverordnungen

Einkommensteuer-Durchführungsverordnung 2000 (EStDV) in der Fassung der Bekanntmachung vom 10.05.2000, BGBl. I 2000, S. 717, zuletzt geändert durch Verordnung vom 29.12.2004, BGBl. I 2004, S. 3884.

C. Richtlinien

Einkommensteuer-Richtlinien 2005 (EStR) Allgemeine Verwaltungsvorschrift zur Anwendung des Einkommensteuerrechts, vom 16.12.2005, BStBl. I 2005, Sondernummer 2.

Gewerbesteuer-Richtlinien 1998 (GewStR) Allgemeine Verwaltungsvorschrift zur Anwendung des Gewerbesteuerrechts, vom 21.12.1998, BStBl. I 1998, Sondernummer 2, S. 91.

D. Schreiben, Verfügungen und sonstige Quellen

1. Bundesfinanzministerium

BMF vom 20.12.1977, IV B 2 – S 2241 – 231/77, in: BStBl. I 1978, S. 8-16.
BMF vom 08.05.1981, IV B 2 – S 2241 – 102/81, in: BStBl. I 1981, S. 308-310.
BMF vom 20.02.1992, IV B 2 – S 2241a – 8/92, in: BStBl. I 1992, S. 123-124.
BMF vom 24.11.1993, IV B 2 – S 2241a – 51/93, in: BStBl. I 1993, S. 934-935.
BMF vom 15.12.1993, IV B 2 – S 2241a – 57/93, in: BStBl. I 1997, S. 976.
BMF vom 29.04.1994, IV B 2 – S 2241 – 9/94; IV A 4 – S 0361 – 11/94, in: BStBl. I 1994, S. 282-283.
BMF vom 25.03.1996, IV B 7 – S 1978 – 21/98, in: BStBl. I 1998, S. 268-344.
BMF vom 13.05.1996, IV B 2 – S 2241 – 33/96, in: BStBl. I 1996, S. 621-622.
BMF vom 16.12.1996, Gleichlautende Ländererlasse, in: BStBl. I 1996, S. 1392-1393.
BMF vom 24.12.1996, IV B 3 – S 1988 – 170/96, in: BStBl. I 1996, S. 1516-1520.
BMF vom 30.05.1997, IV B 2 – S 2241a – 51/93 II, in: BStBl. I 1997, S. 627-628.
BMF vom 28.04.1998, IV B 2 – S 2241 – 42/98, in: BStBl. I 1998, S. 583-586.
BMF vom 22.05.2000, IV C 2 – S 2144 – 60/00, in: BStBl. I 2000, S. 588-591.
BMF vom 15.05.2002, IV A 5 – S 2296a – 16/02, in: FR 2002, S. 640-644.
BMF vom 16.12.2003, IV A 2 – S 1978 – 16/03, in: DB 2004, S. 220-226.
BMF vom 14.04.2004, IV A 6 – S 2241a – 10/04, in: DStR 2004, S. 773-774.
BMF vom 03.03.2005, IV B 2 – S 2241 – 14/05, in: BStBl. I 2005, S. 458-461.
BMF vom 18.05.2005, IV B 2 – S 2241 – 34/05, in: BStBl. I 2005, S. 698.
BMF vom 17.11.2005, IV B 2 – S 2144 – 50/05, in: DB 2005, S. 2549-2553.

2. Oberfinanzdirektionen

OFD Bremen, Vfg. vom 19.10.1995 – S 2241a – St 201, in: BB 1996, S. 900.
OFD Köln, Vfg. vom 12.02.1997 – G 1427 – 6 – St 132, in: DStR 1997, S. 1046.
OFD Nürnberg, Vfg. vom 13.11.1997 – S 2241a – 31/St 31, in: BB 1998, S. 44.
OFD Chemnitz, Vfg. vom 05.02.1998 – S 2241a – 8/1 – St 31, in: DB 1998, S. 903-904.
OFD Köln, Vfg. vom 12.05.1998 – G 1427 – 6 – St 132, in: DStR 1998, S. 1472.
OFD Kiel, Vfg. vom 06.01.2000 – G 1421 A – St 261, in: DStR 2000, S. 823.
OFD Düsseldorf, Vfg. vom 12.10.2000 – G 1422 A – St 131, in: DB 2000, S. 2247.

OFD Düsseldorf, Vfg. vom 18.01.2001 – G 1421 – 19 – St 132 – K, in: DB 2001, S. 671-672.

OFD Kiel, Vfg. vom 28.02.2001 – G 1421 A – St 261, in: DStZ 2001, S. 405-406.

OFD Berlin, Vfg. vom 24.08.2001 – St 124 – S 2241 – 6/01, in: FR 2002, S. 48.

OFD Düsseldorf, Vfg. vom 03.09.2001 – G 1421 – 19 – St 132 – K, in: DB 2001, S. 2071.

OFD Frankfurt am Main, Vfg. vom 17.01.2002 – S 2241aA – 11 – St II 21, in: StuB 2002, S. 445-449.

OFD Düsseldorf, Vfg. vom 10.09.2002 – G 1421 – 19 – St 132 – K, in: GmbHR 2002, S. 986.

OFD Koblenz, Vfg. vom 06.05.2003 – S 2242 A, in: DStR 2003, S. 1027.

OFD Frankfurt am Main, Vfg. vom 16.07.2003 – S 2241 A – 30 – St II 21, in: StuB 2003, S. 990-994.

OFD Koblenz Vfg. vom 27.12.2004 – G 1421 A, in: DStR 2005, S. 194.

3. Bundestags-Drucksachen

Deutscher Bundestag [Hrsg.] Gesetzesentwurf der Bundesregierung; Entwurf eines Gesetzes zur Änderung des Einkommensteuergesetzes, des Körperschaftsteuergesetzes und anderer Gesetze, Drucksache 8/3648 vom 08.02.1980.

Deutscher Bundestag [Hrsg.] Gesetzentwurf der Fraktionen der CDU/CSU und FDP; Entwurf eines Gesetzes zur Entlastung der Familien und zur Verbesserung der Rahmenbedingungen für Investitionen und Arbeitsplätze (Steueränderungsgesetz 1992 – StÄndG 1992), Drucksache 12/1108 vom 03.09.1991.

Deutscher Bundestag [Hrsg.] Gesetzentwurf der Fraktionen SPD und Bündnis 90/Die Grünen; Entwurf eines Gesetzes zur Senkung der Steuersätze und zur Reform der Unternehmensbesteuerung (Steuersenkungsgesetz – StSenkG), Drucksache 14/2683 vom 15.02.2000.

Deutscher Bundestag [Hrsg.] Beschlussempfehlung und Bericht des Finanzausschusses (7. Ausschuss), a) zu dem Gesetzentwurf der Fraktionen SPD und Bündnis 90/Die Grünen – Drucksache 14/2683 – Entwurf eines Gesetzes zur Senkung der Steuersätze und zur Reform der Unternehmensbesteuerung (Steuersenkungsgesetz – StSenkG), b) zu dem Gesetzentwurf der Bundesregierung – Drucksache 14/3074 – Entwurf eines Gesetzes zur Senkung der Steuersätze und zur Reform der Unternehmensbesteuerung (Steuersenkungsgesetz – StSenkG), c) zu dem Gesetzentwurf der Fraktion der CDU/CSU – Drucksache 14/2903 – Entwurf eines Gesetzes zur Umsetzung einer Steuerreform für Wachstum und Beschäftigung, d) zu dem Antrag der Fraktion der CDU/CSU – Drucksache 14/2688 – Eine Steuerreform für mehr Wachstum und Beschäftigung, e) zu dem Antrag der Abgeordneten Dr. Hermann Otto Solms, Hildebrecht Braun (Augsburg), Rainer Brüderle, weiterer Abgeordneter und der Fraktion der FDP – Drucksache 14/2706 – Unternehmenssteuerreform – Liberale Positionen gegen die Steuervorschläge der Koalition, f) zu dem Antrag der Abgeordneten Dr. Barbara Höll, Rolf Kutzmutz, Heidemarie Ehlert, weiterer Abgeordneter und der Fraktion der PDS – Drucksachen 14/1926, 14/2770 – Dritter Bericht über die Höhe des Existenzminimums von Kindern und Familien für das Jahr 2001, Drucksache 14/3366 vom 16.05.2000.

DEUTSCHER BUNDESTAG [Hrsg.] Gesetzentwurf der Bundesregierung; Entwurf eines Gesetzes zur Fortentwicklung des Unternehmenssteuerrechts (Unternehmenssteuerfortentwicklungsgesetz – UntStFG), Drucksache 14/6882 vom 10.09.2001.

DEUTSCHER BUNDESTAG [Hrsg.] Beschlussempfehlung des Finanzausschusses (7. Ausschuss); zu dem Gesetzesentwurf der Bundesregierung – Drucksachen 14/6882, 14/7084 – Entwurf eines Gesetzes zur Fortentwicklung des Unternehmenssteuerrechts (Unternehmenssteuerfortentwicklungsgesetz – UntStFG), Drucksache 14/7343 vom 07.11.2001.

DEUTSCHER BUNDESTAG [Hrsg.] Bericht des Finanzausschusses (7. Ausschuss); zu den Drucksachen der Bundesregierung – Drucksachen 14/6882, 14/7084 – Entwurf eines Gesetzes zur Fortentwicklung des Unternehmenssteuerrechts (Unternehmensteuerfortentwicklungsgesetz – UntStFG), Drucksache 14/7344 vom 08.11.2001.

4. Bundesrats-Drucksachen

DEUTSCHER BUNDESRAT [Hrsg.] Gesetzentwurf der Bundesregierung; Entwurf eines Gesetzes zur Entlastung der Familien und zur Verbesserung der Rahmenbedingungen für Investitionen und Arbeitsplätze (Steueränderungsgesetz 1992 – StÄndG 1992 –), Drucksache 522/91 vom 06.09.1991.

DEUTSCHER BUNDESRAT [Hrsg.] Gesetzentwurf der Bundesregierung; Entwurf eines Gesetzes zur Fortentwicklung des Unternehmenssteuerrechts (Unternehmenssteuerfortentwicklungsgesetz – UntStFG), Drucksache 638/01 vom 17.08.2001.